安徽师范大学中国诗学研究中心资助项目

安徽诗人研究文存

刘长卿研究文存

丛书主编　刘运好

本书主编　蒋　寅

黄山书社

图书在版编目(CIP)数据

安徽诗人研究文存．刘长卿研究文存 / 刘运好丛书主编；
蒋寅本书主编．—合肥：黄山书社，2024.4
ISBN 978-7-5737-0933-2

Ⅰ．①安… Ⅱ．①刘… ②蒋… Ⅲ．①刘长卿（？—约 789）—诗歌研究 Ⅳ．① I207.22

中国国家版本馆 CIP 数据核字（2023）第 192061 号

安徽诗人研究文存· 刘长卿研究文存
ANHUI SHIREN YANJIU WENCUN LIU ZHANGQING YANJIU WENCUN

丛书主编　刘运好
本书主编　蒋　寅

出品人　葛永波
策　划　胡传志　汤吟菲
责任编辑　张元婷
装帧设计　观止堂_未　氓
责任印制　李　磊
出版发行　黄山书社
地　址　安徽省合肥市蜀山区翡翠路 1118 号出版传媒广场 7 层　邮编:230071
印　刷　安徽新华印刷股份有限公司
版　次　2024 年 4 月第 1 版
印　次　2024 年 4 月第 1 次印刷
开　本　700 mm × 1000 mm　1/16
字　数　500 千字
印　张　27.75
书　号　ISBN 978-7-5737-0933-2
定　价　108.00 元

服务热线　0551-63533706
销售热线　0551-63533761
官方直营书店（https://hsss.tmall.com）

目　录

总 序

一

安徽地处江淮腹地，江淮文化是安徽历史文化的灵魂。穿越历史的隧道，我们可以发现安徽的历史文化何其辉煌！这里有著名的繁昌人字洞，通过已经发掘的石器，确认了200万年至250万年前早期的人类遗存，将人类在亚洲出现的历史至少提前了30万年，推翻了20世纪初古生物学家马修《气候和演化》所鼓噪的中亚高原是人类摇篮的结论；也有著名的蒙城尉迟寺遗址，是国内目前保存完整、规模宏大、以大汶口文化晚期为主的原始社会聚落，从发掘的实物看，当时养殖、制陶、酿酒等技术都相当发达，这证明安徽农耕文明至迟在公元前5000年左右就已经高度成熟，这在农耕文明史上意义何其重大！当人类蹒跚地走进“轴心时代”，安徽又诞生了老子、庄子，与齐鲁的孔子及西方的苏格拉底、柏拉图，古天竺的释迦牟尼，共同创造了人类文明的高光时刻。

江淮文化在空间分布上主要集中于皖北与皖南。皖北文化以春秋战国的道家为核心。以老庄为代表的皖北道家文化圈与以孔孟为代表的齐鲁儒家文化圈，遥相呼应，双峰并峙，成为耸立于世界文化之林的独特文化景观。儒道思想互补、圆融，不仅有效地化解了人与自然、人与秩序的存在悖论，而且科学地构筑了主体存在与群体聚合、生命自由与社会秩序的互相联结的辩证理论体系。儒道既深刻影响了中华民族的文化心理、自然观念、伦理秩序、政治结构的和谐共生的关系，也对整个人类处理人和自然之间、不同国家之间、强权种族之间，如何和谐相处、规避丛林法则、构建人类命运共同体，贡献了独特的理论架构。

皖南文化以宋代之后的“徽学”为核心，形成了以朱熹为翘楚的新安理学和以戴震为领袖的徽州朴学。朱子不仅将“涵养”“致知”“力行”作为行为准则，凸显修身养性的重要意义，而且以“正心”“诚意”作为修身、齐家、治国、平天下的必要条件，推崇“一心兴邦”的黜私为公的家国情怀。实际上，张载提出的“为天地立心，为生民立命，为往圣继绝学，为万世开太平”，是整个新安理学最为激荡人心的至理名言，也成为中国知识分子历史担当的宏伟理想。在理学笼罩朝野、难与争锋之时，“朴学”也悄然兴起，至清代而蔚为大观。理学谈义理，朴学重考据。从宋代的程大昌到明清之际的黄生、姚际恒，再到乾隆时期的江永、汪绂，徽州朴学成就斐然，戴震则集其大成。朴学从考据学立场出发，重新阐释了儒家“理”“天道”“性”“才”“道”“诚”“权”等一系列哲学范畴，弥合了“灭人欲，存天理”的人为对立，建构了一个情理和谐的宇宙境界和人生境界。无论从学术文化还是从人生境界上说，理学与朴学都构成互补而非对立的关系。皖北的道家和皖南的徽学是支撑“皖学”的两大核心。

二

江淮是吴楚和中原的联结点。兼有中原的理性和吴楚的浪漫，是江淮文化的基本品格。因此不唯学术理性造就了“皖学”的辉煌，浪漫情调也催生了江淮文学的繁荣。只是因为“天下文章莫大乎桐城”——“桐城派”响亮的名头，既给江淮文学戴上令人景仰的桂冠，极大地提升了江淮文学的地位，也部分转移了人们对江淮文学全面审视的视线。以安徽为核心的江淮文学岂是一个桐城派所能代表的！

遥远的历史且不说吧。在汉代，汉代淮南王刘安组织文人撰写《淮南子》，融贯诸子，漫然包容，汪洋博洽，绚丽多彩；梁孝王刘武修建梁园（菟园），孕育了枚乘、邹阳、庄忌和司马相如等一流的汉代辞赋家。如果说辞赋由梁园而鼎盛，尔后辐射京师，造就一代之文学——汉赋，大约也不算言过其实。至魏晋时期，最为辉煌的建安文学也是扎根于江淮沃野的。“三曹”是那个时代文学的标志。鲁迅在《魏晋风度及文章与药及酒之关系》一文中推崇曹操文章清峻、通脱，是“改造文章的祖师”；说曹丕的时代是一个“文学自觉”的时代，因为他以“气”为主，所以华丽、壮大；也称赞曹植“文章做得好”。建安文学不仅是“汉魏风骨”的代表，也是中国文学史发展的转关。此后的正始文学，“嵇志清峻，阮旨遥深”（《文心雕龙·明诗》）。我们常识性的误解是，正始文学以竹林七贤为代表。其实，“阮旨遥深”是曹植后期文学的直接延伸，“嵇志清峻”才是正始文学的独特风格。这一风格恰恰形成于围绕在嵇康周围的嵇喜、刘伶、郭遐叔、郭遐周及以《思旧赋》垂名的向秀等人组成的文学群体。皖籍作家是构成这一文学群体的核心。

唐宋以降，虽然没有出现李白、杜甫那样的双子星座，苏轼、辛弃疾那样的巅峰对决，但是不仅李白、辛弃疾流寓江淮，创作大量诗词，构成安徽诗路的绚丽彩虹，而且也出现了后世诗名不彰、当时声誉极隆的“五言长城”刘长卿，元白新乐府运动的积极倡导者、参与者李绅、张籍，及晚唐“诗旨未能忘救物”（杜荀鹤《自叙》）的现实主义诗人杜荀鹤。宋代则有其诗被陆游称之与欧阳修文、蔡襄书“三者鼎立，各自名家”（《梅圣俞别集》序）的梅尧臣，“文章如大海之起涛澜，泰山之腾云气，倏散倏聚，倏明倏暗”（《张于湖先生集》序）的张孝祥，以及因编撰《江西宗派图》而在文学批评史上声名鹊起的吕本中等。如果以籍贯论，宋代还出现了一位与李清照齐名的歙州词人朱淑真，其《断肠集》至今读来也令人肠断。元、明两代皖籍诗人创作呈现下降趋势，至清代而复振。除了享誉中外的桐城派，其中元代方回虽以《瀛奎律髓》闻名于世，然其诗也“格力苍坚，在江湖诸集之上”（《四库全书简明目录》卷十七），成就显然超越了宋末江湖诗派。明末清初被称为“江左三大家”之一的龚鼎孳、王夫之推崇曰“诗体整健”的钱澄之，以及清代被誉为“南施北宋”的施闰章等，都是有口皆碑的名家。有清一代无论是学术还是文学，几乎集中于江南地区，成为“徽学”的重要研究对象之一。这种现象至现代而大放异彩，仅就新文化运动的旗手陈独秀、学术成就卓著而以《尝试集》开拓新诗天地的胡适而言，就足以振聋发聩了。

面对如此辉煌的安徽文化，如何从学术原典及其学术研究的视角，进一步加以发掘、研究，就非常必要了。《安徽诗人研究文存》也由此而产生。

三

为了落实中共中央办公厅、国务院办公厅《关于实施中华优秀传统文化传承发展工程的意见》以及《安徽新时代古籍工作实施意见》，深入发掘安徽文化底蕴，深化安徽诗人研究，强化安徽文化的认同感与归属感，安徽师范大学中国诗学研究中心由胡传志教授策划，刘运好教授任总主编，约请全国知名专家、学者，组织编写了《安徽诗人研究文存》。

《安徽诗人研究文存》以皖籍诗人研究为收录对象，共收录关于曹操、曹植、嵇康、刘长卿、张籍、梅尧臣、吕本中、张孝祥、方回、钱澄之、胡适等十余人的研究论文。论文收录范围，始于1921年，迄于2021年，以中国学者研究论文为主体，也酌情收录中国学者发表于海外期刊、海外学者发表于中国期刊的论文。所选学术论文必须以问题为核心，“研究综论”“会议纪要”“文坛掌故”之类，一律不予收录；重要学术著作中具有学术论文性质的相关章节也酌情收录。收录文章必须兼顾思想性与学术性两个方面：第一，有明显意识形态问题，或背离社会主义核心价值观的论文、专著章节，一律不予收录；有特定时代标记，但并无政治倾向问题的论文、专著章节，可酌情收录。第二，收录的论文、专著章节注重以下三点：（1）创新性。所选文章必须具有学术创新的特点，观点新、材料新、视角新，或三者皆备，或必具其一。（2）示范性。所选文章必须具有学术示范意义，蕴涵丰富的学术信息以及新的学术生长点。（3）时段性。所选文章在充分注重创新性、示范性的前提下，必须从学术史的角度，兼顾论文发表时段。对于不同诗人的不同研究现状，由分册主编斟酌处理，保留编选者的学术个性。

每一诗人的研究文存独立成册，有前言、正文、主要论文（论著）索引三个部分。（1）前言，由分册主编撰写，虽各有特点，却也要斟酌以下三点：其一，从文学史视角，对所研究的诗人作简要评价；其二，从学术史视角，对历代研究成果略加评说；其三，从前瞻性视角，对所研究的诗人提出若干有学术意义的理论话题。（2）正文，即所选论文、专著章节。体例上遵循以下四点：其一，论文尊重原著，原则上不作修改、删节；论著节选必须是构成独立论文的形式。对于原文表达的语病、引文谬误、错别字等则径改。其二，论文标题一仍原著，论著节选若原文没有标题，可由分册主编增设标题；为了保持全书格式相对统一，所选论文一律不设“内容提要”“关键词”，只录全文。其三，论文注释，早期论文保留原来注释形式，但相对统一，若引古籍须标明作者、著作名称及卷数、篇名，如“《淮南子》卷一《原道训》”；若引期刊须标明期刊名、出版日期或期别，如“《燕京学报》第19期”，一律采用脚注形式。新时期以后论文，无论发表于何种期刊，注释一律采用《文学遗产》论文规范格式。其四，注明文章来源，期刊注明刊名，著作节录注明节录之章节（名称）、出版社及出版年份。（3）主要论文（论著）索引，突出“主要”，不必求全。此外，为了协调丛书各分册规模，便于读者阅读，所选篇幅控制在30万字左右。

相对于辉煌的安徽文化及其深厚的学术研究而言，《安徽诗人研究文存》仅仅是尝鼎一脔。这是一个需要不断努力、不断深化的理论命题。

出于各种原因，截至出版时，我们未能与本套丛书的全部著作权人取得联系。敬请作品的著作权人或与著作权有关的权利人与安徽师范大学中国诗学研究中心联系，以便奉上稿酬和样书。

刘运好

2023年5月

前言：刘长卿诗歌研究综述

◎叶　蕾

一、历史上的刘长卿

刘长卿，两《唐书》无传，仅诗集著录于《新唐书·艺文志》。但无论在当时还是后世，刘长卿诗都广受推崇，赢得很高的评价，而且随着时代推移，其诗歌的典范性和诗歌史地位得到越来越多学人的认可。

刘长卿青年时代即有大名，在京应试时被举子推为“棚头”即举人领袖，是最被看好的有希望夺魁的才人。及其登籍入仕，蹭蹬多厄，两遭系狱贬谪，当世论者褒贬不一。为长卿抱不平、褒扬其人品的，有独孤及《送长洲刘少府贬南巴使牒留洪州序》：“曩子之尉于是邦也，傲其迹而峻其政，能使纲不紊，吏不欺。夫迹傲则合不苟，政峻则物忤，故绩未书也，而谤及之，臧仓之徒得骋其媒孽，子于是竟谪为南巴尉。而吾子直为己任，愠不见色，于其胸臆，未尝趸芥。会同谴有叩阍者，天子命宪府杂鞫，且廷辨其滥，故有后命，俾除馆豫章，俟条奏也。”[①]而对长卿人品有微词的，则是高仲武《中兴间气集》：“长卿有吏干，刚而犯上，两度迁谪，皆自取焉。”[②]这里说他“刚而犯

① 独孤及《送长洲刘少府贬南巴使牒留洪州序》，周绍良主编《全唐文新编》卷三八七，第2部第3册，吉林文史出版社2000年版，第4445页。

② 高仲武《中兴间气集》，傅璇琮，陈尚君等编《唐人选唐诗新编（增订本）》，中华书局2014年版，第504页。

上”，虽未说明具体事由，但“皆自取焉”，毕竟含有咎由自取的遗憾之意。范摅《云溪友议》载：“刘长卿郎中，皆谓前有沈、宋、王、杜，后有钱、郎、刘、李。刘君曰:‘李嘉祐、郎士元，焉得与予齐称也！’每题诗，不言其姓，但长卿而已，以海内合知之乎。士林或之讥也。”[①]可见在时人眼中，刘长卿为人是颇为倨傲的。

唐、五代时期对刘长卿诗的评价，以“五言长城”之说最有影响。这个说法出自权德舆《秦征君校书与刘随州唱和集序》：“（秦系）悉索笈中，得数十编，皆文场之重名强敌，且见校以故敌、故随州刘君长卿赠答之卷，惜其长往，谓余宜叙。嚱夫！彼汉东守，尝自以为五言长城，而公绪用偏伍奇师，攻坚击众，虽老益壮，未尝顿锋。词或约而旨深，类乍近而致远，若珩珮之清越相激，类组绣之玄黄相发，奇采逸响，争为前驱。至于室家离合之义，朋友切磋之道，咏言其伤，折之以正，凡若干首，各见于词云。”[②]“五言长城”本是刘长卿看重自己五言诗的自诩，权德舆引述以衬托秦系避其锋芒、以七言角胜的巧智，但后世常误作权德舆褒赞刘长卿之说。高仲武《中兴间气集》评价刘长卿诗，仅肯定“甚能炼饰”，同时又认为缺乏新奇之趣，而且每每语意雷同，尤多见于落句，他断言是“思锐才窄”的缘故，即有思致而才力不足。他摘出的几联诗句，也付之褒贬参半的评按，看得出他对刘长卿诗歌的评价是有所保留的：“如‘草色无征路，松声傍逐臣’，又‘细雨湿衣看不见，残花满地落无声’，裁长补短。盖丝之微颣欤。其‘得罪风霜苦，全生天地

① 范摅撰，唐雯校笺《云溪友议》卷上，《唐宋史料笔记丛刊》，中华书局 2017 年版，第 33 页。

② 权德舆《秦征君校书与刘随州唱和集序》，权德舆撰，郭广伟校点《权德舆诗文集》，下册，上海古籍出版社 2008 年版，第 812 页。

仁’，可谓伤而不怨，亦足以发挥风雅矣。”[①]但是这种评价并未被诗坛认可，到二三十年后的元和时期，皇甫湜《答李生第二书》批评当时“争为虚张，以相高自谩”[②]的习气，曾说“诗未有刘长卿一句，已呼阮籍为老兵矣。笔语未有骆宾王一字，已骂宋玉为罪人矣”。[③]可见在当时文人的心目中，刘长卿诗已是高品格的标准。

到了宋、元时期，刘长卿诗声价逐渐抬高，对刘长卿诗的评价深入诗歌体制层面，并将他与其他诗人作横向比较，地位居钱起、郎士元之上。张戒《岁寒堂诗话》云：“韦苏州律诗似古，刘随州古诗似律，大抵下李、杜、韩退之一等，便不能兼。随州诗，韵度不能如韦苏州之高简，意味不能如王摩诘、孟浩然之胜绝，然其笔力豪赡，气格老成，则皆过之。与杜子美并时，其得意处，子美之匹亚也。‘长城’之目，盖不徒然。”[④]不过也有人对刘长卿诗之欠骨力略有微词，如方回说：“刘长卿号‘五言长城’，细味其诗，思致幽缓，不及贾岛之深峭，又不似张籍之明白。盖颇欠骨力而有委曲之意耳。”[⑤]对刘长卿的贬谪遭遇也不同于唐人的态度，而给予一定的同情。元辛文房《唐才子传》这样评价：“长卿清才冠世，颇凌浮俗，性刚多忤权门，故两逢迁斥，人悉冤之。”[⑥]当代研究表明，辛书所取素材大

① 高仲武《中兴间气集》，傅璇琮，陈尚君等编《唐人选唐诗新编（增订本）》，中华书局 2014 年版，第 504 页。

② 皇甫湜《答李生第二书》，周绍良主编《全唐文新编》卷六八五，第 3 部第 4 册，吉林文史出版社 2000 年版，第 7765 页。

③ 皇甫湜《答李生第二书》，周绍良主编《全唐文新编》卷六八五，第 3 部第 4 册，吉林文史出版社 2000 年版，第 7765 页。

④ 张戒《岁寒堂诗话》，丁福保辑《历代诗话续编》，上册，中华书局 1983 年版，第 460 页。

⑤ 方回选评，李庆甲集评校点《瀛奎律髓汇评》卷四十七，下册，上海古籍出版社 2005 年版，第 1669 页。

⑥ 傅璇琮主编《唐才子传校笺》卷二，第 1 册，中华书局 1987 年版，第 323 页。

体今日都能看到，所谓“颇凌浮俗”“多忤权门”应属他自己的发挥，但将高仲武《中兴间气集》的“皆自取焉”易为“人悉冤之”，明显表达了对刘长卿不幸遭遇的同情态度。

明、清以来，对刘长卿诗的评论愈益深入，尤其是基于辩体意识，从多方面肯定了刘长卿诗的典范性。明李东阳《麓堂诗话》指出：“《刘长卿集》凄婉清切，尽羁人怨士之思，盖其情性固然，非但以迁谪故，譬之琴有商调，自成一格。”[1]肯定了刘诗凄婉清切的韵调，能写尽羁人怨士之思，在贬谪诗这一类型中自成一格。王世贞《艺苑卮言》从格调立论，比较刘长卿与钱起的七律：“钱刘并称故耳，钱似不及刘。钱意扬，刘意沉；钱调轻，刘调重。如‘轻寒不入宫中树，佳气常浮仗外峰’，是钱最得意句，然上句秀而过巧，下句宽而不称。刘结语‘匹马翩翩春草绿，昭陵西去猎平原’，何等风调；‘家散万金酬士死，身留一剑答君恩’，自是壮语。”[2]钟惺、谭元春《唐诗归》又从唐诗前后期诗风变迁的角度论述了刘长卿诗的双重品格：“中、晚之异于初、盛，以其俊耳，刘文房犹从朴入。然盛唐俊处皆朴，中、晚人朴处皆俊。文房气有极厚者，语有极真者。真到极快透处，便不免妨其厚。”[3]明末许学夷《诗源辩体》对刘长卿五古、五七言律、五七言绝句都有所评议，评其古诗则与钱起合论，对比分析了两家五七言古诗的格调：“钱、刘五言古，平韵者多忌上尾，仄韵者多忌鹤膝。刘句多偶丽，故平韵亦间杂律体，然才实胜钱。七言古，刘似冲淡而格实卑，调又不纯。钱格

① 李东阳《麓堂诗话》，丁福保辑《历代诗话续编》，下册，中华书局1983年版，第1379页。

② 王世贞《艺苑卮言》卷四，丁福保辑《历代诗话续编》，中册，中华书局1983年版，第1010页。

③ 钟惺、谭元春《唐诗归》卷二十五，《续修四库全书》第1590册，第135页。

若稍胜，而才不及，故短篇多郁而不畅，盖欲铺叙而不能耳。”[①]这样的讨论相比前代笼统的批评来显得更为深入和细致。关于刘长卿诗歌的艺术渊源，明初朱奠培《松石轩诗评》曾说：“刘文房之作，如湘川日夕，风烟渺然，碧草寒波，极望天际，可以浩歌而长太息矣。辞微而婉，声浑以厚，其哀不伤，其怨不乱，其屈平、宋玉之流欤？”[②]周履靖《骚坛秘语》则认为刘长卿：“最得骚人之兴，专主情景。”[③]朱、周二说独到地指出长卿诗对屈、宋及其艺术手法之承继，联系刘长卿的创作与湖湘地域的密切关系来看，不能不说是很有启发意义的。总体看来，明代诗论家对刘长卿诗的批评，视角和层次更加丰富多元，涉及体制、韵律、格调、语意及艺术渊源、诗史定位等多方面的问题，显示出明代诗学辩体意识日益精细的趋向。

继明代辩体式的讨论之后，清代诗论家继续围绕着刘长卿“五言长城”的内涵，揭示其五、七言及古、近体诗的特征及与盛唐诗的渊源。贺裳《载酒园诗话又编》首先指出：“刘有古调，有新声。盛唐人无不高凝整浑，随州短律，始收敛气力，归于自然，首尾一气，宛若面语。其后遂流为张籍一派，益事流走，景不越于目前，情不踰于人我，无复高足阔步，包括宇宙，综揽人物之意。”[④]沈德潜《唐诗别裁集》则指出：“中唐诗近收敛，选言取胜，元气不完，体格卑而声调亦降矣。刘文房工于铸意，巧不伤雅，犹有前辈体段。”[⑤]乔亿《大历诗略》更具

① 许学夷《诗源辩体》卷二十，周维德集校《全明诗话》，第4册，齐鲁书社2005年版，第3310页。

② 朱奠培《松石轩诗评》，周维德集校《全明诗话》，第1册，齐鲁书社2005年版，第464页。

③ 周履靖《骚坛秘语》卷中，《丛书集成初编》第2613册，第49页。

④ 贺裳《载酒园诗话又编》，郭绍虞编选，富寿荪校点《清诗话续编》，第1册，上海古籍出版社1983年版，第331页。

⑤ 《重订唐诗别裁集》卷十一，沈德潜选注《唐诗别裁集》，下册，上海古籍出版社2013年版，第363页。

体到近体："文房固五言长城，七律亦最高，不矜才不使气，右丞、东川以下，无此韵调也。"[①]因晚清六朝诗风的再兴，诗论家也将刘长卿的诗歌渊源与六朝联系起来。丁仪《诗学渊源》云："长卿诗务质实，尚情性，尤善使事，格高气劲，自然沉着。古诗句法，犹袭齐梁，而无秾纤之敝。"[②]指出刘长卿的古诗句法有因袭齐梁之处，但不随纤秾之习。宋育仁《三唐诗品》论及刘长卿诗，则认为"其源出于柳浑、薛道衡。驰思波润，流音玉亮，尤工五律，当时号为五字长城。'老至居人下，春归在客先'，以雅淡宣情。'叠浪浮元气，中流没太阳'，以雄浑取概。暮帆夏口，寒雨巴邛，'楚国苍山'，'幽州白日'，'空江人语'，动石濑之吟。川日寒蝉，托江湖之想。斯皆振采苍凝，体物弥工者也。《石梁湖》《洞庭》《京口》诸作，方之小谢，异曲同工矣"[③]。在他看来，刘长卿诗源于柳浑、薛道衡，有融合南北诗风的倾向，而体物之工则与谢朓有异曲同工之妙。在刘长卿诗史地位的确定上，清代批评更细致地讨论了他应归属盛唐抑或中唐的问题并论及他的诗歌史意义。贺贻孙《诗筏》认为："刘长卿诗，能以苍秀接盛唐之绪，亦未免以新隽开中晚之风。其命意造句，似欲揽少陵、摩诘二家之长而兼有之，而各有不相及不相似处。其不相似不相及，乃所以独成其为文房也。"[④]陆次云《唐诗善鸣集》又指出："文房在盛、晚转关之时，最得中和之气。"[⑤]将刘长卿置于盛唐、中唐之交的过渡位置，成为清代给予刘长卿诗史定位的代表性观点。关于刘长

① 乔亿选编，雷恩海笺注《大历诗略笺释辑评》，天津古籍出版社2008年版，第63页。

② 丁仪《诗学渊源》卷八，张寅彭主编《民国诗话丛编》，第3册，上海书店出版社2002年版，第199页。

③ 宋育仁《三唐诗品》卷二，《问琴阁文录》，清光绪年间（1875-1908）考隽堂刻本。

④ 贺贻孙《诗筏》，郭绍虞编选，富寿荪校点《清诗话续编》，第1册，上海古籍出版社1983年版，第185页。

⑤ 陆次云辑《唐诗善鸣集·中唐上卷》，清康熙二十六年（1687）蓉江怀古堂刊本。

卿诗的典范性，由王渔洋指示后学也可以看出：“七律宜读王右丞、李东川。尤宜熟玩刘文房诸作。”①相对于“五言长城”来说，刘长卿的七律显然更具有典范性。但一脉传承渔洋诗学的翁方纲，在《石洲诗话》中也指出了刘长卿七律的负面影响：“随州七律，渐入坦迤矣。坦迤则一往易尽，此所以启中、晚之滥觞也。”②桐城派诗学与王渔洋诗学有深厚的渊源，所以姚鼐弟子方东树对刘长卿的推崇，大体演绎王渔洋之说。《昭昧詹言》卷十八论刘长卿，首言：“七律宗派，李东川色相华美，所以李辅辋川为一派，而文房又所以辅东川者也。大历十子以文房为最。”又云：“文房诗多兴在象外，专以此求之，则成句皆有余味不尽之妙矣。较宋人入议论、涉理趣、以文以语录为诗者，有灵蠢仙凡之别。”③这无疑是针对当时方兴未艾的宋诗风而下的针砭，以宋诗为参照系，从虚处凸显刘长卿诗兴在象外、优游不尽的美学风貌。但同时的诗论家并非都持这种立场，刘熙载《艺概·诗概》以晚唐诗为参照系，就从实处归纳出不同的特点：“刘文房诗，以研炼字句见长，而清赡闲雅，‘蹈乎大方’。其篇章亦‘尽有法度’，所以能断截晚唐家数。”④两说相辅相成，都说明了刘长卿诗的一些艺术特征，给后来的研究者不少启发。

尽管千余年来，评论家都将刘长卿视为大历时代诗坛的代表性作家，给予相当高的评价。但迄止清代，他的生平事迹和诗歌创作始终没有得到系统的研究，诗集也无人整理、注释。直到20世纪，刘长卿及其诗歌才进入现代学术研究的视野，经赵万

① 王渔洋口授，何世璂述《然灯记闻》第十八条，王夫之等撰，丁福保辑《清诗话》，上册，上海古籍出版社2015年版，第122页。

② 翁方纲《石洲诗话》卷二，郭绍虞编选，富寿荪校点《清诗话续编》，第3册，上海古籍出版社1983年版，第1384页。

③ 方东树著，汪绍楹点校《昭昧詹言》卷十八，人民文学出版社1961年版，第419页。

④ 刘熙载著，袁津琥笺释《艺概笺释》卷二，中华书局2019年版，第310页。

里、卞孝萱、傅璇琮、郁贤皓、储仲君、刘乾、张君宝、房日晰、陈顺智、杨世明等诸多学者的努力，其诗作的整理、研究取得了可观的成绩，分别体现在诗集版本梳理、生平及作品考证、思想内容和艺术特色分析、接受与传播研究几个方面，共同构成20世纪以降刘长卿研究的学术史，从一个局部反映出当代唐诗研究的艰难历程和辉煌成果。

二、版本研究

有关刘长卿集版本的研究，最早可以追溯到北宋的书志目录，欧阳修《新唐书·艺文志》四著录："《刘长卿集》十卷。"而后南宋晁公武《郡斋读书志》也著录十卷本，陈振孙《直斋书录解题》另著录有十一卷本，《宋史·艺文志》还著录二十卷本，但降至明、清时代，除《红雨楼书目》著录诗集十二卷外，公私目录的著录都是诗十卷、文或杂著一卷。进入20世纪，1928年赵万里《刘随州集》一文，介绍明抄本《刘随州文集》的版本面貌，并据明正德覆宋本校勘[①]，开了刘长卿集版本研究的先声。此后对刘长卿集版本加以全面梳理的是万曼，他在《唐集叙录》中评述了刘长卿集版本的流传情况[②]，得出宋代流传的刘长卿集有十卷本、十一卷本两种版本，而明代刊本似乎都源于十一卷本的论断。70年代日本学者高桥良行发表《刘长卿集传本考》《日本现存刘长卿集解题——日本唐诗享受史的一个侧面》二文[③]，前文详细考察了唐、宋、明、清各代刘长卿集的传本情况，认为刘长卿的部分诗歌可能在唐代已被编集，宋代有数种刊本流传，后世所传刘长卿集的祖本是南宋高宗时期的书

① 赵万里《刘随州集》，《北京图书馆月刊》第一卷第二号，1928年6月。

② 万曼《唐集叙录》，中华书局1980年版，第60—63页。

③ 蒋寅编译《日本学者中国诗学论集》，凤凰出版社2008年版，第83—112页。

棚本，明、清两代各种刊刻本都出于这个本子。明代流行的刘长卿集是由杨一清、韩明、李纪等地方官刊刻的郡斋本，而对刘随州集作出具体批评的文献始于清代《四库全书总目》的解题。后文则通过作者经眼的日本现存八种明、清刊本刘长卿集，勾勒出刘长卿诗集在日本的传播情况，从一个侧面为考察唐诗在日本的传播与接受提供了有价值的文献参考。此后的研究者在万曼和高桥良行的考证成果上，继续考索刘集版本源流，分析愈加细致。如储仲君《刘长卿诗编年笺注》附《〈刘随州集〉版本考》[①]（1991），对《刘随州集》宋代、明代、清代以及近代版本流衍作了细致考论，认为南宋书棚本为后来诸种刊刻本之祖。杨世明《刘长卿集编年校注》（1999）前言[②]中梳理了刘长卿集版本，提出刘长卿集版本大致可以分为宋蜀刻本《刘文房集》十卷、明铜活字印本《刘随州集》十卷、明弘治十一年戊午刻本《刘随州文集》十一卷及外集一卷三个系统。段承校《明抄本〈刘随州诗集〉考略》[③]（1999）通过比勘南京图书馆藏明抄本《刘随州诗集》，对其渊源提出了异于前人的结论。文中列举明抄本与李君纪本校语异处，认为明抄本直接抄自南宋书棚本，而非源于明代李君纪刻本，肯定了该抄本的校勘价值。陈顺智《刘长卿集版本考述》[④]（2001）结合万曼、高桥良行、储仲君诸人的成果，综合考述了唐代以来的刘长卿集版本情况，其结论基本与前人所得相一致而有所发明。任晓辉《刘长卿集版本源流试说》[⑤]（2005）一文在前人的基础上清理了历代刘集版本，说明诸种版本的依据、特征及与他本的关系，承认从清代以后的刻本、抄本、影印

① 储仲君《刘长卿诗编年笺注》，中华书局 1996 年版，第 590—597 页。
② 杨世明《刘长卿集编年校注·前言》，人民文学出版社 1999 年版，第 12—13 页。
③ 段承校《明抄本〈刘随州集〉考略》，《古籍研究》1999 年第 2 期。
④ 陈顺智《刘长卿集版本考述》，《文献》2001 年第 1 期。
⑤ 任晓辉《刘长卿集版本源流试说》，《吉林师范大学学报》2005 年第 1 期。

本、排印本一般都归入南宋书棚本的系统，并认为最接近刘集原貌的方式可能是以弘治临洮李君纪刻本为底本，再以北宋十卷残本作参校本。总体来看，现有研究成果对刘长卿集的版本源流已有较为清晰的梳理与认识，对现存刘集版本的看法大体接近，都认同刘集版本主要分为十卷本与十一卷本的两个版本系统，也提出了各自的看法。近年来，台湾学者阮廷瑜《刘随州诗集校注》中有《刘长卿集传本述要》[①]（2012）一文，评介了台湾公藏图书刘随州集版本、大陆图书目录所载刘集刻本，对明、清两代的刘长卿集版本流衍作出考述。

三、生平及诗作考证

有关刘长卿生平事迹的研究，近六十年间取得较大突破。台湾有陈晓蔷《刘长卿生平事迹初考》（1964）[②]，大陆有傅璇琮《刘长卿事迹考辨》[③]（1980）、郁贤皓《刘长卿别李白事迹小辨》[④]（1980）、刘乾《刘长卿三题》[⑤]（1982）、卞孝萱、乔长阜《刘长卿诗初探》[⑥]（1982）、张君宝《刘长卿生平辨证》[⑦]（1984）、刘乾《独孤及〈送刘少府序〉的写作年代》[⑧]

① （台湾）阮廷瑜《刘长卿集传本述要》，《刘随州诗集校注》，五南图书出版股份有限公司2012年版。

② （台湾）陈晓蔷《刘长卿生平事迹初考》（上、中、下），《大陆杂志》29卷3期至5期（1964年8月15日至1964年9月15日），第11—14页、第23—28页、第30—35页。

③ 傅璇琮《刘长卿事迹考辨》，《唐代诗人丛考》，中华书局1980年版。

④ 郁贤皓《刘长卿别李白事迹小辨》，《中华文史论丛》1980年第1期。

⑤ 刘乾《刘长卿三题》，《唐代文学论丛》1982年第1辑。

⑥ 卞孝萱、乔长阜《刘长卿诗初探》，《社会科学战线》1982年第4期。

⑦ 张君宝《刘长卿生平辨证》，《唐代文学论丛》1984年第4辑。

⑧ 刘乾《独孤及〈送刘少府序〉的写作年代》，《唐代文学论丛》1984年第5辑。

（1984）、杨世明《刘长卿行年考述》[①]（1990）、蒋寅《刘长卿生平再考证》[②]（1995）、郜林涛《刘长卿被贬南巴事迹考证》[③]（2002）、胡可先《刘长卿事迹新证》[④]（2008）、何剑平《刘长卿与佛教相关事迹考》[⑤]（2009）、陈尚君《诗人刘长卿的两次迁谪》[⑥]（2021）等研究成果。此外，关于刘长卿年谱的研究成果有储仲君《刘长卿诗编年笺注》附《刘长卿简表》[⑦]（1996）、杨世明《刘长卿集编年校注》附《刘长卿年谱》[⑧]（1999）、台湾学者阮廷瑜《刘长卿年谱》[⑨]（2010）。

相关研究主要围绕刘长卿生卒年、贬谪、仕宦经历、交游情况等问题展开。

（一）生卒年

刘长卿生卒年史无可征，学者们考论多歧，一直存在多种说法。闻一多《唐诗大系》推定刘长卿生于中宗景龙三年（709），陈晓蔷《刘长卿生平事迹初考》（中）认为刘长卿约生于睿宗景云初（710前后），卒于德宗贞元初年之后（787以后）。傅璇琮《刘长卿事迹考辨》推测刘长卿生于睿宗景云元年（710）前后或者是玄宗开元十三年（725）前后，而后张君宝《刘长卿生平辨证》、杨世明《刘长卿行年考述》、储仲君《刘长卿简表》、蒋寅《刘长卿生平再考证》等研究成果在闻一多、傅璇琮等学者的看法之上作进一步发明。张君宝《刘长卿生平辨证》考定刘长卿的生年是中宗神龙二年（706），在德宗贞元

① 杨世明《刘长卿行年考述》，《四川师范学院学报》1990 年第 4 期。
② 蒋寅《刘长卿生平再考证》，《中国典籍与文化论丛》第 2 辑，中华书局 1995 年版。
③ 郜林涛《刘长卿被贬南巴事迹考证》，《中国典籍与文化》2002 年第 1 期。
④ 胡可先《刘长卿事迹新证》，《学术研究》2008 年第 6 期。
⑤ 何剑平《刘长卿与佛教相关事迹考》，《武汉大学学报》2009 年第 5 期。
⑥ 陈尚君《诗人刘长卿的两次迁谪》，《文史知识》2021 年第 12 期。
⑦ 储仲君《刘长卿诗编年笺注》，中华书局 1996 年版，第 579—588 页。
⑧ 杨世明《刘长卿集编年校注》，人民文学出版社 1999 年版，第 626—641 页。
⑨ （台湾）阮廷瑜《刘长卿年谱》，《辅仁国文学报》2010 年第 30 期。

七年（791）以前逝世；杨世明《刘长卿行年考述》综合诸家说法并依年系述刘长卿生平，定其生年在玄宗开元六年（718）前后，其卒年下限是德宗贞元六年（790），《刘长卿集编年校注》附《刘长卿年谱》同；储仲君则推算其生于开元十四年（726）前后，卒于贞元六年（790）；蒋寅《刘长卿生平再考证》认同储仲君谓刘长卿生年为开元十四年（726）的说法，但提出其卒年下限为贞元五年（789）。

（二）贬谪、仕宦经历

1964年，台湾学者陈晓蔷《刘长卿生平事迹初考》（上、中、下）首先质疑历来刘长卿贬谪事迹的记载，总体考索了刘长卿的生平行事，提出刘长卿曾三次获罪，后两次曾遭贬谪，第一次在天宝末载系狱，第二、三次迁谪岭外，贬谪去处皆在南巴以及出发地皆为鄱阳余干。该文考出刘长卿第一次贬谪，系遭吴仲孺诬奏，于上元末年至宝应初年获罪，而被贬至南巴。第二次贬谪是在大历十二年（777）春，刘长卿再次被贬南巴，量移睦州，为睦州司马。陈文以为历来所谓刘长卿“终随州刺史”，未必是指刘长卿卒于随州，而是另有缘由。20世纪80年代，傅璇琮发表《刘长卿事迹考辨》一文，对刘长卿生平研究有正本清源之功，驳正《新唐书·艺文志》对刘长卿两次贬谪事迹混为一谈的误载，考出刘长卿两度遭贬的时间和地点：第一次是肃宗至德三载（758）春天，从苏州长洲尉贬为潘州南巴尉；第二次是代宗大历八年至十二年（773—777）秋冬之际，为吴仲孺所诬奏而自淮西鄂岳转运留后贬为睦州司马。其次，傅璇琮以《刘长卿集》、新旧《唐书》的《李惠登传》为主要线索，考证出刘长卿并非《新唐书·艺文志》所谓“终随州刺史”，判断刘长卿卒年在德宗贞元二年（786）至七年（791）之间，同时还讨论了刘长卿登进士第的时间。这篇论文是刘长卿事迹研究实际的开拓之作，虽考证未臻精细，但立论严谨，为后来的研究奠定了基础，郁贤皓、刘乾、卞孝萱、乔长阜、张君宝、杨世明、蒋寅等学者都在傅文的考证成果上各有发明，然意见分歧很大。郁贤皓《刘长卿别李白事迹小辨》考证长卿贬南巴是在罢摄官被放归以后，在上元元年（760）春天从余干赴往南巴。刘乾《刘长卿三题》考证刘长卿于代宗广德元、二年（763—764）间回到长安并任监察御史，认为刘长卿是在淮南为转运判官，并于大历六年（771）秋天离开淮南移使鄂岳。在建中四年（783）失随州以后，刘长卿成为淮南节度使杜亚的幕僚。张君宝《刘长卿生平辨证》则考定长卿被贬睦州在大历十年（775）至十一年（776）秋之间。卞孝萱、乔长阜《刘长卿诗初探》一文指出长卿玄宗朝游学科考、肃代两朝两遭贬谪、德宗朝官至郡守的三个创作阶段的成就与特征，继傅文考述刘长卿生平大节之后，更完整地勾勒刘长卿人生经历与诗风演变的总体线索。蒋寅《大历诗人研究》[①]中《刘长卿生平再考证》一文探讨了刘长卿生平重大事件的具体过程与年代问题，认为刘长卿大致在天宝十一载（752）登第，至德二载冬（757）入狱，并在乾元二年（759）春天之后不久被贬潘州南巴尉，大历十年（775）春已离开鄂州，赴睦州贬所。郜林涛《刘长卿被贬南巴事迹考证》考证了刘长卿先摄海盐令、后被诬下狱的行迹，认为他自南巴北返是在肃宗上元二年（761），且有寓居余干的经历。胡可先《刘长卿事迹新证》运用新出土墓志文献，以证明刘长卿曾任陈留浚仪县尉，考出刘长卿及进士第是在天宝七载（748）或天宝八载（749），认为《新唐书・艺文志》有关刘长卿至德中为监察御史的说法有其合理性。关于刘长卿为鄂岳转运判官时间，胡文依据新出土的《郑洵墓志》，修正傅璇琮《刘长卿事迹考辨》“大历五六年间（770—771）”说、储仲君《刘长卿简表》“大历五年（770）”说、杨世明《刘长卿集编

① 蒋寅《大历诗人研究》，北京大学出版社 2007 年版。

年校注》“大历八年（773）”说，考订刘长卿为鄂岳转运判官时间是在大历三年（768）或稍前。何剑平《刘长卿与佛教相关事迹考》考证出刘长卿在开元末、天宝初居长安及洛阳时已接触佛教，稽考了刘长卿与北禅宗、天台宗等宗系僧侣的交游过程，由刘长卿任官时与佛教的接触补充他的行迹线索。陈尚君《诗人刘长卿的两次迁谪》则以文史结合的方法勾勒出刘长卿两次贬谪的具体过程。

（三）与其他诗人交往

这方面的研究成果主要有：傅璇琮《刘长卿事迹考辨》考察了刘长卿与耿沣、秦系、严维、包佶、李揆、皇甫曾等人的交往。郁贤皓《刘长卿别李白事迹小辨》一文考辨刘长卿别李白事迹，认为刘长卿“谁怜此别悲欢异”句是指肃宗上元元年（760）春天刘长卿与李白在豫章、余干一带的相会，刘长卿在此写下《将赴南巴至余干别李十二》。对此，乔长阜发表《李白遇刘长卿说献疑》一文[①]，对郁文的结论提出质疑，他的考证结果是“刘长卿《将赴南巴至余干别李十二》诗的‘李十二’，不过是行第偶然与李白相同而已，其实并不是李白。李白与‘将赴南巴’的刘长卿相遇于余干的说法是不能成立的”。刘乾《独孤及〈刘少府序〉的写作年代》一文对傅文认为独孤及《刘少府序》作于肃宗至德三载（758）即乾元元年春天的观点提出异议，刘乾推断这篇序是写于肃宗上元二年（761）春。邹志方《刘长卿与越中交游》[②]（1990）考述了刘长卿在越中与诗人秦系、严维、朱放、诗僧灵一和灵澈等人的交游。金秀枝《刘长卿与李氏家族交游考》[③]（2019）据刘长卿诗探讨了刘长卿与李揆、李希言、李嘉祐、李

① 乔长阜《李白遇刘长卿说献疑》，《中国李白研究（1992—1993年集）》，安徽文艺出版社1992年版。

② 邹志方《刘长卿与越中交游》，《绍兴师专学报》1990年第1期。

③ 金秀枝《刘长卿与李氏家族交游考》，《蚌埠学院学报》2019年第4期。

纾、李幼卿几位李氏族人的交往及其对刘长卿人生经历的影响。

综上所述，在20世纪80年代以前，刘长卿生平考证研究相对沉寂。80年代以后，随着国内学术研究恢复正常，唐诗研究日渐兴盛，唐代诗人生平考证也成为学界关注的课题，刘长卿生平事迹研究随之进入突飞猛进的阶段。刘长卿生平的重大事件及一些细节问题，随着考证的逐步深入越来越清晰，生平经历基本勾勒出来。但由于刘长卿履历缺乏翔实可靠的记载，研究者只能从他的诗文与史籍相互发明中得出判断，甚至据他的交游、唱和之作来推断行迹，因此学者们的考证结论难免有分歧。近十年来，长卿生平研究较少推进，除了陈尚君《诗人刘长卿的两次迁谪》一文外，尚未见其他专门的研究文章。就目前的研究来看，刘长卿生平还有不少有待于进一步考实的问题，或许只能期待于新的出土文献提供更多可考的记载，否则很难获得更为坚实有说服力的结论。

《刘长卿集》自宋代刊刻以来，诗作多有歧异或重见，《全唐诗》收入的刘长卿诗多与他人重出。因此对刘诗的甄别、考辨成为刘长卿研究的一个学术热点。佟培基在1993年发表《刘长卿诗重出甄辨》一文[①]，后收入《全唐诗重出误收考》（陕西人民出版社1996年版）中，对刘长卿诗中重出互见的50首作了辨析，推定其中20首非刘作，5首存疑，考论严谨。此后柏俊才《〈全唐诗〉刘长卿重出诗歌考》[②]（1999）、陈顺智《刘长卿重出诗考》[③]（2001），在佟培基的考证基础上续有发现和补充。有关刘长卿诗作系年的考辨，则有储仲君《刘长卿诗歌名篇系年质

① 佟培基《刘长卿诗重出甄辨》，《文学遗产》1993年第2期。

② 柏俊才《〈全唐诗〉刘长卿重出诗歌考》，《山西师大学报（社会科学版）》1999年第3期。

③ 陈顺智《刘长卿重出诗考》，《魏晋南北朝隋唐史资料》（第18辑）2001年版。

疑——兼及诗人生平的若干问题》①（1988）、刘乾《刘长卿诗续考》②（1991）、《刘长卿诗再续考》③（2002）、陈顺智《刘长卿诗歌透视》附录《刘长卿诗歌系年考辨》④（1994）、肖献军《刘长卿湖湘诗重系年》⑤（2011），使人们对刘长卿诗中重出互见作品的归属权及编年问题获得日益清晰的判断。于此前后整理刘长卿诗集的编年、校笺本，有储仲君《刘长卿诗编年笺注》（中华书局1996年版）、杨世明《刘长卿集编年校注》（人民文学出版社1999年版）两种，储本以明弘治十一年李君纪刊本为底本，将刘长卿诗分为编年诗、未编年诗两个部分，收诗509首，附有诸家序跋、刘长卿简表、《刘随州集》版本考、评论、杂记，是首部刘长卿诗歌编年著作。《版本考》对刘长卿版本源流考证详实，厘清北宋以来刘长卿集的承传概况。杨本内容包括校注、评说、序跋题记、生平传记、年谱，同样也以李君纪刊本为底本，收诗506首，为420首编年，按诗、词、赋、文排序。储、杨二书作为20世纪刘长卿诗歌研究的总结性成果，为人们对刘长卿诗歌的考辨和研究提供了很大的便利。储书问世在先，且作者于中唐诗研究有较深的学术积累，相较之下文献整理和研究的贡献也更突出。

四、思想内容研究

关于刘长卿诗思想内容的研究起步相对较晚。较早对刘长

① 储仲君《刘长卿诗歌名篇系年质疑——兼及诗人生平的若干问题》，《晋东南师范专科学校学报》1988年第3期。

② 刘乾《刘长卿诗续考》，《西南师范大学学报（人文社会科学版）》1991年第2期。

③ 刘乾《刘长卿诗再续考》，《平原大学学报》2002年第3期。

④ 陈顺智《刘长卿诗歌透视》，湖北人民出版社1994年版。

⑤ 肖献军《刘长卿湖湘诗重系年》，《中国文学研究》2011年第1期。

卿诗歌思想作专门性研究的是房日晰《刘长卿诗的思想评价》[①]（1983）一文，作者结合诗人生平经历解读其诗作关心安史乱中的国家命运与人民疾苦、批判封建专制制度及其怀才不遇的思想感情，肯定了刘长卿诗反映盛唐转向中唐的社会现实及其历史意义。储仲君《秋风夕阳的诗人——刘长卿》[②]（1992）从刘长卿诗中秋风、夕阳等常见吟咏对象出发，联系诗人的个性、追求与经历深入探究其诗歌意旨。杨世明《刘长卿集编年校注》（1999）的《前言》[③]对刘长卿思想作了简要评述，尤其注意当时盛行的佛、道思想对刘长卿及其诗歌的影响。

关于刘长卿诗歌题材、主题研究，研究者多关注于山水诗、贬谪诗。山水诗研究有王志清《刘长卿山水诗的盛唐面目》[④]（2006）一文，着眼于刘长卿山水诗与盛唐山水诗的关系，以定位其诗歌史位置。朱丹阳《刘长卿山水诗中的情感内涵分析》[⑤]（2009）分析了刘长卿山水诗中失去家园的孤独者形象及情感内涵，揭示其山水诗之于诗歌史的特殊意义。石慧、王丹《刘长卿山水诗三大情怀探析》[⑥]（2013）结合刘长卿科考、贬谪、涉佛等人生经历，解读其山水诗所具有的“孤独意识”“隐逸情结”及“宗教情怀”。刘长卿曾有两次贬谪经历，其贬谪诗也为学者所关注，这方面的研究有：赵银芳《入狱贬谪与刘长卿诗歌研究》[⑦]（2007）一文首先考述了刘长卿入狱及两遭贬谪的始末、原因，而后从贬谪文学角度并结合刘长卿贬谪经历，将他的诗歌分

① 房日晰《刘长卿诗的思想评价》，《西南师范学院学报》1983 年第 1 期。

② 储仲君《秋风、夕阳的诗人——刘长卿》，《唐代文学研究》第 3 辑，广西师范大学出版社 1992 年版。

③ 杨世明《刘长卿集编年校注》，人民文学出版社 1999 年版，第 6—9 页。

④ 王志清《刘长卿山水诗的盛唐面目》，《殷都学刊》2006 年第 2 期。

⑤ 朱丹阳《刘长卿山水诗中的情感内涵分析》，《辽宁师专学报（社会科学版）》2009 年第 2 期。

⑥ 石慧、王丹《刘长卿山水诗三大情怀探析》，《湖南科技学院学报》2013 年第 10 期。

⑦ 赵银芳《入狱贬谪与刘长卿诗歌研究》，陕西师范大学硕士学位论文，2007 年。

为首次贬谪前、首次遭贬时、被贬归来至再次被贬前、第二次贬谪时以及贬谪结束后五个时期。赵文是较早地结合刘长卿贬谪经历对其诗歌作综合性探讨的研究成果。杨道州《浅析刘长卿贬谪时期的诗歌创作》[①]（2010）剖析了刘长卿首次被贬、再次被贬以及晚年时期诗歌创作的心路历程。李昇《孤怜的诗歌与诗歌的孤怜——论刘长卿贬谪诗的创作》[②]（2016）一文认为“孤”与“怜”是刘长卿贬谪诗的情感特征，表现在主题取向、时空观念及意向类型三个方面。与高仲武等人的意见有所不同，李文提出刘长卿诗创新之处在于通过描写生活事件来抒发内心感受，在体物方面比盛唐诗人更为深刻与细致，这点继承了建安文学重内心感受和感事抒情的艺术手法。徐永东《刘长卿湖湘诗略论》[③]（2018）一文探讨了湖湘地域文化与刘长卿贬谪诗的交互关系，分析诗人湖湘诗中山水寄托、历史感喟等内涵及其“体物情深，工于铸意”的艺术呈现。可见，随着研究的不断深入，学界对于刘长卿诗歌题材及主题的考察逐步走向精耕细作的阶段。

另外，从文化学视角解读刘长卿及其诗歌的思想内容，学界也有不少成果。有学者结合宗教情怀来探讨刘长卿诗的思想内容，如郜林涛《佛教与刘长卿的思想和创作》[④]（2001）一文探讨佛教思想对刘长卿及其诗歌的影响，认为刘长卿虽未深涉佛理，但因饱经仕途坎坷，他对佛教思想的接受也愈加深入，在创作上体现为浸染佛性的诗句及“空明闲淡”与“寂静深幽”的诗

① 杨道州《浅析刘长卿贬谪时期的诗歌创作》，《沈阳教育学院学报》2010年第3期。

② 李昇《孤怜的诗歌与诗歌的孤怜——论刘长卿贬谪诗的创作》，《黔南民族师范学院学报》2016年第3期。

③ 徐永东《刘长卿湖湘诗略论》，《湘南学院学报》2018年第6期。

④ 郜林涛《佛教与刘长卿的思想和创作》，《山西大学学报（哲学社会科学版）》2001年第6期。

风。潘殊闲《刘长卿及其诗歌的宗教情怀》①（2004）剖析刘长卿融合释、道两家的宗教思想及宗教活动，认为宗教情怀使他的诗歌在艺术上体现为澹泊空灵、清幽闲雅的风格。胡小勇《佛教思想和刘长卿的诗歌创作》②（2009）结合当世佛教思想，探讨刘长卿亲近佛教的时代和个人因缘、行为和思想上接受佛禅的表现及其诗歌中的佛禅美学意象。也有从贬谪文化的角度来探讨刘长卿诗歌的研究，姚雪红《刘长卿诗风与贬谪文化心态探究》③（2018）从贬谪文化的视角探究长卿诗歌的类型、意象与风格，进而以独特的贬谪文化心态观照贬谪士人的生命历程。还有学者从心理学的角度探讨刘长卿的创作心理及其诗歌呈现的心灵状态，熊七芳《刘长卿诗歌心态研究》④（2009）剖析了刘长卿诗歌心态的形成、表现，通过刘长卿诗歌心态透视大历诗人的矛盾人格和心理状态。杜文宇《论"惆怅"情结在刘长卿诗歌中的体现》⑤（2021）提出"惆怅"情结伴随刘长卿一生，认为在其现存的五百余首诗中有表达"惆怅"之情并结合刘长卿不同阶段的"惆怅"诗歌来探索其心境。这些论文在前人提出的论断上有不同程度的细化，但总体上缺乏新的突破。

五、艺术特色研究

刘长卿是由盛唐转入中唐的重要诗人，尤其为代表大历诗风的杰出作手。20世纪80年代以来，学界对刘长卿诗歌艺术特色的

① 潘殊闲《刘长卿及其诗歌的宗教情怀》，《西南民族大学学报（人文社科版）》2004 年第 2 期。
② 胡小勇《佛教思想和刘长卿的诗歌创作》，湖南大学硕士学位论文，2009 年。
③ 姚雪红《刘长卿诗风与贬谪文化心态探究》，《吉林省教育学院学报》2018 年第 10 期。
④ 熊七芳《刘长卿诗歌心态研究》，西南大学硕士学位论文，2009 年。
⑤ 杜文宇《论"惆怅"情结在刘长卿诗歌中的体现》，《中国民族博览》2021 年第 20 期。

研究关注一直较为热切。研究专著有陈顺智《刘长卿诗歌透视》①（1994）；就单篇论文而言，日本学者高桥良行的《论刘长卿诗的表现》②（1982）是较早地触及刘长卿诗歌艺术特征的论文，但发表后不被国内学界所知。国内学界的相关论文有房日晰《刘长卿诗的艺术特色》③（1984）、张天健《试论刘长卿“五言长城”的近体模式》④（1988）、储仲君《秋风、夕阳的诗人——刘长卿》⑤（1992）、陈顺智《刘长卿诗歌意境的审美特征》⑥（1992）、《刘长卿诗歌体裁论》⑦（1995）、《论刘长卿诗歌的风格》⑧（2000）、邓仕樑《刘长卿在唐代七律发展的地位》⑨（1993）、蒋寅《刘长卿与唐诗范式的演变》⑩（1994）、潘殊闲、王胜明《刘长卿“五言长城”新解》⑪（2004）、王志清《刘长卿山水诗的盛唐面目》⑫（2006）、孙建峰《刘长卿五言诗特殊体式之考述》⑬（2010）、孟爱华《刘长卿诗歌用韵考》⑭（2010）、葛晓音《刘长卿七律的诗史定位及其诗学依据》⑮

① 陈顺智《刘长卿诗歌透视》，湖北人民出版社 1994 年版。

② （日本）高桥良行《论刘长卿诗的表现》，《中国文学研究》第 8 期，早稻田大学中国文学会 1982 年 12 月出版。

③ 房日晰《刘长卿诗的艺术特色》，《求是学刊》1984 年第 4 期。

④ 张天健《试论刘长卿“五言长城”的近体模式》，《汉中师院学报》1988 年第 3 期。

⑤ 储仲君《秋风、夕阳的诗人——刘长卿》，《唐代文学研究》第 3 辑，广西师范大学出版社 1992 年版。

⑥ 陈顺智《刘长卿诗歌意境的审美特征》，《江汉论坛》1992 年第 7 期。

⑦ 陈顺智《刘长卿诗歌体裁论》，《西南师范大学学报（哲学社会科学版）》1995 年第 1 期。

⑧ 陈顺智《论刘长卿诗歌的风格》，《社会科学研究》2000 年第 3 期。

⑨ （香港）邓仕樑《刘长卿在唐代七律发展的地位》，《唐代文学研究》1993 年第 4 辑，广西师范大学出版社 1994 年版。

⑩ 蒋寅《刘长卿与唐诗范式的演变》，《文学评论》1994 年第 1 期。

⑪ 潘殊闲、王胜明《刘长卿“五言长城”新解》，《重庆邮电学院学报》2004 年第 5 期。

⑫ 王志清《刘长卿山水诗的盛唐面目》，《殷都学刊》2006 年第 2 期。

⑬ 孙建峰《刘长卿五言诗特殊体式之考述》，《中国韵文学刊》2010 年第 1 期。

⑭ 孟爱华《刘长卿诗歌用韵考》，《渤海大学学报》2010 年第 5 期。

⑮ 葛晓音《刘长卿七律的诗史定位及其诗学依据》，《中山大学学报》2013 年第 1 期。

（2013）、《“意象雷同”和“语出独造”——从“钱、刘”看大历五律守正和渐变的路向》[①]（2015），等等。当前的研究内容大致可分为诗歌艺术研究、诗体研究两个方面。

1. 关于诗歌艺术研究。学界对刘诗艺术研究主要集中于风格、意象、意境及诗学范式的层面。陈顺智《刘长卿诗歌透视》（1994）一书，既是作者在1984年完成的硕士学位论文，也是经十年修订的第一部全面研究刘长卿诗歌艺术的专著，于刘长卿诗歌研究有筚路蓝缕之功。书中结合现代心理学、美学来剖析大历诗歌的审美特色，从诗歌本体、诗人感官及空间位置三个维度挖掘刘长卿诗的审美结构模式，将刘长卿置于大历诗风的变迁中来考察其诗史定位。专题论文中，房日晰《刘长卿诗的艺术特色》（1984）一文肯定了清代沈德潜谓刘诗“工于铸意，巧不伤雅”的艺术特色，指出刘诗具有整赡流畅、淡净炼饰的艺术风格，并从结构、意象与语言三个层面探究其成因。蒋寅《刘长卿与唐诗范式的演变》（1994）吸收日本学者在刘长卿诗意象和诗语方面的研究成果，更进一步分析了刘长卿诗中强烈的自我意识和情绪化倾向与取材狭隘及表情词、意象单调的关系，认为其写意特征和程式化的倾向带来诗歌整体上的冷落、衰飒风格印象和意象陈熟老化的两种结果，其诗歌范式演变的轨迹意味着情景分离的盛唐范式向情景交融的中唐范式的过渡。在随后出版的《大历诗人研究》（中华书局1995年版）中，蒋寅将刘长卿作为江南地方官诗人的代表与盛中之交承前启后的诗人，就其诗歌创作显示出的盛唐范式过渡至大历范式的典型意义作了更明确的结论。陈顺智《论刘长卿诗歌的风格》（2000）对之前的研究作了补充性的论述，认为刘诗语气结构上宛转屈伸的特征及思想感情上深婉缠绵

① 葛晓音《“意象雷同”和“语出独造”——从“钱、刘”看大历五律守正和渐变的路向》，《清华学报》2015年45卷第1期。

的韵味，构成了其流利宛转、含蓄蕴藉这一专属刘长卿的独特艺术风格。王丹《刘长卿山水诗艺术风貌研究》[1]（2007）探讨了长卿山水诗的创作历程、艺术风貌、山水情怀及对于文学史的影响。20世纪90年代以来，对于长卿诗歌意象的研究，都着眼于其诗中“秋”“夕阳”“青山”“白云”“水”等意象，包括储仲君《秋风、夕阳的诗人——刘长卿》（1992）、狄松《从水语象观照刘长卿诗情感内涵》[2]（1998）、李军《论刘长卿诗歌创作中的“夕阳”情结》[3]（2002）、楚清伟《论刘长卿诗中秋之意象》[4]（2004）、金坚强、胡祖平《解读刘长卿诗歌中的“青山”意象》[5]（2006）、《解读刘长卿诗歌中的“白云”意象》[6]（2006）、王义梅、李明亮《论刘长卿以冷感意象群营造意境》[7]（2009）、卢笑涵《隐隐青山无限意——论刘长卿诗中的青山意象》[8]（2009）、李红雨、郝彦丰《刘长卿诗歌中的“闭门”意象》[9]（2010）、刘小荣《浅论刘长卿诗歌中的象征性意象》[10]（2010）、陈刚《刘长卿诗歌意象研究》[11]（2010）、刘真《解读

① 王丹《刘长卿山水诗艺术风貌研究》，湘潭大学硕士学位论文，2007年。
② 狄松《从水语象观照刘长卿诗情感内涵》，《福建论坛（文史哲版）》1998年第3期。
③ 李军《论刘长卿诗歌创作中的“夕阳”情结》，《中州学刊》2002年第4期。
④ 楚清伟《论刘长卿诗中秋之意象》，《开封大学学报》2004年第3期。
⑤ 金坚强、胡祖平《解读刘长卿诗歌中的“青山”意象》，《海南广播电视大学学报》2006年第2期。
⑥ 金坚强、胡祖平《解读刘长卿诗歌中的“白云”意象》，《黔东南民族师范高等专科学校学报》2006年第4期。
⑦ 王义梅、李明亮《论刘长卿以冷感意象群营造意境》，《重庆科技学院学报（社会科学版）》2009年第7期。
⑧ 卢笑涵《隐隐青山无限意——论刘长卿诗中的青山意象》，《湖南工业职业技术学院学报》2009年第5期。
⑨ 李红雨、郝彦丰《刘长卿诗歌中的“闭门”意象》，《四川教育学院学报》2010年第2期。
⑩ 刘小荣《浅论刘长卿诗歌中的象征性意象》，《大众文艺》2010年第6期。
⑪ 陈刚《刘长卿诗歌意象研究》，苏州大学硕士学位论文，2010年。

刘长卿诗歌中的舟船意象》[①]（2012）、吴莉莉《山含秋色近，鸟度夕阳迟——刘长卿诗歌中黄昏意象的研究》[②]（2016）、邓琳《刘长卿诗“秋”意象的时代特质》[③]（2018）、邵文彬《心理学视域下刘长卿诗的剑意象探微》[④]（2020）、姜玲《存在主义视域下的刘长卿诗歌水意象观照》[⑤]（2022）等，虽然阐释角度有所丰富，分析也愈加细致，但选题和旨趣较少突破前人的视野。

2.诗体方面的研究则聚焦于五言诗与七律。刘长卿自许“五言长城”，他对五言诗的自负招致后世评论家、学者的验证和讨论。20世纪80年代以来，学界对刘长卿五言诗的内涵、体式及诗歌史意义等问题一直有所讨论。张天健《试论刘长卿“五言长城”的近体模式》[⑥]（1988）一文探索自诩“五言长城”的刘长卿在五律内容处理上的“形式”规律，剖析其意象组合模式有重叠钩锁式、顺流直下式、纵横辐射式、宛转关生式、层现错出式五种类型，肯定了刘长卿五律运用这些模式的自觉性。蒋寅《刘长卿与唐诗范式的演变》[⑦]（1994）一文针对刘长卿“五言长城”的自许，举证指出长卿五言长诗存在着结构、意脉时有淆乱不清的缺点，参照高仲武《中兴间气集》“思锐才窄”的评价，重新诠释了这一评价的基本涵义，认为刘长卿的五言弱于七言，他对诗歌艺术的贡献主要是在七律一体，在唐代七律中独辟一种清空淡远的美学风貌。潘殊闲、王胜明《刘长卿“五言长城”新解》[⑧]（2004）重审刘长卿自诩并为历代评论家津津乐道的“五言长

① 刘真《解读刘长卿诗歌中的舟船意象》，《时代文学》2012 年第 6 期。

② 吴莉莉《山含秋色近，鸟度夕阳迟——刘长卿诗歌中黄昏意象的研究》，《南通职业大学学报》2016 年第 1 期。

③ 邓琳《刘长卿诗“秋”意象的时代特质》，《大庆师范学院学报》2018 年第 4 期。

④ 邵文彬《心理学视域下刘长卿诗的剑意象探微》，《新乡学院学报》2020 年第 7 期。

⑤ 姜玲《存在主义视域下的刘长卿诗歌水意象观照》，《名作欣赏》2022 年第 9 期。

⑥ 张天健《试论刘长卿“五言长城”的近体模式》，《汉中师院学报》1988 年第 3 期。

⑦ 蒋寅《刘长卿与唐诗范式的演变》，《文学评论》1994 年第 1 期。

⑧ 潘殊闲、王胜明《刘长卿“五言长城”新解》，《重庆邮电学院学报》2004 年第 5 期。

城”之说，认为五言篇制之长、短并非五言古、近体之谓，提出“五言长城”应理解为刘长卿对五言诗创作的偏爱、五言诗在数量上占优以及论者对其五言诗价值及艺术性的偏爱这三点。关于五律，葛晓音《“意象雷同”和“语出独造”——从“钱、刘”看大历五律守正和渐变的路向》[①]（2015）结合五律的诗体历时性演变，以钱、刘为代表考察大历五律守正与渐变的路向，在此基础上说明造成刘长卿五律“意象雷同”的外部原因是大历诗人过从密切、创作环境趋同，内部原因是取材范围收缩、诗风因袭和写作惯性。与学界多注目于刘诗语辞、意象的雷同不同，葛晓音独到地指出刘诗“语出独造”的趋向，即突破五言诗字、词组合的模式和正常语法顺序的原理，进而挖掘诗体自身的潜力，这种趋向为中晚唐诗人“吟安五个字”甚至走向苦吟埋下了伏笔。至于七律，现代唐诗学者重视刘长卿的作品，主要是着眼于其艺术特征、对于诗歌发展的意义及诗学定位问题。台湾有杜水封《随州七律赏析》[②]（1976），鉴赏刘长卿七律名作的艺术魅力。香港有邓仕樑《刘长卿在唐代七律发展的地位》（1993），以叶嘉莹对杜甫七律的分期为参照来探讨刘长卿在唐代七律发展中承前启后的位置，指出刘长卿的创作经历与盛唐诗人大体一致，七律写作集中于贬谪期间，在盛、中唐演变历程中有开风气的作品，尤其是对以元白、刘禹锡为代表的中唐诗平易流转一派启其端绪。蒋寅《刘长卿与唐诗范式的演变》（1994）继叶嘉莹、邓仕樑之后继续探讨刘长卿的七律创作，指出刘长卿改变了唐代七律发展的趋向，并从贬谪与送别的主要内容、强烈的情绪化倾向、虚实相生的表现手法以及洗练流畅的语言几个方面论述了刘

---

① 葛晓音《“意象雷同”和“语出独造”——从“钱、刘”看大历五律守正和渐变的路向》，《清华学报》2015 年 45 卷第 1 期。

② （台湾）杜水封《随州七律赏析》，文馨出版社 1976 年版。

长卿七律的艺术特征。林珍华《论刘长卿的七言律诗》[①]（2009）从题材类型、思想内容、审美意象、语言艺术及诗歌风格五个维度剖析刘长卿七律的主要特点，并探讨在唐诗体式演变历程中，刘长卿七律对初盛唐的承继、对中晚唐的启迪作用。总体来看，认为刘长卿在盛唐与中唐之间起到承上启下的作用，其七律与杜甫七律各为一派而分别影响了中唐诗歌，基本上是目前学界的主流认识。对此，葛晓音在《刘长卿七律的诗史定位及其诗学依据》（2013）一文中提出了不同看法，作者梳理历代诗论家对刘长卿及其七律的看法，尝试跳出初盛、中晚唐之争的视域，从意境营造、抒情结构、情景组合的变化三方面重新定位刘长卿的七律。她指出刘长卿七律并未明显改变"正宗"的盛唐韵调，却与被视为"变格"的杜甫共同致力于七律发展的必然方向，以期纠正学界局限于初盛、中晚之争讨论刘长卿的偏向，提出应该以其体式发展的建树作为诗学评价的依据。

诗歌用韵研究是学界开辟的刘长卿诗艺术研究的新领域，近年来有孙建峰《刘长卿五言诗特殊体式之考述》（2010）据储仲君《刘长卿集编年笺注》的诗歌文本，从句数、押韵、对仗、平仄四个形式要素来考察刘长卿部分五言诗的特殊体式。论文首次依据诗歌格律特征来校理刘集的异文，不失为一种有参考价值的校勘方法。孟爱华《刘长卿诗歌用韵考》（2010）一文从用韵的角度考察477首确定归属的刘长卿诗，讨论了其近体诗的韵部系统、古体诗与近体诗用韵异同，刘诗与杜甫、韦应物的诗韵比较，并从诗歌用韵来校勘刘长卿诗。孙、孟二文从诗歌格律的角度对刘长卿诗作了专门研究，结合诗作格律、用韵的规律校勘诗作，有助于刘长卿诗歌艺术研究尤其是用韵研究朝精细化的方向发展。

① 林珍华《论刘长卿的七言律诗》，华侨大学硕士学位论文，2009年。

六、传播、接受研究

近年来，刘长卿诗传播、接受研究成为研究者开拓的一个新的研究领域，这些研究成果分别探析了刘长卿诗通过诗歌创作活动、诗话、诗歌选本等方式、文本传播与接受情况，有王玉蓉《唐宋时期刘长卿诗歌传播接受史研究》①（2010）一文探讨了刘长卿诗歌在唐宋两代的传播、接受，考察了在唐宋时期刘诗的交游唱和、题诗、干谒投献、诗歌选集等几种传播途径。在批评史、接受史方面，该文认为刘长卿诗歌史地位随时代更迭而越发拔高、唐五代人倚重五言及宋人渐重七律，并探究背后的诗学原理。赵星《诗话视野中的刘长卿诗歌批评》②（2012）一文探讨历代诗话涉及“五言长城”、刘诗艺术及诗法的评价。余翠翠《诗话视野下刘、韦诗歌批评研究》③（2012）一文梳理了历代诗话涉及刘长卿人品、诗品的批评，探讨以谢榛、许学夷为代表的明代批评家、以王士禛为代表的清代评论家的刘长卿诗批评与接受。胡君《刘长卿诗歌在明代的传播与接受研究》④（2021）一文分列明前期、明中期、明后期三个时段，从前代重刊唐诗选本、新编唐诗选本、明人诗话、明刊刘集四类文本来考察刘诗在明代传播与接受及其原因。胡文提出明初的评价直接影响明中、后期刘诗批评，考察出明前期唐诗选本选录刘长卿诗居中唐诗首位，明中、后期选录数量有所起伏，然而有明一代对刘诗仍能保持相对高位的接受程度，从社会环境、审美思潮、选家旨趣方面探讨选本高度接受刘诗的原因，肯定了刘诗在明代接受度高的特征。

① 王玉蓉《唐宋时期刘长卿诗歌传播接受史研究》，暨南大学硕士学位论文，2010年。
② 赵星《诗话视野中的刘长卿诗歌批评》，《剑南文学》2012年第8期。
③ 余翠翠《诗话视野下刘、韦诗歌批评研究》，淮北师范大学硕士学位论文，2012年。
④ 胡君《刘长卿诗歌在明代的传播与接受研究》，重庆师范大学硕士学位论文，2021年。

目前已有对刘长卿诗在唐代、宋代、明代诗话、诗歌选本、创作活动等方面的传播与接受研究，然而相较于刘长卿诗在明、清两代的高度接受与佳评甚多的实际，现有刘诗的传播、接受研究显得冷清、单薄，尚有较大的开掘空间。目前来说，还缺乏对刘诗历代传播、接受的总体关照，尤其是考察以清代诗歌选本、清人诗话及刘诗评价与接受，尚待研究者作深入、立体的探讨。

质言之，从现有的刘长卿诗歌研究成果看，20世纪80年代至90年代，其研究焦点主要集中在版本考述、诗作考辨及整理方面。20世纪90年代中叶以后，研究方向深入诗歌风格、诗歌意境、诗歌意象、诗体及诗歌史意义方面，以及结合更深广的文化背景来探讨刘长卿诗歌的研究也逐渐增多。近年来，刘长卿诗歌接受、历代评价的研究进入研究者的视野，成为一个新进的研究方向。

刘随州集

◎赵万里

明抄本《刘随州文集》十一卷《外集》一卷，卷首题“随州刺史刘长卿撰”。刘长卿两《唐书》无传，事迹略见计有功《唐诗纪事》卷二六、辛文房《唐才子传》卷二。《唐才子传》云刘长卿字文房，河间人，与《直斋书录解题》所云宣城人不合。盖河间在唐时属河北道瀛州，而宣城则属江南道宣州也。此本为叶文庄公菉竹堂旧藏，迭经周松霭（春）、盛伯羲（昱）及洹上袁氏庋藏。书字拙古，虽谬讹满纸，然以明正德覆宋本勘之，此本卷一《送宣尊师醮毕归越》诗后所脱，适当明刊二叶之数；卷二《送梁郎中赴吉州》诗、卷六《奉送从兄罢官之淮南》诗及卷七《罢摄官后将还旧居留辞李侍御》诗后所脱，又适当明本一叶之数。是此本实与正德本同出一源。盖宋本此数处偶有缺佚，故余所见之正德本，卷一、卷七亦空脱，与此本无异。考此书宋刊仅见半叶十二行行二十一字元翰林国史院旧藏之《刘文房文集》残帙，与正德本之称号及行款迥殊，当非正德本及此本之所自出。正德本半叶十行行十八字，与传世南宋临安府陈宅经籍铺印行诸唐人诗集，体式行款无一不合。而南宋本《刘随州诗集》世无传本，仅赖正德本以见其涯略。正德本讹误以此本校之，可得其大半，以是知旧抄之足贵也。兹列其异同为校记如左，庶览者详焉。此本前后有“叶文庄公家世藏”“叶印子寅”“叶德荣甫世藏”“叶氏藏书”“松霭藏书”“宗室文悫公家世藏”“盛昱之印”“伯羲父”诸印。

卷一

[湘妃]婵娟湘江水　抄本“水”作“月”。

[瓜洲道中送李端公南渡后归扬州道中寄]惆怅江南北　“北”作“地”。

[听弹琴]冷冷七丝上　“冷冷”作“泠泠”。

[游南园偶见在阴墙下葵因以成脉]　“脉”作“咏”。

[送子婿崔真甫李穆往扬州]落花逐水流　“水流”作“流水”。

[过刘员外长卿别墅]返照寒川满　“川”作“山”。

[碧涧别墅喜皇甫侍御相访]　“御”作“郎”。

[初到碧涧招明契上人]泉浇苦后田　“苦”作“谷”。

[却归睦州至七里滩下作]惆怅梅花早　“早”作“发”。

[对酒寄严维]郡简容垂钓　“郡简”作“群涧”。

门前七里濑　“七里濑”作“濑七里”。

[朱放自杭州与故里相使君立碑回因以奉简吏部杨侍郎制文]鹏集占书久　“久”作“夕”。

[赴新安别梁侍郎]此路云水深　“云水”作“水云”。

[和州留别穆郎中]唯闻江北钟　“江”作“汀”。

[送金昌宗归钱塘]新家淅水上　“淅”作“浙”。

[送州人孙沅自本州却归句章新营所居]征税反渔竿　“反”作“及”。

星居海岛寒　“星居”作“田生”。

[送李员外使还苏州]夜月留同舍　“同”作“洞”。

[岁日作]律变沧江外　“沧”作“苍”。

[送李秘书却赴南中]炎洲百口住　“住”作“往”。

[使回次杨柳过元八所居]婚家复如何　“家”作“嫁”。

[寄普门上人]白云寒卧处　“寒”作“幽”。

[巡去岳阳却归鄂州使院留别郑洵侍御侍御先曾谪居此州]暮帆归夏口　“帆”作“潮”（抄本朱笔增入）。

离别洞庭头　“离”作“难”。

卷二

[送李中丞之襄州]茫茫汉江上　“汉江”作“江汉”。

[酬郭夏日长沙感怀见赠]　“夏”下有“人”字。

[余干旅舍]孤城向水闭　“向”作“临”（抄本朱笔改）。

[敕恩重推使牒追赴苏州次前溪馆作]疲马向空山　“疲”作“瘦”。

[重推后却赴岭外待进止寄元侍郎]黄叶已辞根　“已”作“更”。

来往落沅　“落”下有“湘”字。

[送郑司直归上都]宦游成禁老　“禁”作“楚”。

[送李摯赴延陵令]旦暮华阳洞　“旦”作“日”。

[长沙桓王墓下别李纾张南史]伫立伤今日　“日”作“古”。

[送侯御赴黔中充判官]　“御”下有“史”字。

[今日登吴公台上寺远眺寺即陈将吴明彻战场]　“今”作“秋”。

[淮上送梁二恩命追赴上都]故关无去客　“关”作“园”（抄本墨笔校改）。

[过李将军南郑林园观妓]草映大堤春　“大”下有小注“一作绿”三字。

[送严侍御充东畿观察判官]风霜向北寒　“风霜”作“霜风”。

[送王端公入奏上都]　“奏”下有“赴”字。

[送李校书赴东浙幕府]　“府”下有小注“校书工于翰墨”六字。

芸香辞乱事　“乱”作“职”。

[送度支留后若侍御之歙州便赴信州省觐]　“送”上有“奉”字。

[余干夜宴奉饯前苏州韦使君]　“君”下有“新除婺州作”五字。

[晚次苦竹馆却忆干越旧游]　“游”下有小注“一作晚行次苦竹馆”八字。

[廨中见桃花南枝已开北枝未发因寄杜副端]　“发”作“放”。

[奉送卢员外之饶州]应看吴岭微　“岭”作“毗”。

[送王员外归朝]往来无尽目　“目”作“日”。

[酬李侍御登岳阳见寄]青山郢柱深　“柱”作“杜”。

卷三

[过鹦鹉洲王处士别业]春草带雨锄　“草”作“苗”。

[寄万州崔使君令钦]　“万”作“方”。

[送袁明府之任]何时当位政　“位”作“报”。

[送路少府使东京便应制举]五言凌白云　“云”作“雪”，抄本亦误。

[喜李翰自越至]江月向天开　“天”作“人”。

[过横山顾山人草堂]垂杨闲自风　“闲”作“白”。

[送李校书适越谒杜中丞]摇路行人去　“路”作“落”。

[寻南溪常山道人隐居]白云依静者　“者”作“渚”。

[送陆羽之茅山寄李延陵]　“羽”作“明”。

[寄灵一山人初还云门]方同沃洲去　“同”作“从”。

[寄灵一山人初还云门]　无“初还云门”四字。

[宿洞灵观]松柏凌高殿　“凌”作“陵”。

[送顾长]晨裴林月在　“裴”作“装”。

[送张判官罢使东归]归去带经锄　“锄”作“钼”。

卷四

[过包尊师山院]卖药胃相识　“胃”作“曾”。

[越江西湖上赠皇甫曾之宣州]　“越”作“赴”。

东西潮渺渺　“潮”作“湖”。

离相雨萧萧　“相”作“别”。

天涯有来客　“来客”作“客来”。

[水东渡]寒渚生微波　“生”作“住”。

[下山]谁识往来意　“识”作“知”。

[题独孤使君湖上林亭]荆州客独安　“独”作“犹”。

[送严维赴河南充严中丞幕府]山屐留何处　“屐”作“履”。

莲府开萼口　“萼口”作“花萼”。

[酬包谏议见寄之作]　“作”作“什”。

[栖霞寺东峰寻南齐明征君故居]古暮作寒草　“作”作“依”，“暮”当作“墓”。

[行营酬吕侍御]扶疾□前旌　“□”作“拜”。

[自道林寺西入石路至麓山寺过法崇禅师故居]惆怅湘江水　“水”作“远”。

[和袁郎中破贼后军行过剡中山水谨上太尉]赦罪春阳发　“春阳”作“阳春”。

[送郑十二还庐山别业]门首秋草闲　“首”作“前”。

卷五

[毗陵送邹结先赴河南充判官]周残春草在　“周”作“凋”。

[会稽王处士草堂壁画衡霍诸山]看看慰怠颜　“怠”作“愁”。

[观李凑所画美人障子]空令浣沙熊　“熊”作“态”。

[自鄱阳还游中寄褚征君]　“游”作“道”。

[石梁湖寄陆兼]潇潇清秋暮　“潇潇”作“萧萧”。

[夏口送长宁杨明府归荆南因寄幕府诸公]草覆招丘绿　“招”作“昭”。

[泛曲阿后湖简同游诸公]映带至徐州　“至”作“南”。

[上湖田馆南楼忆朱宴]万里望孤舟　“望”作“随”。

[送姚八之句容旧任便归江南]谁家过楚老　“过”作“遇”。

[杪秋洞庭中怀亡道士谢太虚]青枫亦可意　“可”作“何”。

目送沧波流　“波”作“浪”。

[硖石遇雨宴前主簿从兄子英宅]　“英”作“美”。

[江中晚钓寄荆南一二相识]既怜沧浪水复（原注“一作吏”）爱沧浪曲　“怜”作“邻”，“吏”作“更”。

卷六

[题王少府尧山隐处简陆鄱阳]陆生鄱阳令　“生”作“公”。

[陪元侍御游支硎山寺]峰峰带落日　“落日”作“月落”。

步步人青霭　“人”作“入”。

[夕次担石湖梦洛阳亲故]颇得湖山趣　“山”作“上”。

[按覆后归睦州赠苗侍御]岂令冤气积　“令”作“知”。

[奉寄婺州李使君舍人]初传来暮歌　“来”作“未”。

渔樵识太石　“石”作“古”。

[哭魏兼遂]全身出乱斤　“斤”作“军”。

[禅智寺上方怀演和尚寺即和尚所创]远山低目殿　“目”作“月”。

[关门望华山]夏云亘百里　“百”作“万”。

仿佛仍伫想　“仍”作“初”。

[奉陪萧使君入鲍达洞寻灵山寺]入云开岭道　“云”作“山”。

[雨中登沛县楼赠表兄郭少府]伫立收烟氛　“氛”作“雾”。

[灞东晚晴简同行薛弃朱训]伊余在羁束　“羁束”作“灞东”。

好道当有心　“当”作“常”。

荣生苦无暇　“荣生”作“营主”。

[哭张员外继]二星来不返　“返”作“还”。

[贬南巴至鄱阳题李嘉祐江亭]湖目上高枝　“目”作“月”。

卷七

[奉饯郑中丞罢浙西节度还京]今古流不谒　“谒”作“竭”。

[旅次丹阳郡遇康侍御宣慰召募兼别岑单父]客心募千里　“募”作“暮”。

[送元八游汝南]匹马斯平泽　“斯”作“嘶”。

[奉和李大夫同吕评事太行苦热行兼寄院中诸公仍呈王员外]千骑严欲前　“严”作“俨”。

[洛阳主簿叔知和驿承恩赴选伏辞一首]皇华使二载　“二”作“三”。

[题冤句宋少府厅留别]　“冤句”作“句容”。

[早春赠别赵居士还江左时长卿下第归嵩阳旧居]濩洛名不成　“洛”作“落”。

[夜宴洛阳程九主簿宅送杨三山人往天台寻智者禅师隐居]满复万余卷　“复”作“腹”。

落湖见孤屿　“湖”作“潮”。

下灯今尚传　“下”作“一”。

[瓜洲驿奉饯张侍御]称价扶琅玕　“扶”作“掩”。

佐剧劳黄绶　“绶”作“绶”。

星象衔新宠　“象”作“相”。

宁冀少回鸾　“少”作“有”。

卷八

[寻张逸人山居]　“人山”作“山人”。

[发越州赴润州使院留别鲍侍御]　“润”作“润”。

[家园瓜熟是故萧相公所遗瓜种凄然感旧因赋此诗]谁能更向青门外　“相”字无，“向”作“上”。

[奉使鄂渚至乌江道中作]白发那堪带铁冠　“带”作“戴”。

[送陆澧仓曹西上]日下凤翔双阙回　“回”作“迴”。

[寻龙井杨老]泉咽恐劳经陇底　“恐”作“空”。

手栽松树苍苍老　“树”作“柏”。

身卧桃园寂寞春　“园”作“源”，“寞”作“寂”。

[见故人李均所借古镜恨其未获归府斯人已亡怆然有作]如今始挂陇头枝　“始”作“难”。

卷九

[献淮宁军节度使李相公]白马翩翩春草细　“细”作“绿”。

郊原（原注“一作少陵”）西去猎平原　“少”作“邵”。

[登余干古县城]孤城上与白（原注“一作迢迎楚”）云齐

“迎”作“递”。

[将赴岭外留题萧寺远公院]南朝古木向人秋 “木”作“寺”。

月落猿啼傍客舟 “月”作“叶”。

[北归入至德州界偶逢洛阳邻家李光宰]旧路依然比重过 “比”作“此”。

[使次安陆寄友人]新年早已远萋萋 “早已”作“草色”。

三户无人自鸟啼 “自鸟”作“鸟自”。

[送台州李使君兼寄题国清寺]晴江洲渚带春草 “晴”作“清”。

[送孙逸归庐山]楚客东归栖此岩 “东”作“荣”。

浔阳郭外暗枫杉 “郭外”作“江上”。

[送李将军]下有 “一作送开府侄迎故使中丞旅榇却赴上都李公用贬谪没于江西开府上表让官乞自扶护”三十六字，较刻本多数字。

擒生绝漠经胡雪 “漠”作“汉”。

[赋得]家住层城临汉苑 “临”作“邻”。

[三月三日李明府后亭泛舟] “亭”作“庭”。

时俗犹传晋水和 “水”作“永”。

[喜朱拾遗承恩拜命赴任上都]身去东山闲草堂 “闲”作“闭”。

[送杨於陵归宋汴州别业]向水残花污客衣 “污”作“傍”。

[哭陈使君]千愁万古共平原 “愁”作“秋”。

[送孔巢父赴河南军]更言诗将会南河 “更”作“又”，“诗”作“诸”。

[齐一和尚影堂] “齐”作“济”。

苔苏苍苍闳虚院 “苏”作“藓”。

卷十

[颍川留别司仓李万]挥手皆城闉　“皆”作“背”。

[登吴古城歌]望平原兮青远目　“平”作“中”，“青”作“寄”，“目”作“月”。

叹姑苏兮聚尘鹿　“尘”作“麋”。

叶辞风水自波　“叶”下有“去”字。

[铜雀台]清楼日夜长寂寞　“楼”作“流”。

君不见邺中万事非时昔　“时昔”作“昔时”。

古人不在今人悲　“今”作“令”。

[山鹳鸽歌]万壑千峰目愁独　“目”作“自”。

[望龙山怀道士许法棱]桃花洞里洞人满　“洞人”作“居人”。

（原载《北京图书馆月刊》第一卷第二号，1928年6月）

刘长卿事迹考辨

◎傅璇琮

刘长卿早期曾经历开元、天宝的所谓盛世，但他的大部分作品写于安史之乱以后，过去有人将他列入中唐，如高仲武《中兴间气集》主要选唐肃、代两朝诗，其自序称："唐兴一百七十载，属方隅叛涣，戎事纷纶，业文之人，述作中废。粤若肃宗先帝，以殷忧启圣，反正中原；伏惟皇帝以出震继明，保安区宇，国风雅颂，蔚然复兴，所谓文明御时，上以化下者也。仲武不揆菲陋，辄罄谀闻，博访词林，采察谣俗，起自至德元首，终于大历暮年，述者数千，选者二十六人，诗总一百三十四首，分为两卷。"其书卷下即选刘长卿诗九首，而将他与钱起、李嘉祐、戴叔伦、皇甫冉、韩翃、郎士元等并列。《中兴间气集》所载诗人，没有一个是在开元、天宝时已享诗名的。高仲武在评语中对刘长卿的诗尚有些微词，如说："诗体虽不新奇，甚能炼饰，大抵十首已上，语意稍同，于落句尤甚，思锐才窄也。如'草色加湖绿，松声小雪寒'，又'沙鸥惊小吏，湖色上高枝'，又'细雨湿衣看不见，闲花落地听无声'，裁长补短，盖丝之颣欤。"而到了中唐后期的皇甫湜，对刘诗的评价已高，他在《答李生第二书》中，对当时年轻士子那种"争为虚张，以相高自谩"的风气提出批评，就曾举例说："诗未有刘长卿一句，已呼阮籍为老兵矣；笔语未有骆宾王一字，已骂宋玉为罪人矣。"（汲古阁本《皇甫持正集》卷四）可见刘长卿的炼句（高仲武所谓“甚能炼饰”）已为皇甫湜那样主张尚奇的散文家所注意。至宋代，就有人有意模仿其诗句者，如陆游《老学庵笔记》卷四载：

刘长卿诗曰：“千峰共夕阳。”佳句也。近时僧癞可用之，云“乱山争落日”，虽工而窘，不逮本句。

到了明朝，又有人把他列入盛唐，如著名的唐诗评选家高棅，在其所编《唐诗品汇》中把刘长卿与高适、岑参等都称之为名家，而按照《唐诗品汇》的体例，凡称之为名家、大家的，都算是盛唐。清初的阎若璩，也说“刘长卿之为盛唐也无可疑”（见《潜丘札记》卷四上《题刘随州诗集》）。至于清中叶时的卢文弨，更认为盛唐中唐之际，自杜甫之后就要算上刘长卿了，他在《刘随州文集题辞》（《抱经堂文集》卷七）中对刘长卿的诗作了极高的评价，说：

随州诗固不及浣花翁之博大精深，牢笼众美，然其含情悱恻，吐辞委宛，绪缠绵而不断，味涵泳而愈旨，子美之后定当推为巨擘。众体皆工，不独五言为长城也。

由此可见，对于刘长卿的评价，随着时间的推移，是愈往后愈高的。但过去的评论，无论是批评或赞誉，我们今天仍应持分析的态度。批评者，除高仲武外，尚有同时的居住于吴兴的皎然，他在《诗式》卷四“齐梁诗”条中，将刘长卿与皇甫冉、严维、朱放、李嘉祐等并提，说他们“窃占青山白云，春风芳草，以为己有，吾知诗道初丧，正在于此，何得推过齐梁作者？迄今余波尚浸，后生相效，没溺者多。”[1]赞誉的，除了欣赏其诗句的新奇以及卢文弨那样笼统地说“含情悱恻，吐辞委宛”外，还有如陆游那样从“爱君忧国”的角度来加以肯定的，说：“刘随州诗‘海内犹多事，天涯见近臣’，言天下方乱，思天子而不可得，得天子近臣亦足自慰也。见天子近臣已足自慰，况又见之于天涯乎？其爱君忧国之意，郁然见于言外。”处于宋金对立之际、立志匡复故土的陆游，对于前朝诗歌努力从所谓“爱君忧国”来求得思想上的共鸣，这是可以理解的，刘长卿的一部分诗篇也确实反映了当时社会的动乱和诗人对现实的关切之情，但那种“爱君忧国”的诗毕竟不是他诗歌的主要部分，也不能作为我们今天衡量刘长卿诗的标准与尺度。以上这些，都说明，刘长卿是中唐前期有特色的诗人，过去的评论也有种种不同的说法，今天我们对他的作品的思想与艺术，应当进行实事求是的正确评价。本文不准备对刘长卿诗歌及有关评论详加论述，而想着重就过去有关他的事迹的记载作若干考辨，对前人以及现在研究者的一些错误说法加以讨论和驳正，并就诗人的时代与交游，对他的一生行迹，作某些材料上的补充。这对于我们进一步研究刘长卿的思想和艺术，或许会有所帮助。

关于刘长卿的事迹，需要考辨的，主要有这样几个问题：一、关于他的两次贬谪的时间和地点，二、他是否终于随州刺史及其卒年的考定，三、他登进士第的时间及生年的推算。这些问题，过去的记载与叙述，几乎无一没有错误。这是颇为使人惊异的。刘长卿，新旧《唐书》没有为他立传，《新唐书·艺文志》有一百来字关于他的事迹的记述，其中已有误载，后世的一些唐诗选本以及现在的一些文学史专著，不但沿袭了这一错误，而且

① 这段议论，不尽恰当，且是否出于皎然，尚有可疑，详参本书《李嘉祐考》一文。

还增加了新的错误。有关他的生卒年的记载，也大多根据闻一多先生的《唐诗大系》。我查阅了距今最近出版的中国科学院文学研究所编写的《中国文学史》，和游国恩先生等编写的《中国文学史》，它们都采取闻说，似乎已成定论。其实闻说并无根据，是靠不住的。凡此种种，都使人感到，必须从头对前人的记载作通盘的考察，去伪存真，以得出科学的合于实际的结论。

一

现在所能见到的较早关于刘长卿事迹的记载，是《新唐书·艺文志》：

《刘长卿集》十卷：字文房。至德监察御史。以检校祠部员外郎为转运使判官、知淮西鄂岳转运留后，鄂岳观察使吴仲孺诬奏，贬潘州南巴尉，会有为辨之者，除睦州司马。终随州刺史。

在这之后，关于刘长卿的记述，都是根据这一段文字，这段记载本身有误，下文将要论证，使人奇怪的是，有些研究者却又误解此段文义，以致增加了错误。按，《新唐书·艺文志》说刘长卿于唐肃宗至德（公元756—758）年间为监察御史，这是一回事，下面说他以检校祠部员外郎为转运使判官等职，并为吴仲孺所诬害，这又是一回事（此事在唐代宗大历年间，详后），区别是清楚的。但不少研究者却将二者误为一事，如说他“至德中以祠部员外郎出为转运使判官”[①]；“他在肃宗年间为吴仲孺陷害下狱，远贬潘州南巴”[②]；“唐肃宗至德年间为大官僚吴仲孺所诬

① 见马茂元《唐诗选》上册，人民文学出版社 1960 年 4 月版。

② 见刘大杰《中国文学发展史》修订本第二册，上海人民出版社 1976 年 8 月版。

害，下苏州狱，贬潘州南巴尉，移睦州司马”[①]；“至德中，官至鄂岳转运留后，为观察使诬奏，系姑苏狱，后贬南巴尉”[②]，等等。应当说，像《唐诗纪事》《唐才子传》《唐音癸签》等书也都是参据《新唐书》，却并没有这一错误，而在我们的一些专著中却如此一致地以讹传讹，这确实令人费解。至于中华书局的新点校本《新唐书》[③]，把“鄂岳转运使吴仲孺诬奏”一句的“鄂岳转运使”连上读，作为刘长卿的官职，其误就更加显然了[④]。

依照《新唐书·艺文志》的记载，刘长卿在任淮西鄂岳转运留后期间，曾为鄂岳观察使吴仲孺所诬害下狱，后被贬为南巴尉，以后又量移为睦州司马。今查唐高仲武《中兴间气集》卷下载刘长卿诗九首，并有评云：“长卿有吏干，刚而犯上，两遭迁谪。”高仲武在他这本诗选的序中称肃宗为“先帝”，但不称代宗庙谥，而称为“皇帝”，所选诗又只“终于大历末年”，当是代宗、德宗时人，就是说他的生活年代只稍后于刘长卿。因此，他所说的刘长卿曾“两遭迁谪”，颇可注意。后来《郡斋读书志》（卷四上别集类）、《唐才子传》（卷二刘长卿小传）都引述了高仲武的这句话，可惜他们并未深考，在具体叙述时，仍然根据《新唐书》的记载，仅记载吴仲孺诬害一事。

《中兴间气集》明明说刘长卿曾有两次贬谪，《新唐书》却只记载了一次，这显然存在着矛盾。这个矛盾怎么解决呢？

独孤及有《送长洲刘少府贬南巴使牒留洪州序》[⑤]，这篇文章为研究刘长卿事迹提供了重要材料，但却向来为人所忽略。文章

① 中国科学院文学研究所《中国文学史》第二册。

② 游国恩等编《中国文学史》第二册。

③ 1975年2月第一版。

④ 闻一多《少陵先生年谱会笺》已有此误，于至德二载条云：“是年刘长卿为鄂岳观察使，因吴仲孺诬奏，贬南巴尉。”可见关于刘长卿事迹的错误记述，其来已久。

⑤ 《毗陵集》卷十四。

说：

曩子之尉于是邦也，傲其迹而峻其政，能使纲不紊，吏不欺。夫迹傲则合不苟，政峻则物忤，故绩未书也，而谤及之，臧仓之徒得骋其媒孽，子于是竟谪为巴尉。而吾子直为己任，愠不见色，于其胸臆未尝趸芥。会同谴有叩阍者，天子命宪府杂鞫，且廷辨其滥，故有后命，俾除馆豫章，俟条奏也。是月也舣船吴门，将涉江而西。……但春水方生，孤舟鸟逝，青山芳草，奈远别何，同乎道者盍偕赋诗以贶吾子。

文中“傲其迹而峻其政”之句，与高仲武称刘长卿“有吏干，刚而犯上”相合。更有直接的证据，是刘长卿有《祭阎使君文》[①]，说：“维某年月日某乙谨以清酌之奠祭于故睦州刺史阎公之灵。”则为刘任睦州司马时所作。文中又说：“长卿昔尉长洲，公为半刺，一命之末，三年伏事，爱我以文，奖我以吏，礼变常仪，恩生非次，怀旧如在，感今斯异。”这就是说，刘长卿是曾经做过长洲尉。唐人往往称县尉为少府。由此可见，独孤及文中贬为南巴尉的长洲刘少府，就是刘长卿。

为了进一步论证此事，还可以举出下面几个例子。

第一，《刘随州集》卷八《将赴南巴至余干别李十二》诗：“江上花催问礼人，鄱阳莺报越乡春。谁怜此别悲欢异，万里青山送逐臣。”这个李十二就是大诗人李白。关于刘长卿此诗，好些李白年谱和李白传记都是忽略了的，唯独黄锡珪的《李太白年谱》却是细心地注意到。黄谱于乾元元年条下云：“（李白）春初游建章。因妻宗氏寄居豫章，遂至江西，并游余干。”又云：“又考刘长卿集有《余干城别李十二白》诗，是白往豫章，并

① 《刘随州集》卷十一，畿辅丛书本，下同。

游余干，因得与刘长卿相遇也”[①]。黄氏之说甚是。乾元元年（758），也即是至德三载（是年二月改元）。这年初春，李白还没有得知流夜郎的消息，因妻宗氏寄居豫章，因此曾从浔阳游豫章等地，至余干遂遇到被贬谪的刘长卿。这时李白流夜郎之命尚未下达，因此刘诗的“逐臣”一词，并非指李白，而是自指。“谁怜此别悲欢异”，欢指李白因得崔涣、宋若思的声援，其从永王璘一事得以推覆清雪，悲则指自己乃有南巴万里之行。上述独孤及的文章，是说长洲刘少府因得罪而贬为南巴尉，后来有人为之申说，于是移往洪州（即豫章）暂住，以俟后命。现在由刘长卿之与李白诗，更可进一步论证其时间即在至德三载。又刘长卿诗有《至德三年春正月时谬蒙差摄海盐令闻王师收二京因书事寄上浙西节度李侍郎中丞行营五十韵》[②]，从诗题上可知，至德三载正月，刘长卿曾摄海盐令。按，唐时江南道苏州吴郡有属县七，其中就有长洲（望）和海盐（紧）[③]。由此可知，刘长卿在至德年间确曾为长洲尉、摄海盐令等职。这就是说，刘长卿之去南巴，是由长洲尉而贬，并非由淮西鄂岳转运留后而贬。其时间则为至德三载的春日。

第二，《刘随州集》卷九《狱中闻收东京有赦》：“传闻阙下降丝纶，为报关东灭虏尘。壮志已怜成白首，天地无情亦爱人。……”按，收复东京洛阳在至德二载（757）十月，至德三载二月丁未，“大赦天下，改至德三载为乾元元年”[④]。这正好说明至德三载二月间刘长卿曾因事陷狱，与独孤及送行的序文中所说的“春水方生”“青山芳草”的时序正好相合。又《刘随州集》

① 黄锡珪《李太白年谱》，作家出版社 1958 年 2 月版。

② 《刘随州集》卷七。

③ 《新唐书》卷四十一《地理志》。

④ 《旧唐书》卷十《肃宗纪》。

卷六有《负谪后登干越亭作》。干越亭即在江西余干[①]。诗中说："天南愁望绝，亭上柳条新。"点明是春日远赴南巴[②]。又说："生涯投越徼，世业陷胡尘。"此时虽说东西二京都已收复，但安史乱军仍占领河南河北一大部分地区。至于由淮西鄂岳转运留后而贬，则已在大历中（详后），那就不会有"世业陷胡尘"的事了。

另外，《刘随州集》卷六有《初贬南巴至鄱阳题李嘉祐江亭》诗，说："巴峤南行远，长江万里随，不才甘谪去，流水亦何之。"是说自己贬往南巴。后又说："流落还相见，悲欢话所思。"是说在鄱阳遇到李嘉祐。诗末说："沙鸥惊小吏，湖月上高枝。稚子能吴语，新文怨楚辞。怜君不得意，川谷自逶迤。"是说李嘉祐仕宦于鄱阳为"小吏"，以屈原赋《离骚》相喻，对李嘉祐的不得意遭遇表示同情和怜惜。李嘉祐曾任鄱阳宰[③]，时间是在大历以前。刘长卿既至余干，余干与鄱阳邻近，同属饶州，当也至鄱阳。从诗中可考见其时在春夏之交，时节也合。李嘉祐是因贬谪而为鄱阳令的[④]，因此刘诗说"怜君不得意"。

现在再进一步论证刘长卿的第二次贬谪，即任淮西鄂岳转运留后期间，为鄂岳观察使吴仲孺所诬害一事。

今按，《旧唐书》卷十一《代宗纪》，大历八年四月"戊午，以太仆卿吴仲孺为鄂州刺史、鄂岳沔等州团练观察使"。就是说，大历八年（773）四月，吴仲孺才开始任鄂岳观察使。刘长卿既为吴仲孺在鄂岳观察使任内所诬害，那就只能在此时以后，而绝不可能在此时之前，这是不言而喻的。即以大历八年

---

① 《太平寰宇记》卷一百七，江南西道饶州余干县下有干越亭，云："在县东南三十步，屹然孤屿，古今游者多留章句焉。"又可参看李翱《来南录》。

② 《新唐书》卷四十三上《地理志》，岭南道潘州南潘郡，有县三：茂名、潘水、南巴。

③ 见《唐才子传》卷三。

④ 见本书《李嘉祐考》。

而论，上距至德三载（758）之贬南巴尉，已经有十五六年之久了。只此一条，即可否定所谓刘长卿于肃宗至德时为吴仲孺诬害贬南巴尉的种种说法。

吴仲孺何时罢鄂岳观察使之职，史无明文。据宋乐史《太平寰宇记》卷一百一十三江南西道十，兴国军永兴县①，有“大历十三年观察使吴仲孺”云云，则大历十三年尚在任内。但在此之前，即大历十二年（777），刘长卿已为睦州司马。据《宋高僧传》卷八《唐睦州龙兴寺慧朗传》，载慧朗于开元十三年九月卒，“至大历十二年，新定太守萧定述碑，司马刘长卿书，刺史李揆篆额。”②新定即睦州③。由此可见，刘长卿在大历十二年已为睦州司马，则他为吴仲孺所诬害，其时间当在大历八年四月以后，大历十二年以前的三四年时间之内。这是确定无疑的。

至于这件事的具体情况如何，已不可确知。这里拟从一些史料中来推测其大概的情况。

材料之一：《唐会要》卷五十九“刑部员外郎”条：“贞元十二年五月，信州刺史姚骥举奏员外司马卢南史赃犯……令监察御史郑楚相、刑部员外郎裴澥、大理寺评事陈正仪充三司同往覆按之。……澥独留奏曰：‘……近大历中，鄂岳观察使吴仲孺与转运使判官刘长卿纷竞，仲孺奏长卿犯赃三千万贯，时监察御史苗丕就推……’”此事也见《旧唐书》卷一三七《赵涓传》，叙事略同，但《旧唐书》作“犯赃二十万贯”，不作“三千万贯”；苗丕则作苗伾。

材料之二：《旧唐书》卷一二六《陈少游传》：“（建中）四年十月，驾幸奉天，度支汴东两税使包佶在扬州，尚未知也。佶判官崔沅遽报少游，佶时所总赋税钱帛约八百万贯在

① 按此卷为传世的《太平寰宇记》各本所缺，这里据《古逸丛书》的辑本。

② 此据频伽精舍校刊大藏经本《宋高僧传》。

③ 《新唐书》卷四十一《地理志》，江南道：“睦州新定郡。”

焉。少游意以为贼据京师，未即收复，遂胁取其财物。先使判官崔颃就佶强索其纳给文历，并请供二百万贯钱物以助军费，佶答曰：'所用财帛，须承敕命。'未与之。颃勃然曰：'中丞若得，为刘长卿；不尔，为崔众矣。'长卿尝任租庸使，为吴仲孺所困，崔众供军吝财，为（李）光弼所杀，故颃言及之。佶大惧，不敢固护，财帛将转输入京师者，悉为少游夺之。"

由以上这两条材料，可以想见，刘长卿为吴仲孺诬害一事，在中唐大约是一个著名的事例，往往为人们所引述。安史之乱以后，地方节镇的势力强大起来，有的用武力割据一方，与唐朝中央政权对立，有的虽表面称命于朝，但乘社会动乱之际，往往劫制地方上输往京师的钱物，从上所引淮南节度使陈少游对待度支两税使包佶一事可以看得很清楚。类似的情况还可以参见《旧唐书》卷一二三《刘晏传》，卷一五五《穆宁传》，《新唐书》卷一四三《戴叔伦传》等，这里不详细论述。吴仲孺此人，新旧《唐书》无传，其人是有靠山的，他是当时赫赫有名的郭子仪的女婿[①]，曾在北方边地任过军职[②]，是个有权有势的人物。从上面所引的《旧唐书・陈少游传》中崔颃索财时对包佶所说的话："中丞（按，指包佶，包佶时带御史中丞衔）若得，为刘长卿。"可以推知，当时任转运之职的刘长卿，在他掌管之内有转输的钱物，而掌握当地军政大权的观察使吴仲孺想侵夺这笔钱物，由于刘长卿性格"刚而犯上"，触怒了吴仲孺，这就被诬为贪赃。

刘长卿这次被诬害以后，结果如何？据上引《唐会要》及《旧唐书・赵涓传》，唐朝廷派往审理此案者为监察御史苗

① 《全唐文》卷三三一杨绾《汾阳王妻霍国夫人王氏神道碑》："享年七十三，以大历十二年正月辛未"卒；又云："有女八人，……次女适鄂州观察使吴仲孺。"

② 《全唐文》卷三六七贾至《授吴仲孺试光禄卿制》，称"守卫尉少卿充朔方经略副使吴仲孺"。又参见《全唐文》卷四二四于邵《为商州吴仲孺中丞让起复表》。

丕。据《新唐书》卷一四〇《苗晋卿传》，丕为晋卿子（《旧唐书·苗晋卿传》未载）。又据《新唐书》卷七五上《宰相世系表》，苗丕仕至河南少尹。此外，他还历任户部员外郎、吏部员外郎、吏部郎中等职①。苗晋卿曾任宰相，是一个不问是非的圆滑官僚，看来苗丕胜于乃父，他在审理刘长卿案件时，还能不避权贵，减轻了刘长卿的所谓罪责。刘长卿有《按覆后归睦州赠苗侍御》一诗②，这个苗侍御，无疑即是监察御史苗丕。诗一开头说："地远心难达，天高谤易成，羊肠留覆辙，虎口脱余生。"幸而脱免虎口，对苗丕致以谢意，称他"于家决狱明"，又说"一言知己重"。我们从这首诗中应当注意到一点，诗题是说经过覆按以后，即归睦州。诗中也没有说被贬至远方某地，只是说："年光销蹇步，秋气入衰情。建德知何在，长江问去程。"建德即睦州。诗是说那年秋天即沿长江而赴建德。刘长卿另有《初闻贬谪续喜量移登干越亭赠郑校书》诗③。从这个诗题以及上引赠苗丕的诗，使我们有理由推断：这次案件，由于得到苗丕的秉公处理，得以减轻，把本来须得远贬的减为量移至睦州司马。就是说，第二次并没有再贬为潘州南巴尉的事。《刘随州集》卷一另有《却归睦州至七里滩下作》说："南归犹谪宦，独上子陵滩。江树临洲晚，沙禽对水寒。山开斜照在，石浅乱流滩。惆怅梅花发，年年此地看。"说赴睦州是南归，从淮西鄂岳而言，地望相合；若照《新唐书·艺文志》所说由南巴量移睦州，那就应当称为"北归"了。可以注意的是诗中说"南归犹谪宦"，即是说由鄂州至睦州，虽说是南归，但却是贬谪，可见是案件终了即直接贬谪为睦州司马的。

总括以上所考，现在可以归纳为这样的结论：刘长卿曾

① 见《唐郎官石柱题名考》卷十二、卷四、卷三。

② 《刘随州集》卷六。

③ 《刘随州集》卷九。

有两次贬谪，第一次在肃宗时，至德三载（乾元元年），公元758年，因某事而由苏州长洲尉被贬为潘州南巴尉，时节是在春天。第二次是在代宗时，大历八年至十二年间，公元773—777年，因吴仲孺的诬害而由淮西鄂岳转运留后贬为睦州司马，时节是在秋冬之际。二者相距有十五六年的时间。《新唐书·艺文志》却误把这两件事合而为一，串成为一件事，由此又造成了后世的种种误解。

二

本节拟对刘长卿第一次贬谪归来以后的行迹和作品作一些考析。

据现存作品看来，刘长卿在南巴所写的诗篇似乎不多，较可确定在南巴作的是一首《新年作》，情绪虽较感伤，却是一首较洗炼的五律："乡心新岁切，天畔独潸然。老至居人下，春归在客先。岭猿同旦暮，江柳共风烟。已似长沙傅，从今又几年。"[①]

刘长卿有《自江西归至旧任官舍赠袁赞府》，[②]题下自注："时经刘展平后。"按，刘展本系宋州刺史、领淮西节度副史，由于肃宗听信宦官邢延恩的话，处置失当，上元元年（760）十一月，刘展起兵攻掠淮西一带州县，并且渡过长江占领安徽、江苏南部及浙江以西地区。后来唐朝政府派驻守在徐州一带的田神功率兵南下，于第二年正月攻灭了刘展，田神功的部队却又到处掳掠。《通鉴》卷二二一、二二二对此事所记颇详，并说："安史之乱，乱兵不及江淮，至是，其民始罹荼毒矣!"[③]刘长卿于诗题下注"时经刘展平后"，诗中又说"却见同官喜复悲，此生何幸有归期"。另据敦煌遗书所载

① 《刘随州集》卷一。
② 《刘随州集》卷九。
③ 《通鉴》卷二二二上元二年正月。

此诗（伯三八一二），这二句作“万里南来喜复悲，生涯何幸有归期”[①]。诗中又有“湘路来过回雁处”“南方风土劳君问”等句，可以断定是由南巴回来的，其时当在肃宗上元二年（761）。从至德三载（758）春贬，至此年回，已经是三四个年头了。这首诗中说：“空庭客至逢摇落，旧邑人稀经乱离。”可见前此繁华富庶的吴郡，经过军阀混战，已经是如此破败萧条了。

刘长卿又有《送台州李使君兼寄题国清寺》一诗[②]。这个李使君就是李嘉祐，他正于上元二年任台州刺史[③]。由此更可证明上元二年刘长卿确已由南巴北返。他另有《上巳日越中与鲍侍郎泛舟耶溪》诗[④]，这个鲍侍郎就是鲍防，他于宝应元年（762）至大历五年间在浙东，为观察使薛兼训从事[⑤]。

这里应当述及的是，宝应元年（762）浙东台州发生了袁晁领导的农民起义。这是当时东南地区较有影响的一次起义。当时北方连年战乱，唐朝政府的赋税多取之于东南地区，剥削与压迫极为严重。是年八月，台州人袁晁起义，“民疲于赋敛者多归之”[⑥]。袁晁的军队一直打到江西。唐朝政府急忙命令李光弼派兵镇压。第二年四月，起义军失败。当时在吴越一带的几个诗人，如皇甫冉、李嘉祐、刘长卿都有诗篇触及这次起义。皇甫冉有《和袁郎中破贼后经剡中山水》《送袁郎中破贼北归》等诗[⑦]。这个袁郎中名叫袁傪，为李光弼部下，曾参与镇压起义军的[⑧]。李

① 据王重民《补全唐诗》一文，见《中华文史论丛》第3辑。
② 《刘随州集》卷九。
③ 见《嘉定赤城志》卷八秩官门历代郡守条。
④ 《刘随州集》卷九。
⑤ 参据唐穆员《工部尚书鲍防碑》（《文苑英华》卷八九六），及吴廷燮《唐方镇年表》。
⑥ 《通鉴》卷二二二肃宗宝应元年八月。
⑦ 《全唐诗》卷二五〇。
⑧ 李肇《唐国史补》卷上：“袁傪之破袁晁，擒其伪公卿数十人”，云云，可参。又可参见独孤及《毗陵集》卷四《贺袁傪破贼表》（题下原注：代宗宝应二年）。

嘉祐有《和袁郎中破贼后经剡县山水上太尉》诗[①]。刘长卿也有同题之作[②]。这些诗，无非歌颂李光弼、袁傪等人的功绩，完全站在农民起义对立的立场上，从政治倾向上说，都是应当予以否定的。但刘长卿另有《送朱山人放越州贼退后归山阴别业》诗[③]，说："越州初罢战，江上送归桡。南渡无来客，西陵自落潮。空城垂故柳，旧业废春苗。闾里相逢少，莺花共寂寥。"从侧面写出了农民起义被封建统治者残酷地镇压下去以后，浙东一带无论城市与乡村，一派萧瑟凄凉的景象。刘长卿的这类诗，还是有认识意义的。

刘长卿这些年在吴越一带是否担任官职，由于史料缺乏，不可考知。此处拟考订一下他任转运使判官、知淮西鄂岳转运留后的大概时间。他有《和樊使君登润州城楼》诗[④]："山城迢递敞高楼，露冕吹铙居上头。春草连天随北望，夕阳浮水共东流。江田漠漠全吴地，野树苍苍故蒋州。王粲尚为南郡客，别来何处更销忧。"这个樊使君，即樊晃。也就是现今所知最早为杜甫诗编集的润州刺史樊晃[⑤]。据《宋高僧传》卷十七《唐金陵钟山元崇传》，称"大历五年刺史南阳樊公"云云，又据《嘉定镇江志》卷十四"唐润州刺史"条，大历七年樊晃正在任上。另外，皇甫冉也有《和樊润州秋日登城楼》[⑥]《同樊润州游郡东山》[⑦]等

① 《全唐诗》卷二〇七。
② 《刘随州集》卷四《和袁郎中破贼后军行过剡中山水谨上太尉》。所谓太尉，是指李光弼。
③ 《刘随州集》卷一。
④ 《刘随州集》卷八。
⑤ 《新唐书·艺文志》"杜甫小集六卷"，下注云："润州刺史樊晃集。"晃有《杜工部小集序》，见《钱注杜诗》附录。又，樊晃之为润州刺史，并可参见岑仲勉《元和姓纂四校记》卷四。
⑥ 《全唐诗》卷二四九。
⑦ 《全唐诗》卷二五〇。

诗，都为大历头几年所作[①]。刘长卿此诗的末二句以客居襄阳、依附刘表的王粲自比，那就是说，在大历四、五年间，刘长卿在游历镇江时，还未有官职。

《刘随州集》卷五有《湖南使还留辞辛大夫》诗。诗题说“湖南使还”，诗中又有“兵食仰诸侯”之句，则已经在转运使内任职。这个辛大夫，即是辛京杲。《旧唐书》卷十一《代宗纪》，大历五年五月“癸未，以羽林大将军辛京杲为潭州刺史、湖南观察使”。又《新唐书》卷一四七《辛云京传》也称其弟京杲，代宗时“历湖南观察使”。据此，则大历五年以后，刘长卿已为转运使判官、淮西鄂岳转运留后等职了。刘长卿又有《赠元容州》诗[②]，是赠诗人元结的。诗中说：“累征期旦暮，未起恋烟霞。避世歌芝草，休官醉菊花。”按，元结于大历三年（768）夏由道州刺史转为容州刺史，四年四月后因丁母忧辞容州职，居道州浯溪。大历七年正月赴朝，同年四月卒于长安[③]。刘诗中“累征期旦暮”四句，当指元结已辞容州刺史、闲居不仕的境况而言。这时刘长卿已在湖南，则也当是大历五、六年间，与上面所引辞别辛京杲的时间相合。就是说，当大历五、六年间，刘长卿已为转运判官、转运留后等职。这样，到大历八年以后的数年间，才又发生为吴仲孺诬害的事。

三

本节拟对刘长卿任睦州司马时的交友作一些补叙，并考证其任随州刺史的时间，此外，还拟讨论所谓“终随州刺史”一事是

---

① 关于皇甫冉行迹，见本书《皇甫冉皇甫曾考》。

② 《刘随州集》卷五。

③ 见颜真卿《元君表墓碑铭》（《全唐文》卷三四四），《新唐书》卷一四三《元结传》，以及孙望《元次山年谱》。

否确实。

《刘随州集》卷八《送耿拾遗归上都》："若为天畔独归秦，对水看山欲暮春。穷海别离无限路，隔河征战几归人。长安万里传双泪，建德千峰寄一身。想到邮亭愁驻马，不堪西望见风尘。"耿拾遗即耿沣，大历十才子之一。姚合《极玄集》卷上耿沣条云："宝应二年进士，官至左拾遗。"未言为何年。刘诗称"建德千峰寄一身"，则是在睦州作。另外，《颜鲁公文集》（四部丛刊本）卷十五有《送耿沣拾遗联句》，其中耿沣所作有："吴兴贤太守，临水最殷情。"即是颜真卿在任湖州刺史时所作。按，颜真卿于大历八年（773）至十二年四月为湖州刺史[①]。刘长卿之送耿沣赴长安，与颜、耿联句，当在同时，也即最晚当在大历十二年春，而最早不得在大历八年之前。清人沈德潜说刘为此诗时，"时应值吐蕃之乱，故有隔河征战、西望风尘之语。"[②]按，吐蕃侵犯长安是在广德二年（764）至永泰元年（765）间，远在刘长卿为睦州司马之前，沈说不确。不过刘诗"隔河征战几归人"，颜、耿联句"河上有烟尘"，颇可注意。据《旧唐书》卷十一《代宗纪》，大历十年二月，"河阳军乱，逐城使常休明，迫牙将王惟恭为留后，军士大掠数日"；"三月，陕州军乱，逐观察使李国清，纵兵大掠"；大历十一年八月汴州刺史李灵耀反，"命淮西李忠臣、滑州李勉、河阳马燧三镇兵讨之"。这就是说，这几年，中原一带的地方藩镇已逐步在酝酿新的叛乱，后来终于造成德宗初年的几乎全国性的大动乱。刘长卿的"隔河征战几归人""不堪西望见风尘"，是对这种"山雨欲来"的社会局势的侧面反映。刘长卿这时的诗作，还

① 参见宋留元刚《颜鲁公年谱》（《颜鲁公文集》附录），又颜真卿《乞御书题额恩敕批答碑阴记》（同前卷十三）、《湖州乌程县杼山妙喜寺碑》（同前卷四）。

② 《唐诗别裁》卷十四。

有“征税及渔竿”句[①]，形象地表现了当时封建统治者横征暴敛已经到了何种程度。这些都是刘长卿较好的诗篇。

刘长卿在睦州时，还和长期居住在会稽的诗人秦系相唱酬。秦系有《耶溪书怀寄刘长卿员外》（题下自注：时在睦州）[②]。刘长卿也有好几首诗寄赠秦系[③]。二人唱和的诗，后来由秦系编成唱和集。德宗贞元七年，秦系与权德舆相遇于镇江，就由权德舆作了一篇《秦征君校书与刘随州唱和集序》[④]，序中说：“曦，夫彼汉东守尝自以为五言长城，而公绪（秦系字）用偏伍奇师，攻坚击众，虽老益壮，未尝顿锋。”汉东守指刘长卿[⑤]。权德舆这里以秦系的五言诗与刘长卿相并比，这反映了当时一些人的看法。譬如秦系曾于贞元二、三年间游苏州，当时苏州刺史为著名诗人韦应物[⑥]，韦应物也曾称许秦系的五言诗，说：“莫道谢公方在郡，五言今日为君休。[⑦]”但我们现在看来，秦系的诗固然数量不多[⑧]，更为主要的是他生活面狭窄，作品几乎全是写个人生活琐事，以及投赠当地的一些达官贵人。总的说来，他的诗与刘长卿远不能相比。

刘长卿在睦州期间，还与不少诗人接触。严维由浙江赴河南时，刘长卿有好几首诗送他，严也有和答之作，他的名句：“柳塘春水漫，花坞夕阳迟。”就是此时所写[⑨]。青年诗人章八

---

① 《刘随州集》卷一《送睦州孙沅自本州却归句章新营所居》。
② 《全唐诗》卷二六〇。
③ 见《刘随州集》卷一。
④ 《权载之文集》（四部丛刊本）补遗。
⑤ 《新唐书》卷四十《地理志》，随州汉东郡。
⑥ 参见宋赵与旹《宾退录》卷九载沈作喆作《韦应物补传》，及白居易《白氏长庆集》卷六十八《吴郡诗石记》。
⑦ 《韦江州集》（四部丛刊本）卷五《答秦十四校书》。
⑧ 《新唐书·艺文志》著录秦系诗一卷，《全唐诗》卷二六〇即编其诗为一卷，看来他的诗散佚不多。
⑨ 严维《酬刘员外见寄》，见《刘随州集》卷一附录。

元回到故乡睦州，也与刘长卿相酬答①。章八元后来曾得到白居易的称赞，赞誉他“名下无虚士”②。另外，包佶因元载的案件被牵连，于大历十二年四月被贬到岭南，他在岭南特地寄诗给刘长卿，推刘为知己：“十年江海隔，离恨子知予。”刘长卿也有和作①。他另有《酬皇甫侍御见寄时前相国姑臧公初临郡》诗④。“前相国姑臧公”指李揆，李揆因受权相元载排挤，多年流落在外，元载被杀，他于大历十二年四月被任为睦州刺史⑤。刘诗诗题云“初临郡”，诗中写的是秋景，当是大历十二年秋作。这是我们可据以考见的有关皇甫曾事迹最晚记载的唯一材料，说明皇甫曾于大历十二年间尚在人世，自此之后就不见皇甫曾的行迹了。由此可见，刘长卿与当时一些诗人的交往是相当广泛的，我们可以通过他的诗篇确定其他一些诗人及其作品的年代。

刘长卿究竟何时开始任随州刺史，据现有材料，无法确切考定。他于大历十三年、十四年还在睦州⑥。现在可以确定刘长卿已在随州刺史任上的，是德宗建中二年（781）。《刘随州集》卷四有《行营酬吕侍御时尚书问罪襄阳军次汉东境上……》诗。诗题中的尚书为李希烈。“问罪襄阳”，指建中二年六月唐朝政府命李希烈征讨山南东道节度使（治襄阳）梁崇义事。李希

① 《刘随州集》卷一《月下呈章秀才八元》，《唐诗纪事》卷二十六载章八元《酬刘长卿月夜》。

② 《唐才子传》卷四章“八元”条。

① 包佶《岭下卧疾寄刘长卿员外》（《全唐诗》卷二〇五），《刘随州集》卷四《酬包谏议佶见寄之什》。

④ 《刘随州集》卷一。

⑤ 参《旧唐书》卷十一《代宗纪》，卷一二六《李揆传》。

⑥ 《刘随州集》卷十一《唐睦州司仓参军卢公夫人郑氏墓志铭》称郑氏死于大历十三年九月。卷八《送秦侍御外甥张篆之福州谒鲍大夫》诗，鲍大夫为鲍防。据《旧唐书》卷十二《德宗纪》，鲍防于大历十四年闰五月始为福州刺史，第二年建中元年（780）四月改为洪州刺史、江西团练观察使。可见刘长卿在大历末、建中初尚在睦州。

烈本为汴宋节度使李忠臣的部将，大历十四年三月，李希烈赶走李忠臣，掌握实权，唐政府无力对付，只好承认。德宗即位以后，加给他御史大夫的官衔；授他为淮西（后改淮宁）节度等使；建中元年，又加检校礼部尚书。二年五六月间，又进爵为南平郡王，充汉南汉北兵马招讨使，征讨梁崇义[①]。刘长卿上述的诗即是此时李希烈出军，经过随州时所作。可见这时刘长卿已在随州刺史任上。按，代宗死于大历十四年五月，德宗即位后，起用了代宗时一些被贬谪的官吏，很可能刘长卿也在这个时候由睦州司马擢升为随州刺史的。

《刘随州集》卷九又有《献淮宁军节度使李相公》（题下注：一作淮西将李中丞，又作献南平王）："建牙吹角不闻喧，三十登坛众所尊。家散万金酬士死，身留一剑答君恩。渔阳老将多回席，鲁国诸生半在门。白马翩翩春草细，郊原西去猎平原。"姚鼐《今体诗抄》七言卷四载此诗，但以为指李忠臣。高步瀛《唐宋诗举要》（卷五）则为李希烈。高氏的意见是对的。因为几个诗题都与李希烈官爵相合。建中二年八月李希烈攻灭梁崇义，九月壬戌，"加李希烈同中书门下平章事"[②]。因此刘诗称李相公。由此也可证明这首诗为这年九月后所作。刘长卿另有《观校猎上淮西相公》[③]，也是献李希烈的，称他"三十拥旄谁不羡，周郎少小立奇功"。而其实李希烈是一个极其跋扈的军阀，他的扩张野心在没有打梁崇义时已经为人所知，杨炎就劝德宗说："希烈为董秦（按，即李忠臣）养子，亲任无比，卒逐秦而夺其位。为人狼戾无亲，无功犹倔强不法，使平崇义，何以

---

① 参见《旧唐书》卷十一《代宗纪》、卷一四五《李希烈传》，《通鉴》卷二二七建中二年条。

② 《旧唐书》卷十二《德宗纪》。

③ 《刘随州集》卷九。

制之!"[1]果然，李希烈在打下襄阳后即据为己有，后来不得已撤军，还"大掠阖境所有而去"[2]。刘长卿这些颂扬李希烈的诗，虽然写得极其富丽堂皇，也被一些唐诗选本选入，其实是违背历史，不符合现实的。

这里拟讨论一下刘长卿是否终于随州刺史及其卒年的问题。《新唐书·艺文志》说他"终随州刺史"，后世多沿袭此说。今按，《刘随州集》卷八有《寄别朱拾遗》诗："天书远召沧浪客，几度临岐病未能。江海茫茫春欲遍，行人一骑发金陵。"这个朱拾遗就是朱放，当时也是居住于东南一带的诗人。姚合《极玄集》卷下载朱放诗，云："字长通，襄州人，隐居剡溪，贞元初召拜拾遗，不就。"《唐诗纪事》卷二十六则说是"贞元中召为左拾遗"。《唐才子传》卷五："贞元二年，诏举韬晦奇才，诏下聘礼，拜左拾遗。"按，贞元共二十一年，因此贞元二年也可称为贞元初，与《极玄集》合。刘诗"天书远召沧浪客"，与朱放行迹也合。另外，梁肃有《送朱拾遗赴朝廷序》，说："上将以道莅天下，先命大臣举有道以备司谏，故朱君长通有拾遗之拜。"又说："献岁之吉，涉江而西。……彼离别之情，秦吴之远，前期之不远，皆付之樽中可也。[3]"可见是春日由吴中出发赴长安，与刘长卿诗"江海茫茫春欲遍，行人一骑发金陵"，时节与地点也相应。于此可见，刘长卿在贞元二年（786）尚有作品，比闻一多《唐诗大系》所定卒年（785）后了一年，比文学研究所等《中国文学史》所定卒年（780）更后了六年。

从上述刘诗看来，他送朱放的地点似也在吴中，不在随州。关于这点，新旧《唐书》的《李惠登传》给了我们重要线索。

① 参见《通鉴》卷二二七建中二年六月。
② 《通鉴》卷二二七建中二年六月。
③ 《文苑英华》卷七二五。

据《旧唐书》卷一八五下《良吏·李惠登传》载，李惠登本为李希烈部将，“李希烈反，授惠登兵二千，镇随州。贞元初，举州归顺，授随州刺史，兼御史中丞”。后面记述随州“遭李忠臣、希烈歼残之后，野旷无人”，破坏得很厉害，李惠登举政清静，随州的经济逐渐恢复。《新唐书》卷一九七《循吏传》也说：“李希烈反，属以兵二千，使屯随州，惠登挈以归，即拜刺史。”随州当时是李、唐双方激战之地。据《通鉴》卷二三一所记，兴元元年（784）曹王李皋遣将围安州，李希烈派兵救之，李皋又另遣将在应山迎战，应山即在随州境内。后来李皋又击李希烈将康叔夜于厉乡，胡三省注引《九域志》厉山即在随州厉乡村。《通鉴》并记，贞元元年（785），“四月丁丑，以曹王皋为荆南节度，李希烈将李思登以随州降之”。这里的李思登，显然就是李惠登，一作思，一作惠，实为一人[①]。从《通鉴》所记，更可确定，李惠登于贞元元年四月以随州降唐，唐朝即授以随州刺史，当然在此之前他就占据了随州。可见，在贞元元年四月以前，刘长卿已不是随州刺史，而且因战事关系，当早已离开随州。再考之以他于贞元二年间所作送朱放入朝的诗，我们可以得知，当李希烈称兵反对唐朝中央政权时，即派其部将占领随州，刘长卿就离开随州，这大约在兴元元年（784）至贞元元年（785）间。又前面所引权德舆《秦征君校书与刘随州唱和集序》，此文作于贞元七年（791）春，文中称“故随州刘君长卿”，说明贞元七年前刘长卿已经去世。由此我们可以断定其卒年当在786年至791年之间。

① 李肇《国史补》卷中载：“李惠登自军校授随州刺史，自言吾二名唯识惠字，不识登字。为理清俭，不求人知，兵革之后，阖境大化，近代循吏，无如惠登者。”据此，则作“惠登”是，《通鉴》作“思登”者非。

四

刘长卿的事迹中，还有一个登进士第的时间问题，这牵涉到有关他的生年推算和早期生活等问题。

姚合《极玄集》卷下刘长卿名下云："开元二十一年进士。"《新唐书·艺文志》未载登进士第的时间。但在这之后，像南宋初年的晁公武《郡斋读书志》（卷四上别集类）和陈振孙《直斋书录解题》（卷十九别集类上）都说是开元二十一年进士。《唐才子传》（卷二）更具体地说是"开元二十一年徐征榜及第"。那时王维刚刚登进士第；杜甫刚从吴越漫游回来，在洛阳应进士试不第；岑参、高适也都没有登第，李颀、贾至、萧颖士在此之后两年（开元二十三年）才登第[①]。这样看来，刘长卿登进士的辈第比好些盛唐诗人还早。而其实开元二十一年登第之说是难于成立的。

《刘随州集》卷六有题为《落第赠杨侍御兼拜员外仍充安大夫判官赴范阳》一诗，先称赞杨侍御："职副旌旄重，才兼识量通。使车遥肃物，边策远和戎。"然后叙述自己连遭不第的处境："念旧追连茹，谋生任转蓬。泣连三献玉，疮惧再伤弓。恋土函关外，瞻尘灞水东。他时书一札，犹冀问途穷。"这里颇可注意的是"充安大夫判官赴范阳"几个字。这个在范阳的安大夫，考之史籍，即是安禄山。据《旧唐书》卷二百上《安禄山传》："（开元）二十八年，为平卢兵马使。……天宝元年，以平卢为节度，以禄山摄中丞为使。……三载，代裴宽为范阳节度。……六载，加大夫。"《新唐书》卷二二五上《安禄山传》所载与此同。这里所谓中丞、大夫，即御史中丞、御史大夫，当时地方节镇往往带中央朝廷的官衔，称呼时也往往称检校官的官

① 参清徐松《登科记考》卷九。

称，如前面所引刘长卿称李希烈，就称为“尚书”“相公”。根据史籍，当时任范阳节度使而又姓安的，只有安禄山一人，而安禄山又是天宝六载（747）才加御史大夫的官衔。可见刘长卿的这首送杨侍御诗，最早也是在天宝六载，或许还在天宝六载以后，也就是说，到天宝六载，刘长卿还没有登进士第。

这是刘长卿本人诗篇的记述。另外，李肇《唐国史补》卷下说：“开元二十四年，考功郎中李昂为士子所轻诋，天子以郎署权轻，移职礼部，始置贡院。天宝中，则有刘长卿、袁咸用分为棚头，是时常重东府西监。至贞元八年，李观、欧阳詹犹以广文生登第，自后乃群奔于京兆矣。”五代时王定保《唐摭言》曾引李肇此处文字，说：“李肇舍人撰《国史补》亦云：天宝中，袁咸用、刘长卿分为朋头，是时尚重两监。”这里的朋头，也写作棚头。唐封演《封氏闻见记》卷三“贡举”条中说：“玄宗时，士子殷盛，每岁进士到省者常不减千余人，在馆诸生更相造诣，互结朋党以相渔夺，号之为棚，推声望者为棚头，权门贵戚，无不走也，以此荧惑主司视听。”《封氏闻见记》解释得很清楚，所谓棚，实际上是在东西两监读书士人的朋党性组织，他们为了争取考试及第，就组织起来，各处奔走，制造舆论，以影响试官们的视听。其中为首者就叫做棚头或朋头。而刘长卿就曾经担任过这样的角色，可见他年轻时是相当活跃的，可以帮助我们了解刘长卿的早期生活情况。可注意的是李肇及王定保所引李肇的话，都说是天宝中刘长卿与袁成（咸）用分为朋头，那就是说天宝时刘长卿尚为诸生。李肇是中唐元和、长庆间人，王定保是五代时人，《国史补》与《唐摭言》所载一般是较为信实的。这两部书所称天宝中刘长卿的事，又恰恰与刘长卿本人的诗作相合，他们都否定了所谓开元二十一年登进士第的说法。因此我认为，所谓刘长卿开元二十一年登进士第之说不大可信[①]，天宝中登第的可能性较大，至于具体在天宝哪一载，就不可考知了。

据现在所知的材料，还未能确定刘长卿究竟生于何年。闻一多先生《唐诗大系》以及后来的一些文学史著作都定其生年为709年（即中宗景龙三年），比杜甫还大三岁。这显然是缺乏根据的。假如以开元二十一年登进士第，同时其登第年以二十余岁计算，则或生于710年前后；但如果天宝六载以后登第，则其生年当在725年前后了。

五

关于刘长卿的事迹，除了上面考辨的几点以外，这一节拟再补充若干点。

（一）关于籍贯。姚合《极玄集》卷下说刘长卿是宣城人。宋陈振孙《直斋书录解题》卷十九诗集类上著录《刘随州集》十卷，云“唐随州刺史宣城刘长卿文房撰”，也说他是宣城人，当本之于《极玄集》，别无新的根据。《新唐书·艺文志》则称为河间人，《唐才子传》（卷二）同。《极玄集》注诗人籍贯往往有误的，如说李嘉祐为袁州人，实则李嘉祐只是做过袁州刺史，并非袁州人（详见本书《李嘉祐考》）。今查刘长卿诗，从未提及宣城的。疑作宣城非是。河间刘氏则自汉章帝子河间孝王开而来（参《新唐书》卷七十一《宰相世系表》一上尉氏刘氏），也只是指郡望而言。刘长卿有《早春赠别赵居士还江左时长卿下第归嵩阳旧居》诗（《刘随州诗集》卷七），其中说：“顾予尚羁束，何幸承眄睐。……累幸忝宾荐，末路逢沙汰，濩落名不成，裴回意空大。……别君日已远，离念无明晦，予亦

① 清阎若璩对此已表示怀疑，见《潜丘札记》卷四上。

返柴荆，山田事耕耒”。由此可见，刘长卿在登第之前曾长期居住在洛阳以南的嵩阳（关于嵩阳，可参本书《李颀考》《王昌龄事迹考略》等文）。《唐才子传》卷二小传说他“少居嵩山读书，后移家来鄱阳最久”，前一句当本刘长卿此诗，后一句所谓移家鄱阳最久则无据。《刘随州诗集》卷六并有《京口怀洛阳旧居兼寄广陵二三知己》，中云：“故国（原注：一作园）胡尘飞，远山楚云隔，家人想何在，庭草为谁碧。”此诗当作于至德二载（757）十月唐军收复洛阳前，这时洛阳尚为安禄山军队所盘踞。从诗题可知，他在洛阳有旧居，诗中又称之为故国（或故园），而且又怀念其家人是否平安。可见他在洛阳、襄阳一带是有家园的，很可能这一带就是他早期的实际居住地。他另有《初至洞庭怀灞陵别业》（同上卷五），说是“谁堪去乡意，亲戚想天末，昨夜梦中归，烟波觉来阔”，则长安近郊灞陵附近也有他的别业，这或许是他登第后所置。

（二）闻一多先生《岑嘉州系年考证》中谓：“刘长卿有《曲阿对月别岑况徐说》诗，又有《旅次丹阳郡遇康侍御宣慰召募兼别岑单父》诗。以公《梁园歌送河南王说判官》原注‘时家兄宰单父’，及《送楚丘鞠少府赴官》诗‘单父闻相近，家书为早传’之句证之，此岑单父即公兄况无疑也。曲阿县属丹阳郡。天宝元年正月改润州为丹阳郡，同年八月二十日改曲阿县为丹阳县。长卿二诗于郡称新名，县称旧名，疑作于天宝元年正月至八月之间。”按，岑参有兄弟，王昌龄于开元二十八年冬离长安赴江宁丞时，曾作《留别岑参兄弟》诗（《全唐诗》卷一四〇。按，此事可参本书《王昌龄事迹考略》文），称“岑家双琼树，腾光难为俦”。可见岑参、岑况这时尚在长安。闻一多先生以地理建置的年限来考定刘长卿这两首诗的时间是在天宝元年（742）。这在考证上也是常用的一法。但这种方法应当辅以其他的例证，否则往往会发生错误。因为古人往往用旧时的官称来称呼其友人，不管其友人现在是否已改任他职，唐人诗文中这种情况屡见不鲜。这里的例子，如只看闻一多先生所考，似甚有理，但以与刘诗检核，就出了问题。刘长卿的《旅次丹阳郡遇康侍御宣慰召募兼别岑单父》诗，见《刘随州诗集》卷七，诗中说道：

客心暮千里，回首烟花繁。楚水渡归梦，春江连故园。羁人怀上国，骄虏窥中原。胡马暂为害，汉臣多负恩。羽书昼夜飞，海内风尘昏。双鬓日已白，孤舟心且论。绣衣从此来，汗马宣王言。忧愤激忠勇，悲欢动黎元。南徐争赴难，发卒如云屯。倚剑看太白，洗兵临海门。

从这首诗的具体描写中，可以看得很清楚，诗乃作于安史胡兵占领中原以后，而且那时唐兵还未收复二京。诗中说“骄虏窥中原”，又说“胡马暂为害”，所谓“骄虏”与“胡马”，即指安史胡兵而言。诗中写安禄山军队对中原地区的侵扰，而一字未提唐军的战绩，可见这首诗当是至德二载（757）春（“春江连故园”）在江南作。这时刘长卿在吴郡做官，所谓长洲尉、摄海盐令（见前所考），丹阳郡为润州，云“旅次”，当是以公事奉使出行的。由此可见，闻一多先生仅以丹阳、曲阿改名的时间来定刘诗的创作时间，是不确的。此时岑况或已不再担任单父尉（据《新唐书》卷三十八《地理志》二，单父县属河南道宋睢阳郡），刘长卿只是以旧时官称称之而已。

（三）刘长卿在吴中任长洲尉等职时，曾有一些诗反映安史之乱及其对北方中原地区的破坏。除上述有关岑况的诗及前几节已叙述过的以外，还可举出一些。如《吴中闻潼关失守因奉寄淮南萧判官》（《刘随州诗集》卷六），诗中说：“木落姑苏台，霜收洞庭橘，萧条长洲外，唯见寒山出。……胡马嘶秦云，汉兵乱相失，关中因窃据，天下共忧慄。……赴敌甘负戈，论兵勇投笔。临风但攘臂，择木将委质。不如归远山，云卧饭松栗。”按，潼关于天宝十四载（755）六月失守，接着唐玄宗从长安出奔四川。此诗说“木落姑苏台，霜收洞庭菊”，已是秋末光景，诗中又提到“长洲”。因此可以大致确定，天宝十四载秋，刘长卿已在苏州长洲尉任，可能他始任此职，还在安史之乱以前，即在天宝后期。诗题中的淮南萧判官，似当是萧颖士。李华《扬州功曹萧颖士文集序》（《全唐文》卷三一五）载：“淮南节度使袁君为扬州功曹，相国、诸道租庸使第五琦请君为介。”据《旧唐书》卷一二三《第五琦传》，第五琦至德元载奉使至蜀见玄宗，言江淮财赋可用，“玄宗大喜，即日拜监察御史，勾当江淮租庸使”。其时当在至德元载七月以后。《新唐书》卷二〇二《文苑中·萧颖士传》载萧颖士于安史叛军攻占洛阳后则由河南至襄州，在山南东道节度使源洧幕掌书记；源洧旋死，即至淮南，上书宰相崔圆，“崔圆闻之，即授扬州功曹参军”。这是至德元载下半年的事。据《新唐书》卷四十九下《百官志》四下，大都督府（扬州为大都督府）有僚属如长史、司马、录事参军、功曹参军、仓曹参军等，而无专设判官者。此处刘长卿称“淮南萧判官”，当是泛称，实则萧颖士在淮南为功曹参军。刘长卿诗中描写了安史胡兵的骄横，以及唐朝军队的莫知所措；《旅次丹阳郡遇康侍御宣慰召募兼别岑单父》中也说：“胡马暂为害，汉臣多负恩。”可以注意的是，萧颖士于差不多同时所作的《登宜城故城赋》（《全唐文》卷三二二）中也谴责了唐朝守土将吏不逃即降的情况：“彼邦畿之尹守，藩牧之垣翰，莫不光膺俊选，践履清贯，荣利溢乎姻族，繁华恣其侈玩，或拘囚就戮，或胥附从乱，曾莫愧其愚懦，又奚闻于殉难。……故时平无直躬之吏，世难无死节之帅。”萧颖士用散文的形式，对于唐朝廷官吏的腐败无能，较能够写得直率一些。刘长卿则以诗歌形式，写得较含蓄一些，但二者的意思是一致的，都是对唐朝封建统治者的斥责。安史之乱是天宝时期各种社会矛盾的集中爆发点，表面繁荣昌盛的唐朝廷突然四分五裂了，社会出现大动乱，人民生活在原来的横征暴敛和繁重的租赋外，又加上了战乱所带来的种种苦难，面对这样的情况，一些正视现实的诗人对此提出各自的问题，正如李白所写的："白骨成丘山，苍生竟何罪!"（《经乱离后天恩流夜郎忆旧游书怀赠江夏韦太守良宰》，王琦注《李太白全集》卷十一）刘长卿这时虽身在江南，但一直关心着战事的进行，他在《京口怀洛阳旧居兼寄广陵二三知己》（《刘随州诗集》卷六）中也还提到"故国胡尘飞，远山楚云隔"；又《至德三年春正月……》（同上卷七）的长诗中又写："万里兵锋接，三时羽檄惊。负恩殊鸟兽，流毒遍黎氓。朝市成芜没，干戈起战争。人心悬反复，天道暂虚盈。"这些诗表明，刘长卿并不是像过去一些诗评家和研究者所认为的那样只是写"日暮苍山远，天寒白屋贫，柴门闻犬吠，风雪夜归人"这样诗句的诗人。翻检他的诗集，如果我们将他的诗很好地编年的话，那么从安史大动乱起，后经江东的刘展之乱，浙东的袁晁起义，后来的淮西李希烈之讨山南东道的梁崇义，等等，再加上他个人的两次贬谪，对于这些，他的诗都或多或少有所反映。他也有写自然景物的诗，或许从艺术性来说这部分诗要比他反映现实动乱的诗更有特色更富有诗味些，但不能因此而否定他是一个关心社会现实的诗人，他并不是如皎然所说的那样一味"窃占青山白云，春风芳草"。当然，刘长卿终究是封建地方官吏，安史乱时他又远在江南，环境相对安定，因此他对战乱的描写，大多停留在概念上，反映并不真切，对人民的苦难生活也反映极不够，比起杜甫"三吏""三别"的名篇来，那是差得太远了。就是他在上述所举的与"淮南萧判官"诗中，前面写"胡马嘶秦云"云云，后面表示无可奈何，以"不如归远山，云卧饭松粟”作结，大大减弱诗的思想性。这也是当时在江南一些诗人所共有的弱点，即以大诗人李白来说，也有类似情况，如他的《经乱后将避地剡中留赠崔宣城》（王琦注《李太白全集》卷十一），前面写“中原走豺虎，烈火焚宗庙，太白昼经天，颓阳掩余照。……苍生疑落叶，白骨空相吊，连兵似雪山，破敌谁能料”；而后面忽说：“我垂北溟翼，且学南山豹”，“忽思剡溪去，水石远清妙”。这样的一种文学现象，应当说并非出于偶然，是很值得研究者探讨的。

（四）刘长卿有《送蔡侍御赴上都》诗（《刘随州诗集》卷三）：“迟迟立驷马，久客恋潇湘。明日谁同路，新年独到乡。孤烟向驿远，积雪去关长。秦地看春色，南枝不可忘。”这是在冬日于湖南送蔡侍御者赴长安的。按，杜甫也有诗写及蔡侍御，即《晚秋长沙蔡五侍御饮筵送殷六参军归澧州觐省》（《钱注杜诗》卷十八）：“佳士欣相识，慈颜望远游。甘从投辖饮，肯作置书邮。高鸟黄云暮，寒蝉碧树秋。湖南冬不雪，吾病得淹留。”杜甫此诗作于大历四年（769），时在长沙（参诸家年谱）。刘诗称“久客恋潇湘”，与杜甫诗中所写者合。此蔡侍御即蔡五侍御，二者为一人。岑仲勉先生《唐人行第录》于“蔡五”下仅引杜甫此诗，云“名未详”，而未引述刘长卿诗。蔡侍御者名虽未能查考，但由此可知此人后又赴长安，乃在杜诗之送殷六以后。由此亦可见，刘长卿当于大历四五年后在湖南。

刘长卿之诗可以和杜甫诗互相印证者，尚有《春过裴虬郊园》诗（《刘随州诗集》卷三），题下自注：“时裴不在，因以寄之。”诗云：“郊原春欲暮，桃杏落纷纷。何处随芳草，留家寄白云。听莺情念友，看竹恨无君。长啸高台上，南风冀尔闻。”裴虬，新旧《唐书》无传。《新唐书》卷七十一上《宰相世系表》一上有裴虬，仅云为谏议大夫。大历五年（770）在道州刺史任，《旧唐书》卷十一《代宗纪》，大历五年，“夏四月庚子，湖南都团练使崔瓘为其兵马使臧玠所杀，玠据潭州为乱。沣州刺史杨子琳、道州刺史裴虬、衡州刺史杨济出军讨玠。”杜甫有《送裴二虬作尉永嘉》诗（《钱注杜诗》卷九），据《杜诗镜诠》等书，此诗当作于天宝十载、十一载间。则裴虬于天宝后期曾为永嘉尉，大历四、五年间为道州刺史，后又为谏议大夫。《钱注杜诗》卷八《暮秋枉裴道州手札率尔遣兴寄近呈苏涣侍御》，注引《浯溪观唐贤题名》，有“河东裴虬，字深原，大历四年为著作郎，兼侍御史，道州刺史”[①]。今查欧阳修《集古录跋尾》卷七有《唐裴虬怡亭铭》（永泰元年），谓“怡亭在武昌江水中小岛上，武昌人谓其地为吴王散花滩亭。裴鹖造，李阳冰名而篆之，裴虬铭，李莒八分书，刻于岛石”。又云：“虬代宗时为道州刺史，韩愈为其子复墓志云，虬为谏议大夫，有宠代宗朝，屡谏诤，数命以官，多辞不拜。然唐史不见其事。”杜甫并有《湘江宴饯裴二端公赴道州》（《钱注杜诗》卷八）、《江阁对雨有怀行营裴二端公》（同上卷十八），皆大历时在湖南作。刘长卿《过裴虬郊园》诗，从诗的本身似看不出作于何时何地，此处引杜诗及有关材料，以供研讨。

（五）《新唐书·艺文志》著录《刘长卿集》十卷。晁公武《郡斋读书志》（卷四上别集类）、陈振孙《直斋书录解题》（卷十九诗集类上）也都著录为十卷；晁志云“全集诗九卷，杂文一卷”，陈志云“诗九卷，末一卷杂著数篇而已”，又云“建昌本十卷，别一卷为杂著”。看来晁、陈著录的十卷本，编次相似，即前九卷为诗，后一卷为文。《唐志》的十卷本是否如此，不得而知。清卢文弨得《刘随州文集》，云：“其前十卷皆诗也，后一卷文，而总题曰文集，何义门氏以宋本校正如此，其

① 钱注并云：“刘长卿有《过裴虬郊园》诗曰：‘军符侯印取岂迟，紫燕騄耳行甚速。’谓七年之间，由尉而至于刺史也。”

卷之起讫，字之同异，皆备著焉。”（《抱经堂文集》卷七《刘随州文集题辞》）《四库提要》著录的《刘随州集》也就是十一卷本，也即前十卷为诗，后一卷为文。孙星衍《平津馆鉴藏记》卷二“明版”，有云：“唐刘随州诗集十一卷，末卷为文，题随州刺史刘长卿。前后无序跋。卷二《送河南元判官赴河南勾当苗税充百官俸钱》诗，不书勾字，注云御名，是避宋高宗讳构嫌名，知此本从南宋本翻雕。《四库全书》所收本有外集一卷，此本无之。”瞿镛《铁琴铜剑楼藏书目录》（卷十九）曾著录宋刊残本《刘文房集》六卷，云“原书十一卷，今存第五至十”。此外则皆为明本，如丁丙《善本书室藏书志》（卷二十四）著录《唐刘随州诗集》十一卷，为明翻宋本，中有云：“明弘治有两刊本，均十一卷，一西蜀李士修知随州所刊，一余姚韩明所刊”（缪荃孙《艺风藏书续志》卷六所载同）。张月霄《爱日精庐藏书志》（卷二十九）著录《刘随州集》十卷，为明活字本（《善本书室藏书志》卷二十四著录之另一本《刘随州集》十卷，也为明活字本）。现在畿辅丛书本的《刘随州集》即十一卷，前十卷诗，后一卷文，似系据明本翻刻者。但现在所存刘长卿诗，无论见于专集或《全唐诗》，都杂有他人之作，有的在题下已注明一作某人诗，也有未曾注明的，这就需要我们在考证他的事迹时加以细心地甄别，否则也就容易搞错。关于这点，以前的一些目录书仅注意版本源流，而从未据及其作品真伪的。如《刘随州集》卷五《北游酬孟云卿见寄》[1]。孟云卿是元结编入《箧中集》的诗人。但实则这是张彪的诗，张彪与孟云卿是中表亲，见《箧中集》及《全唐诗》卷二五九，但各本《刘随州集》与《全唐诗》都未注明。又如《刘随州集》卷七《奉饯郑中丞罢浙西节度还京》诗，在刘长卿时，浙西节度无郑姓者，这个郑中丞当是郑

① 此诗也见《全唐诗》卷一四九。

朗，他于唐宣宗大中二年至五年（848—851）为浙西节度使，在任浙西之前，曾为御史中丞之职[①]，因此诗题称郑中丞。但大中年间距刘长卿之卒已有六七十年，这首诗显然是宣宗时人所作，而误编入刘集的。今天我们编校刘长卿的集子，就应根据有关史籍，参稽刘长卿的一生行迹，对其作品的真伪加以认真、细心地辨析。

[附记]

《元和姓纂》卷五诸郡刘氏条，有云："考功郎中刘庆约，宣州人；孙长卿，隋州刺史。"按《姓纂》所记有二刘长卿，一为弘农人，元遂子，官工部员外，一即此处之任随州刺史者，也即诗人刘长卿。由此可知，在姚合《极玄集》前，林宝在元和时即已著录刘长卿为宣州人。我在《考辨》中曾说《极玄集》记刘长卿为宣州人是错的，看来还得重新考虑。其次，从《姓纂》所载还可考知，刘长卿的祖父名庆约，曾任考功郎中，这是他书所未及的，可惜其父的情况未详。

（原载《唐代诗人论丛》中华书局2003年版，250-281页）

① 参见《新唐书》卷一六五《郑珣瑜传》及吴廷燮《唐方镇年表》。

刘长卿别李白事迹小辨

◎郁贤皓

刘长卿集中有《将赴南巴至余干别李十二》一诗，黄锡珪在《李太白年谱》中认为这个“李十二”就是李白。岑仲勉先生在《唐人行第录》中也说，“刘长卿《将赴南巴至余干别李十二》，此可能为李白。”《中华文史论丛》第8辑载傅璇琮同志的《刘长卿事迹考辨》，其中提到此诗，也认为“这个李十二就是大诗人李白。”考李白晚年确曾到过豫章郡建昌一带，因此，我以为李白与刘长卿有过交游是完全可能的。

但是，黄锡珪和傅璇琮同志都认为：李白与刘长卿的会见是在乾元元年（758）。我认为这是有问题的。黄锡珪在《李太白年谱》“乾元元年”条下说：“（李白）春初游建章，因妻宗氏寄居豫章，遂至江西，并游余干。”“又考刘长卿有《余干城别李十二》诗，是白往豫章，并游余干，因得与刘长卿相遇也。”傅璇琮同志认为：“黄氏之说甚是。乾元元年，也即是至德三载（是年二月改元）。这年初春，李白还没有得知流夜郎的消息，因妻宗氏寄居豫章，因此曾从浔阳游豫章等地，至余干遂遇到被贬谪的刘长卿。这时李白流夜郎之命尚未下达，因此刘诗的‘逐臣’一词，并非指李白，而是自指。‘谁怜此别悲欢异’，欢指李白因得崔涣、宋若思的声援，其从永王璘一事得以推覆清雪，悲则指自己乃有南巴万里之行。”傅璇琮同志说长卿诗中的“欢”指李白，“悲”指自己，我认为很对。但说乾元元年春“李白还没有得知流夜郎的消息”，似不合史实。

考李白在乾元元年春天早已得知流放夜郎的消息。李白集中有《流夜郎闻酺不预》诗：

北阙圣人歌太康，南冠君子窜遐荒。汉酺闻奏钧天乐，愿得风吹到夜郎。

据《旧唐书·肃宗纪》记载：至德二载十二月，因玄宗由成都回到长安，为了表示庆贺，“下制大赦”，并且还“赐酺五日”。李白诗中说的“闻酺”，就是指的这件事。当时李白已被定罪流放夜郎，不能参加这个庆典。由此可知李白在至德二载十二月已被定罪流放夜郎，李白自己也已经知道。所以，如果刘长卿在乾元元年春天遇到李白，就绝不可能说，“悲欢异”的“欢”是指李白的遭遇，这是很明显的。

按李白在流放途中还写过一首《自巴东舟行经瞿塘峡登巫山最高峰晚还题壁》诗，其中有两句说：

江行几千里，海月十五圆。

表明此时李白溯江西上的流放生涯已经渡过了十五个月。按《唐大诏令集》卷八十四有《以春令减降囚徒敕》，是乾元二年（759）三月发布的。其中说：“其天下见禁囚徒，死罪从流，流罪已下一切放免。”李白就是在乾元二年三月这次赦令中受到“放免”处理，终于结束流放生涯的。从乾元二年三月上溯十五个月，应当是至德二载（757）十二月。由此可知，乾元元年（即至德三载）正月，李白已走上流放夜郎的江行途中。因此，乾元元年春天李白不可能在余干会见刘长卿，更谈不上此时还有什么“欢”可言了。

至于李白的“欢”是有的，那是在流放夜郎遇赦“放免”归来的时候。乾元二年三月李白遇赦，心情确实是十分高兴的。他立即掉转船头，沿江东下：“朝辞白帝彩云间，千里江陵一日还。两岸猿声啼不住，轻舟已过万重山！”（《早发白帝城》）就是这种轻快心情的写照。当时，他的妻子宗夫人寄居在豫章（今江西南昌），李白在流放途中曾有《南流夜郎寄内》诗：

夜郎天外怨离居，明月楼中音信疏。北雁春归看欲尽，南来不得豫章书。

但当他流放生涯刚结束时，并没有立即到豫章去，从李白诗中考察他的行踪，可以看到：他在乾元二年三月遇赦后东下，先在江夏逗留过一段时间。著名的长诗《经乱离后天恩流夜郎忆旧游书怀赠江夏韦太守良宰》，其中说：“五色云间鹊，飞鸣天上来。传闻赦书至，却放夜郎回。暖气变寒谷，炎烟生死灰。”表明是遇赦放还后的作品。诗中还说：“君登凤池去，勿弃贾生才。”李白还希望韦太守这次调任中书省要职能提携自己，看来这也正是李白在江夏一带逗留的原因。这年秋天，李白曾游洞庭，有《陪族叔刑部侍郎晔及中书贾舍人至游洞庭五首》《荆州贼乱临洞庭言怀作》《秋登巴陵望洞庭》等诗可证。上元元年（760）春初他又回到江夏、汉阳一带，有《早春寄王汉阳》《望汉阳柳色寄王宰》等诗。接着便东下寻阳，游鄱阳湖，有《下寻阳城泛彭蠡寄黄判官》《入彭蠡经松门观石镜缅怀谢康乐题诗书游览之志》等诗。我以为只有在这个时候，李白才到余干，遇见刘长卿。然后再由余干回豫章，与宗夫人会面。李白有《豫章行》一诗云：

胡风吹代马，北拥鲁阳关。吴兵照海雪，西讨何时还？半渡上辽津，黄云惨无颜。……

据《通典·州郡十二》记载：豫章郡建昌县有上辽津。可知此诗在豫章写的。李白又有《对酒醉题屈突明府厅》诗云："故人建昌宰，借问几时回？"表明李白确曾在豫章建昌一带游历过。据《元和郡县志》卷二十三记载："鲁阳关在（邓州向城）县北八十里，今邓、汝二州于此分境。"可知《豫章行》中的"鲁阳关"在今河南鲁山县附近。按《新唐书·来瑱传》："上元二年春，破史思明余党于鲁山，俘贼渠，又战汝州，获马、牛、橐驼。"证知上元二年春天之前，鲁阳关一带确曾为安史乱军控制。因此，李白《豫章行》当是上元元年在豫章写的实况：当时，安史乱军在鲁阳关一带猖狂活动，朝廷又在江南征兵。李白亲眼目睹豫章一带人民应征入伍，赴西方前线作战。由此也可证明：李白到豫章一带乃是在流放遇赦回来以后的上元元年。因此，我认为刘长卿在余干遇见李白应该是在上元元年的春天。此时的李白，真是满怀喜悦；而刘长卿却在此时被谪往南巴，心里很悲伤；所以，长卿诗中说"谁怜此别悲欢异。"这里的"欢"指李白，"悲"乃自指，也就容易理解了。

再从刘长卿方面考察：傅璇琮同志认为长卿贬南巴是在长洲尉任上。长卿在任睦州司马时写有《祭阎使君文》，其中说到他曾任长洲尉："长卿昔尉长洲，公为半刺，一命之末，三年伏事。"考《严州图经》州牧题名一有"阎钦爱"，注云："至德二载十一月十日自苏州别驾拜。"长卿祭文中的"阎使君"当即阎钦爱。别驾是刺史的佐吏，总理众务，职权甚重，当时论者都称此职乃居刺史之半，所以长卿文中称别驾为"半刺"。据《旧唐书·地理志三》，江南东道苏州有长洲县，长卿尉长洲自是苏州别驾属下。长卿文中说"三年伏事"，表明在阎钦爱离苏州别驾任之前，长卿已当过三年长洲尉。

按刘长卿有《至德三年春正月时谬蒙差摄海盐令闻王师收二京因书事寄上浙西节度李侍郎中丞行营五十韵》，可知至德三载（即乾元元年）正月长卿已摄海盐令，距阎钦爱离苏州别驾任只有一个多月。同时写的有《海盐官舍早春》诗。此后，又有《罢摄官后将还旧居留辞李侍御》诗，可惜无法查知罢摄官的时间，但其中有些诗句值得注意："江海今为客，风波失所依。白云心已负，黄绶计乃非……世难慵干谒，时闲喜放归。潘郎悲白发，谢客爱清辉。樗散材因弃，交亲迹已稀。独愁看五柳，无事掩双扉。事累多行路，生涯向钓矶。"从这些内容看来，长卿罢摄海盐令后，似没有继续做官，而是被"放归"，所以题曰"还旧居"，表明不是调任，而是回"旧居"去过"向钓矶"的"生涯"了。

长卿又有《狱中闻收东京有赦》诗，傅璇琮同志说："收复东京洛阳在至德二载（757）十月，至德三载二月丁未，'大赦天下，改至德三载为乾元元年'。这正好说明至德三载二月间刘长卿曾因事陷狱。"傅璇琮同志认为在长卿这次"陷狱"之后，便被贬谪南巴尉。但是，查《旧唐书·肃宗纪》，傅璇琮同志说的至德三载二月的那次大赦，似不是为收复东京洛阳而发布的，而是因为这年正月戊寅，"上皇御宣政殿，册皇帝尊号曰光天文武大圣孝感皇帝"；二月乙巳，"上御兴庆宫，奉册上皇徽号曰太上至道圣皇大帝"；为此，肃宗在二月丁未，"御明凤门，大赦天下，改至德三载为乾元元年。"在这之前，至德二载十月收复东京洛阳后，已经有过一次大赦，也见于《旧唐书·肃宗纪》：至德二载"十二月戊午朔，上御丹凤门，下制大赦。"长卿诗《闻收东京有赦》，似应指这一次。由此看来，长卿陷狱出狱当在至德三载正月差摄海盐令之前。

我以为长卿被贬谪南巴，当在罢摄官被放归后的一段时间内。独孤及《送长洲刘少府贬南巴使牒留洪州序》开头说，"曩子之尉于是邦也”，这个“曩”字表明，独孤及送行时长卿已不是长洲尉了。而独孤及之所以仍称长卿为“长洲刘少府”，盖长卿当时没有官职，故以旧职称之。从独孤及的文中可以看出，刘长卿即使在乾元元年得到贬谪南巴的诏令，也不可能在这年春天从苏州启程，更不可能到达余干。因为独孤及的序文说得很清楚，在诏令下达后：

会同谴有叩阍者，天子命宪府杂鞫，且廷辨其滥，故有后命，俾除馆豫章，俟条奏也……

试设想，这里的“叩阍”“杂鞫”“廷辨”，再发“后命”的过程，得花多少时间？因此，长卿从苏州启程的时间绝不可能是乾元元年春天，而应当是第二年即乾元二年的春天。同时还必须注意到，既然是“使牒留洪州”“俾除馆豫章，俟条奏也”，则长卿到洪州一带自然也不会立即赴南巴的。长卿集中现有《登余干古县城》诗云：“孤城上与白云齐，万古荒凉楚水西。官舍已空秋草绿，女墙犹在夜乌啼。”表明秋天长卿还在余干。由此可知，又过一年即上元元年的春天长卿才“将赴南巴”。就在此时，会见了遇赦归来的李白。

综上所述，李白只有在上元元年春天才满心喜悦地到豫章、余干一带，而刘长卿也只能在上元元年春天才从余干“将赴南巴”，此时两人相会，刘长卿才写下“谁怜此别悲欢异”的诗句，“欢”指李白，“悲”乃长卿自指。这样理解可能更符合历史实际。

（原载《中华文史论丛》1980年第1期，1980年10月修改补充）

刘长卿三题

◎刘　乾

傅璇琮先生的新著《唐代诗人丛考》一书中，有一篇《刘长卿事迹考辨》，对刘长卿事迹的考辨，有很大的突破，使千年疑案，决于一旦，是一篇极有参考价值的考证文章。但也有疏漏之点，所以我再略谈数事，求正于傅先生和广大读者。

一、刘长卿何时任监察御史?

《新唐书·艺文志》载，刘长卿是"至德监察御史"，显然是错误的。后人皆沿其说，傅文也置而未辨。我认为新志的"至德"，是"广德"之误，刘长卿是唐代宗广德元、二年间回长安并任监察御史的。

刘长卿从天宝末为长洲尉，至德三载，也就是乾元元年摄海盐令，同年贬南巴尉，上元二年回浙西、浙东一带。这期间，都不在长安，也不会任监察御史。广德元年春正月，安史之乱全面平息，河南、河北诸郡县相继收复，南北交通也无阻了。这就是当时人所说的"时平"。刘集卷十有《时平后送范伦归安州》诗，不但回忆了天宝末来吴郡的情景，也遥想了家乡的现状。"吴苑西人去欲稀"，当然也引起他北归的心思；但"鸿雁春归身未归"。卷八的《时平后春日思归》诗："故园柳色催南客，春水桃花待北归。"也是以同样的心情，写于广德元年春的。但他辜负了春水桃花，直到春天过尽，他也没有北归。因为卷四《和袁郎中破贼后军行过剡中山水谨上太尉》诗，是广德元年三四月间写于越州的。袁郎中，就是镇压浙东袁晁起义的袁傪。《旧唐书·代宗纪》：宝应二年（即广德元年）三月“丁未，袁傪破袁晁之众于浙东”。四月“庚辰，河南副元帅李光弼奏生擒袁晁，浙东州县尽平”。可是当时浙东、浙西都有起义农民的暴动。浙东是袁晁领导的，于广德元年春被镇压下去；浙西宣州、池州、歙州一带，是陈庄、方清领导的，到永泰二年即大历元年，才被镇压下去。《新唐书·地理志》池州秋浦县下注云：“有乌石山，广德初，盗陈庄、方清所据。”同书歙州休宁县下注云：“永泰元年，盗方清陷州，州民拒贼，保于山险。二年贼平。”镇压陈庄、方清，是不是袁傪干的呢？还是他。独孤及《毗陵集》卷四，有宝应二年（即广德元年）写的《贺袁傪破贼表》云：“伏见河南副元帅行军司马、太子右庶子兼御史中丞袁傪露布，奏今年五月十七日破石埭城贼方清，并降乌石山贼陈庄等徒党二万五千五百人者。”石埭，也属池州。可见这个袁傪，于广德元年春打下了袁晁，夏天就又在宣池歙打陈庄、方清了。而刘长卿，也就在这年春夏之交来宣州了。刘集卷三有《赴宣州使院宴寂上人房留辞前苏州韦使君》诗，当即写于此时。宣州使院，是浙西观察使的治所，这时的浙西观察使是季广琛（见吴廷燮《唐方镇年表》）。前苏州使院，为什么留辞前苏州韦使君？由此可以知道，他是由江西出发的。韦使君，就是韦元甫。独孤及又有《上元二年豫章冠盖盛集记》一文，说上元二年春正月，浙西发生了刘展事变，“执事者匪遑启居，亦既播越。我都督防观察处置使兼御史中丞韦公元甫，克振远略，殷为长城。且修好于邻侯，从交相见，敦同盟勠力之义，图靖难勤王之举。故三吴舟车，八使冠盖，名公髦士，群后庶尹，辏辐鳞集，其来如归”。因为刘展、袁晁的事接连发生，刘长卿自南巴归来，亦必仍置家于豫章。所以广德元年由江西赴宣州。诗云："春归花殿暗，秋傍竹房多。"正是春夏之间，句中的"秋"，指竹房的凉意而言，当然不会一过春天，就是秋天了。"恋旧争趋府，临危欲负戈。……耐可机心息，其如羽檄何？"与当时宣州正在用兵的情况相合。在此用兵之际赴宣州，或有求用之意，看来是落空了，也就更促使他北归了。等到浙西完全平定之后，皇帝当然要对他的鹰犬加点恩赐。这时的浙西观察使已是韦元甫了。他是永泰元年继任的，亦见《唐方镇年表》。《文苑英华》卷五百九十有韦元甫的《谢恩表》云："臣某言，中使杨华林至，伏奉敕书，慰臣及将士者……顷者宣州用兵，皆以诏书从事……皆王缙指踪之力，袁傪致命之功。群帅成之，在臣何有。"这当是大历元年了，李光弼已死，接任河南副元帅的是王缙。韦元甫和袁傪，不久皆内调回京；而刘长卿却早北归了。刘集卷五的《同诸公袁郎中宴筵喜加章服》诗，便是在长安写的了。

刘长卿何时北上？就在广德元年初秋。他是从江西出发，经池州的秋浦、至德，穿过今安徽省，由丰、沛折而西上，集中诗作，大体可考。如果再考察他到长安后的诗作，与广德元年秋冬的时间，也是衔接的。

刘集卷五有《奉和杜相公新移长兴宅呈元相公》诗，应是在长安所作。杜相公是杜鸿渐，是广德二年正月与王缙同时入相的。元相公就是元载。刘长卿不是元党，与元载却是老关系，与元载党的人物，也往来甚密。这次到京得为监察御史，是否元载的力量？不敢断言，想来也不无关系。诗云："花香逐荀令，草色对王孙。"荀令指相公，王孙是自比归来的游子。《文选·招隐士》："王孙游兮不归，春草生兮萋萋。"长卿在江南八九年，中遭贬谪，今得入京，既伤自身之飘零，又感相公的召唤，故用此典。

刘集卷二有《送河南元判官赴河南勾当苗税充百官俸钱》诗，卷三有《送青苗郑判官归江西》诗。分遣宪官税青苗充百官俸钱，是广德二年七月的事。《资治通鉴》二二三广德二年“秋，七月，庚子，税天下青苗钱以给百官俸。”这两首诗，也可能是作于长安的。都是五言律，诗意都很好。前首后四句是：“乌雀空城在，榛芜旧路迁。山东征战苦，几处有人烟！”大河南北，经过八年的安史之乱，遭到空前的浩劫，战火刚息，未死的人民还未来得及延口残喘，收青苗税的大员就临门了。长卿对此事，深感痛心。后一首的末两句也是说：“南楚凋残后，疲民赖尔怜！”

刘集卷五《送徐大夫赴广州》诗的徐大夫，是徐浩。旧纪：大历二年四月“癸酉，以工部侍郎徐浩为广州刺史、岭南节度观察使。”诗云：“雾绕龙山暗，山连象郡遥。”龙山，即龙首山，在长安，为送别之地。末云：“当令输贡赋，不使外夷骄。”专提到贡赋，或此时长卿已掌财赋了吗？

刘集卷八《送刘萱之道州谒崔大夫》诗的崔大夫，是崔涣。旧纪：大历三年八月，“御史大夫崔涣为税地青苗钱使，给百官俸钱不平，诏尚书左丞蒋涣按鞫，贬涣为道州刺史”。同年“十二月壬寅，道州刺史崔涣卒”。这篇肯定是大历三年八月后作，此时长卿尚在长安。

刘集卷十一，还有一篇《祭萧相公文》。萧相公是萧华。起首云：“维年月日，殿中侍御史刘长卿，谨以清酌庶羞之奠，敬祭于故江州刺史相国萧公之灵。”可见长卿还由监察御史，晋级为殿中侍御史。这是各种传记所漏载的。萧华于宝应元年五月贬为峡州司马，江州刺史一职，史亦失载。

通过以上各诗，从广德元年、二年，到大历三年，大约五年皆在长安。他任监察御史，又迁殿中侍御史，只能是从广德年开始的。也就是在大历三年秋冬，他便作转运使判官，离开长安了，从此后再也未曾北归。

二、刘长卿为转运判官，是在淮西，还是淮南？

《新唐书·艺文志》：刘长卿“以检校祠部员外郎为转运判官，知淮西、鄂岳转运留后”。后来的传记史料，皆从此说，独《全唐诗》刘长卿小传，作“知淮南、鄂岳转运留后”。傅先生是沿用淮西说的，我是从《全唐诗》的淮南说的。

打开《刘随州集》，不难找到在淮南的作品，却很难找到在淮西的作品。如卷一《赴楚州次自田途中阻浅问张南史》《过前安宜张明府郊居》《和州留别穆郎中》《和州送人归复郢》，卷二《奉使至申州伤经陷没》《安州道中经浐水有怀》《经漂母墓》《穆陵关北逢人归渔阳》。楚州、安宜、申州、和州、安州、穆陵关，皆属淮南，漂母墓也是在淮南的楚州。他为什么在淮南境内到处乱跑呢？卷五还有一首《同郭参谋咏崔仆射淮南节度使厅前竹》的诗。“同”是酬和的意思。崔仆射是崔圆。旧纪：大历元年“六月戊戌，以淮南节度使崔圆检校尚书右仆射”。但不久即调离淮南回京，大历三年六月卒。此诗有句云：“湘浦何年变，山阳几处残。”或作于崔圆死后。“不知轩屏侧，岁晚伴任安。”任安，是汉大将军卫青舍人。后卫青门下士多去事霍去病，辄得好官，独任安不去。这里用来指郭参谋，可见郭还在淮南任所。写这诗的时间，可能是大历三年冬，代崔圆节度淮南的，是曾在苏州、浙西的韦元甫，又是长卿的老关系。这大概就是他任淮南转运判官的始年了。

皇甫冉有《使至寿州淮路寄刘判官》诗，这刘判官就是刘长卿。皇甫冉出使江南，当大历四五年，正是刘长卿任转运判官的时候。有句云“故人多在楚云东”，当然不会是在淮西了。

刘集卷三有《喜李翰自越至》一诗，越，指岭南；至何地？

题上未明。而诗的首联云：“南浮沧海上，万里到吴台。”这个吴台，不是苏州的姑苏台，而是扬州的吴公台。即南朝时陈朝大将吴明彻围攻北齐东广州刺史敬子猷的射台。刘集卷二有《秋日登吴公台上寺远眺寺即陈将吴明彻战场》诗，即是。至于苏州的姑苏台，多简称苏台，如刘集卷二《却赴南邑留别苏台知己》，不大称吴台。新旧《唐书》，皆不言李翰曾在淮南，而《唐文粹》九二有梁肃的《左补阙李翰前集序》云：“弱冠进士登科，解褐卫县尉。其后以书记再参淮南节度军谋。”什么时间呢？同书七三李翰《淮南节度行军司马厅壁记》的年月是“大历五祀夏五月丁丑记”。所以长卿的《喜李翰自越至》诗，当作于大历五年五月以前的春天，因为诗中有“春风催客醉”的句子。

刘集卷四有《酬滁州李十六使君见赠》诗，自注云：“李公与予俱于阳羡山中新营别墅，以其同志，因有此作。”这个李十六，是李幼卿。《唐诗纪事》二十七：“幼卿……大历中以右庶子领滁州。别业在常州义兴，曰玉潭庄。在滁州时以书托独孤至之。”阳羡山即在常州义兴，与刘诗注合。又《唐文粹》九十六独孤及《瑯琊集述序》云：“陇西李幼卿，字长夫，以右庶子领滁州……故长夫名溪曰瑯琊，他日赋八题于岸石，及亦状而述之。是岁大历六年岁次辛亥春三月丙午日。”知幼卿刺滁的具体时间，是大历六年前后；长卿尚在淮南。扬州、滁州，相去咫尺，更便于邮筒往来。卷八的《和樊使君登润州城楼》诗，也可能是在淮南作的。末联是“王粲尚为南郡客，别来何处更销忧”。傅先生以为“以客居襄阳、依附刘表的王粲自比，那就是说，在大历四、五年间，刘长卿在游历镇江时，还未有官职”。其实刘长卿用此典，只是说自己不被重用，仅是个判官，不是专城的大员。这是封建文人现成的慨叹语。他任长洲尉时，作诗自称“羁人”，在南巴，自称“南客”，卷二《更被奏留淮南送从弟罢使江东》诗，首句就说“又作淮南客”，都是此类。他们认为，“天地者，万物之逆旅”，人在天地间，都不过是个过客而已，何论有官无官？

复按刘集卷八《奉使鄂渚至乌江道中作》一诗，题明为奉使鄂渚道中所作。有“芦花十里雪漫漫”句，时令在秋。卷二还有一首《移使鄂州次岘阳馆怀旧居》的诗，也是题明移使鄂州途中所作。岘阳，岘山之阳。这个岘山，就在乌江西南。“万里通秋雁，千峰共夕阳”的名句，就出在此诗，也是作于秋天。这就是长卿由淮南移鄂岳了。由行走的路线，可以证明不是从淮西出发的。是哪一年的秋天？且看他再往前走，到了和州我们就知道了。卷一的《和州留别穆郎中》诗，是留给穆宁的。查《旧唐书·穆宁传》，他是大历六年任和州刺史的，“居无何，官罢”。诗有“摇落”“黄叶”等句，也是秋天，很可能就是大历六年的秋天了。末联是“明发看烟树，唯闻江北钟”，可见是往南行的。再往前走，还有卷二的《安州道中经浐水有怀》诗，也会是这次移使鄂岳道中的作品。

所以我们有理由说：刘长卿是大历六年秋天，离开淮南移使鄂岳的。

为了进一步论证，还不妨再看看刘长卿到鄂州的诗作，是否与大历六年秋相衔接。

刘集卷六有《秋日夏口涉汉阳献李相公》诗，卷九有《汉阳献李相公》诗，都是献给李揆的。李揆因忤元载被贬，元载于宝应元年入相，即贬揆江淮养疾，使之全家流荡江湖，乞食各路诸侯。前诗有“十年犹去国”句，后诗有“十年空被白云留”句，从宝应元年（762）到大历六年（771），恰为十年。前诗写于大历六年秋，后诗写于大历七年春。

刘集卷五，还有一首《夏口送长宁杨明府归荆南因寄幕府诸公》诗。这个长宁杨明府，可能就是韦应物《答长宁令杨辙》诗的杨辙。当时的荆南节度使是卫伯玉。伯玉于大历二年六月，被封为城阳郡王，故诗中有“异姓宠殊勋”之句。又有“百越今无事，南征欲罢军”。按旧纪：大历六年二月，岭南蛮酋梁崇牵，自称平南十道大都统，据容州叛；三月，“五岭皆平”。所以荆南军也不必南征了。诗中还有“临水叶纷纷”句。是诗很可能也是写于大历六年的秋天了。

刘集中还有写给湖南观察使辛京杲的几首诗。辛京杲是大历五年五月到任的，这些诗当然都是写在大历五年五月之后，而具体时间，也应是大历六年冬天到大历七年春天。大历八年鄂岳观察使吴仲孺莅任，刘长卿很快就倒霉了。

三、失随州后的刘长卿

刘长卿的官职，不是终于随州刺史，傅先生举出《李惠登传》，作了有力的论证。但刘长卿失随州后，究竟到哪里去了呢？

刘长卿失随州，可以肯定是在建中四年。《新唐书·德宗纪》：建中三年十月丙辰，“李希烈反”。四年“三月辛卯，李希烈寇鄂州，刺史李兼败之”。“八月丁未，李希烈寇襄城。乙卯，希烈将曹季昌以随州降”。可见建中四年八月以前，随州即被李希烈军占领。从此这一带便成了来回拉锯的争夺地区。刘长卿可能因为年老文弱而不知兵，起初仍以随州刺史的身份避地淮南。因为刘集卷九有《避地江东留别淮南使院诸公》诗，当然是先曾在淮南了。可是，贞元元年四月，李希烈将李惠登以随州降，并且被正式任命为随州刺史了，刘长卿才又想远走江东的。诗云：“何辞向物开秦镜，却使他人得楚弓。”就是指的这回事，不是自己不愿干，而是被人取而代之了。得楚弓的就是李惠登。看来刘长卿还颇不甘心。但他不久又被奏留淮南，成为淮南节度使的正式幕僚了。刘集卷二有《更被奏留淮南送从弟罢使江东》诗，可以证明。诗云：“又作淮南客，还悲木叶声。寒潮落瓜步，秋色上芜城。”当是贞元元年或二年的秋天了。傅先生所引的刘集卷八《寄别朱拾遗》的诗：“江海茫茫春欲遍，行人一骑发金陵。”当是贞元二年或三年春的作品了。金陵，也可以是镇江。此时是否还有诗作呢？有的。先看《文苑英华》八一二梁肃的《通爱敬陂水门记》，“岁在戊辰，扬州牧杜公命新作西门，所以通水庸、致人利也。冬十有二月土木之工告毕，从事征其始，请刻石以为记云。”戊辰是贞元四年，梁肃在淮南。而刘集卷二的《淮上送梁二恩命追赴上都》诗，则是贞元五年春天作的。梁二就是梁肃。岑仲勉《唐人行第录·梁二肃》：“考梁肃以贞元五年由淮南幕征入台。长卿卒年虽不详，可能在五年至七年之间，颇信梁二即肃也。”复按《旧唐书·李泌传》：“至贞元五年，以前东都防御判官、殿中侍御史、内供奉韦绶为左补阙，监察御史梁肃右补阙。”正合。

这时的淮南节度使，就是曾任睦州刺史的杜亚。《旧唐书·杜亚传》：“兴元初召拜刑部侍郎，出为扬州长史、兼御史大夫、淮南节度观察使……亚自以材当公辅之选，而联出外职，志颇不适，政事多委参佐，招引宾客，谈论而已……贞元五年，以户部侍郎窦觎为淮南节度代亚。”这样的一位杜亚，对有老关系的诗人刘长卿，是很愿奏留幕府的。窦觎代亚，是在贞元五年十月（见旧纪），刘长卿也许已经死了，也许不久就死了。因为作于贞元七年春的权德舆的《秦征君校书与刘随州唱和集序》中，已经称“故随州刘君长卿”了。

傅先生断定刘长卿的卒年，在贞元二年至七年之间，我看还是应该根据岑仲勉的考证，定在贞元五年春至七年春这两年之间，更具体些。

（原载《唐代文学论丛》1982年第1期）

刘长卿诗初探

◎卞孝萱　乔长阜

刘长卿是唐代“诗国”里的“名家”之一。同时人权德舆说：“彼汉东守尝自以为‘五言长城’。”（《文苑英华》卷七百一十六《秦征君校书与刘随州唱和诗序》）稍后的皇甫湜说：“诗未有刘长卿一句，已呼阮籍为老兵矣。”（《皇甫持正文集》卷四《答李生第二书》）元辛文房《唐才子传》卷二说：“长卿尝谓：‘今人称前有沈、宋、王、杜，后有钱、郎、刘、李。李嘉祐、郎士元何得与余并驱？’[①]每题诗不言姓，但书长卿，以天下无不知其名者云。”清卢文弨《刘随州文集题辞》说：“随州诗，……子美之后，定当推为巨擘”。（《抱经堂文集》卷七）薛雪《一瓢诗话》说：“（刘随州）得意处竟可与少陵索笑，‘长城’之名，盖不徒然。”将刘长卿与“诗圣”杜甫相提并论，可见其诗名之大。

刘长卿字文房，唐玄宗开元二年（714）生。郡望河间（河北献县），籍贯宣城（安徽宣城）。因长期住在洛阳（河南洛阳），故又自称洛阳人。唐林宝《元和姓纂》说他的祖父刘庆约官考功郎中，而未提到他的父亲，可能因其官卑或未仕。诗人出身于这样一个没落的中小官僚家庭。

刘长卿的生平和创作，大致可分为三个时期：（一）前

① 高仲武《中兴间气集》卷上：“士林语曰：‘前有沈、宋，后有钱、郎。’”

期（玄宗朝），求仕无成，开始创作诗歌，并取得初步成就；（二）中期（肃宗、代宗两朝），两遭谪迁，诗歌创作成就显著；（三）后期（德宗贞元六年前），官至随州刺史，罢免后，终老吴越，诗歌创作成绩甚微①。

一、岁月蹉跎　羽毛憔悴

刘长卿的青少年时期和大部分壮年时期，是在开元、天宝“盛世”中度过的。但处在“盛世”中，他却像一只孤苦无依的小鸟，“岁月蹉跎飞不进，羽毛憔悴何人问！”（《全唐诗·刘长卿集·小鸟篇上裴尹》②）生活窘困的他，天宝二年（743）左右曾东游徐州、海州等地。出游原因就是“只为乏生计，尔来成远游。一身不家食，万事从人求”（《睢阳赠李司仓》）。他热心功名，又长期无成。为了谋取功名，他积极活动，天宝中甚至成为“东府”诸生的“朋头”。天宝四载（745）他赴长安，准备应举，在《温汤客舍》中说：“君门献赋谁相达，客舍无钱辄自安。且喜礼闱秦镜在，还将妍丑付春官。”说明他虽处境不佳，但颇为自负。寓居长安，将近三年，终于“末路逢沙汰”。天宝七载（748）失意而归嵩阳（河南登封），“山田事耕耒”。当时他自称“累幸忝宾荐”（并见《早春赠别赵居士还江左时长卿下第归嵩阳旧居》）“泣连三献玉，疮惧再伤弓”（《落第赠杨侍御兼拜员外仍充安大夫判官赴范阳》），可见他是累试而未中。

在开元、天宝四十余年的时间内，初步统计，刘长卿写了

① 关于刘长卿的生平，傅璇琮同志《唐代诗人丛考·刘长卿事迹考辨》作了若干考证。本文吸取了该书某些成果，也提出自己的一些看法。

② 为便于查阅，本文所引唐人诗，除注明另有所据者外，均据《全唐诗》本，以下仅注篇名。

并流传下来五十首左右的诗篇，约占全部诗作的十分之一。其中，数量最多的是五言（包括五古、五言排律、五律和五绝），七言古、近体只有十首左右；五言中又以古体较多，其次为排律，律、绝的数量较少。这些诗，主要以酬赠感遇和边塞为题材，具有比较深刻的社会内容。酬赠感遇之作如五古《送薛据宰涉县》、七古《小鸟篇上裴尹》等，嗟伤不遇，感慨不平，在一定程度上反映了中小地主阶层中广大才智之士的不幸遭遇和悲愤心情，揭示了当时社会矛盾的一个方面。边塞之作，成就更为突出。五古《从军六首》、七古《疲兵篇》等，都真实地揭露了边塞战争中战士艰苦杀敌、久戍难归、功业无成的悲苦境遇以及边将骄奢淫逸、不恤士卒的腐败行为。《疲兵篇》借久戍思归的“疲兵”之口，揭露“元戎日夕且歌舞，不念关山久辛苦。自矜倚剑气凌云，却笑闻笳泪如雨”以及战士“万里飘爰飖空此身，十年征战老胡尘。赤心报国无片赏，白首还家有几人”，感情深挚，对比鲜明，显然受到了高适《燕歌行》的影响而又自具特色。《从军六首》之六，更写得凝炼、深沉：

草枯秋塞上，望见渔阳郭。胡马嘶一声，汉兵泪双落。谁为吮疮者？此事今人薄！

这类诗和《疲兵篇》等，都不失为盛唐边塞佳作，思想成就和艺术成就都是比较高的。如果单从开元、天宝时期刘长卿的创作成就来看，我们不妨认为他是属于边塞诗派的。由于他的识见、才华和成就都不及高适、岑参，诗歌的成名又较晚，所以他未能比肩高、岑，而后人也不以边塞诗人目之。

刘长卿这一时期的诗作，慷慨悲怆，气势充沛，仍然呈现出“盛唐气象”，现实主义精神比较强烈。这是主要的。但是，中唐风貌也开始显露。“中唐诗渐秀渐平，近体句意日新，而古体顿减浑厚之气矣”。（《唐诗别裁集》卷三）沈德潜的这番话，有一定道理。刘长卿在这个时期写的部分酬赠诗作，如《宿怀仁县南湖寄东海荀处士》《登东海龙兴寺高顶望海简演公》《送常十九归嵩少故林》等古、近体诗作，都具有工秀、细淡的特色，缺乏深刻的社会内容。古诗多用律句，雄浑奔放的气势减弱了；薛雪《一瓢诗话》所说“刘随州古诗似律”的特点，这时已开始形成。总之，他这个时期的创作，为今后的发展和提高，奠定了基础；作品中中唐风貌的显露，也为他在此后社会现实和文学风气变化的情况下，转变自己的诗风，提供了内在的条件。

二、刚而犯上　两遭迁谪

刘长卿的功名及第，可能是在唐肃宗至德二载（757）。安、史之乱发生后，诗人南奔至扬州，流落在扬州、苏州（江苏扬州、苏州）一带。至德元载末，宰相崔涣“宣慰江南，兼知选举”（《通鉴》卷二百一十九），“补授官吏”（《旧唐书·肃宗纪》）。次年，刘长卿“谬厕当时之选”（《全唐文》卷三百四十六《祭崔相公文》），授官长洲（江苏苏州）尉，时已四十四岁。事后，他感慨地说：“一官成白首。”（《松江独宿》）

诗人的仕途是坎坷的，其遭遇之不幸，在唐代诗人中也不多见。他“有吏干，刚而犯上”（唐高仲武《中兴间气集》卷下）。乾元元年（758）正月，暂摄海盐（浙江海盐）令。同年春，罢摄官后不久，即身陷囹圄，贬谪南巴（广东电白县东）尉，赴南昌（江西南昌）待命。途中，见到了大诗人李白和名诗人李嘉祐。回苏州重推后，仍贬南巴尉，同年秋赴任。这次贬谪，据其友人独孤及说，是由于他“傲其迹而峻其政……夫迹傲则合不苟，政峻则物忤，故绩未书也，而谤及之”（《毗陵集》卷十四《送长洲刘少府贬南巴使牒留洪州序》）。换句话说，是因他“刚而犯上”，遭到谗害。对此，他无限悲愤：“不才甘谪去，流水亦何之。地远明君弃，天高酷吏欺。”（《初贬南巴至鄱阳题李嘉祐江亭》）“大造功何薄，长年气尚冤。”（《重推后却赴岭外待进止寄元侍郎》）“直道天何在，愁容镜亦怜。”（《赴巴南〔南巴〕书情寄故人》）对“明君”“天道”，都提出了责问。他的怨愤，也只能到这种程度为止。

贬谪南巴是刘长卿创作的转折点，使得安、史之乱发生后至贬谪南巴前，成为他由盛唐进入中唐的过渡时期。安、史之乱发生后，社会的动乱和个人的遭遇对他触动很大，他曾想请缨从戎。他的诗，也发出了感时伤乱，忧国忧民的慷慨悲壮的音调，前期的现实主义精神得到了发展，长篇的创作也有所发展。五言排律《至德三年春正月时谬蒙差摄海盐令闻王师收二京因书事寄上浙西节度李侍郎中丞行营五十韵》是集中最长的一首，诗中叙写当时的社会动乱说：“……万里兵锋接，三时羽檄惊。负恩殊鸟兽，流毒遍黎氓。朝市成芜没，干戈起战争。人心悬反覆，天道暂虚盈。略地侵中土，传烽到上京。王师陷魑魅，帝座逼欃枪。渭水嘶胡马，秦山泣汉兵。关原驰万骑，烟火乱千甍。……”具有比较强烈的时代气息。由于诗人身在后方，思想境界也不及杜甫等人，加上对排律的偏好，这些都影响到他不能写出思想内容更为深刻、真切，艺术性更高，诗风更为雄健的作品来。

五律《送张继司直适越》也是这时期为人称道的作品：

时危身适越，事往任浮沉。万里江山去，孤舟百战心。春风吴渚绿，古木剡山深。明月沧洲路，归云不可寻。（据《中兴间气集》卷下）

诗人将感伤时世与抒写别情，很好地结合起来，感情真挚而又含蓄蕴藉，字句研炼而又清新流畅，开、天时期尚不突出的中唐风貌，现在是比较明显了。“春风”两句，明胡应麟《诗薮·内编》卷四赞为“色相清空，中唐独步”。这首诗，不但记录着刘长卿和诗人张继的友谊，而且提供了张继生平的重要线索。

贬谪南巴事件发生后，由于处境和思想的变化，刘长卿诗的内容很快地便以嗟叹迁谪为主，慷慨之气渐弱，哀委之气渐增；反映社会现实的内容少了，感慨个人遭遇的成分多了；“盛唐气象”更为淡漠，中唐风貌更为显豁；长篇大制减少，近体短篇增加。赴南巴途中写的七律《长沙过贾谊宅》和在南巴写的五律《新年作》，颇能显示这种变化：

三年谪宦此栖迟，万古惟留楚客悲。秋草独寻人去后，寒林空见日斜时。汉文有道恩犹薄，湘水无情吊岂知？寂寂江山摇落处，怜君何事到天涯。（《长沙过贾谊宅》）

乡心新岁切，天畔独潸然。老至居人下，春归在客先。岭猿同旦暮，江柳共风烟。已似长沙傅，从今又几年？（《新年作》）

两诗都借贾谊贬官长沙的事情，抒写自己的迁谪之感，含情不尽，吐辞委宛，属对精工，用典妥贴。清施补华《岘傭说诗》指出：“刘长卿《过贾谊宅》诗，‘汉文有道’一联可谓工矣。上联‘芳草独寻人去后，寒林空见日斜时’，疑为空写，不知‘人去’句即用《鹏赋》‘主人将去’，‘日斜’句即用‘庚子日斜’，可悟运典之妙，……”①，而且“汉文”一联怨而不

① 汪师韩《诗学纂闻》：“又言义门谓长卿《过贾谊宅》诗云：‘秋草独寻人去后，寒林空见日斜时。’乃是用《鹏鸟赋》中‘庚子日斜’及‘主人将去’二句。余按：此乃徐兴公之言，亦非义门创见也。”

怒，“秋草”一联融情入景“老至”两句，工巧而典雅，伤春叹老之意，溢于言外。像这样的句子和这两首诗，前人都认为有别于盛唐而代表着中唐诗风。它们的写作，反映着刘长卿诗风的成熟。这样的作品，反映社会现实的深度和广度，都嫌不够，但是，它们毕竟在一定程度上反映了封建社会中下层的才智之士的共同遭遇，因而具有一定的典型意义和社会意义。如果把它们仅仅视为个人的呻吟，那是不全面的。

上元二年（761）春，刘长卿北归苏州，开始了他以苏州为基地的流寓江东的生涯。当时，东南地区刚刚经历刘展之乱。“安、史之乱，乱兵不及江、淮，至是，其民始罹荼毒矣。”（《通鉴》卷二百二十二）对此，他的诗中也有所反映。七古《登吴古城歌》就是在抒写自己蒙冤被贬的愤慨的同时，反映了苏州经过兵燹之后“野无人兮秋草绿，园为墟兮古木多”的萧条景象。诗人悼古伤今，直抒情怀，诗也写得悲凉磊落，一气呵成，可以说是中唐前期七古的代表作之一。但就诗风而言，它在这个时期刘长卿的诗作中，却是“别调”。唐代宗广德元年（763）初，安、史乱平。“昨闻战罢图麟阁，破虏收兵卷戎幕。沧海初看汉月明，紫微已见胡星落。”（《时平后送范伦归安州》）诗人心中是喜悦的。他想北归洛阳，未能成行。不久，浙东爆发袁晁起义。诗人称起义军为“贼”，作诗赞颂破“贼”将领，暴露了他政治立场中反动的一面。不过，《送朱山人放越州贼退后归山阴别业》也客观上反映了官兵镇压袁晁起义之后，浙东“空城垂故柳，旧业废春苗”的现实。大约是作于此后不久的五律《送王端公入奏上都》，更在反映现实、嗟伤动乱的同时，表达了“救时”的愿望：

旧国无家访，临岐亦羡归。途经百战后，客过二陵稀。秋草通征骑，寒城背落晖。行当蒙顾问，吴楚岁频饥。

这样的作品，内容是积极的，境界也是比较高的，只是思想深度还嫌不够。

这个时期他主要还是写那些酬别赠友，抒写个人情怀的作品，人们所推崇的也是这些诗。其中最突出的是胡应麟称为“中唐妙唱”（《诗薮·内编》卷五）之一的七律《送李录事兄归襄邓》以及高仲武所激赏的七律《送严士元》（大约作于此时期）：

十年多难与君同，几处移家逐转蓬。白首相逢征战后，青春已过乱离中。行人杳杳看西月，归马萧萧向北风。汉水楚云千万里，天涯此别恨无穷。（《送李录事兄归襄邓》）

春风倚棹阖闾城，水国春寒阴复晴。细雨湿衣看不见，闲花落地听无声。日斜江上孤帆影，草绿湖南万里情。东道（一作君去）若逢相识问，青袍今日误儒生。（《送严士元》）

前一首嗟伤离乱，感慨深沉，反映了社会动乱的现实。后一首惆怅别离，纯乎抒写个人的情怀，离愁别绪和身世之感都在景物描写之中细腻地烘托出来。清汪师韩《诗学纂闻》谓《送严士元》是赴睦州时“别严之作”，并说“细雨”两句是比喻贬谪睦州之事。其实，从该诗尾联明显看出是送严，所谓贬谪睦州别严云云，是穿凿无据的。两诗在艺术上虽然都工稳圆畅，但前者较平实坦易，以情感人；后者则闲雅秀致，以景动人。

据宋计有功《唐诗纪事》卷二十六说，刘长卿“以诗驰声上元、宝应间”。可见这段时间里，诗人在诗坛上已很闻名。根据《中兴间气集》的评述以及所选的诗篇来看，使得他成名的，似乎不是那些反映社会现实的诗篇，而是那些抒写个人情怀的作品如《送严士元》等。于此也可见当时诗坛的风气。

代宗大历二年（767），诗人西上长安。五律《经漂母墓》等，大约写于旅途中。在长安期间，曾参加钱起、李嘉祐、皇甫曾等与宰相杜鸿渐的唱和，扩大了影响，对于提高诗名以及政治地位的改变起了不小作用，但诗歌创作却无多大收获，五律《送河南元判官赴河南勾当苗税充百官俸钱》伤乱忧民，是比较好的作品。大历四年（769），诗人扁舟南下，漂泊湖湘间。这时，抒发漂泊怀乡之感，描写山川风物，成了他诗中的主要内容；山水诗的创作有了发展。他写出了《初至洞庭怀灞陵别业》《南楚怀古》《湘中纪行十首》等诗篇。五绝代表作《逢雪宿芙蓉山主人》大约就是作于大历四年冬：

日暮苍山远，天寒白屋贫。柴门闻犬吠，风雪夜归人。

用凝炼的笔触，写雪夜投宿的欣慰心情，语言浅近，感受真切，“较王（维）、韦（应物）稍浅，其清妙自不可废”（施补华《岘佣说诗》）。

大约大历五年前后，刘长卿又回到吴中。大历七年前，以监察御史、检校祠部员外郎为转运使判官，知淮西、鄂岳转运留后，结束了十年多的闲居流寓生活。在《奉使鄂渚至乌江道中作》里，他自述“沧洲不复恋渔竿，白发那堪戴铁冠”，足见他任监察御史是在知淮西、鄂岳转运留后时，年已老大，《新唐书·艺文志》说他“至德监察御史”，是错误的。诗人任淮西、鄂岳转运留后时，奸相元载当国，地方藩镇骄横，吐蕃等族经常“寇边”，唐王朝的内忧外患，日益严重。在形势的影响下，诗人写出了《奉使至申州伤经陷没》《穆陵关北逢人归渔阳》等感伤动乱，反映现实的诗作。五律《穆陵关北逢人归渔阳》说：

逢君穆陵路，匹马向桑干。楚国苍山古，幽州白日寒。城池百战后，耆旧几家残。处处蓬蒿遍，归人掩泪看。

写安、史之乱和幽州兵乱以后民生凋敝、城池冷落景象，诗风沉郁深至，“幽州白日寒”更是精工贴切的名句。从思想性和艺术性两个方面来看，这首诗可以说是他的五律中最好的一首。“楚国”一联，能把点明送别之地和友人将至之处，与景物描写巧妙地结合起来，而且以工整的语句来表现；在《送严士元》等诗中也有这样的技巧，说明这是他惯用的一种写法，也是他写作方法上的特点之一。不过，像《穆陵关北逢人归渔阳》这样的反映现实的好诗，在他的诗集里，是为数极少的。他这时写得多的还是忆远伤别之作，如五律《移使鄂州次岘阳馆怀旧居》《岳阳馆中望洞庭湖》，七律《自夏口至鹦鹉洲望岳阳寄源中丞（按：指源休，时贬在岳阳）》等。《移使鄂州次岘阳馆怀旧居》“万里通秋雁，千峰共夕阳”一联，境界阔大，但雄浑不足。宋癞可效法“千峰共夕阳”而成“乱山争落日”，虽工而窘，更不及刘作高明了。《岳阳馆中望洞庭湖》“叠浪浮元气，中流没太阳”两句，也甚壮观，但比起孟浩然“气蒸云梦泽，波撼岳阳城”（《临洞庭上张丞相》）和杜甫“吴楚东南坼，乾坤日夜浮”（《登岳阳楼》）来，气魄还不够雄大。刘诗中用“元气”的地方有好几处，也可见其用语的特点。

五律《送李中丞之襄州》大约也写于此时期内。它为“李中丞”有功于国而被罢归的遭遇，表示不平，多少反映了他对官场腐败的憎恶。至于像《秋日夏口涉汉阳献李相公》《汉阳献李相公》等诗，为受到元载排挤的前宰相李揆的流落江湖而悲叹，在元载权势炙人的情况下，没有正义感的诗人，是不会这样写的。如果再联系到上元二年他曾为受到礼部尚书、江淮都统李峘的陷害，长流康州（广东德庆）的浙西节度使侯令仪而悲愤，那么，可以说诗人的为人是刚直不阿的。

大约在大历十一年（776）秋，刘长卿再次遭到贬谪。这次是由于他跟郭子仪之婿、鄂岳观察使吴仲孺“纷竞”，吴仲孺诬“奏（刘）长卿犯赃二十万贯”（《旧唐书·赵涓传》）。经推审，贬谪睦州（浙江建德）司马。这件冤案当时颇为出名，《旧唐书》的《赵涓传》《陈少游传》以及《唐会要》中都有当时或稍后的官员议论此事的记载。这件事的发生，既反映了地方藩镇的嚣张，也反映了当时的法令败坏、政治黑暗。诗人无限悲愤地说：“地远心难达，天高谤易成。羊肠留覆辙，虎口脱余生。”（《按覆后归睦州赠苗侍御》）感慨贬谪，嗟叹贫病，哀怨久谪不迁，成为他贬谪睦州诗的主要内容。作于贬谪后不久的七律《送耿拾遗归上都》：

若为天畔独归秦，对水看山欲暮春。穷海别离无限路，隔河征战几归人。长安万里传双泪，建德千峰寄一身。想到邮亭愁驻马，不堪西望见风尘。

诗伤春怨别，望阙忧时，哀惋悱恻，缠绵不断，具有一些时代的气息。它也是被誉为“中唐妙唱”的。《酬皇甫侍御见寄时前相国姑臧公初临郡》《碧涧别墅喜皇甫侍御相访》等，虽也是传世之作，思想境界却不及《送耿拾遗归上都》。此外，《杂咏八首上礼部李侍郎》托物抒怀，以“晚桃”“疲马”“春镜”等自喻，表现了诗人怀才不遇，希望汲引之意，“岂能无汲引，长讶君恩绝”（《旧井》），对“君”也有怨怼之意。这组诗是刘长卿咏物诗的代表作。

在睦州期间，刘长卿与朱放、严维、秦系、章八元等江左诗人有比较密切的交往和唱和，由于他成名较早，成就较高，无形中就成为他们的“主帅”。前人称大历诗人，往往“钱、刘”

并称，可以说钱起是以“大历十才子”为核心的中原诗人的领袖，刘长卿是江左诗人的领袖。这样评价刘长卿在当时诗坛的地位，不算过分吧！

以上所述，是刘长卿在肃宗、代宗两朝二十三年中的情况。这是他诗歌的艺术风格成熟的时期，诗歌创作的繁盛时期，也是他确立了自己在唐代诗坛重要地位的关键时期。

对于刘长卿等江左诗人在大历时期的创作，中唐皎然《诗式》也作过这样的评价：“大历中，词人多在江外，皇甫冉、严维、张继素（？）刘长卿、李嘉祐、朱放，窃占青山白云，春风芳草，以为己有，吾知诗道初丧，正在于此，何得推过齐、梁作者？”对于刘长卿来说，这段批评，是不大符合事实的。因为在刘长卿大历时期的诗中，程度不同地含有社会内容的作品，数量还是不少的；真正“窃占青山白云，春风芳草，以为己有”，玩物丧志的诗篇，倒是不太多的。即以贬谪睦州的诗而论，大多是抒发迁谪之感，这就包含有社会内容，怎可与齐、梁内容空虚，绮丽颓靡之作相提并论呢？

三、官止随州　诗冠大历

大历十四年（779）五月，唐德宗即位。在这前后，刘长卿可能由于任职期满，离开睦州，寓居弋阳（江西弋阳）山间。德宗即位后，“励精求治，不次用人”（《通鉴》卷二百二十六），且起用前朝一些受排挤的官员。德宗建中元年（780），刘长卿任随州（湖北随县）刺史。他曾想“俭岁安三户，余年寄六条”（《登迁仁楼酬子婿李穆》），有所作为。但在任期间，先后碰到山南东道节度使梁崇义叛乱和讨平梁崇义的淮西节度使李希烈的叛乱。约在建中四年（783），随州为李希烈的叛军攻陷后，刘长卿可能弃城出走，不久免职，从此不再做官。贞元初，回到吴越。曾与苏州刺史韦应物有唱和。贞元五年（789），春，可能在扬州送梁肃赴长安七年春，权德舆与秦系在润州（江苏镇江）相遇时，已称刘长卿为“故随州（刺史）”，并“惜其长往”（《秦征君校书与刘随州唱和诗序》）。刘长卿大约卒于贞元六年（790），终年七十七岁。

在最后的十一年中，诗人写了并流传下来三十多首诗，五言律诗（包括排律）近三分之二，七律和五、七绝各数首。反映社会现实的，只有少数几篇；其余大多是抒写个人情怀（如惊秋、叹老之类）或应酬性的作品。较为人们称道的有五绝《送灵澈上人》等。这是他诗歌创作的衰退时期。在此期间，他曾写诗颂扬李希烈，因而受到评论者的批评。我们认为，诗人为一个骄横跋扈的军阀唱颂歌，而且言过其实，这是不对的。但是，他的颂扬，是在李希烈讨平梁崇义而受到唐政府嘉奖的时候，而不是在其叛变之后。这个时间是非常重要的。他主要是将李希烈作为平叛英雄来歌颂的。这种歌颂是应当肯定的，它表现了诗人反对藩镇割据、维护中央集权的进步立场。正因为如此，在随州沦陷之后，他才没有“附逆”。如果再联系到他在大历十年曾写过《奉和李大夫同吕评事〈太行苦热行〉兼寄院中诸公仍呈王员外》，颂扬唐代宗命令河东等道发兵讨伐魏博节度使田承嗣的军事行动，那就可以说，刘长卿在政治上是比较进步的。刘长卿是一位正直的比较进步的诗人。不过，从他的诗作看，他一生并无远大的政治抱负，这是他思想上的重要弱点。

刘长卿一生诗作现存五百余篇，收在《刘长卿集》中。“刘集”有十卷本和十一卷本。《新唐书·艺文志》著录“《刘长卿集》十卷”。宋晁公武《郡斋读书志》和陈振孙《直斋书录解题》并称诗九卷，杂著一卷。明活字本《刘随州集》十卷、嘉靖毗陵蒋氏《唐人十二家诗》和清康熙席氏《唐人百家诗》（皆为十卷）本，均只载其诗。《直斋书录解题》又著录宋“建昌本”

十卷，“别一卷为杂著”。清丁丙《善本书室藏书志》称：明弘治两种刊本，均十一卷。另有明正德本《刘随州文集》十卷，外集一卷。《全唐诗》收刘长卿诗五卷；《全唐文》收刘长卿文一卷。现在传世的“刘集”里，有几篇是误收了他人的作品。

刘长卿诗的内容，前期主要是抒写不遇之感，反映边塞战争的现实，具有一定的现实主义精神，思想性比较强。后期嗟叹老迈，寄情山水，缺乏深刻的社会内容，思想性比较弱。中期则主要是抒发迁谪之怨和离别之情，内容比较广泛，思想比较复杂，评价也不大一致。我们认为，刘长卿中期的诗，比较多的一部分是程度不同地反映当时社会的动乱现实以及寒微之士的坎坷不幸，虽然这种反映不够深刻，但它毕竟具有积极意义，在大历诗人中也是难能可贵的。真正抒写闲适、忘情世事的作品，还是比较少的，不是诗中的主流。而且他的诗，一般是感情真挚，语言自然，不是矫揉造作，无病呻吟的。从主要方面来说，刘长卿中期诗的内容，是应当基本肯定的。总的说来，刘诗的思想成就不应估价太低。

刘诗的艺术成就是突出的。从数量上说，他的诗十分之七是五言，五律又几乎占五言诗的十分之六。从艺术上说，近体优于古体，五古优于七古。他的五律，“清辞妙句，令人一唱三叹”（清宋荦《漫堂说诗》），集中佳作甚多；而“七律至随州，工绝亦秀绝矣”（沈德潜《唐诗别裁集》卷十四），不但可与五律比美，有的地方还超过五律。他的五古，“可接武开、宝诸公”（清翁方纲《石洲诗话》卷二）；七古与盛唐相较，则“神情未远，气骨顿衰”（胡应麟《诗薮·内编》卷三），成就不及五古，但也有较好的作品。他的五、七绝均有佳什，五绝又较七绝知名。排律“篇什钜而句律时舛”（同上），虽也是中唐名家，成就却又低于其他各体。由上看来，卢文弨说刘长卿“众体皆工，不独五言为长城也”（《刘随州文集题辞》），是有一定道理的。至于刘长卿自称“五言长城”，不但是由于他的诗作五言多于七言，而且是由于他认为五言优于七言（虽然事实并非完全如此）；不但是由于近体，而且也是由于古体。沈德潜说“权德舆推（？）文房为五言长城，亦谓其近体也”（《唐诗别裁集》卷三），这是不确切的。应当说主要是由于近体，但也由于古体。当然，他的诗，在艺术上也是有不足之处的，这就是：一些诗，往往意境雷同，诗中用事、造句和遣词重复或相类似者较多。例如，诗集中明用和暗用贾谊贬谪长沙典故的，就在十次以上；一联之中，分写送别之处和所向之处的句式，屡见不鲜；两句之间，以“苍”（“青”）与“白”作对的，也不下数十例。高仲武批评刘诗“大抵十首以上，语意稍同，于落句尤甚，思锐才窄也”（《中兴间气集》）卷下）①，是正确的。

刘诗的风格，以工秀邃密而又委宛多讽为主。工秀虽是大历诗人的共同特色，但刘诗尤甚，获得“工绝亦秀绝”的美誉。邃密委宛则主要是刘诗所特有的。诗人善于运用贴切精工、凝炼自然、清秀淡雅而又谐美流畅的语言，写景抒情，而且往往是借景抒情或融情入景；感情真挚，哀而不怒；造意清新妙致，思虑幽远细密。卢文弨在指出“随州诗，固不及浣花翁之博大精深”的同时，又指出刘诗“含情悱恻，吐辞委宛，绪缠绵而不断，味涵咏而愈旨”（《刘随州文集题辞》），可谓知言。刘诗这一艺术风格的形成，是有它的发展过程的。一般说来，贬谪南巴前，他的诗虽已开始出现研炼字句、工秀哀婉的倾向，但主要倾向却是

---

① 有人不同意高仲武的评论，如宋范晞文《对床夜语》卷五：“刘长卿有《湘中纪行》十诗，《花石潭》有云：‘水色淡如空、山光复相映’，《浮石濑》云：‘秋色照潇湘，月明闻荡桨’，《横龙渡》云：‘乱声沙上石，倒影云中树’，皆胜语也。他如‘天光映波动，月影随江流’，又‘入夜翠微里，千峰明一灯’，又‘潮气和楚云，夕阳映江树’，又‘卷帘高楼上，万里看日落’，词妙气逸，如生马驹不为缰络所掣，读之使人飘飘然有凭虚御风之意。谓其‘思锐才窄’者，不亦诬矣！”《四库全书总目提要》同意高仲武的评论。

慷慨悲怆的。这时期的诗风，与其说接近王维，还不如说是接近高适。贬谪南巴后，慷慨之气顿衰，哀怨之音陡增，工秀细密的特色渐著，这才形成了自己的风格。他这时期的山水诗，虽在清秀淡雅方面，诗风接近王维，有些评论家也曾将他划入王、孟的田园诗派，但他的主要成就毕竟不是山水诗，从整体来看，他的诗风也与王维有重要区别；将刘长卿划入田园诗派，如同根据他前期的边塞诗作而将其划入边塞诗派一样，都是不大妥当的。刘长卿诗风的发展变化，既与社会现实的变化以及诗人自身遭遇的坎坷有关，也与诗歌本身的发展（例如盛唐诗中已孕育着中唐的因素）和文学风气的转变有关，是所谓“风会使然”（《唐诗别裁集》卷十四）。如果刘长卿沿着开、天时期自己的创作道路走下去（事实上不可能），他的成就也不可能超出杜甫、高适、王维等人，他在唐代诗歌史上至多是三、四流的诗人；由于社会的文学的和其他的因素，促成了他的诗风的转变，而且他“变”出了自己的风格，这才成为唐代诗坛上的“名家”。清吴乔说：“三唐人各自作诗，各自用心，宁使体格稍落，而不肯为前人奴隶，是其好处。”（《答万季埜诗问》）对于刘长卿诗风的转变，也应当作如是观。

作为盛唐的“过来人”，刘长卿诗自然不可避免地要保留着那个时期的“痕迹”；然而，诗人的创作活动主要是在肃宗、代宗两朝，诗歌主要成就的建立和主要风格的形成，也是在这个阶段中。前人称大历诗人，以“钱、刘”为代表，把刘长卿放在大历诗人的行列，是实事求是的。明、清两代某些刘长卿诗的推崇者，硬要把他划到盛唐去，实在是一种偏爱。不过，前人将钱起放在刘长卿之上，有意无意地使钱起成为大历诗人之冠，我们却是不敢苟同的。钱、刘在艺术成就方面虽各有千秋，但在思想成就方面刘是高于钱的。前人所以将钱起置于刘长卿前，我们推测，一是由于钱起长期活动在全国的政治中心长安，形势对他有利；二是“钱才远不及刘，然其诗尚有盛唐遗响，刘即自成中唐，与盛唐分道矣”（《诗薮·内编》卷五），尊钱抑刘是出于对盛唐的崇拜。今天看来，这两条当然不能再成为品评钱、刘高下的依据。如果从其思想和艺术成就全面地来看，我们是同意明许学夷、清李重华的看法的：“中唐虽称钱、刘，而钱实逊刘。”（《诗源辩体》卷三十六）“大历名手，钱不如刘”。（《贞一斋诗说》）刘长卿应当是大历诗人之冠。这位诗人，无形之中承担了由盛唐向中唐以至晚唐过渡的承先启后的重任。

（原载《社会科学战线》1982年第4期）

独孤及《送刘少府序》的写作年代

◎刘　乾

独孤及《毗陵集》卷十四，有一篇《送长洲刘少府贬南巴使牒留洪州序》，傅璇琮同志作《刘长卿事迹考辨》，据以考证，定为是送长洲尉刘长卿的，写于唐肃宗至德三载即乾元元年的春天，从而澄清了刘长卿两次被贬的史实。研究的成绩是不小的。但所定此序的写作时间是错误的，因而对刘长卿事迹的考证，也未能详尽。

刘长卿确曾任长洲县尉，见他的《（又）祭阎使君文》："长卿昔尉长洲，公为半刺，一命之末，三年伏事。"大概在至德元载至三载的时间里。刘长卿又有《至德三年春正月时谬蒙差摄海盐令闻王师收二京因书事寄上浙西节度李侍郎中丞行营五十韵》诗，是至德三载正月尚摄海盐令。不久，又有《罢摄官后将还旧居留辞李侍御（郎）》诗，李侍御，还应是李侍郎，即礼部侍郎李希言，当时的由浙东调浙西的节度使，刘长卿的老上司。"还旧居"，当是还鄱阳别业。《唐才子传》说他"少居嵩山读书，后移家来鄱阳最久"。安史正乱，回嵩山是不会的。诗中云："江海今为客，风波失所依。"既言风波，就是出了事了，所以罢了官。"去缘焚玉石，来为采葑菲。"来任职时，是蒙李希言不弃；今日去职，却是受别人牵连，被玉石不分地栽了赃。接着又有《罪所上御史惟则》《狱中闻收东京有赦》等诗，是罢官后还家未成，事态扩大，被捕入苏州狱了。"御史惟则”，我怀疑应作“侍御史惟则”或“御史史惟则”。史惟则，在唐代以书法名，曾官殿中侍御史，可简称侍御。诗云：“误因微禄滞南昌，幽系圜扉昼夜长。”所谓“南昌”，是用的汉梅福为南昌尉的典故，可见还是任长洲尉时的事，是第一次遭事。复按《旧唐书·肃宗纪》，收东京在至德二载十月，至德三载二月丁未，“大赦天下，改至德三载为乾元元年”。是长卿二月即入狱。接着又有《初贬南巴至鄱阳题李嘉祐江亭》《负谪后登干越亭作》诸诗，是被贬南巴尉，勾留鄱阳时之作了，时令还是春末。所以傅璇琮同志即订独孤及之序作于乾元元年春，序中也正有“春水方生”“青山芳草”之句。但有可疑之点如下：

一、序文首句云：“曩子之尉于是邦也。”曩为昔义。如写于乾元元年暮春，长卿去长洲尉才月余，能不能用“曩”字？

二、序又云：“傲其迹而峻其政，能使纲不紊吏不欺。夫迹傲则合不苟，政峻则物忤，故绩未书也而谤及之，臧仓之徒得骋其媒孽，子于是竟谪为巴尉。”按长卿此案，浙西节度李希言不能救，朝廷赦令也不能及，对方当是有大力者，这是可以想象的。所以长卿在题李嘉祐江亭诗中说：“地远明君弃，天高酷吏欺。”在这种“地远天高”的情况下，如果序文写于案情新定之时，对方当事者皆在，能否这样赤裸裸地高捧刘长卿，而大骂媒孽者为臧仓之徒呢？

三、序又云：“会同谴有叩阍者，天子命宪府杂鞫，且廷辨其滥，故有后命，俾除馆豫章，俟条奏也。”当时大乱方酣，交通不便，叩阍、杂鞫、廷辨、后命，这个过程绝不是一个多月的时间可以完成的。如果初贬即“俾除馆豫章”，何以后来仍去南巴？且和豫章有何关系？长卿初贬时只有到鄱阳、余干的诗，为何没有到豫章的诗？

四、再说，乾元元年春天，独孤及尚未到江南，不会在苏州给刘长卿送行。

按《毗陵集》卷十有独孤及给他父亲写的《唐故朝散大夫颍川郡长史赠秘书监河南独孤公灵表》，文中说到他的母亲，“至德二载随子东征，明年岁在甲戌七月二十四日终于会稽”。至德二载是丁酉岁，明年乾元元年是戊戌岁，表中“甲”字误。独孤及兄弟们于至德二载从河南洛阳奉母东下。

同卷给他三哥独孤憕写的墓志云：“至德二载冬十月四日，权窆于洛阳龙门西山。”可证独孤及等奉母东征，是在至德二载十月以后才动身的。

同卷给他六弟独孤万写的墓志云：“乾元三年夏六月，与昆弟同侍板舆将如吴，遇疾殁于楚州，春秋二十九。”乾元三年闰四月即改为乾元元年，根本就没有乾元三年的夏六月。乾元元年七月其母即死于会稽，乾元三年何来“昆弟同侍板舆”？所以乾元三年为乾元元年之误。岑仲勉先生已有考。乾元元年六月，独孤及尚停滞楚州，葬其六弟，怎么会在这年的春天在苏州给刘长卿送行呢？

我认为独孤及送刘长卿的这篇序，不是写于乾元元年春，而是写于上元二年春。

还先接着说独孤及的经历。

乾元元年初秋，独孤及昆仲奉母到了会稽，目的是投奔他的叔父，当时的浙东观察使独孤峻。初在峻幕工作，有代峻作“天长节进镜”等三表。乾元二年六月独孤峻为吕乃之所代，独孤及也入江淮都统李峘幕，授左金吾兵曹、掌书记。乾元二年和上元元年内，独孤及活动在维扬吴越之间，但刘长卿未曾去苏州。上元元年十一月，发生了刘展之变。李峘军溃，败逃宣城，宣城陷，又逃豫章。独孤及也跑到衢州、饶州交界的玉山，有《庚子岁避地至玉山酬韩司马所赠》诗。后来也到了豫章。上元二年正月，刘展被田神功镇压下去，而田军又盘踞江东，大肆抢掠；那些江淮的逃官败将，却聚在豫章称其“盛会”来了。独孤及作有《上元二年豫章冠盖盛集记》一文，记下了这可耻的一页。内云：

岁次辛丑，孟春正月，东诸侯之师有事于淮泗。是役也，以蜂虿窃发，华夷震惊，执事者匪遑启居，亦既播越。我都督防御观察处置使兼御史中丞韦公元甫，克振远略，殷为长城，且修好于邻侯……故三吴舟车，八使冠盖，名公髦士，群后庶尹，辐辏鳞集，其来如归。于是，户部尚书兼御史大夫李公峘，至自广陵；越州刺史兼御史中丞杜公鸿渐，至自会稽；润州刺史试鸿胪少卿韦公儇，至自京口；苏州刺史韦公之晋，至自吴；庐州刺史前尚书右丞徐公浩，至自合肥……五十有九人。”

其余的人都未写出官职、姓名。不久，这些人有的各归守土，有的已罢了官，听候朝命。独孤及就在此时，也辞职回会稽另谋出路去了。行前作了一首《将还越留别豫章诸公》的诗。就是这个上元二年的春天，独孤及也有可能来往于吴越之间，有在吴给刘长卿送行的机会。刘长卿也就在这时——上元元年、二年之间，被命回苏州重推。东诸侯的“豫章盛集”，也就是刘长卿被留豫章俟命的原因；而刘展之乱，也正好证明他北归重推的时间。

下面再谈谈刘长卿被贬后的简历。

刘长卿乾元元年春被贬南巴离开苏州，便先回鄱阳旧居，有《初贬南巴至鄱阳题李嘉祐江亭》诗可证。李嘉祐是当时的鄱阳县令，与刘长卿友好。长卿在鄱阳可能停留一年方赴南巴。这是否可能？可能的。按《唐会要》四十一《左降官及流人》门所记，天宝间流贬之人，就有“在路多作逗留，郡县阿容，许其停滞”的情况，在安史乱时，南北睽隔，诸事当更马虎。况且就在乾元元年二月又有敕文：“其左降官，非叛逆缘坐，及犯恶逆名教、枉法强盗赃，如有亲年八十以上，及患在床枕，不堪扶持，更无兄弟者，许停官终养。”刘长卿非叛逆罪，虽被认为贪污，实为受牵连，遭诬陷。如果有老亲在，郡县官就可通融他停留一个时期。但刘长卿是否还有老亲？何以证明他是停留鄱阳一年之久呢？他有一首诗《将赴南巴至余干别李十二》，恰好证明这两件事都是真实的。

李十二就是李白。傅璇琮对此诗的时间，考证有误。他说是作于乾元元年春天李白流夜郎之前，郁贤皓有文在《中华文史论丛》1980年第1期加以辨证，认为是作于乾元二年春天，李白自流夜郎途中遇赦回来之后。乾元元年春天，李白正在去夜郎的途中，不会在余干与长卿相遇。我是从郁说的，郁文不再录了。前题李嘉祐江亭诗，曰“初贬”，此别李十二诗，曰“将赴”，中间恰为一年。别李白诗中，有“江上花催问礼人”句，这被催上路的当然是刘长卿，而不会是已经无事的李白。但何谓“问礼人”呢？按《后汉书·马援传》：“援尝有疾，梁松来候之，独拜床下，援不答。松去后，诸子问曰：‘梁伯孙帝婿，贵重朝廷，公卿已下莫不惮之，大人奈何独不为礼？’援曰：‘我乃松父友也，虽贵，何得失其序乎？’”所以“问礼”便成为人子侍父之典。长卿既自称“问礼人”，其鄱阳旧居必有父在。自罢摄官就打算回鄱阳，被贬后顺便省亲，蒙县令李嘉祐关照，停留一年。乾元二年，也许因李调任江阴而失去庇护，遂不得不去南巴。

刘集卷一又有《新年作》一首，句云“岭猿同旦暮”，知为南巴所作。又云：“已似长沙傅，从今又几年？”贾谊贬长沙三年，诗意谓自己被贬也进入第三个年头了，故知作于上元元年新春。就在这一年，经同案人叩阍辩冤，到年末得使牒苏州重推。刘集卷二有《恩敕重推使牒追赴苏州次前溪馆作》一诗，后四句是：“且喜怜非罪，何心恋末班。天南一万里，谁料得生还。”明明白白是从南巴回来的，惟时令不明显。卷八另有一首《使回赴苏州道中作》，头两句是“春风何事远相催，路尽天涯始却回”。则回苏在春天，已是上元二年了。至苏后，又叫他去洪州听进止，是何缘故？因为刘展之乱初平，一切还不就绪，江东官吏已鸟兽散的，皆蚁聚豫章，连苏州刺史韦之晋，也在“豫章盛集”之列，如此大事，苏州何人作主？故有豫章之行，独孤及的相送，也就在此时。

另外，刘集卷九《送台州李使君兼寄题国清寺》、卷三《送李补阙之上都》、卷四《赴江西湖上赠皇甫曾之宣州》、卷八《奉送贺若郎中贼退后之杭州》等诗，均可证刘长卿确是于上元二年春天，由南巴追赴苏州重推，并留洪州听命的。尤其是卷四《奉陪郑中丞自宣州解印与诸侄宴余干后溪》，有云：“夕阳山向背，春草水东西。度雨诸峰出，看花几路迷。”是春天。卷七《奉饯郑中丞罢浙西节度还京》：“怅然江南春，独此湖上月。”也是春天。这两首诗很重要，郑中丞，皆指原驻守宣州的郑炅之。

《资治通鉴》唐肃宗上元元年十一月，“（刘）展乃自上流济，袭下蜀，（李）峘军闻之，自溃，峘奔宣城”。十二月，“展遣其将傅子昂、宗犀攻宣州，宣歙节度使郑炅之弃城走。李峘奔淇（洪）州”。由刘诗证明，郑炅之也是逃至豫章、余干一带去了。

郑炅之于乾元元年，即代李希言节度浙西，驻苏州。宋范成大《吴郡志》卷三一《宫观·乾元寺》下引顾况《建乾元寺记》：“造乾元寺者，晋高士戴逵子颙之宅也。乾元初，节度使郑炅之奏立。”但不久即转宣歙。上元元年冬刘展乱，炅之失宣州，遂将浙西节度移治宣州，由季广琛代郑炅之。《旧唐书·肃宗纪》：“上元二年春正月丁亥朔，辛卯（初五），温州刺史季广琛为宣州刺史、充浙江西道节度使。”所以刘长卿这两首诗，都是写于上元二年的春天。

傅璇琮《刘长卿事迹考辨》却说：“又如《刘随州集》卷七《奉饯郑中丞罢浙西节度还京》诗，在刘长卿时，浙西节度无郑姓者，这个郑中丞当是郑朗，他于唐宣宗大中二年至五年（848—851）为浙西节度使，在任浙西之前，曾为御史中丞之职，因此诗题称郑中丞。但大中年间距刘长卿之卒已有六七十年，这首诗显然是宣宗时人所作，而误编入刘集的。”错了。吴廷燮的《唐方镇年表》，浙西方面是没有郑炅之，而郑炅之确曾任过浙西节度使，在李希言和韦黄裳之间，任期甚短。及至“宣州解任”，为季广琛所代，宣州又属浙西了，故曰“罢浙西节度”，混而言之耳。如把郑中丞误作郑朗，将诗看作误编的伪诗，似欠妥。

（原载《唐代文学论丛》1984年第5辑）

刘长卿生平辨证

——兼考其贬睦州之年

◎张君宝

刘长卿是盛、中唐之际的著名诗人，其出生年份，自闻一多先生的《唐诗大系》定为709年（唐中宗景龙三年），现今一些文学史著作和唐诗选本多从之。然而闻先生所定刘长卿生于709年没有材料佐证，所以难以使人信服。傅璇琮同志在其《刘长卿事迹考辨》（载《中华文史论丛》第8辑，为引用方便，以下简称《考辨》）一文中，对闻说提出了质疑，并谓刘长卿生于725年（唐玄宗开元十三年）左右。徐竹心同志在《刘长卿“长沙过贾谊宅”简析》（载《唐诗鉴赏集》）一文中，也称刘长卿生于725年。我认为闻一多所定刘长卿生于709年还是较为确切的，而傅璇琮所定725年左右却与长卿诗作和生平不相符。

闻一多先生谓刘长卿生于709年确实没有列出印证材料，但傅璇琮认为其生于725年左右同样没有全面考察长卿诗作。傅所持论，主要是考辨出刘长卿并非于开元二十一年（733）登第而成。自唐姚合《极云集》卷下刘长卿名下云：“开元二十一年进士。”南宋晁公武《郡斋读书志》、陈振孙《直斋书录解题》，以至现今一些文学史专著和唐诗选本亦沿袭姚说。其实这是很成问题的。傅璇琮《考辨》，依据充分材料，对“开元二十一年进士”提出了质疑，并且考证长卿登第之年最早在天宝六载（747），由此傅对闻一多所定刘长卿生于709年产生了怀疑。傅文写道："假如以开元二十一年登进士第，同时其登第年以廿余岁计算，则或生于710年左右；但如果天宝六年以后登第，则其生年当在725年左右了。"其实傅璇琮的这个推断亦难成立，而所谓"登第年以廿余岁计算"，也给自己画了一个框子。因为唐代诗人登第不一定都很年轻——都在廿余岁。譬如李颀为四十岁时登第，杜甫、高适和岑参等人也都于三十出头或三十多岁才登第[①]。据我所得，刘长卿确实在天宝六载以后才登第，可其生年亦确在710年前，即唐中宗神龙、景龙年间。

刘长卿《送薛据宰涉县》（《刘随州集》卷七）诗曰：

故人河山秀，独立风神异。人许白眉长，天资青云器。雄辞变文名，高价喧时议。……一从负能名，数载犹卑位。……顷因岁月满，方谢风尘吏。……

唐封演《封氏闻见记》卷三"诠曹"曰："开元中，河东薛据自恃才名，于吏部参选，请授万年县录事。吏曹不敢注，以谘执政，将许之矣；诸流外共见宰相诉云：'醖署丞等之官皆流外之职，已被士人夺却，惟有赤县录事是某等清要，今又被进士欲夺，则某等一色之人无措手足矣'。于是遂罢。"《唐摭言》卷十二、《唐诗纪事》卷二十五记载相同。《唐才子传》二云："（薛）据，荆南人。开元十九年王维榜进士。"刘长卿此诗题下自注："自永乐主簿陟状，寻复选受此官。"可见薛据开元十九年登进士后，因恃才能，想谋取万年县录事之职，但在诸流外官诉说宰相后，未能遂愿，只得到永乐县主簿一官。诗曰"雄

① 参见谭优学《李颀行年考》（载《唐诗人行年考》）；四川文史馆《杜甫年谱》；周勋初《高适年谱》；闻一多《岑嘉州系年考证》。

辞变文名，高价喧时议”，即《封氏闻见记》所谓“开元中，河东薛据自恃才名，于吏部参选”云云。“一从负能名，数载犹卑位”，犹言薛据开元十九年于吏部参选，未能得到万年县录事，只好屈就做了数年小小的永乐主簿。“陟状”即迁升之状；“顷因岁月满，方谢风尘吏”，亦即言薛据永乐主簿秩满，今迁升涉县宰。开元十九岁登第授永乐主簿，数年秩满当在开元二十多年。又《全唐诗》卷二一二高适诗有《酬别薛三蔡大留简韩十四主簿》，薛三即薛据，诗云：“登高俯沧海，回首泪如霰。同人久离别，失路还相见。”是说高适曾登临碣石等地，今从蓟北归来，路经涉县，与薛据等故人会面（涉县唐时属河东道潞州，县在今河北省邯郸市正西约二百里）。《全唐诗》卷二一一高适另有《淇上酬薛三据兼寄郭少府微》诗，是诗与上述高诗、谭优学《高适行年考》谓高适开元二十年至二十三年前客游幽蓟，暂还淇上与薛据等相逢酬别时作[①]。周勋初《高适年谱》称前一首是高适于开元二十二年从蓟北归来，路经涉县与薛据等见面时作；后一首为高适开元二十九年寓居淇上时作。

综考刘长卿《送薛据宰涉县》诗和高适酬别薛据等诗，我以为高适酬别薛三诗当作于开元二十二年夏秋之际（诗有“复随凉风起，苍茫夏云变”），而刘长卿送薛据去涉县也不早于同年。长卿《送薛据》诗有“驿路疏柳长，春城百花媚”，言送薛去涉县时在春季。薛据此去涉县是由永乐主簿秩满迁升。按唐官制，一年为一考，四考有替为秩满，则五年而罢，这是常例。以薛据开元十九年登第授永乐主簿，四年秩满应在开元二十二年。这年春间薛据去涉县，夏秋之际高适从蓟北南返经涉县与其相逢，于时间上不抵牾。又长卿此诗有“一鸟向灞陵，孤云送行骑”，点明其送薛据在长安附近之灞陵，而灞陵有长卿的别业

① 《唐诗人行年考》

在[1]。另按长卿天宝初年在长安写的《客舍喜郑三见寄》（《刘随州集》卷九）诗云："北中分与故交疏，何幸仍回长者车。十年未称平生意，好得辛勤谩读书。"天宝初上溯十年恰是开元二十一、二年，也是说长卿开元二十年后曾到过长安。"十年未称平生意"，依我之见，即言诗人当时第一次去京城应考，可未能了愿，一落十年。姚合《极云集》称长卿开元二十一年登第，疑即依其当时去过京城应考，遂有此说，可能是讹传而成。而长卿的灞陵别业，亦即其当时为在京城应考之便而购置的。由此可知，开元二十年后刘长卿到过长安，并曾住过一段年月，因此其送薛据去涉县在开元二十二年春盖已无疑。开元二十一、二年是公元733、734年，如傅璇琮所称长卿生于725年左右，那么其当时还只是个八九岁的儿童，八九岁的小孩能与当时出名的文人薛据交往，且又称其为"故人"，实为不可能，亦是不能想象的。如其生于710年左右，则开元二十一二年正是二十三四岁，是时其赴京应考，并与薛据等名人交往应酬，这就显得很自然。

天宝末安禄山反叛时，刘长卿已离开京洛避地江左，并于至德元载（756）由别人推荐，被授任吴中长洲尉。关于当时其在吴中的事迹，傅璇琮的《考辨》已有较详的叙述，此处不重复了。但长卿当时的诗作，能为我们确定其生年提供颇多的佐证。其于至德元年在长洲写的《登松江驿楼北望故园》诗云："泪尽江楼北望归，田园已陷百重围"（《刘随州集》卷九）。同时写的《松江独宿》诗云："一官成白首，万里寄沧洲。"（同上卷）至德二年春出使扬州、丹阳写的《旅次丹阳郡遇康侍御宣慰召募兼别岑单父》诗云："羽书昼夜飞，海内风尘昏。双鬓日已白，孤舟心且论。"（同上卷七）。至德三载长

① 《刘随州集》卷五有《初至洞庭怀灞陵别业》诗。

卿又以长洲尉摄海盐令，其有《至德三年春正月时谬蒙差摄海盐令闻王师收二京……》诗可证。是年春正月写的《海盐官舍早春》诗云："小邑沧洲吏，新年白首翁。"（同上卷三）又同时写的《送贾侍御克复后入京》诗云："对酒心不乐，见君动行舟……因之报亲爱，白发生沧洲。"（同上卷五）二月间长卿由某事下狱，其有《狱中闻收东京有赦》诗云："壮志已怜成白首，余生犹待发青春"（同上卷九）；不久其被贬往南巴路经江西鄱阳时写的《初贬南巴至鄱阳题李嘉祐江亭》诗曰："白首看长剑，沧洲寄钓丝"（同上卷六）；在余干《负谪后登干越亭》诗曰："秦台悲白首，楚泽怨青蘋"（同上）；上元元年在南巴写的《新年作》诗曰："老至居人下，春归在客先"（同上卷一）。至德元载至上元元年为756至760年。从上引各诗可以看出，刘长卿这时已进入老年，不仅"白发""白首"，而且双鬓渐白。当然，古代诗人诗文中的"白发""白首"不一定都是指年已半百或已是老态。但刘长卿这么多诗皆谓自己"白发""白首"，可见其不是有意夸张，当为事实。不是已到老态，至少也应有五十多岁了。如其生于725年前后，至德元载至上元元年则其只有三十多岁，而三十多岁无论如何也不能称"白发""白首"，更不会说"双鬓日已白"。傅璇琮在其《钱起考》（载《唐代诗人丛考》）中也曾指出："诗句说'头似雪'则已入老境，至少也当在五十岁以上"；"四十二三岁无论如何是不能说'头似雪'的"。那么说三十多岁称"白发""白首"或谓"双鬓已白"更是不行的了。如果以至德元载（756）起刘长卿已有五十岁，下延五十年，则其生年当在公元706年。

刘长卿有两次贬谪[①]，其一在至德三载（758）春，由吴中长洲尉贬为潘州南巴尉；其二由检校祠部员外郎、知鄂岳转运判

① 唐高仲武《中兴间气集》卷下刘长卿诗评云："长卿有吏干，刚而犯上，两遭迁谪"。

官充淮南转运使，出贬睦州司马。此次遭贬之年，傅璇琮考辨在大历八年至十二年之间，据我考得，当在大历十年秋与十一年秋间。大历九、十年间，刘长卿时在毗陵（常州）一带，并与当时任常州刺史之独孤及有交往。其有《题独孤使君（一作常州）湖上新亭》诗曰："夕阳湖草动，秋色渚田宽。渤海人无事，荆州客独安。"（《刘随州集》卷四）《全唐诗》卷二九六张南史也有《独孤常州北亭》诗，所咏相同。按独孤及任常州刺史在大历九年至十二年间[①]，证知刘长卿此诗也应作于这几年里，最早亦在大历九年秋。诗言"渤海人无事，荆州客独安"，荆州客是长卿自谓，全诗并无遭贬后的怨愤之情，可清楚得知时还未遭贬。又可证大历十年秋刘长卿还在毗陵的尚有《送少微上人游天台》诗（同上卷一），诗曰："秋夜闻清梵，余音逐海潮。"按独孤及《毗陵集》卷十六有"送少微上人之天台国清寺序"，称此少微上人于"岁次乙卯，自京持钵而来，给事中天水赵公涓赋诗抒别，卿大夫已下属而和者二十七章。既而飞锡济江，休于晋陵"。晋陵即毗陵，"岁次乙卯"即大历十年。长卿诗写秋天，而其题独孤及常州新亭诗也是秋天在常州作；少微上人渡江后亦在常州休息停留，因此是有长卿与之相逢送诗。刘长卿大历十年秋在毗陵，而且未遭贬谪，可知其遭鄂岳观察使吴仲孺诬奏被贬睦州当在这年秋至第二年秋间。因为大历十一年秋其已在去睦州的路上，十二年又身在睦州，傅璇琮《考辨》亦写及。

已知大历十一年（776）秋后刘长卿贬在睦州，再考其《岁日见新历因寄都官裴郎中》诗（同上卷八），全诗为：

青阳振蛰初颁历，白首衔冤欲问天。绛老更能经几岁？贾生

① 参见《毗陵集》卷二十《祭贾尚书文》，卷五《谢常州刺史表》，附录：梁肃《常州刺史独孤及行状》；崔祐甫《常州刺史独孤公神道碑》。

何事又三年！愁占蓍草终难决，病对椒花倍自怜；若道平分四时气，南枝为底发春偏？

诗写得极悲愤，明是贬谪时作。“贾生何事又三年”，是以贾谊的遭遇自况，“又三年”，亦知是第二次遭贬后在睦州作。诗人有吏干，不仅未被朝廷重用，反而遭人陷害，冤恨无处申说，故有“白首衔冤欲问天”之感叹。诗曰“若道平分四时气，南枝为底发春偏”？犹说这年为平分四时节气，重颁新历以置闰月，《书·尧典》：“期，三百有六旬有六日，以闰月定四时，成岁”。检史籍，大历十四年唐朝以平分四季，于夏五月后置闰月，而长卿大历十一秋后至十四年正被贬睦州。“贾生何事又三年”，即用贾谊贬长沙三年典，也是巧合，以其大历十一年秋贬推算，三年后恰在大历十四年。是知此诗作于大历十四年春明矣。另外，此诗可为我们最后确定长卿生平提供了证据。诗曰“绛老更能经几岁”？绛老是诗人自喻，其典出处是，《左传·襄公三十年》：“三月癸未，晋悼夫人食舆人之城杞者，绛县人或年长矣，无子而往，与于食。有与疑年，使之年。曰：‘臣，小人也，不知纪年。臣生之岁，正月甲子朔，四百有四十五甲子矣，其季于今三之一也’。吏走问诸朝。师旷曰：‘……七十三年矣’。”今人杨伯峻先生注曰：“绛人生于公元前六一六年周正三月初一，至此年虚岁为七十四，古人岁尽增年，七十三为实数。”[①]可见“绛老”是指七十三足岁之老人。而长卿自喻，犹言其当时已有七十三岁，故感叹自己还能活几年。当然此诗“绛老”未必指实数七十三岁，但总已是七十出头之老人能肯定的了，否则，其就不会用“绛老”典。大历十四年在公元779年，以其时七十岁计算，则生年在709年；以其七十三

① 杨伯峻《春秋左传注》第三册。

岁计算，则生年在706年。在没有确证材料可定其生于709年的情况下，极有可能生于706年，不仅“绛老”相符，而且其至德元载（756）始称“白首”，以当时五十岁计算，生年亦在706年。因此，说刘长卿生于706年是与其本人事迹相符，并且可印证材料也较多。如果依傅璇琮之说，其生年在725年左右，那大历十四年还只有五十多岁，诗用“颓年”尚可，谓“绛老”则根本不行。

从以上所考，我们可以确定刘长卿的生年在706年（唐中宗神龙二年），只有稍晚一二年之可能，但不会再后。闻一多认为刘长卿生于709年，几乎得正。缺憾的是未列材料加以印证。而傅璇琮同志怀疑刘长卿生年比杜甫早，由此定其生年在725年左右是没有材料的臆断。刘长卿比李白小五岁，但比杜甫大六岁，并且诗的创作亦比杜甫早，可见传统之说以及至今一些唐诗研究专著谓刘长卿创作略晚于杜甫是不可信的。刘长卿不仅是盛、中唐之际的著名诗人，而且其生活之年很长，中宗神龙二年（706）生，德宗贞元七年（791）前逝世，也就是说其约活了八十余年，经历了玄宗、肃宗、代宗、德宗四朝。此外，刘长卿的诗作也较多[①]，所涉及的时事亦较广，对于这样一位诗人，我们现今对其的研究是很不够的，而本文也只能说是对其生年的重新考定。

（原载《唐代文学论丛》1984年第5辑）

① 《刘随州集》有诗十卷；《全唐诗》有刘长卿诗五卷，计五百余首。

刘长卿诗的思想评价

◎房日晰

刘长卿是唐代比较重要的诗人，他的诗歌在思想和艺术方面，都取得了较高的成就。尤其是他的五言诗，受到了历代诗歌评论者的重视和赞扬。但由于他集子中反映现实的诗篇不多，新中国成立后颇受冷遇。三十年来，很少有人对他的诗歌作深入细致的研究。但就近年出版的中国文学史和唐诗选本来看，对他诗歌的思想评价，学术界却有着较大的分歧。有人说：他“近四百首诗反复吟咏的不过是羁愁、别恨和闲适的情趣”[①]，有人则说：他的诗“虽有模山范水的一面，更重要的是有抗争愤激的一面”[②]。然而，由于受体例的限制，他们对其所持的观点，都语焉不详，读者对其立论难以作充分的了解。本文试图就刘长卿诗歌的思想评价，作一点粗浅的探讨。

一

刘长卿的诗歌，比较真实地反映了安史之乱给人民造成的深重灾难。他描绘的一幅幅生动的画面，把我们引到战火纷飞的动乱年代。持续八年之久的安史之乱，是广大人民乃至中华民族

① 中国社会科学院文学研究所编《唐诗选》。

② 刘大杰《中国文学发展史》（二）。

的一场严重的浩劫。战争破坏了和平安定的社会秩序。半壁河山，惨遭蹂躏。生灵涂炭，田园蒿莱。由此使唐代国运转衰，一蹶不振。在唐代这一由盛转衰的巨大变动中，除了伟大的现实主义诗人杜甫写了较多的反映安史之乱的诗篇以外，其他诗人，写安史之乱的诗篇则寥寥无几。因此，刘长卿写的反映安史之乱的诗篇，就弥足珍贵。《至德三年春正月，时谬蒙差摄海盐令，闻王师收二京，因书事寄上浙西节度李侍郎中丞行营五十韵》，就是一首反映安史之乱的较好的诗篇。

天上胡星孛，人间反气横。风尘生汗马，河洛纵长鲸……万里兵锋接，三时羽檄惊。负恩殊鸟兽，流毒遍黎氓。朝市成芜没，干戈起战争。……略地侵中土，传烽到上京。王师陷魑魅，帝座逼欃枪。渭水嘶胡马，秦山泣汉兵。关原驰万骑，烟火乱千甍。……

诗人以沉郁的感情，真实地描写了当时战乱的景象，反映了安史之乱对唐王朝政治经济的惨重破坏，人民承受了空前的浩劫。诗中对安禄山、史思明的叛乱行为，作了严厉的谴责，表现了他对国事的关怀和忧虑，以及对广大人民的关怀和同情。此外，像《奉送从兄罢官之淮南》中写道："玄发他乡换，沧州此路遐。……离别谁堪道，艰危更可嗟。兵锋摇海内，王命隔天涯。钟漏移长乐，衣冠接永嘉。还当拂氛祲，那复卧云霞？……春风独回首，愁思极如麻。"在《旅次丹阳郡遇康侍御宣慰召募兼别岑单父》中写道："羁人怀上国，骄虏窥中原。胡马暂为害，汉臣多负恩。羽书昼夜飞，海内风尘昏。双鬓日已白，孤舟心且论。绣衣从此来，汗马宣王言。忧愤激忠勇，悲欢动黎元。南徐争赴难，发卒如云屯。倚剑看太白，洗兵临海门。……空使忆君处，莺声催泪痕。"这两首诗，前者包含着时代的忧虑，表达了诗人关怀祖国命运并急欲挽回颓势的迫切心情，态度是十分积极的。后者写出了军民踊跃、人心振奋的动人场景，诗里洋溢着昂扬的战斗情绪。

刘长卿描写安史之乱的一些诗篇，还反映了当时中国人民对此次正义战争的积极态度，表现了作者的爱国思想。他在《吴中闻潼关失守因奉寄淮南萧判官》中写道："胡马嘶秦云，汉兵乱相失。关中因窃据，天下共忧慄。……赴敌甘负戈，论兵勇投笔。"短短的六句诗，既写了战乱中广大的中国人民对国家前途命运的深切忧虑，又写了勇赴国难的将军的形象。在《奉和李大夫同吕评事太行苦热行，兼寄院中诸公，仍呈王员外》中写道："九重今旰食，万里传明略。诸将候轩车，元凶愁鼎镬。何劳短兵接，自有长缨缚。"诗里洋溢着乐观情绪，对胜利充满了信心和希望。在《登松江驿楼北望故园》中说："泪尽江楼北望归，田园已陷百重围。平芜万里无人去，落日千山鸟空飞。……白鸥渔父徒相待，未扫欃枪懒息机。"写国难当头不愿隐遁而欲有所作为的心情十分真切。在《京口怀洛阳旧居兼寄广陵二三知己》中写道："故国胡尘飞，远山楚云归。家人想何在，庭草为谁碧？"写战乱中思念家乡的情绪，令人感动。以上所引的诗，在一定程度上刻画了诗人乃至中国人民的生动形象，表现了他们的爱国热忱和昂扬的战斗情绪，是值得肯定和赞扬的。

刘长卿还写了一些反映安史之乱后农村荒凉残破景象的诗篇，写出了战后人民的真实生活的一角。

经过安史之乱的破坏，唐王朝经济非常困难。甚至皇宫里的膳食供应、百官的俸禄都成了问题。据《资治通鉴·代宗广德二年》记载："时兵火之后，中外艰食，关中米斗千钱，百姓挼穗以给禁军，宫厨无兼时之积。"又"秋，七月，庚子，税天下青苗钱以给百官俸"，可见当时国家经济困难的程度。农村在数年战火之后，又受官府的压榨和敲剥，"人之生产，空于杼轴”“贫人羸饿就役，剥肤及髓”。刘长卿的一些诗篇，就是在这种社会背景下写成的。

举目伤芜没，何年此战争。归人失旧里，老将空守城。废戍山烟出，荒田野火行。独怜洳水上，时乱亦能清。

——《奉使至申州伤经陷没》

经过战乱，农村凋敝，田园荒芜，人烟稀少，一片荒凉肃杀的景象。昔日的繁华毁于一旦，怎能不令人伤心？怎能不使诗人对国事产生深沉的忧虑？诗人描写了申州一带陷没以后，荒凉凄清，令人伤感的情景，表现了诗人对人民苦难生活的深切同情以及伤时忧国的苦闷情绪。

逢君穆陵路，匹马向桑干。楚国苍山古，幽州白日寒。城池百战后，耆旧几家残。处处蓬蒿遍，归人掩泪看。

——《穆陵关北逢人归渔阳》

“渔阳”即“蓟州”，古幽州属境，这一带是安禄山、史思明叛军的巢穴。安史之乱后，唐王朝仍以他们的部将为节度使。因此，诗中描写的这种荒凉景象，不光是战乱造成的，也与战后军阀的割据与统治，有着密切的关系。这些新军阀，为了割据，横征暴敛，鱼肉人民。因此这一带比其他地方，经济更为萧条和衰飒，简直令人心寒。“此诗‘白日寒’似兼喻人民的悲惨，不仅指自然气候”[①]。这个解释是很对的，诗中流露出诗人对人民深厚的同情，也隐隐透露出对朝廷向安史余党妥协的不满和忧虑。此外，像“十年经转战，几处便芳菲。想见函关路，行人

① 中国社会科学院文学研究所编《唐诗选》。

亦去稀”（《送友人西行》）这样的诗句，也都真实地反映了经过战争破坏后的农村衰飒荒凉的景象，是当时唐代国内经济状况的缩影。

二

刘长卿历经了开元盛世，又目睹了安史之乱给人民带来的灾难和苦痛。作为一个长期在地方上任职的小官吏，他比较了解人民生活中的实际困难。由于低下的社会地位和较为高尚的个人品德与情操，使他对人民生活产生了关怀和同情。马克思说过：“有才智的人们总是通过一条条看不见的线和人民联系在一起。”[①]刘长卿的诗之所以值得重视，也就在于他了解人民的苦难，关心人民的痛苦，他的脉搏总是隐隐地和人民的脉搏在一起跳动。

他在《温汤客舍》一诗中，把皇帝的奢侈和淫乐与广大人民艰难困苦的生活，作了强烈而鲜明的对照：“冬狩温泉岁欲阑，宫城佳气晚宜看；汤熏仗里千旗暖，雪照山边万井寒。”此诗前三句写皇帝狩猎的情景。“千旗暖”是说温泉的热气使狩猎的仪仗含有暖意，寓讥皇帝的奢侈与荒唐。这三个字，把脑满肠肥饱食终日无所事事的皇帝的庸碌形象，描绘得逼真逼肖。“万井寒”是说千村万户，一片寒意。这“寒”字不特指气候而言，而且隐寓人民生活的困苦与悲惨。“暖”“寒”二字，把皇宫与村落、皇帝与农民作了如此鲜明的对照。这两句诗，大有“朱门酒肉臭，路有冻死骨”的味道。这个朱门却不是一般的豪富之家，而是全国最大的地主头子封建皇帝，写这种暴露最高统治阶级奢侈淫乐景象的诗句，是要冒一点风险，须有一定的勇气和魄力的。然而，诗人毕竟这样写了，这种关怀人民生

① 引马克思语为何其芳译。见《何其芳选集·致王季思》。

活的诗句，是值得我们赞扬的。遗憾的是，刘长卿这类诗写得太少了。他对人民生活的关心和同情，主要表现在他赠地方官赴任之类的诗篇中。刘长卿送他们写的应酬诗，并没有仅仅限于一般的应酬、祝贺、恭维，而是把重点放在写农村的凋敝、农民的破产和人民的苦难，以及经过战乱的浩劫，农村亟待恢复元气的情形，以期引起被送者对人民生活的关注。为了表达他对人民生活的关心，诗人有时似乎不免过分唠叨了一些，甚至写一些可能引起被送者扫兴的话，从而得罪被送者，也是在所不惜的。“夷落人烟迥，王程鸟路通。……君去凋残后，应怜百越空。”（《送乔判官赴福州》）“南楚凋残后，疲民赖尔怜。”（《送青苗郑判官归江西》）从他对这些地方官的忠告中，表现了对人民生活的异常关注，反映了他恪守儒家仁政思想和正直善良的品格。我们无妨再读他写的几首诗。

既有亲人术，还逢试吏年。蓬蒿千里闭，村树几家全？雪覆淮南道，春生颍谷烟。何时当莅政，相府待闻天。

——《送袁明府之任》

春草长河曲，离心共渺然。方收汉家俸，独向汶阳田。鸟雀空城在，榛芜旧路迁。山东征战苦，几处有人烟。

——《送河南元判官赴河南句当苗税充百官俸钱》

前者写出了“蓬蒿千里闭，村树几家全”的农村荒凉凋敝的景象，寄希望于袁明府，热切盼望他到任后改变现状，恢复和发展被战争破坏了的农村经济。后者的诗题表明，元判官赴河南办理苗税，用来充百官俸钱。诗中展示了农村残破荒凉的景象，目的在唤起元判官的注意：农民生活实在困难得很，确实没有多少油水可榨了。虽则是筹办百官俸钱，也不能聚敛过甚，得睁开双眼看看现实啊！刘长卿写的这类诗较多，譬如《毗陵送邹绍先赴河南充判官》："凋残春草在，离乱故城多。罢战逢时泰，轻徭伫俗和。"在《送邵州判官往南》（一作皇甫冉诗）中写道："海沂军未息，河兖岁仍荒。征税人全少，榛芜虏近亡。"在《送严侍御充东畿观察判官》中写道："洛阳征战后，君去问凋残。……故园经乱久，古木隔林看。"这类诗歌，比较真实地反映了安史之乱时期及战后农村生活的现实，有较高的艺术价值。

刘长卿对人民生活的关心和同情，还表现在送赴京官员的赠别诗中。他殷切期望这些官员把下情上达，使高高在上的封建皇帝，晓得一点农村凋敝残破的实际情况，从而轻徭减税，减轻人民的负担。《送王端公入奏上都》，就是这样的诗。

旧国无家访，临歧亦羡归。途经百战后，客过二陵稀。秋草通征骑，寒城背落晖。行当蒙顾问，吴楚岁频饥。

端公是御史官。作者送王端公入朝，希望他把江南一带的灾荒情况，如实地报告给皇帝，以期引起当政者的注意。"行当蒙顾问，吴楚岁频饥"二句，清代著名的学者沈德潜评曰，"望其救时，不是寻常酬应"[①]，可谓中的之言。上举刘长卿诸赠别诗，都可作如是观。在《送营田判官郑侍御赴上都》中写道："故山经乱在，春日送归长。晓奏趋双阙，秋成报万箱。幸论开济力，已实海陵仓。"他希望郑侍御赴京向皇帝陈述开拓基业、匡济时艰的策略，使国家采取有力措施，迅速恢复安史之乱破坏了的农村经济，发展生产，丰衣足食。此诗亦系苦心救时之语，非谀时粉饰之言。当时"征税及渔竿"（《送州人孙沅自本州却归句章新营所居》），统治阶级的横征暴敛，已经达到了极点。据《资治通鉴·代宗大历元年》记载："冬，十月，乙

① 沈德潜《唐诗别裁》卷十一。

未，上生日，诸道节度使献金帛、器服、珍玩、骏马为寿，共值缗钱二十四万。常衮上言，以为‘节度使非能男耕女织，必取之于人。敛怨求媚，不可长也，请却之。’上不听。”又，代宗永泰元年独孤及上疏曰：“拥兵者第馆亘街陌，奴婢厌酒肉。”可见当时，从皇帝到文臣武将，都过着荒淫无耻的生活。不言而喻，他们奢侈淫乐的资本，是广大人民的血汗。诗人不厌其烦地叮咛，是基于对现实的清醒认识，“望其救时”，殷切希望拯人民于水火。这些诗句，是积聚在诗人胸中关心和同情人民思想的闪光，是一束颇为耀眼的火花。

三

刘长卿一生曾经两次被诬陷入狱[①]，蒙受了不白之冤。对这种无端受害之事，他是非常愤慨的。在诗作中，他多次抒写了自己对蒙诬受冤的激愤和抗争，表现了极可贵的勇敢斗争精神。在那“臣罪当诛兮天王圣明”[②]的封建专制时代，作为一个地方小官吏，对于蒙受不白之冤，多次大胆地申诉和明辩，敢于抒写正义的要求，发出强烈的抗议的呼声，这精神是极可贵的。

不见君来久，冤深意未传。冶长空得罪，夷甫岂言钱。直道天何在？愁容镜亦怜，因书欲自诉，无泪可潸然。

——《罪所留系寄张十四》

南过三湘去，巴人此路偏。谪居秋瘴里，归处夕阳边。直道天何在？愁容镜亦怜。裁书欲谁诉，无泪可潸然。

——《赴巴南书情寄故人》

① 参阅傅璇琮《唐代诗人丛考·刘长卿事迹考辨》。
② 韩愈《琴操·拘幽操文王羑里作》。

前者是诗人在狱中寄给友人的诗，后者是蒙诬贬谪赴巴南途中写诗寄给友人的。两诗颈联和尾联几乎全同。诗人在这两首诗里，呼天抢地，发抒他蒙诬受冤无处申诉的强烈感情。这在客观上，是对极端黑暗的封建专制制度的强烈的抗议和控诉。

却访巴人路，难期国士恩。白云从出岫，黄叶已辞根。大造功何薄？长年气尚冤。空令数行泪，来往落湘沅。

——《重推后却赴岭外待进止寄元侍郎》

这是诗人第一次蒙诬后，经过“重推”仍遭贬谪，将赴岭外贬所时所作。经过“重推”，“罪”是减轻了些，但诗人蒙受的诬陷不实之事，并未彻底推倒。不白之冤，何以申诉？“大造功何薄，长年气尚冤”，是说主宰人类命运的天地功力是何等薄弱，不能主持正义，使人长期蒙受不白之冤。慨叹人生，怨及天地，感情是何等激愤。在诗人看来，宇宙间也充塞着无法消除的冤气。这虽是诗人抒写自己不幸的遭遇和愤懑，然而在封建专制时代，却具有普遍性。诗人笔下描绘和揭露的，不正是封建社会刑宪狱讼方面的缩影么？当时天地间，不都是漆黑一团吗？这里，诗人笔下描绘的尽管是个人形象，然而它却有深厚的社会基础和较高的典型意义。对于这类诗，我们必须作如是观，才庶几不负诗人的艺术苦心。

诗人对于自己无端受诬、蒙冤难申的不幸遭遇，写了许多感情激烈的诗，对封建社会和封建制度，作了有力的控诉。

地远心难达，天高谤已成。羊肠留覆辙，虎口脱余生。……岂令冤气积，千古在长平。

——《按覆后归睦州赠苗侍御》

独醒空取笑，直道不容身。得罪风霜苦，全生天地仁。青山数行泪，沧海一穷鳞。……

——《负谪后登干越亭作》

不才甘谪去，流水亦何之。地远明君弃，天高酷吏欺。……

——《初贬南巴至鄱阳题李嘉祐江亭》

青阳振蛰初颁历，白首衔冤欲问天。绛老更能经几岁，贾生何事又三年。……

——《岁日见新历因寄都官裴郎中》

以上所引诗句，愤激地表现了诗人对封建统治阶级强烈的不满情绪，可以说是愤怒的抗争，应该给予足够的重视。然而，对于这些诗篇，过去的一些评论家，不是视而不见，就是曲为之说。譬如，离他时代不远的高仲武说“其‘得罪风霜苦，全生天地仁’，可谓伤而不怨，亦足以发挥风雅矣”[①]。这种断章取义的解释，是违背作者原意的。我们必须把六句诗当作一个整体来看，才能准确地理解诗人的用意。“独醒空取笑，直道不容身。”“独醒”取《楚辞·渔父》“众人皆醉我独醒”意，“直道”用《书·洪范》“王道正直”意。“独醒”和“直道”均为自喻，前者是说自己有清醒的政治头脑，后者言自己具有刚正不阿的品格。两句意谓：大家都糊里糊涂地混日子，我这个头脑清醒的人，反而遭到他们的讥笑。当今婞直的人不见容于世，无端地遭到陷害蒙诬受冤。“得罪风霜苦”二句，紧承上两句诗意，说自己因为坚持“直道”而得罪有司，不免备受风霜之苦；留下了命总算老天爷仁慈。上句是对统治阶级和社会黑暗的愤怒的揭露，下句是很尖刻的讽刺！诗人意犹未足，紧接着再补一笔，“青山数行泪，沧海一穷鳞”，忠义正直之不见容，被逼得

① 高仲武《中兴间气集》。

走投无路，不免怆然涕下！这明明是激烈抗争之言，那里是什么“伤而不怨”？！

值得注意的是，诗人在写无辜蒙冤时，多用调侃的口吻，发泄满腹的牢骚以及对最高统治者强烈的不满情绪。

此去播迁明主意，白云何事欲相留。

——《将赴岭外留题萧寺远公院》

迁播共知臣道枉，猜谗却为主恩深。……北阙九重谁许屈，独看湘水泪沾襟。

——《送侯中丞流康州》

这些对皇帝表面恭维的诗句中，包藏着尖锐的刺，蕴蓄着满腔的怒火。看似谀词，实为反语，是尖利的棘刺，是愤怒的呼号。味在咸酸之外，弦外有音，且莫轻易放过！

在刘长卿集中，表现愤激抗争的诗甚多，不胜枚举。它们都在不同程度上表现了对遭诬蒙冤的愤激和抗争。在封建社会中，小官吏的命运往往掌握在某些拥有特权的大官僚手中，他如果不谄事上官，就有被诬蒙冤的可能。此种情形，在封建社会大量存在，是为其封建专制制度所决定的。因此，刘长卿诗里表现的愤激与抗争，有其典型意义。诗人这类诗，不能仅仅看作个人的愤怒与不平，它们在一定程度上，是对封建制度的揭露与批判。这类诗，对了解封建社会制度，认识封建统治阶级本质都有帮助，在开展对封建思想的批判中，仍有着现实意义。

四

刘长卿反映现实生活的诗歌是多方面的，除上文评述绍介外，还有一些诗，从不同的角度和侧面，描写了当时的社会生活，有一定的现实意义。

刘长卿有十多首反映征战生活的诗歌，是值得一读的。《送南特进赴归行营》，就是颇为感人的诗篇。

闻道军书至，扬鞭不问家。虏云连白草，汉月到黄沙。汗马河源饮，烧羌陇坻遮。翩翩新结束，去逐李轻车。

此诗以明快的笔调，描写了奔赴祖国西北行营的南特进的爱国英雄形象。在当时战乱频仍的情势下，有着振奋军心鼓励士气的作用。

《疲兵篇》是一首反映士兵生活的优秀诗篇，感情深厚，气势浩瀚。

三军疲马力已尽，百战残兵功未论。……元戎日夕且歌舞，不念关山久辛苦。自矜倚剑气凌云，却笑闻笳泪如雨。万里飘摇空此身，十年征战老胡尘。赤心报国无片赏，白首还家有几人？……军前仍欲破重围，闺里应犹愁未归。小妇十年啼夜织，行人九月忆寒衣。……只恨汉家多苦战，徒遣金镞满长城。

诗人以丰富的感情写广大士兵久戍未归的复杂心情，反映了当时士兵生活的实况。《平蕃曲三首》写古代帝王对少数民族战争的失策，流露出对好大喜功者的反感情绪。《从军六首》写久戍边关的战士的苦辛。这几首乐府诗，都有较强的现实感，比较真实地反映了当时战士的生活，表达了对长期戍守边关备尝苦辛的士兵的同情。

刘长卿有一部分诗歌，写个人怀才不遇、恨无知音援引的苦闷，可以说它代表了当时广大的下层知识分子的呼声，有一定的社会意义。《杂咏八首上礼部李侍郎》，集中地反映了这种思想情绪。“古调虽自爱，今人多不弹。向君投此曲，所贵知音难”（《幽琴》）；“宁知地势下，遂使春风偏。……过时君未赏，空媚幽林前”（《晚桃》）；“谁怜弃置久，却与驽骀亲。犹恋长城外，青青寒草春”（《疲马》）。诗人用幽琴弹的古调、涧底晚开的桃花、久战沙场的疲马作比，抒写个人不得志的牢骚与苦闷。“如有长风吹，青云在俄顷”（《白鹭》）；“宝刃犹可试”（《古剑》），写自己卓异的才能以及对前途的坚强信念。《北游酬孟云卿见寄》一诗中“衣马日羸弊，谁辨行与才。善道居贫贱，洁服蒙尘埃”，是对当时社会不重才与德的抗议。在《同郭参谋咏崔仆射淮南节度使厅前竹》中写道：“得地移根远，经霜抱节难。开花成凤食，嫩笋长鱼竿。”托物言志，借咏竹以写自己贞洁的情操。这些诗歌，用传统的咏怀写志的手法，从各个角度写其不得志的苦闷与不平。这种苦闷与不平，是当时封建社会制度的产物，因此，有较大的社会意义。《小鸟篇上裴尹》以藩篱中鸟自喻，写其担惊受怕、无所依托、彷徨失路、而想有所作为的处境与心情。“独立虽轻燕雀群，孤飞还惧鹰鹯搏。……少年挟弹遥相猜，遂使惊飞往复回。不辞奋翼向君去，唯怕金丸随后来。”刘长卿在抒写仕途坎坷、沉抑下僚的牢骚之时，交织着仕与隐的矛盾。社会上复杂的矛盾斗争以及他生活中种种不幸的遭遇，使他想避开矛盾斗争的漩涡，然而对国家民族命运的关怀与责任感，以及出于对个人前途的考虑，又使他不能决然隐遁。“唯有家兼国，终身共所忧”（《湖南使还留辞辛大夫》），可以说是他胸怀的自白和心情的真实表露。

翻检《刘随州集》，还可以找到一些反映现实的诗篇。譬如《登吴古城歌》，咏古伤今，饱含着时代的忧虑；《戏赠干越尼子歌》，写一个年轻漂亮的尼姑出家后思念红尘的矛盾心情；《少年行》写富豪之家的少年公子的骄纵生活。所有这些，都有一定的现实意义。但我们纵观刘长卿的全部诗歌，他写的反映现实的诗篇不多，在他的全部诗作中，占的比例也不大。而这些反映现实的诗篇，反映生活的深度不够，形象也不十分完整和鲜明。就意境的描写和艺术的感人力量说，都比不上他那些写羁愁别恨的诗篇。但不能由此就否认他是一位关心社会现实的诗人。在他驰誉上元、宝应间诗坛的时候，当时诗人多粉饰现实之作，扎扎实实反映现实的诗篇寥若晨星。因而他的这类诗篇就更值得重视。

（原载《西南师范学院学报》1983年第1期）

刘长卿诗的艺术特色

◎房日晰

刘长卿是中唐前期诗坛上的重要作家之一，他在诗的艺术上造诣颇深，曾自诩“五言长城”，可见他对自己诗歌艺术成就的自负。他一生写了许多独具艺术个性的诗篇，形成个人独特的艺术风格。历代诗歌评论家对他的诗也多推许。皇甫湜在《答李生第二书》中说：“诗未有刘长卿一句，已呼阮籍为老兵矣。”卢文弨《刘随州文集题辞》说：“随州诗……子美之后，定当推为巨擘。”薛雪《一瓢诗话》说：刘随州“得意处竟可与少陵索笑”。这些评论虽不免有溢美失实之处，但从中可以看出他的诗在后世评论家心目中的地位。新中国成立以来，对他诗歌艺术的探索和研究很不够，甚至可以说还是一个空白，现就他诗歌艺术上的成就作一点初步的探索。

一

“工于铸意，巧不伤雅”，这是清代沈德潜对刘长卿在诗歌艺术方面的评价，它相当准确地概括了刘在诗歌意境提炼方面的特色与成就。诗的意境的提炼，诗人的自我形象的描写，情景的安排，画面的布局，设色的浓淡，感情的表达方式等，是诗人艺术构思的重心。无可否认，写诗要有灵感，要有感情冲动，要有横溢的才情，然而这都不意味着诗人可以离开现实的客体向壁虚构，任意挥洒笔墨。固然诗歌比起其他文学样式来，更重视诗人的主观感受，更富于独创性，更能发挥和显示诗人的艺术才能。然而，最有才能的诗人，离开客观感受是无能为力的。成功的意境，是在抒写诗人自己对客观景物的主观感受，在表达客观景物与主观感情交融的基础上形成情景交融的生动画面。只有充满激情而又能把它寓之写景的笔端，才能做到以情写景，借景抒情，从而写出情景交融的艺术境界。刘长卿的诗之所以“工于铸意，巧不伤雅”，就在于写情景交融的画面时，主观情绪与客观景物配合极为工巧，二者浑然一体，无迹可寻，几乎达到了独至的境地。

刘长卿非常重视诗歌创作，他不为某种世俗的应酬而写诗应景，不作消极的达意与抒情，他在诗歌的艺术表现上总是不断地探索追求和创作，寻求最足以表达情意的方式，选择拍摄美的焦点，使诗意臻于完美地表达。他这种极为严肃的创作态度，使诗歌形成自己的个性特征。刘长卿的送别诗很多。送别诗一般都是写亲友之间的离愁别绪，就情境说，极易雷同；就当时世俗说，又极易作酬应之具。何况经过盛唐，他的前辈诗人王维、李白、高适以及同辈诗人岑参等，已将这类诗发挥到极致。刘长卿的送别诗，却敢于与前贤挑战和争竞，他善于捕捉一刹那的真实感情，并用恰当的表达方式把它表现出来，因而写出的诗，感情真挚，情境谐和，多情景交融之作。其诗构思精巧，匠心独运，不仅诗意很少雷同，而且每每翻出新意，几与王、李、高、岑的同类诗平分秋色。《使还七里濑上逢薛承规赴江西贬官》，就是铸意颇具特色的诗篇之一：

迁客归人醉晚寒，孤舟暂泊子陵滩。怜君更去三千里，落日青山江上看。

这是一幅生动的送客图，诗中写诗人使还将归遇薛承规远迁，他俩邂逅相遇，在孤舟上设宴叙旧。前两句叙事，孤舟暂时停泊在子陵滩上，刚刚重逢又将远别，不免产生怅惘情绪，借酒浇愁，一直喝到傍晚，两人都不免醉醺醺的。后两句抒情，把他不得志的愁苦和对贬官远谪的薛承规不幸遭遇的怜悯与同情，一一跃然纸上。两人站在江上看落日秋山，这种迟暮时的萧瑟景象，令人产生惆怅与不快的情绪。诗人对景物的描写，含蓄地表现了对薛承规的深厚同情以及两人难以言传的心曲。

《饯别王十一南游》也是一篇感情深挚、铸意工巧的诗篇：

望君烟水阔，挥手泪沾巾。飞鸟没何处，青山空向人。长江一帆远，落日五湖春。谁见汀洲上，相思愁白苹。

这首诗首联写告别时的情景，“烟水阔”状伫立之久，凝望之远；“泪沾巾”叙情不自已，洒泪而别，写出了诗人对被送者恋恋不舍的情谊。颔联写别后寂寥的心境。“飞鸟”句令人想到他的朋友的远去高飞，“青山”句写诗人寂寥索漠的心情。颈联融情入景，借江上景象抒写自己的感情，尾联写别后的怀念和愁思。这种寓情于景、情景交融的画面，渗透了诗人对朋友的深情厚谊。刘长卿这种感情深挚的送别诗很多，如《七里滩重送》“手折衰杨悲老大，故人零落已无多”，从送别的感伤情绪中，表达惜别的珍重情谊。《重送裴郎中贬吉州》“同作逐臣君更远，青山万里一孤舟”，同病相怜，对裴郎中孤舟远行寄予深厚的同情，感情真挚动人。总之，他的别诗追求意境的完美、感情的真挚深厚，铸意巧而又不至纤巧卑弱，笔力工而又无斧凿之痕，意境清新自然，使这个易于落入旧套的题材摆脱旧的窠臼而诗意弥新，从而达到以情动人的艺术效果。

刘长卿写诗善于把自己的主观感情的抒发与客观景物的描写

水乳交融，浑然一体。他写诗不作无病呻吟，也不是有所求索而不得已为之，而是要抒发胸中积聚的真实感情，因而用不着绞尽脑汁苦思冥索，“为赋新词强说愁”地“为文造情”。随着客观时地情境的变化，诗人感情也发生相应的变化，于是他援笔写出当时真实的情感世界。

刘长卿创作的旺盛期是在安史之乱以后的一段时间。对于时势的恶化有着痛心疾首之感，他善于写时代的离乱与感伤，把哀时怨乱的情绪真实地表现出来。他的感时伤乱，充满了时代的忧郁与感伤，感情里渗透了对人民生活的关切与同情。

时危身赴敌，事往任浮沉。末路三江去，当时百战心。春风吴草绿，古木剡山深。千里沧波上，孤云不可寻。（《送张扈司直赴越中》）

诗人在抒写别情中，对于当年奋战沙场而今将与孤云野鹤相处的张扈表现出无限惋惜的心情，流露出对唐王朝统治者愤激的情绪。诗意含蓄蕴藉而情感真挚，字句凝炼又清新流畅。他把充沛的感情巧妙地寓于客观景物的描写之中，含而不露，耐人咀嚼。

刘长卿这种伤时怨乱的诗作很多，委婉含蓄，凄楚动人。

登高复送远，惆怅洞庭秋。风景同前古，云山满上游。苍苍来暮雨，淼淼逐寒流。今日关中事，萧何共尔忧。（《重阳日鄂城楼送屈突司直》）

国用忧钱谷，朝推此任难。即山榆荚变，降雨稻花残。林响朝登岭，江喧夜过滩。遥知骢马色，应待倚门看。（《送度支留后若侍御之歙州便赴信州省觐》）

前者诗人通过“云山”“暮雨”“寒流”等暗淡的秋天景色的描写，流露出惆怅感伤的情绪，这种感情充满了对时世的关切和时代的忧伤；后者设想若侍御旅途的幽暗景色，写时世的艰难。诗人注情入景，写出了物我相忘之境。读了后不知何者为景，何者为情，令人神往。总之，刘长卿诗善于写物我相忘之境，使神情浑然融化于意境描写之中。感情真挚，铸意工巧，无斧凿之痕，朴质无华，言浅情深，诗味隽永。

刘长卿的诗得风人之旨，做到了含蓄蕴藉，兴在象外。这一特点，前人多有所论述。所谓“刘长卿得诗人之兴，专主情景”（《吟谱》，见《唐诗癸签》）、“文房诗多兴在象外，以此求之，则成句有余味不尽之妙矣”（方东树《昭昧詹言》），他的五律“清辞妙句，令人一唱三叹”（宋荦《漫堂说诗》）。刘长卿是擅长写景的诗人，他写景时，不是胶着于客观事物的本身，而是善于运用比兴手法，往往言在此而意在彼，诗多言外之意，味外之旨，使读者不局限于诗歌形象本身的审美感受，而使读者得到这种审美感受，含蓄有致，余韵不绝，比它所呈现的形象本身更深远隽永。所谓“专主情景”，是说他在处理情与景的关系上，得诗的三昧，高人一筹。他不是为写景而写景，也不是孤立的抒情，而是能够寓情于景，借景抒情，从而达到“含不尽之意如在象外”，在诗的意境中饱含了诗人爱憎分明的感情，读之，则得其神理于形象之中。这种含而不露的诗，特别耐人玩味与咀嚼。比如《送方外上人》诗，就是兴在象外的诗篇。如：

孤云将野鹤，岂向人间住。莫买沃洲山，时人已知处。

写方外上人孤云野鹤，飘然世外，远离人间，有一股不食人间烟火味的气息。着墨不多，含蓄蕴藉，形象丰满。总之，他善于运用比兴手法，使诗“兴走象外”，“不着一字，尽得风流”。这类诗篇颇多。如：

日暮苍山远，天寒白屋贫。柴门闻犬吠，风雪夜归人。（《逢雪宿芙蓉山主人》）

苍苍竹林寺，杳杳钟声晚。荷笠带斜阳，青山独归远。（《送灵彻上人》）

前者写天寒日暮、风雪交加、旅人望门投止的景象，描绘如见，宛然生动；后者写山林幽深、夕阳西下时送人的惆怅情绪，境界悠远。这两首诗写得含蓄空灵，启人深思。此外如“暮帆千里思，秋夜一猿啼”（《贾侍郎自会稽使回》），“功名满青史，祠庙惟苍苔”（《归沛县道中晚泊留侯城》）等诗，感情含蓄，境界深远，有一唱三叹之妙。

如上所述，刘长卿诗“工于铸意，巧不伤雅”的艺术特色，是在努力表达诗人思想感情中形成的。文学的艺术手法，说到底，就是为表现思想内容服务的。这是文学家把握的根本原则，也是艺术表现的最基本的规律之一。我们研究诗歌的艺术特色，也是首先考虑诗人如何抉择最有感染力的表现形式，表达他的思想感情的。刘长卿写诗时把注意力首先集中在“铸意”方面，围绕着“铸意”而发挥了他的艺术才能，并取得了一定的成就，这一点是值得我们学习借鉴的。

二

刘长卿的诗构成了整赡流畅、淡净炼饰的独特的艺术风格。明代诗论家胡应麟说：“刘长卿‘地远心难达，天高谤易成’颇整赡，近老杜句格。大概中唐以后，稍厌精华，渐趋澹净，故五七言律清空流畅，时有可观”（《诗薮》）。高仲武说刘长卿诗“甚能炼饰”（《中兴间气集》）。胡、高二人的评论，虽是就刘长卿的个别诗篇而言的，但却能概括刘长卿诗的艺术风格。一个诗人只有在自己诗中表现出独特的艺术风格，他的诗歌才能得到广大读者的赞许和承认，从而在诗坛上站稳脚跟，获得经久不衰的艺术生命力，并在文学史上取得一定的地位。而“风格即人格”，独特的诗的风格的获得，取决于诗人的艺术修养、诗人的兴趣和爱好。刘长卿喜欢以淡净的色彩，洗炼的语言，表达丰富的思想内容；善于用整饬的语句，流畅的语调，描写疏朗开阔的意境，表现出清雅空灵的艺术境界。

整赡与流畅都是较易做到的，但将二者协调地统一起来，却是颇难臻至的艺术境界。整赡容易陷入雕琢、板滞，流畅又易成为流易轻滑，要做到整赡而又自然、流畅，却是要花力气的。要做到这一点，须有很高的艺术工力。

诗人是怎样地把整赡与流畅二者协调地统一在一起的呢?

首先，诗人在诗歌的写作过程中，充分利用诗歌结构和意象跳跃的特点，通过跳跃的诗句，使整赡的句子由于感情的迅速发展，读起来十分流畅，这样既加大了诗的容量，又极尽节奏抑扬顿挫之妙，并作到字句洗炼，诗句流畅清新，色泽澹净，朴质无华。比如《过横山顾山人草堂》一诗，就具有这种风格的特点。

只见山相掩，谁言路尚通。人来千嶂外，犬吠百花中。细草香飘雨，垂杨闲卧风。却寻樵径去，惆怅绿溪东。

此诗写顾山人草堂周围的景色，美丽如画。首联与尾联写顾山人草堂周围环境之幽深与优美，重重叠叠的高山相互影映，溪水澄澈，诗人乘兴而来，不忍离去，点出“过”字，而有爱恋不忍离去之意。中间两联写顾山人草堂景色，百花盛开，游人罕至，犬因人过而吠叫。在濛濛的细雨中飘散着幼草的香味，垂杨悠闲地在微微的和风中飘卧。“香飘雨”“闲卧风”写出细草垂杨自在而悠闲的态势，两句状物神情俱出。此诗中间两联对仗工整而又自然。颔联与颈联各有相对独立的思想内容，二者构成的意象中间有较大的间隔距离，节奏间的停顿形成一种冲击力，使其气势连贯而下，使这种整赡的诗句自然而又流畅。两联就写的内容看，完全可以写得色泽浓缛，语言华丽，诗人却用了色彩淡净颇为炼饰的语言，使之含蓄有味。

这种整赡而自然，淡净而炼饰的诗句，在刘长卿诗集中是很多的。比如“花雨晴天落，松风终日来。路径深竹过，门向远山开”（《集梁耿开元寺所居院》）；“苔封三径绝，溪向数家通。犬吠寒烟里，鸦鸣夕阳中”（《赠西邻卢少府》）；“万里通秋雁，千峰共夕阳”（《移使鄂州次岘阳馆怀旧居》）；“白云留永日，黄叶减余年。猿护窗前树，泉绕谷后田”（《初到碧涧招明契上人》）；“松门风自扫，瀑布雪难消”（《送上微上人游天台》）；“江树临洲晚，沙禽对水寒。山开斜阳在，石绕乱流难”（《却归睦州至七里滩下作》）等，都是色彩淡薄，对仗工整，在整饬凝炼的诗句中，又有一贯而下的气势，读起来极为自然流畅。

其次，在一首诗中，既有极工的对偶句，又有结构自然不讲字句对仗的流水对句，使整散协调，节奏流畅，这就摆脱了每联整饬而往往陷入拙笨、雕琢的困境，在协调的节奏和谐的韵律中，更好地表达诗人特定环境的感情。

南浮沧海上，万里到吴台。久别长相忆，孤舟何处来？春风催客醉，江月向人开。羡尔无羁束，沙鸥独不猜。（《喜李翰自越至》）

此诗颔联流易，行文自然流畅，表现出与友人久别重逢的喜悦欢快的心情，诗的节拍轻快，与这种感情相适应。颈联整赡，写设宴洗尘招待朋友的优美环境。全诗节奏整齐而自然，活泼而明快，与表现诗人愉悦轻松的心情十分合拍。

《送路少府使东京便应制举》，也是具有这种艺术特色的诗篇：

故人西奉使，胡骑正纷纷。旧国无来信，春江独送君。五言凌白雪，六翮向青云。谁念沧洲吏，忘机鸥鸟群。

颔联似对非对，流易自然；颈联极为整饬，“五言”“六翮”，“白雪”“青云”对仗极工，也极切题。“白雪”即“阳春白雪”，借高曲以喻路少府的才气超轶，“青云”则用天空白云的实景以象征青云直上，切制举。此诗显示出诗人不凡的艺术工力。

五言律诗中间的两联是两副对子，若两联都用工对，则容易使诗句板滞、雕琢；若两联都不用工对，则容易涣散，而且失去律诗的特点。刘长卿的诗喜欢用一整一散，使整散协调，韵律和谐，语句流畅，从而使他的五律独具风韵。

如果说整赡流畅是刘长卿诗歌在语言节奏上所具有的特点，那么淡净炼饰则是语言色彩与风格上的特色。淡净是指其语言色彩而言，与浓缛对；炼饰则是指语言精炼、警拔，与繁复对。刘长卿喜欢描写比较清净或者萧瑟的景象，写日月则“白日”“落晖”“夕阳”，山水则“寒山”“寒江”“寒堵”，写鸟则“孤雁”“独鸟”。在这里体现着变乱时代诗人的灰暗心情，也表现了诗人喜欢淡净的美学观点。与此相适应，诗人在表达上注意语言的简约精炼，做到语少意多，言简意丰。这些特点，在他的五言绝句和五言律诗中，表现得尤为突出。在极短的篇幅内，表现了丰富的内容，充分显示出诗人的艺术概括力和惊人的艺术才华。

总的说来，刘长卿的诗形成了自己独特的艺术风格。他善于用淡净洗炼的笔触，表现一种耐人寻味的诗境。在艺术表现上自然超脱，深婉不迫，毫无斧凿的痕迹。有时用了整饬的诗句，但读起来仍然流畅；有时用了不太工整的诗句，却仍精炼。语言的精工秀美，使他的诗别具风味，并由此显示出诱人的艺术魅力。

（原载《求是学刊》1984年第4期）

试论刘长卿“五言长城”的近体模式

◎张天健

唐人刘长卿，是在盛衰之际，名噪中唐诗坛的著名诗人。元人辛文房称他“以诗驰名上元、宝应间。”[①]关于刘长卿，《新唐书·秦系传》载：“（秦系）与刘长卿善，以诗相赠答，权德舆曰：‘长卿自以为五言长城……’”这是据权德舆在《秦征君校书与刘随州唱和诗序》中所语。“长城”，为比喻义，乃壁垒严整牢不可破之意。这里有两点值得研究：一、长城前的限制语为五言，长卿《刘随州集》有诗十卷，五、六、七、杂言均有所作，然独尊五言，是知五言特为其所长。确实，总随州存诗五一〇首，五言共三七四首，竟占百分之七十；在五言诗中，五言律为二一七首，又占五言的百分之五十八。因此，从数量说五言，其特指义当在五言律诗，是不乏因由的。就唐人高仲武《中兴间气集》选随州九首，五言占七首，也是推尊五言之据。二、“五言长城”乃长卿自诩，推知其意必是以为此前五言并不完善，尚有薄弱可攻之处，这是从历史的纵向考察；其次，与诗人同时从横向考察，饶有趣味的是宋人范摅记刘长卿有云：“李嘉祐、郎士元焉得与予齐称耶？”[②]清人施愚山云：“（刘长卿）每题诗不著姓，但著长卿而已，以海内合知之

① 《唐才子传》
② 《云溪友议》

耳。”[①]其个人见重如此，确可为自诩长城有力一据。

我们若从历史的纵深角度考察五言诗，五言并无大的变革，谈不上用“长城”作强调。唯有五言近体经历了一个成形、发展、完备、定型的过程。且不说“四子”“沈宋”的五言诗，初盛唐律诗虽基本成熟，但名家如崔颢的《黄鹤楼》、李白的《塞下曲》《夜泊牛渚怀古》，对仗都不工，杜甫《望岳》《白帝城最高楼》等，还在用古体的音节作律诗，证明近体在他们手中虽成熟却未定型。当然，从横的一面刘长卿自认为五言水平高于诸如大历才子等同辈的诗，这也是毋庸论证的客观事实。

五言古体诗有一定的句式、音节、韵律，但写法比较自由，不受严格的格律约束。而近体是在古体基础上发展起来的，句式多少，格律的方位则有森严的限制，特别格律是构成律诗的生命。所以，从韵脚、句式、平仄、对仗、粘对等方面严格要求律诗，是律诗定型的标志。

诚然，同所有的艺术总分为形式与内容两方面一样，近体诗的讲究平仄、对仗、押韵都是从形式上保证律诗完整性质的手段，但从内容处理上看，运用以上手段是否也有不同于古体诗的艺术规律呢？从这个意义出发，笔者探索了自诩“五言长城”的刘长卿五言律诗在内容处理上的“形式”规律。

众所周知，律诗的对仗、平仄、押韵、粘对属于形式结构，有严格的法则与共性，这是容易认识的。可是，在意象组合的内容表现上是否也呈现出“格律”状态的艺术规律？也许这是被长期忽略的问题。

事实上，形式与内容总是相互渗透又相互制约的，譬之音乐家用旋律、音符、节奏的形式运载内容主题，恰好让主题内容获得发挥的广阔天地。律诗也是这样，律诗的形式在于节奏。平仄

① 《蠖斋诗话》

交错，是语调高低抑扬的节奏处理，以形成均齐往复的旋律美；隔行押韵，吟诵时便可获得和谐生发的声乐美；字句匀齐，句型之间的粘对与词语对应，自然会呈现出相应的建筑美。它们都构成了节奏，格律形式就是节奏的森严组合。

同样，作为意象组合的内容也可形成节奏，如果它不存在节奏，就无法存在于格律中，它们的差异在于：格律形式的节奏是以平仄、对仗、押韵、句式的排列组合完成的；而意象组合的节奏则依赖于诗人笔下的字词表面所显现的形象。

例如，《却归睦州至七里滩下作》：

南归犹谪宦，独上子陵滩。
江树临洲晚，沙禽对水寒。
山开斜照在，石浅乱流难。
惆怅梅花发，年年此地看。

此诗作于刘长卿第二次贬谪，事由乃与权臣吴仲孺“纷竞”，吴诬“奏长卿犯赃二十万贯”[①]，幸得苗丕审理宽宥，才重推贬睦州司马，而仕途怨悱，迁谪离思，都通过写景婉曲寄托。首句“南归犹谪宦”，重推后南归本当喜，但一个“犹”字，反深沉委婉写出了思情“怨悱”，为全诗定了调。子陵滩泛指人生失意追求的归宿地。颔联岸上的江树、水洲的禽鸟形成一个孤寂的意象组合节奏，其方式为一岸上一水中互相对应组合。颈联，山外的斜阳与浅石乱流又是一重意象组合节奏，其方式仍为一岸上一水中。这样，“斜阳”与“晚树”重叠，“乱流”与“寒水”重叠，一派晚景斜阳，兴托了诗人的官场失意和人生迟暮，那寒水乱流更兴托感应诗人此时纷乱的愁思，以景写

① 《旧唐书·赵涓传》

情的技法，得到充分的展示。

可以看出，此诗意象组合是以深层重叠的方式。当然，重叠并不是机械相加，同时可以现出两个认识特点：一是颔、颈联是节奏最鲜明最主要所在，其原因是，从律诗格律来看，中二联是要求最严的精要部分，它对仗、平仄等丝丝入扣，法相庄严。意象组合既是“内容中的形式”，所以，它选择这个部位与格律同步相应也是自然的；二是意象节奏是建立在像音乐的主旋律上，律诗的意象组合也是有意义上的主旋律，如像这首诗两联中，两层对应组合形成两层叙述节奏，但它们是共同建立在“怨悱”一个主导思想上，并作为主题思想统一体现。这就使两组本不相关的意象有了融合点，从而形成更大的完整的节奏起伏。

另举一首名诗《秋日登吴公台上寺远眺》：

古台摇落后，秋日望乡心。
野寺人来少，云峰隔水深。
夕阳依旧垒，寒磬满空林。
惆怅南朝事，长江独至今。

诗写诗人秋日登上南朝旧迹后所思、所见以及所感。诗通常为见景生情，但此诗却先情后景。首联先写情切的乡心，因登台而引动。颔联、颈联都是描写景物。颔联“野寺人来少”，人少则荒芜，是走近寺台所见，暗寓吊古之情；“云峰隔水深”，水云深阔，是望中远见，暗示乡程遥远，托寄乡心更切。此联由“登台（近）”——“望景（远）”的意象组合构成一个叙述节奏。颈联“夕阳依旧垒”，垒，墙也，仍指吴公台寺，但着笔“夕阳”，是视觉已移向高处，其中“依”字饱含感情，吊古情怀毕露；“寒磬满空林”，入秋木叶尽脱，故曰空林，视角又移向低处，乡思空茫，乡情神行其中。此联仍是见景，“夕阳（高）”——“空林（低）”的意象组合构成又一重叙述节奏。于是，两联便以“近、远、高、低”更大的意象组合为纵横交错的立体空间，既有节奏层次又交错融为一体。

我们可以看出，这首诗和上一首不同，颔、颈联的意象组合不是重叠而是交错，这交错的中心是诗人的视觉，并以视觉所见回流心中化为所感。那四句描绘高、低、远、近的景物是：野寺、云峰、夕阳、空林、寒磬等，它在诗人眼中徐徐展开，染上了强烈的感情色彩，那是通过吊古思乡穿透其中，景物的意象组合便烘托出诗人客游落拓的主题思想。元人杨载云：“登临之诗，不过感今怀古，写景叹时，思国怀乡……中间宜写四面所见山川之景，庶几移不动”。[①]“寒磬满空林”，诗人掌握静与响、空与满的辩证因素，以响显静，以满显空，诗思空茫，神韵悠远，堪称清绝。尾联感慨，旧垒风流已随雨打风吹去，唯有台下长江不息，人生的短暂，宦途的坎坷，以有形无迹出之。自然，中二联写景是诗的主体，结构上写景是首联乡情产生的原因，又是尾联感慨的缘起，结构形式映发生辉，“长城”之诩，不为谬誉。

上论二例，即可看出一个重要点，内容表现上的“格律”（意象组合节奏），不是凝固的模式，机械的方法，若如此，刘“长城”不会以之自诩，而律诗也会僵化自动消亡。内容表现是充满活力的，是因人因时因事而千差万别，这种意象组合之所以存在，被随州广泛运用，是因为诗人完全可按自己的意愿和需要而自由寻觅不同的意象组合方式。这里，意象组合是自由的，而意象节奏又必须保持与格律协调，这也就是，内容上表现的格律不是形式主义的技巧，它是灵活的。它是一个既被束缚又能动自如的有生命的艺术法则。

---

① 《诗法家数》

刘长卿的大量五言律诗中，意象组合的“格律”形式是多样的，试为探索，有五种类型：

一、重叠钩锁式

例如《松江独宿》：

洞庭初下叶，孤客不胜愁。
明月天涯夜，青山江上秋。
一官成白首，万里寄沧洲。
久被浮名系，能无愧海鸥。

刘长卿于安史乱后避地江南，后得丞相崔涣荐引，得授沧州小邑微官，白首浮名，曾长年追逐的功名已如逝水送尽流年。人生几何，是诗人不甘心庸碌而又无可如何迸发的诗思，也是首联定调“不胜愁”的依据。现在且看他颔联的意象组合节奏，“明月天涯夜”是言“时”，是承上孤客的“独宿”；“青山江上秋”是言“地”，地点就是松江，一时一地，正好切合诗题“松江独宿”。颈联“一官成白首”，自然是概括从年轻奋进功名到白首为官，从时间的“纵”深处感慨流逝；“万里寄沧州”，自然是概括从流寓漂泛到沧州小吏，从“横”的地域“广”度写出浪迹江海壮志成虚。白首言“时”，沧洲言“地”，意象组合仍然是一时一地的叙述节奏，这样，两层意象组合的节奏为“时——地”；“时——地”虽然相同，但意象组合并无必然联系，即颔联的时、地侧重在显示松江，颈联的时、地侧重点明孤客，但它们由于被一个“不胜愁”的主轴收摄，重叠后便形成“写景抒怀”的交融，于是，两组各不相关的意象组合便成了互相生发的共同体，形成更深阔的节奏组合，包容起伏跌宕的结构层次。

这种基本的意象组合结构为：

A——B

A——B

同样的重叠钩锁，但又有变格。如《奉使至申州伤经陷没》：

举目伤芜没，何年此战争。
归人失旧里，老将守孤城。
废戍山烟出，荒田野火行。
独怜浉水上，时乱亦能清。

此为一首伤乱的名诗，工谨、鲜明、准确。看中间两联，颔联“归人失旧里，老将守孤城。”归人与老将是节奏鲜明的意象组合，同是眼中见的“人”，但活动的人仿佛都失去了动感，眼中所见是那样的木然，是以有生命的静衬动的两个近景，“近——近”。颈联“废戍山烟出，荒田野火行，”又一层鲜明节奏，同是眼中所见的“物”，然而“山烟”着一“出”字，“野火”着一“行”字，静态的物反充满动感，视线由近移向远方，是以无生命的动衬静的两个远景，“远——远”。于是，颔颈二联便以诗人“视”觉作主轴展开，见人见物的意象叠合，构成了更大的节奏起伏。而此诗显示主题的诗眼是首句的腰部，一个“伤”字。它由化动为静和化静为动的特殊手法构成两组叙述节奏，共同承担，互为补足了“伤——芜没”的具体内容，真切地突出“伤”之深，“伤”之苦。尾联结穴句更用“时乱”与“浉水清”的出奇对照，用“独怜”作选择，伤战乱之情倍觉哀惋。

此诗重叠钩锁与前首略有不同，为：

A——A

B——B

这一首的重叠是前一首的变格，变格丰富和强化了意象组合的功能。

二、顺流直下式

例如名诗《送李中丞归汉阳别业》：

流落征南将，曾驱十万师。
罢归无旧业，老去恋明时。
独立三边静，轻生一剑知。
茫茫汉江上，日暮欲何之。

这首送别诗真像叙述了一个完整的动人故事。首联言送的对象，现在的“流落”和过去的“将军”，正是诗人要描写的悲剧形象。这是行将送别之时，充满了感慨。颔联第三句先写他罢职归来，但旧业无有；何以无有？令人深思。这是从侧面叙说他公而忘私、国而忘家的忠心。第四句接写归来后仍一片忠心于遗弃他的朝廷。诗中云“明时”，既是“明时”，何以让忠诚的老将流落。不难理解，诗人显然是转述李中丞的叙谈，用“明时”实为怨讽之语。此联意象组合是，归来旧业无，是叙外在的现状，无旧业仍恋明时，是叙内怀的心思，外——内，由现状的无到思想的恋，意象组合节奏鲜明地抒写了老将的忠心。颈联继续转述李中丞的叙谈，“独立三边静”，三边为幽、并、凉三州缘边诸郡。诗从威严的镇守着笔，“轻生一剑知”是从驰骋沙场的攻敌着笔，一守一攻的意象组合节奏，“独立”与“轻生”相映发，那独立静胡尘、轻生杀敌寇的意象，相当鲜明地叙写了他昔日征南的勇。于是，颔、颈两联又按今与昔的序列组合为层次起伏，精凝了“忠勇”二字，完成了老将栩栩如生的动人形象。尾联已是回忆叙谈结束，就要起行，那江水茫茫，寄身无处的描写，“日暮欲何之”的系念，回应流落，这里“日暮”有三重意：1.借喻“老去”的暮年；2.暗示“流落”的途穷（日暮）；3.天色晚暮。深化了送者的同情和被送者的苦难。结穴句又与诗题《归汉阳别业》照应，虽归仍不知所终，此情此景，凄凉感慨，读者也为李中丞的流落漂泛的悲剧命运情不能已。这首诗并无跳跃的组合，而是将意象随时顺事推展，有送别时相见相别的接谈，回忆性叙说，谈毕的起行，送行时的系念，颔颈二联意象组合节奏是：外——内；守——攻。全诗顺次嬗进，情节发展十分清晰。

中二联的意象组合节奏是：

A——B，C——D

三、纵横辐射式

且看名诗《寻南溪道士》：

一路经行处，莓苔见屐痕。
白云依静渚，芳草闭闲门。
过雨看松色，随山到水源。
溪花与禅意，相对亦忘言。

诗人在寻访南溪道士时，一路行来，莓苔上屐痕清晰，说明境幽而人罕至，先为下承的颔联“芳草闭闲门”伏笔。于是，他利用中二联，精细描写路上景色。颔联“白云依静渚”，见云而知写“远景”，“芳草闭闲门”，到门知为写“近景”，远、近对比构成意象。颈联“过雨看松色”，松色在树，自然为仰视“高处”，“随山到水源”，自然水源在“低处”，高、低对比又构成意象。四句两组“远——近”“高——低”的意象组合，构成立体的全方位空间，轴心则是诗人的视觉，四面辐射，满天开花。

认识这个轴心有何意义？和前举诗例一样，不是仍然为两个意象对比组合吗？当然，有无轴心，都存在意象对比特点，可是，须细察到，有了轴心，就要求在内容上自我限制，这种限制要求，是在两组意象之间为同一属性，假如属性不同，虽是对比组合，也无法形成立体结构。随便举一个反证的例子，孟浩然《宿桐庐江寄广陵旧游》中四句为“风鸣两岸叶，月照一孤舟。建德非吾土，维扬忆旧游”。意象组合节奏为“岸——水”“思——忆”，两组虽自成对比，但并非同一属性，没有直接的轴心，不能形成直观的纵横交错的立体效果。所以，纵横辐射，就要做到两联的叙述目标单一而且大体一致，写景就写景，写情就写情，不必情景交叉，情只能寓景而不能直抒。

此诗尾联，是寻找的收获，寻常道士，度其意为探讨禅机，谁料路上所见溪流鲜花，苍松白云，美景幽微，沿山寻道士住所，也是诗人悟禅的经过。虽未见常道士，却已神悟禅机，就是见得常道士，也只会相对无言，全诗着笔的“寻”，处处在寻，所见为“悟”，以实生虚，中二联正是寻中得悟的依据。

两联的意象组合结构是：

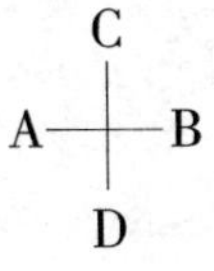

四、宛转关生式

例如《赴巴南书情寄故人》：

南过三湘去，巴人此路偏。
谪居秋瘴里，归处夕阳边。
直道天何在，愁容镜亦怜。
裁书欲谁诉，无泪可潸然。

此为诗人贬谪南巴之作。且看颔联“谪居秋瘴里”，谪地恶劣，是想象中的近写，“归处夕阳边，”是想象中盼西归，远写。一近一远，对应形成意象组合的节奏。颈联“直道天何在”，从想象中回归，现实，不禁痛呼朝廷诬贬，又是远写，“愁容镜亦怜”，回写百结愁容，又是近写。一远一近形成又一重意象组合节奏。两联意象组合的方式便是“近——远”，“远——近”。并以愤懑愁思为主旋律。尾联把裁书寄情的目的点出。此诗本是写事言情，但高妙是省却全不言事，让一片愤懑愁情笼罩全篇，诗人冤贬之事，仅以意会而已。

两联的意象组合方式为：

A——B，B——A

这似乎是重叠钩锁式的变格，构成节奏的两个组合基本未变，但又不能简单等同。我们再看一首名诗《余干旅舍》：

摇落暮天迥，青枫霜叶稀。
孤城向水闭，独鸟背人飞。
渡口月初上，邻家渔未归。
乡心正欲绝，何处捣寒衣。

全诗凄寂的风物，断肠的乡心，是诗人宦场失意的心灵返照。首联即已入律，“摇落暮天迥”，“摇落”，据《楚辞·九辩》乃言秋也。迥，高远，写暮秋之天，先从“高”着笔。“青枫霜叶稀”，能见叶稀，乃秋之低近之景，构成的“高——低”叙述节奏，是一派西风落叶的景象。颔联“孤城向水闭，独鸟背人飞”，城是孤城，鸟为独鸟，着笔由“低——高”对比组成意象节奏。构成冷寂的氛围，景物强化了诗人孤苦的感受。颈联“渡口月初上，邻家渔未归”，“月初上”自然又着笔“高”处，“邻家”当然为低近处。于是，前三联以“高——低；低——高；高——低”的对比意象组合节奏，形成连环，宛转关生，并以时间的流动衔接，把按时间序列流逝的时间艺术，转化为具有空间立体感的景物组合，从中潜流着诗人孤苦羁离的愁思，含蕴着宦途坎坷的深沉悲怨。羁思愁怀本已写足，尾联又增一境，“乡心正欲绝”，先用一“绝”收摄前三联被孤寂乡愁侵扰得不能承受之况，捣衣的砧声更把浓郁的离思声声送出，此情此景，令人肠断。明人王世贞特以此类诗证“长城”，云：“刘随州五言长城，如‘幽州白日寒’语，不可多得。”[①]宋人范晞文称此类诗为前实后虚格云：“第反景物于上联，置情思于下联耳，如刘长卿‘楚国苍山古，幽州白日寒。城池百战后，耆旧几家残’。则始可以言格”。[②]其实质就是欲从另一角探索五言长城的模式。

此诗的意象组合为：

A——B，B——C，C——D

所以，它不能简单地同于重叠，因为重叠的节奏在延伸，这种意象组合的不同点是宛转关生，后一组意象起于前一组末，是

① 《艺苑卮言》卷四

② 《对床夜话》卷二

前一组的追补和深入，由于层次多，在意象上常呈现辽阔深沉的效果。

在律诗中，如前述诗例，在意象组合上形成节奏的重笔在颔、颈联，完成它是困难的。所以这样说，是律诗总共四联八句，形式的有限发挥和要求内容的无限丰富，矛盾是突出的。中二联占去一半，全诗还有必要的提头收尾，空余地带实在太少。然而，再挤一联组合成三组宛转关生的节奏，当然，使整首律诗压力负担沉重，从这个意义上说，创造多重组合的技巧难度较大。而且，只余唯一一联不加入组合，（尾联），要完成引提收煞全诗的多重工作，技巧也更高。可是，诗人愿犯难而上，愿在狭窄的天地驰骋才能，发挥游刃有余的高难技巧，“五言长城”从这点看，也是坚不可破。

五、层现错出式

例如《恩敕重推使牒追赴苏州次前溪馆作》：

渐入云峰里，愁看驿路间。
乱鸦投落日，疲马向空山。
且喜怜非罪，何心恋末班。
天南一万里，谁料得生还。

刘长卿晚年再遭贬，如高仲武云：“刚而犯上，两遭迁谪”。[①]后得人相助，重推回归，浮沉宦海，已使他彻底失望，愁绪满怀。此诗前三联入律，首联起句渐行渐远，是远写；“愁看驿路间”，收纳视觉于驿路，是近写。一远一近对应组合为

① 《中兴间气集》

一层意象。颔联“乱鸦投落日”视觉再度投“远”，“疲马向空山”又移回身边，由远及近，一远一近又组成意象节奏。于是，前二联的意象组合是“远——近”，“远——近”的重叠钩锁式。第二组从颔联起，一远一近，颈联“且喜怜非罪”写心中所思，是眼前“现实”，“何心恋末班”，思绪延续已伸到“未来”，“现实——未来”对比，组合为又一重节奏。在颔联末句“疲马向空山”是重推正在回归的现实，是以下颈联首句产生“怜非罪”的顺承，于是，中二联的意象组合是“远——近”“现实——未来”的顺流直下式，这样，前三联的结构为：

A——B，

A——B，C——D

两组的意象结构不同，又交错统一于一首律诗中，形成层现错出式。此诗首联中一个“愁”字，为诗的主旋律定了调，就此展开，乱鸦落日，黄昏暮景已令人愁，又疲马行空山更愁。怜非罪之“喜”，着一“且”字，十分酸苦，更是喜中寓愁，不恋末班，乃由于世事难料，这是难解之愁。诗的主旋律与多重意象结构既错出又统一，是在更广的深度中反映了诗人的愁绪。尾联结穴句“谁料得生还”，委婉地道出朝廷的黑暗，怨悱之情，溢于诗外。如高仲武评刘诗“伤而不怨，亦是以发挥风雅矣”。[①]此诗为一证。

再举一首《和州留别穆郎中》：

播迁悲远道，摇落感衰容。
今日犹多难，何年更此逢。
世交黄叶散，乡路白云重。
明发看烟树，唯闻江北钟。

① 《中兴间气集》

也是前三联入律，首联“播迁悲远道”，是言贬谪事，着力点在“悲”字，“摇落感衰容”是点垂暮人，着力点在“感”字。一悲一感，互相映发，组成意象节奏，为全诗伤事感时定了调。此联悲之由为远贬，从空间移动的横面叙写；感之因为年衰老大，从时间流动的纵深面叙写，一纵一横的时空组合，概括的悲感是异常深广的。颔联“今日犹多难，何年更此逢”，“今日”“何年”紧相反应，组成时间无限延长的意象，因“多难”而播迁，是言“离”，期盼“更此逢”乃合，构成了“离——合”的意象叙述节奏，其中“犹”字更充实“悲感”的内容，加重了“悲感”的深切程度。一、二联构成第一组意象，“悲——感”，“离——合”，而这两联对应组合，属性基本一致，轴的辐射点是诗人自我的内心，是纵横辐射式。颈联“世交黄叶散”，散者“离”也，一个“散”字，包含了多少难言的人情冷暖，世态炎凉。“乡路白云重”，归身无计却乡心难了，是企望中言“合”。仍是一离一合的意象节奏。所以，第二组便以颔、颈联的“离——合”“离——合”组成重叠钩锁。但须看到，这不是机械重叠，第二重“离合”是在个人以外充实了更丰富的社会内容。

以上三联的意象组合为：

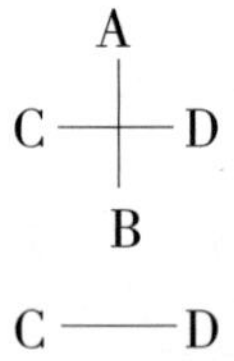

此诗尾联则照应文题的“别”，尤以结句“唯闻江北钟”令人神远，写出别情绵思不断。特别于播迁沦落、世交黄叶散的日子里，别情弥足珍贵，更深化自身贬谪漂沦的悲凉感，诗情真如“江北钟”清音余响，久久萦绕读者的神思。自然，论全诗，仍是中二联铸意清深，迁谪的怨悱、世态的炎凉、留别的离愁等等牢锁诗中，感人至极。

以上粗略的探索，大体说来，刘长卿自诩“五言长城”的律诗许多都可收纳于上列五种内容表现上的法则或衍派的变格中。律诗的格律形式引起了内容表现上的“格律”，这个“格律”就是意象组合模式。至今，作为格律形式的平仄对仗等为人们重视和研究，而在内容的意象组合划入形式探索的如何却少呢？因为，形式格律的对仗平仄固定无法变化，对诗人一视同仁，不因人而异。内容表现则不同，风景山川，纷纭物事，都因诗人个性不同而呈现特定的感情色彩，表现时，又往往受含蓄等艺术的支配。此外，形式格律的精严限制，诗人须把生活分散的内容炼制、紧压，组织到严密的形式中去，这又增加了认识“内容格律”的不明确性，它很难以一目了然的明确格式显现出来。它的创作方式常由诗人精选意象汰除次要进行跳动性散点组合，显示意象的逻辑避开直观，诗的完整意象要通过把汰除的次要加以追补才能获得。律诗不像古诗那样自由、显豁，要反复回味。由于上述原因，意象组合“内容的形式”认识起来，比明确固定的格律形式隐晦困难。

“内容的形式”并非始于刘长卿或为其独有，但从自诩“五言长城”角度认识，自有它的完整性，或者说运用这种法则规律的多样性和自觉性。他除了占首屈一指的五言律外，尚有大量五言诗。笔者曾逐一查过，即以最长一首《至德三年春正月时谬蒙差摄海盐令闻王师收二京因书事寄上浙西节度李侍郎中丞行营五十韵》来看，除了最后一韵外，四十九韵全部格律对仗谨严，无不存在“内容的形式”。这是一首讲格律的古体长诗，实属罕见。显然，若不承认诗人有意在砌造“长城”，是无法解释的。这是用律诗的方式写古诗，因难见巧，绝非不经意而为。宋人张戒云：“韦苏州律诗似古，刘随州古诗似律……长城之目，盖不徒然”[①]。独具支只，他可是实实在在悟到“内容的形式”来肯定刘“长城”的，可惜长期被人们忽略而未引起重视。

至于刘长卿的五言绝句，因为绝句实则是裁取律诗的一半而成，而绝句一般都不用对偶，或只一联对偶，像王之涣《登鹳雀楼》的全对仗是极少的。绝句本身法则自由，然而，在刘长卿笔下，也不乏堪称精绝“内容的形式”的五言绝句，如《逢雪宿芙蓉山主人》广为传诵，兹不赘述。

历代对刘长卿众多的评论中，以高仲武影响较大，称其诗“甚能炼饰，大抵十首以上，语意稍同……思锐才窄也”[②]。无不推为的评。应当确认，从五言长城角度称“炼饰”，是恰当的褒扬。“炼饰”乃讲究字句，描写工秀细致。清人沈德潜说刘诗的影响：“钱、刘（长卿）以下，专工造句”。[③]长卿诗束心于句，炼实虚字都很佳。杨载有云：“下字，或在腰，或在膝在足，最要精思，宜的当”。[④]这是强调诗眼，长卿诗如“孤城向水闭，独鸟背人飞”“楚国苍山古，幽州白日寒”，都是炼字极出色的名句。在二一二模式的五言中，中腰虚活字极重要，刘长卿的“夕阳依旧垒，寒磬满空林”就是罕有其匹的名句。炼字琢句，技巧纯熟，或可算自诩“长城”的依据之一吧。可是事物的绝对完美是很难存在的，刘长卿驱使娴熟的“炼饰”技巧，使音律对仗十分和谐工秀，抒情体物贴切，但也为许多诗评家訾诟。由于炼饰过分，像真理稍过了头，诗也带来了境界拘束，通篇浑成的少，造作痕重，炼字也重复多。如本文例诗就有“孤城向水闭”“疲马向空山”，余如“湘水向君深”（《逢郴州使因寄郑协律》）、“白首向沙场”（《代边将有怀》）、“匹马

① 《岁寒堂诗话》
② 《中兴间气集》
③ 《唐诗别裁》卷十一
④ 《诗法家数》

向桑乾”（《穆陵关北逢人归渔阳》）、“湘水向人闲”（《秋杪江亭有作》）、“风霜向北寒”（《送严侍御充东畿观察判官》）、“青青向楚人”（《春草宫怀古》）、“白发向人垂”（《雨中过员稷巴陵山居赠别》）、“一鸟向空山”（《使还至菱陂驿渡浉水作》）等等举不胜举，“向”字不仅多，且都作为炼虚活字所需。他如写景则以言“夕阳”居多，思锐才窄似被高仲武言中，但作为有瑕璧，“五言长城”仍不失为唐诗之名家大作。

（原载《汉中师院学报》1988年第3期）

刘长卿行年考述

◎杨世明

刘长卿为中唐前期著名诗人，“以诗驰声上元、宝应间”①，号称“五言长城”②，历来评价甚高。唐以来诸种选本甄录其诗颇多，然于其生平不甚了了，且多讹误。致此之由，一为载籍无多，难以考索；二为史料有误，向未检核，陈陈相因，疑误滋甚。如唐姚合《极玄集》称长卿为开元二十一年进士，宋以后诸书皆本之，于是选家多以刘长卿为盛唐诗人，或次于李杜之前；然深于诗者皆惊其体格迥异，以为面目实属中唐，以至不解。此皆于其生平未作深考所致。近年傅璇琮先生《刘长卿事迹考辨》出③，力证刘长卿非开元进士，得第当在天宝；首贬南巴在至德中任长洲尉后，贬睦州则在大历中任鄂岳转运使判官时，并非一事。经此一解，长卿一生大要已明。此后研究之文渐多，刘长卿生平线索愈见了然，然诸家所见尚有参差，某些具体结论尚欠稳妥。今仅以管见考述其生平如下，以资进一步研究参考。

刘长卿，字文房，行八。祖籍宣城，家居洛阳，郡望河间。祖父刘庆约，官至考功郎中。刘长卿父母名字、事迹无考。刘长卿妻姓氏无考。两女，一嫁李穆，一嫁崔真父。两子，晚生。

---

① 《唐诗纪事》卷二十六

② 权德舆《秦征君校书与刘随州唱和集序》。

③ 《刘长卿事迹考辨》，见其《唐代诗人丛考》一书。

〔刘长卿行八，有皇甫冉《归阳羡兼送刘八长卿》诗可证。其籍贯唐时有两说：《中兴间气集》以为河间人；《极玄集》《元和姓纂》以为宣城人。按刘诗无言及河间者，而屡称洛阳为故乡，又嵩阳有旧居（嵩阳，隋县名，则天时改为登封，属河南府）。《元和姓纂》“诸郡刘氏”叙刘长卿之祖父刘庆约为宣州人，官考功郎中，当有据，可见刘长卿祖籍为宣州，家于洛阳，河间仅为郡望。刘长卿两女，《刘随州集》有《送子婿崔真父李穆往扬州》《登迁仁楼训婿李穆》《送子婿崔真父归长城》等诗，可知李穆、崔真父为其女婿。有《戏题赠二小男》诗，云“何幸暮年方有后，举家相对却沾巾”，由此知得子甚晚。〕

刘长卿约在玄宗开元六年（718）出生。此年王维约二十一岁，李白十八岁，高适约十五岁，杜甫七岁，李华四岁，岑参约四岁。

〔长卿生年难以确考。今有以下各种说法：

一、闻一多《唐诗大系》定其生于709年，即中宗景龙三年，未知所据。不过按此推算，开元二十一年刘长卿恰好二十五岁；揣想闻先生即按《极玄集》所云，以开元二十一年为得第之年逆推而定。然姚合所说实不可信，不仅李肇《国史补》谓长卿天宝时尚为监生中“朋头”，且与集中诸诗不符。刘长卿至德时作长洲尉，后暂摄海盐令，自称“初官印绶轻”，可见得第当在至德前不久，断不可能在开元中。因此闻先生所定生年未可从。今之诸种文学史及辞书均用此说，实误。

二、傅璇琮定其生于710年（睿宗景云元年），或725年（玄宗开元十三年）。并说：“假如以开元二十一年登进士第，同时其登第以二十余岁计算，则或生于710年左右；但如果天宝六载以后登第，则其生年当在725年左右了。”[①]不过，其考据结论是倾

① 《刘长卿事迹考辨》，见其《唐代诗人丛考》一书。

向于开元十三年的。

三、卞孝萱、乔长阜定其生于714年（开元二年），所据未详[①]。

四、张君宝认为刘长卿当生于706年（中宗神龙二年），这样，他才能在至德、上元间作《松江独宿》《新年作》时说出"一官成白首""老至居人下"的话来[②]。

愚见以为长卿当生于开元六年前后，主要依据是：

一、集中有《客舍喜郑三见寄》诗，作于长安。郑三，洛阳人，高适有《留别郑三韦九兼洛下诸公》诗，今人刘开扬、孙钦善均考定高诗为天宝八载作。刘长卿诗作年当相近。按刘长卿天宝中应试长安，接连落第，于七载春归嵩阳旧居。《客舍喜郑三见寄》写于春日而不言归，当为天宝五载或六载作。诗云："十年未称平生意，好得辛勤谩读书。"此"十年"当指其奔走场屋的大致时间。今若按此推算，则刘长卿之始应试，应在开元二十五年前后。如当时为二十岁，则生年约在开元六年。

二、刘长卿卒年基本可确定在贞元六年（790）。如生年按开元六年计，则享寿七十又三，可谓长寿，然非特异者。如定其生在景云元年（710）以前，则寿过八十，颇为罕见，似不宜取。

三、考定前人生年，不仅应有较为可靠之诗文为据，且应联系集中各期作品加以"论证"，如皆无明显牴牾，则可成立；个别诗文中模棱之说，不足为据。今以刘长卿生于开元六年，考之以下诸诗，大致皆合：

《小鸟篇上裴尹》，天宝初作。时刘长卿二十五岁，未得第，故乞裴尹援引。

《疲兵篇》，明显受高适《燕歌行》影响，故可能作于开元

① 见《中国历代著名文学家评传》第二卷《刘长卿》一文，山东教育出版社1985年版。

② 《刘长卿生年辨证——兼考其贬睦州之年》（《唐代文学论丛》总第5辑）。

二十八年。时刘长卿二十三岁，宜有此模拟逞才之作。

《送薛据宰涉县》，据第进士在开元十九年，登风雅古调科在天宝六载。中制科后薛据由永乐县主簿改涉县令。刘长卿此诗即天宝六年在长安作，时年三十。薛据当时大致三十多岁，诗云"故人河山秀"，颇相称。如刘长卿年龄与薛据相差太远，恐不能称为"故人"。

《海盐官舍早春》，乾元元年作，诗人四十一岁。诗云"小邑沧洲吏，新年白首翁"，四十而白头，多难早衰，言不为过。

《同姜濬题裴式微余干东斋》，乾元二年春余干作，时年四十二。诗云："世事终成梦，生涯欲半过"，四十而云生涯欲半，正合。

《送李录事兄归襄邓》，广德初作，时年四十六七。诗中有"白首相逢征战后，青春已过乱离中"语，"乱离"指安史乱中事，当时长卿三十六七岁，自可称"青春"，而十年后已老大，皆已"白首"，与年岁相合。

《和州留别穆郎中》为大历九年别穆宁而作。据《文苑英华》943穆员《穆玄堂志》，穆宁卒于贞元十年，享寿七十九。逆推之生于开元四年，与刘长卿年相若。诗云"世交黄叶散，乡路白云重"，为同辈口气。

四、长卿若为开元二十一年进士，则当生于景云元年之前，与李白、王维、高适等年相近，与杜甫、岑参等相当，然集中诗文与此等名诗人毫无关涉。以刘长卿诗名，与同辈名家岂可略无交游，此为不可解之事。此亦可反证刘长卿生年较晚。而集中应酬之作，相与者为元结、李嘉祐、皇甫曾、秦系之流，可知刘长卿与此数人为同辈，此亦可供考定其生年之参证。〕

开元二十五年（737），刘长卿约二十岁。始应举大致在此时。

〔说见前。〕

开元二十六年（738），刘长卿二十一岁。写《平蕃曲》三首，此为集中最早之系年诗。

〔诗云："已教青海外，自筑汉家城"，据《资治通鉴》214，开元二十六年七月，唐鄯州都督杜希望夺吐蕃河桥，筑盐泉城，于此置镇西军。诗即此年作。〕

天宝二年（743），刘长卿二十六岁。以家境困窘，曾东游梁、宋等地求亲友资助。

〔集中有《睢阳赠李司仓》，秋日作。按高适有《同李司仓早春睢阳东亭》诗，今人刘开扬系其作于天宝二年[①]，孙钦善定其作于天宝初[②]。刘长卿诗中之李司仓，与高作所酬，当为同一人，时间宜相近。集中另有《铜雀台》《题冤句宋少府厅留别》《对雨赠济阴马少府、考城蒋少府、兼献成武五兄、南华二兄》《登东海龙兴寺高顶望海简演公》《雨中登沛县楼赠表兄郭少府》《归沛县道中晚泊留侯城》《出丰县界寄韩明府》《别陈留诸官》《惠福寺与陈留诸官茶会》等诗，内容皆为乞亲友资助，时令相属，亦皆为东游途中所作。〕

天宝四载（745），刘长卿二十八岁。由洛阳入长安应试。

〔集中有《温汤客舍》诗，有"礼闱"语，自为开元二十四年改礼部掌贡举后作。又云"冬狩温泉岁欲阑"，按《旧纪》，玄宗幸温泉，多在十一月还京，唯天宝四载停留至十二月方还。又集中尚有《客舍喜郑三见寄》《送薛据宰涉县》等诗可

① 《高适诗集编年笺注》

② 《高适集校注》

证长卿天宝六七载在京，则《温汤客舍》应即四载岁末作，说明长卿此年已入京。〕

天宝七载（748），刘长卿三十一岁。春日又落第，归洛阳。

〔集中有《落第赠杨侍御兼拜员外仍充安大夫判官赴范阳》《早春赠别赵居士还江左时长卿下第归嵩阳旧居》诗。据《旧唐书·安禄山传》，天宝六载安禄山加御史大夫衔。据《旧纪》，九载夏安禄山进封东平郡王。诗题称安大夫，为六载以后事。然诗云“三献玉”“再伤弓”，似此行相继落第有两三次。既然刘长卿六载仍在京，有送薛据诗可证，则其落第归乡应在天宝七载。〕

天宝十四载（755），刘长卿三十八岁。第进士或在此年春。年底避乱南下，任长洲县尉。

此年十一月安禄山叛乱，归兵范阳。十二月渡黄河，攻陈留，陷荥阳，攻入东京。

〔关于刘长卿登第之年，傅璇琮以为在天宝中，卞孝萱谓在至德二载。今按集中有《时平后送范伦归汝州》诗云：“忆昔扁舟此南渡，荆棘烟尘满归路”，说明他是在乱起后与范伦匆忙南渡至吴中的。又有《罢摄官后将还旧居留辞李侍御（郎）》诗，云：“累辱群公荐，频沾一尉微。去缘焚玉石，来为采葑菲。”说明南渡是求避乱，也求一官。他来吴中即任长洲尉，时间当在十四载年底。因为他在次年春作的《送路少府使东京便应制举》诗云：“谁念沧洲吏，忘机鸥鸟群”，是已在官口气。又《祭阎使君文》说：“长卿昔尉长洲，公为半刺，一命之末，三年伏事。”半刺是别驾，据《严州图经》，此阎使君为阎钦爱，原任苏州别驾，至德二载冬由苏州别驾升任睦州刺史。刘长卿作长洲县尉，正是苏州别驾下级。文曰“三年伏事”，则刘长卿天宝末当已就任。又集中有《至德三年春正月时谬蒙差摄海盐令闻王师收二京因书事寄上浙西节度李侍郎中丞行营五十韵》，是上江东采访使、苏州刺史李希言的，云："昔忝登龙首，能伤困骥鸣。艰难悲仗剑，提握喜悬衡。巴曲谁堪听，秦台自有情。遂令辞短褐，仍欲请长缨。"由诗句可知，刘长卿昔已登第，如困骥未逞其志，蒙李之同情，乃得辞褐受官。按《登科记考》，天宝十二载七月，诏天下举人不得充乡试，皆须补国子学生及郡县学生，然后听举。又据李肇《国史补》，刘长卿天宝中与袁咸用分为棚头，揣测此时刘长卿当入府学或东监，然后取得应举资格，则其登第当在天宝十二载至至德元载之间，最大可能在天宝十四载春得第，然未能受官，年底乃避乱就官于吴中。〕

肃宗至德二载（757），刘长卿四十岁。此年冬，摄海盐县令。明年（乾元元年）罢摄官，未几受诬陷入狱。秋日出狱至升州。

〔集中有《至德三年春正月时谬蒙差摄海盐令，闻王师收二京因书事寄浙西节度使李侍郎中丞行营五十韵》诗，云："沧海今犹滞，青阳岁又更"，说明至德二载底刘长卿已在海盐令任上。明年（即乾元元年）长卿受诬入狱，作有《狱中闻收东京有赦》诗，收东京在至德二载十月，此年十二月及乾元元年二月、四月均有大赦，可见刘长卿入狱在乾元元年三、四月。秋日当已出狱，有《送许拾遗还京》诗可证，此许拾遗名不详，杜甫有《送许八拾遗归江宁觐省，甫昔时尝客游此县，于许生处乞瓦棺寺维摩图样志诸篇末》诗，岑参有《送许拾遗恩归江宁拜亲》诗，三者所送同为一人。杜、岑送许归江宁，在乾元元年春夏间。长卿诗则作于江宁，送许返京，诗云："暂容乘驷马，谁许恋鲈鱼"，应为同年秋日语，可知此时长卿已出狱至升州。据《元和郡县志》，当时升州正为浙西节度使院所在，升州刺史韦刘展之变弃升州走，上元二年六月坐除名长流康州。刘长卿送别在长江某处，可知已经北归。又有《送李校书适越谒杜中丞》诗，杜中丞指浙东节度使杜鸿渐，上元元年至二年八月在任，刘长卿此诗亦必二年北归后作。离南巴首途应在春日，北行至余干有逗留，作有《首夏干越亭奉饯韦卿使君赴婺州序》。此年秋在余干曾参与郑炅之家宴，写有《奉陪郑中丞自宣州解印与诸侄宴余干后溪》诗。郑炅之乾元初曾任浙西节度使、苏州刺史，为刘长卿旧上司。上元元年十一月刘展攻宣州，时郑炅之为宣歙节度使、宣州刺史，弃城走，故解印。集中又有《恩敕重推使牒追赴苏州次前溪馆作》，说明此年秋日赴苏州重推。〕

唐代宗宝应元年（762），刘长卿四十五岁。此年入淮南幕，任殿中侍御史。秋天出使鄂州。次年（广德元年）离鄂州，经安陆、申州、穆陵等地返扬州。

宝应元年五月李辅国为相，十月李辅国被刺杀，十一月王师收东京，广德元年正月史朝义逃亡自杀，安史之乱平。十月吐蕃陷长安，代宗避乱陕州，十二月还京。

〔集中有《祭萧相公文》，萧相公即萧华，据《新唐书》本传，萧华贬峡州司马卒。《宝刻丛编》录其墓志在宝应元年。刘长卿祭文写于春日，言及李辅国罪名，应为广德元年春在鄂州逢其归榇所作，文中自署殿中侍御史。又有《奉使鄂渚至乌江道中作》诗，云“白发那堪戴铁冠”“客路向南何处是”，应为宝应元年首途时作，年底到鄂州，次年春乃得在江汉迎祭萧华也。可见刘长卿宝应元年有殿中侍御史衔，《极玄集》称其为监察御史，《新志》更以为“至德监察御史”，皆误。查集中有《喜李翰自越至》，考之应为广德初扬州作，则正可证明宝应元年刘长卿当已在扬州，秋出鄂州，乃淮南使院所遣，由扬州至鄂渚、为由东北向西南行、故途中作诗云“客路向南何处是”也。次年刘展之变弃升州走，上元二年六月坐除名长流康州。刘长卿送别在长江某处，可知已经北归。又有《送李校书适越谒杜中丞》诗，杜中丞指浙东节度使杜鸿渐，上元元年至二年八月在任，刘长卿此诗亦必二年北归后作。离南巴首途应在春日，北行至余干有逗留，作有《首夏干越亭奉饯韦卿使君赴婺州序》。此年秋在余干曾参与郑炅之家宴，写有《奉陪郑中丞自宣州解印与诸侄宴余干后溪》诗。郑炅之乾元初曾任浙西节度使、苏州刺史，为刘长卿旧上司。上元元年十一月刘展攻宣州，时郑炅之为宣歙节度使、宣州刺史，弃城走，故解印。集中又有《恩敕重推使牒追赴苏州次前溪馆作》，说明此年秋日赴苏州重推。〕

唐代宗宝应元年（762），刘长卿四十五岁。此年入淮南幕，任殿中侍御史。秋天出使鄂州。次年（广德元年）离鄂州，经安陆、申州、穆陵等地返扬州。

宝应元年五月李辅国为相，十月李辅国被刺杀，十一月王师收东京，广德元年正月史朝义逃亡自杀，安史之乱平。十月吐蕃陷长安，代宗避乱陕州，十二月还京。

〔集中有《祭萧相公文》，萧相公即萧华，据《新唐书》本传，萧华贬峡州司马卒。《宝刻丛编》录其墓志在宝应元年。刘长卿祭文写于春日，言及李辅国罪名，应为广德元年春在鄂州逢其归榇所作，文中自署殿中侍御史。又有《奉使鄂渚至乌江道中作》诗，云“白发那堪戴铁冠”“客路向南何处是”，应为宝应元年首途时作，年底到鄂州，次年春乃得在江汉迎祭萧华也。可见刘长卿宝应元年有殿中侍御史衔，《极玄集》称其为监察御史，《新志》更以为“至德监察御史”，皆误。查集中有《喜李翰自越至》，考之应为广德初扬州作，则正可证明宝应元年刘长卿当已在扬州，秋出鄂州，乃淮南使院所遣，由扬州至鄂渚、为由东北向西南行、故途中作诗云“客路向南何处是”也。次年大历五年（770），长卿五十三岁。秋日再参淮南幕。

〔按集中有《更被奏留淮南送从弟罢使江东》诗，云：“又作淮南客，还悲木叶声。”说明长卿曾再幕淮南。又有《同郭参谋咏崔仆射淮南节度使厅前竹》，有句云：“阮巷何人在？梁园几处残？”，应作于崔圆死后。按崔圆大历三年卒于淮南节度使任，则刘长卿咏竹在此后；考之前后行踪、应即五年再参淮南幕时作。又集中有《石梁湖寄陆兼》诗，云：“故人千里道，沧波十年别。”石梁湖在泗州，属淮南；“十年”当指贬谪以来，推之亦在大历五年，均可说明刘长卿此年再入淮南幕。〕

大历六年（771），刘长卿五十四岁。夏，移任鄂岳转运使判官。秋，出使潭州，与元结会。

〔集中有《赠元容州》诗，按刘长卿大历五年在淮南，七年元结入京卒，则赠元结诗必大历六年作。又有《奉酬辛大夫喜湖南腊月连日降雪见示之作》，辛为辛京杲，大历五年五月至十四年在湖南观察使任。又有《湖南使还留辞辛大夫》诗，云：“王师劳近甸，兵食仰诸侯。……别离花寂寂，南北水悠悠。”说明此次来潭州，是为筹集钱粮，别辛后将北归。由此可知，刘长卿大历六年已由淮南移任鄂岳，为转运使判官，并在秋天出使潭州，因得与寄居此地的元结相会。第二年春，刘长卿乃离潭州北归鄂州。六年冬湖南有雪，《逢雪宿芙蓉山主人》应即此时作，潭州附近之湘阴、宁乡、安化诸县均有芙蓉山。〕

大历九年（774），刘长卿五十七岁。鄂岳观察使吴仲孺欲截留输送京师钱粮，刘长卿不许。吴仲孺诬长卿犯赃二十万贯，朝廷遣监察御史苗伾就推，贬刘长卿为睦州司马。秋赴贬所。

正月，澧朗镇遏使杨猷自澧江沿江而下，出境至鄂州。诏听入朝。复州、郢州皆闭城自守。

大历五年（770），长卿五十三岁。秋日再参淮南幕。

〔按集中有《更被奏留淮南送从弟罢使江东》诗，云："又作淮南客，还悲木叶声。"说明长卿曾再幕淮南。又有《同郭参谋咏崔仆射淮南节度使厅前竹》，有句云："阮巷何人在？梁园几处残？"，应作于崔圆死后。按崔圆大历三年卒于淮南节度使任，则刘长卿咏竹在此后；考之前后行踪、应即五年再参淮南幕时作。又集中有《石梁湖寄陆兼》诗，云："故人千里道，沧波十年别。"石梁湖在泗州，属淮南；"十年"当指贬谪以来，推之亦在大历五年，均可说明刘长卿此年再入淮南幕。〕

大历六年（771），刘长卿五十四岁。夏，移任鄂岳转运使判官。秋，出使潭州，与元结会。

〔集中有《赠元容州》诗，按刘长卿大历五年在淮南，七年元结入京卒，则赠元结诗必大历六年作。又有《奉酬辛大夫喜湖南腊月连日降雪见示之作》，辛为辛京杲，大历五年五月至十四年在湖南观察使任。又有《湖南使还留辞辛大夫》诗，云："王师劳近甸，兵食仰诸侯。……别离花寂寂，南北水悠悠。"说明此次来潭州，是为筹集钱粮，别辛后将北归。由此可知，刘长卿大历六年已由淮南移任鄂岳，为转运使判官，并在秋天出使潭州，因得与寄居此地的元结相会。第二年春，刘长卿乃离潭州北归鄂州。六年冬湖南有雪，《逢雪宿芙蓉山主人》应即此时作，潭州附近之湘阴、宁乡、安化诸县均有芙蓉山。〕

大历九年（774），刘长卿五十七岁。鄂岳观察使吴仲孺欲截留输送京师钱粮，刘长卿不许。吴仲孺诬长卿犯赃二十万贯，朝廷遣监察御史苗伾就推，贬刘长卿为睦州司马。秋赴贬所。

正月，澧朗镇遏使杨猷自澧江沿江而下，出境至鄂州。诏听入朝。复州、郢州皆闭城自守。

〔关于刘长卿贬睦州的年代，傅璇琮以为在大历八年至十二年之间①，卞孝萱以为在十一秋②，张君宝以为在十至十一年间③。愚见以为当在九年，查集中有《和州送人归复郢》诗，云："绿林行客少，赤壁住人稀。"又有《青溪口送人归岳州》诗，云："洞庭何处雁南飞，江菼苍苍客去稀。"二诗均作于秋天，言及鄂岳一带人烟稀少，此正可为九年赴睦州之证。因为九年初杨猷（即大历三年曾攻袭成都之泸州刺史杨子琳，六年入朝赐名猷）曾擅自带兵沿澧水下长江，声言入朝，直抵鄂州，朝廷只得许其入朝，猷遂溯汉水而北。当时山南东道节度使梁崇义发兵备之，复州、郢州皆闭城自守，当时形势极为紧张。此一带遭此兵祸，行人自然稀少。刘长卿此上二诗应即九年秋东行过和州、金陵时作。又有《和州留别穆郎中》诗云："播迁悲远道，摇落感衰容"，穆郎中即穆宁，据穆员《穆玄堂志》，穆宁任和州刺史始于大历七年，考之九年仍在任。详此，则知此诗与前二诗同为东行之作，既云"播迁"，必为赴睦州贬所，可见贬睦州为大历九年事。又集中有《奉和李大夫同吕评事太行苦热行兼寄院中诸公仍呈王员外》诗，此李大夫指浙西节度使李涵，吕评事指吕渭，诗中写大历十年炎天诸道兵马征讨魏博节度使田承嗣事，时李涵被遣往总督军事。由此诗可知刘长卿大历十年夏前已至睦州，故得与相近的浙西使院旧友和诗也，则九年秋刘长卿贬赴睦州似无可疑。至于贬谪之由，仍为财赋事。据《旧唐书·赵涓传》："大历中，鄂岳观察使吴仲孺与转运使判官刘长卿纷竞，仲孺奏长卿犯赃二十万贯，时止差监察御史苗伾就推。"又《陈少游传》云："（建中）四年十月，驾幸奉天，度支汴东两税使包佶在扬州，尚未知也。佶判官崔沅遽报少游。佶

① 《刘长卿事迹考辨》，见其《唐代诗人丛考》一书。

② 见《中国历代著名文学家评传》第二卷《刘长卿》一文。

③ 《刘长卿生年辨证——兼考其贬睦州之年》（《唐代文学论丛》总第5辑）。

时所总赋税钱帛约八百万贯在焉。少游意以为贼据京师，未即收复，遂胁取其财物。先使判官崔颀就佶强索其纳给文历……未与之。颀勃然曰：‘中丞若得，为刘长卿；不尔，为崔众矣。’长卿尝任租庸使，为吴仲孺所困；崔众供军吝财，为（李）光弼所杀，故颀言及之。佶大惧，不敢固护，财帛将转输入京师者，悉为少游夺之。”可见刘长卿被谪，纯由吴仲孺欲截留财赋而刘长卿峻拒所致。吴奏刘长卿犯赃二十万贯（《唐会要》59作三千万贯）显然属于莫须有。当时朝廷遣苗伾来鄂州“就推”，仍贬刘长卿为睦州司马，然得离虎口，已属大幸。其《按覆后赴睦州赠苗侍御》诗即离鄂州时作，云：“羊肠留覆辙，虎口脱余生。直氏偷金枉，于家决狱明。一言知己重，片议杀身轻。”可见吴仲孺狠毒之至。虽然遭贬含冤，但得免一死，刘长卿对苗伾自然感戴不尽。由此诗看，赴贬所首途正在秋日。〕

唐德宗建中元年（780），长卿六十三岁。春在睦州，夏秋间赴随州刺史任，道过洪州吊张继有诗。

〔集中有《奉和赵给事使君留赠李婺州舍人兼谢舍人别驾之作》，为春日诗。赵给事即赵涓，据《新唐书》本传，其出为衢州刺史在建中初。此许可证建中元年春刘长卿仍在睦州。又有《送建州陆使君》诗，据明嘉靖《建宁府志》，陆长源建中初任建州刺史，则诗亦此年春作。有《哭张员外继》诗，题注：“公及夫人相次殁于洪州”，诗云：“独闻山吏部，流涕访孤儿”，山吏部当暗喻洪州刺史张镒。据《旧唐书》本传，德宗即位，镒除江西都团练观察使、洪州刺史，兼御史中丞，征拜吏部侍郎。可见刘长卿吊张继于洪州为建中元年事，即赴随州途中事。集中又有《闻虞沔州有替将归上都登汉东城寄赠》诗。汉东，旧郡名，即随州。《元和姓纂》：虞逊，沔州刺史。据《旧纪》，建中二年四月省沔州。刘长卿送虞逊诗作于秋日，自不得在建中二年，可证建中元年秋刘长卿已到随州刺史任。又有《登迁仁楼酬子婿李穆》诗，春日作，应为建中二年春在随州作，说明其女婿李穆是随其之任的。〕

建中二年（781），刘长卿六十四岁。在随州刺史任。山南东道节度使梁崇义心怀不臣。八月淮宁军节度使李希烈奉命讨梁，梁自杀。年底，李希烈还蔡州，此时李佐来任随州刺史，刘长卿随李希烈至蔡州。次年在蔡州有诗上李希烈。李希烈叛，刘长卿乃赴扬州避乱。

〔集中有《行营酬吕侍御，时尚书问罪襄阳，军次汉东境》诗，尚书指李希烈，问罪襄阳，指攻伐山南东道节度使梁崇义。《旧纪》：建中二年八月“壬子，淮宁军节度使李希烈攻襄阳，诛梁崇义，斩其同恶三十余人。九月……壬戌，加李希烈同中书门下平章事。……甲子，以晋绛观察使李承为襄州刺史、山南东道节度观察等使。”可见建中二年八月长卿仍在隋州任，有诗。究竟刘长卿何时离随州？傅璇琮以为在兴元元年、贞元元年间[①]。卞孝萱以为约在建中四年[②]。愚以为长卿离随州当在建中二年底，最迟建中三年春。离随州后长卿暂居蔡州。按《全唐文》784穆员《京兆少尹李公墓志铭》，墓主李佐字公辅，“三迁至监察御史，领江西之赋，又迁申州刺史。戎师作乱，移公随州。其后僭逆以公先奉太夫人在外，疑焉，折简招公，公以自脱之计未售，辞疾者再。元凶使其徒来劫，公语以疾愈自只赴者与逆徒偕。先是熟与舅氏克钧期于境上，克钧日涕泣于襄阳节度使贾公，公感而义之，为出敢死之士，克钧亦毁家行赂，以贾勇奇兵如约，公以轻骑脱焉。”此人卒于贞元六年。又两《唐书·李

① 《刘长卿事迹考辨》，见其《唐代诗人丛考》一书。

② 见《中国历代著名文学家评传》第二卷《刘长卿》一文。

惠登传》，均云李希烈反，授惠登兵二千，镇随州。按李希烈公开为逆在建中三年底，贾耽任襄州刺史、山南东道节度使为建中三年十一月至兴元元年正月之间。细析上引史料，可知李佐很可能在建中四年得贾耽援助离随州任，以后李惠登占据随州。那么李佐何时代长卿为随州守？观《刘随州集》有两诗上李希烈，即《献淮宁李相公》与《观校猎上淮西相公》。李希烈有检校宰相衔在建中二年九月，诗均写于春日，称李为相公，多所颂美，应在李为逆之前，故只能写于建中三年春天。据《旧唐书·李承传》："希烈既破崇义，拥兵襄州，遂有其地。……（承）既至，希烈处承于外馆，迫胁万态，承恬然自安，誓死王事。希烈不能屈，遂剽虏阖境所有而去，襄、汉为之空。"李承为山南东道节度使在建中二年十月，可见李希烈在二年冬李承到任后不得不放弃襄汉返回蔡州。那么，刘长卿之离随州，李佐之移任随州，极大可能就是建中二年冬天的事。至迟长卿在建中三年春离开随州，这才有可能在蔡州写诗上李希烈。二诗劝美李之忠义，盖斯时李之反意已萌，而行迹未彰，上诗正以诫之也。建中三年底至四年初，李希烈公开叛乱，大约就在此时刘长卿离蔡州至扬州避乱。其《避地江东留别淮南使院诸公》诗云："长安路绝鸟飞通，万里孤云西复东。旧业已应成茂草，余生只是任飘蓬。何辞向物开秦镜，却使他人得楚弓。此去行持一竿竹，等闲将狎钓渔翁。"正好说明了其离随州的背景。刘长卿至扬州，估计依止其女婿李穆家（刘长卿在随州有《送李穆归淮南》诗，可见李家在扬州或附近）。不久，移居苏州。刘长卿晚年定居苏州，于其诗文无征。然宋朱长文《吴郡图经续记》云："韦公（应物）以清德为唐人所重，天下号曰韦苏州。当贞元时为郡于此，人赖以安。又能宾儒士，招独隐，顾况、刘长卿、丘丹、秦系、皎然之俦类见旌引，与之酬唱，其贤于人远矣。"似可信。〕

贞元六年（790），刘长卿七十三岁。或在年内卒。葬地无考。

〔集内有《淮上送梁二恩命追赴上都》诗。岑仲勉《唐人行第录》：“考梁肃以贞元五年由淮南幕征入台，长卿卒年虽不详，可能在五年至七年之间。颇信梁二即肃也。”按崔元翰《梁君墓志》，梁肃贞元五年以监察御史征还台，九年卒，享年四十一，可知还台时年三十七。刘长卿诗云：“贾生年最少”，正合，可信即送梁肃。那么，这说明贞元五年长卿仍在世。又权德舆《秦征君校书与刘随州唱和集序》，谓秦系贞元七年春与之会于南徐，称刘为故随州刘君，“惜其长往”，则可知刘长卿之亡最迟在贞元六年。〕

（原载《四川师范学院学报》1990年第4期）

秋风、夕阳的诗人——刘长卿

◎储仲君

在唐代，刘长卿可能是最喜欢吟咏秋风、夕阳的诗人了：

荒村带返照，落叶乱纷纷。

——《碧涧别墅喜皇甫侍御相访》（《全唐诗》卷一百四十七）

秋草通征骑，寒城背落晖。

——《送王端公入奏上都》（同上）

山含秋色近，鸟度夕阳迟。

——《陪王明府泛舟》（同上）

万里通秋雁，千峰共夕阳。

——《移使鄂州次岘阳馆怀旧居》（同上）

帆带夕阳千里没，天连秋水一人归。

——《青溪口送人归岳州》（同上，卷一百五十一）

早雁初辞旧关塞，秋风先入古城池。

——《闻虞沔州有替将归上都登汉东城寄赠》（同上）

秋草独寻人去后，寒林空见日斜时。

——《长沙过贾谊宅》（同上）

汉口夕阳斜渡鸟，洞庭秋水远连天。

——《自夏口至鹦鹉洲夕望岳阳寄源中丞》（同上）

这类诗句，在《刘随州集》中俯拾皆是。寒雁，落叶，秋风，夕照，似乎最能触动他的诗兴，寄托他的情怀。秋风的冷色调和夕照的暖色调构成了刘长卿诗歌的独特的底色。当然，这并不是说，刘长卿的诗感情色彩很单调。相反，他的愤慨，他的忧伤，他的悒郁，他的欣慰，他感情生活中巨大的波澜和细微的变化，都在他的诗中得到了充分的表现，从而使他的诗作呈现出千姿百态；但另一方面，却又万变不离其宗，也就是说，纷呈的异彩都是在上述那种底色的背景上展现出来的。

这种底色，我们不妨称之为秋的色调。在我国古代文人的心目中，秋天总是与肃杀、凄清联系在一起的。“秋风萧瑟天气凉，草木摇落露为霜”（曹丕《燕歌行》），这种境界，似乎与刘长卿的心境比较吻合，但又不完全吻合，他需要夕阳给过于凄清的景色添几分暖意，尽管夕阳是短暂的，也似乎可以使他的心灵得到某种慰藉。

当然，刘长卿的诗不可能都写于秋冬。但在他的笔下，春的明丽，夏的热烈，冬的庄严，也都会透露出几分秋意：

润上春衣冷，声连暮角愁。（春）

——《长沙馆中与郭夏对雨》（《全唐诗》卷一百四十八）

路看新柳夕，家对旧山秋。（春）

春归花殿暗，秋傍竹房多。（夏）

——《赴宣州使院宴寂上人房留辞前苏州韦使君》（同上）

江树临洲晚，沙禽对水寒。（冬）

——《却归睦州至七里滩下作》（同上，卷一百四十七）

如果说刘长卿与秋风、夕阳结下了不解之缘，也许并不过分。但我们不禁要问，刘长卿的这种独特的心态和审美情趣是怎样形成的呢？这类诗作又为什么会在后世的读者中不断引起共鸣呢？

一

我们仍然不能不首先想到社会的影响。

刘长卿的一生经历了玄宗、肃宗、代宗、德宗四朝。他的主要创作活动在肃、代年间。以往认为刘长卿的年辈较早，《全唐诗》《全唐文》都把他列在李白、杜甫之前。我们现在虽然还没有找到直接记载他的生年的材料，但已经可以推算出他生于开元十四年（726）前后。[①]也就是说，他大约要比李白小二十五岁，比杜甫小十四岁，他们不是同一时代的人。前人议论刘长卿，往往在他的时代归属问题上含糊其词。从诗风上看，他应该是一位大历诗人，而从年辈上看，他又与王维、李白同时。这是一个延续了一千多年的误会。这个误会是由姚合《极玄集》关于他开元二十一年进士登第的记载引起的。大量的材料证明，这一记载并不可信。现在已经是予以澄清的时候了。

① 长卿有《奉饯郎中四兄罢余杭太守承恩加侍御史充行军司马赴汝南行营》诗（《全唐诗》卷一百四十九），郎中四兄为刘晏。《旧唐书·刘晏传》："累授夏县令，有能名。历殿中侍御史，迁度支郎中，杭陇华三州刺史，寻迁河南尹。"据《新传》，晏至德年间为余杭太守。晏行四，见李东川《送刘四赴夏县》诗（《全唐诗》卷一百三十三）。晏于建中元年（780）秋七月赐自尽，时年六十六，当生于开元十三年（725）。长卿兄呼之，生年自当后于晏。又按长卿至德三年因事去职，有《罢摄官后将还旧居留辞李侍御》诗（卷一百五十），诗云："潘郎悲白发，谢客爱清晖。"前句自谓，用潘岳《秋兴赋序》年三十二始见二毛事。以长卿生于开元十四年（726）计，此时年三十三，用事甚切。又按长卿天宝初即已应举，以生于开元十四年前后计，此时年近弱冠，已至赴试之年。按大历元年，李纾由江左入朝，长卿有《送李补阙之上都》诗，则此年春长卿尚在江左。大历二年夏秋，长卿始有京中诗（《奉和杜相公〔鸿渐〕新移长兴宅呈元相公〔载〕》《送徐大夫〔浩〕赴广州》），其去浙西，或即在元年夏秋，而于秋冬至京。初讶其京师之作何少，后始悟至京未久，旋即赴东都，入刘晏转运使府幕，且于二年秋出使淮西诸州。《新书·艺文志》谓长卿为淮西判官，非无据也。二年秋成行，有《新息道中作》《奉使申州伤经陷没》等诗。次年初春归洛，有《使次安陆寄友人》《使还至菱陂驿渡浉水作》等诗。大历三年秋，皇甫冉奉使江表，有《使往寿州淮路寄刘长卿》诗，已云"故人多在楚云东"，则此时长卿已至淮南。据此益可推知，其入转运使幕，在大历二年无疑。

刘长卿是一个地道的大历诗人。尽管他在天宝年间已经开始诗歌创作，且有不少佳作传世，但那时他毕竟年纪尚轻，涉世未深，他的诗作并未表现出自己的特色。真正形成自己的风格，并以“五言长城”的面貌出现在诗坛上，完全是安史之乱以后的事情。

安史之乱的影响是极其巨大的。它是唐王朝，也可以说是我国封建社会由极盛走向衰落的标志。它在人们的心头投下了巨大的阴影，使人们的精神面貌发生了深刻的变化。它像一股强劲的、发屋拔树的狂风，涤荡了盛唐时期那种昂扬的精神、乐观的情绪、慷慨的意气，把人们从阳光明媚的天宇下刮进了阴冷、黑暗的深渊。它也使唐诗的发展迅速步入了一个新的时期，亦即人们习惯所称的大历时期。

乱兵攻陷中原时，刘长卿已在江南。他虽然没有亲身经历中原的战乱，但他在洛阳的家园却遭到了战争的洗劫。“故园胡尘飞，远山楚云隔。家人想何在，庭草为谁碧？”（《京口怀洛阳旧居兼寄广陵二三知己》，《全唐诗》卷一百四十九）亲人下落不明，生死未卜，这使他焦虑、痛苦；国运的危急，则更使他震惊：“胡马嘶秦云，汉兵乱相失。关中因窃据，天下共忧栗。”（《吴中闻潼关失守因奉寄淮南萧判官》，卷一百四十九）“天上胡星孛，人间反气横。风尘生汗马，河洛纵长鲸。本谓才非据，谁知祸已萌。食参将可待，诛错辄为名。万里兵锋接，三时羽檄惊。负恩殊鸟兽，流毒遍黎氓。朝市成芜没，干戈起战争。人心悬反覆，天道暂虚盈。略地侵中土，传烽到上京。王师陷魑魅，帝座逼欃枪。渭水嘶胡马，秦山泣汉兵。”（《至德三年春正月时谬蒙差摄海盐令闻王师收二京因书事寄上浙西节度李侍郎中丞行营五十韵》，卷一百五十）此外如“故山经乱在，春日送归长”（《送营田判官郑侍御赴上都》，卷一百四十七），“途经百战后，客过二陵稀”（《送王端公入奏上都》，同上），“十年经转战，几处更芳菲”（《送友人西上》，同上），“故园经乱久，古木隔林看”（《送严侍御充东畿观察判官》，同上），“兵锋摇海内，王命隔天涯”（《奉送从兄罢官之淮南》，卷一百四十九），“凋残春草在，离乱故城多”（《毗陵送邹绍先赴河南充判官》，同上），“羁人怀上国，胡马窥中原”（《旅次丹阳郡遇康侍御宣慰召募兼别岑单父》，卷一百五十），“国怜朝市易，人怨虎狼残”（《瓜洲驿奉饯张侍御》，同上），“蓬蒿千里闭，村树几家全”（《送袁明府之任》，卷一百四十八），“鸟雀空城在，榛芜旧路迁”（《送河南元判官赴河南句当苗税充百官俸钱》，卷一百四十七），等等，无不说明他对这场突发变故的关注。就在不久之前，他还深信王朝的国力是那么强盛，基础是那么坚实，边防是那么巩固，他还在那里高唱“吹角报蕃营，回军欲洗兵”，“陇头那用闭，万里不防胡”（《平蕃曲》，卷一百四十八），而在一夜之间，竟然一切都动摇了，破碎了，幻灭了，仿佛原来只是做了一场轰轰烈烈的、色彩斑斓的梦。大梦初觉，茫然若失。因此在他的诗作中出现一种奇怪现象：在愤慨焦虑之余，往往陷进一种莫名其妙的消沉中。“赴敌甘负戈，论兵勇投笔。临风但攘臂，择木将委质。不如归远山，云卧饭松栗。”（《吴中闻潼关失守因奉寄淮南萧判官》）“惆怅空伤情，沧浪有余迹。严陵七里滩，携手同所适。”（《京中怀洛阳旧居兼寄广陵二三知己》）这些诗中所写的归隐，既无洁身自好的趣向，又无醉心田园的雅致，充其量不过如桃花源中的秦人，想在沧海横流、处处不安的世界上寻找一个安全的庇身所而已。这只能看作在变故面前深深意识到自己渺小、无能为力的一声深沉的叹息。这种情况，正反映了一代士人心灵的扭曲。

刘长卿虽未经历这场战乱，但他却有机会目睹了它的后果。大历二年，他在转运使府任职时，曾奉使淮西，到了申州、光州、黄州、安州、沔州等地。这里距中原战场尚远，其中部分地区也只是一度陷于乱军，但在战争结束五年以后，诗人看到的仍是一片凄惨的景象：

萧条独向汝南行，客路多逢汉骑营。古木苍苍离乱后，几家同住一孤城。

——《新息道中作》（卷一百五十）

举目伤芜没，何年此战争。归人失旧里，老将守孤城。废戍山烟出，荒田野火行。独怜浉水上，时乱亦能清。

——《奉使至申州伤经陷没》（卷一百四十七）

逢君穆陵路，匹马向桑乾。楚国苍山古，幽州白日寒。城池百战后，耆旧几家残。处处蓬蒿遍，归人掩泪看。

——《穆陵关北逢人归渔阳》（同上）

后诗的三、四联易使人误解为悬想幽州的情况，其实不然。刘长卿从洛阳出发，一路所看到的正是蓬蒿处处，满目疮痍，诗中所写，正是这种深刻的印象。安州、沔州虽未陷没，但也同样深受战乱之苦。“暮雨不知涢口处，春风只到穆陵西。孤城尽日空花落，三户无人自鸟啼。”（《使次安陆寄友人》，卷一百五十一）“高树朝光上，空城秋气归。微明汉水极，摇落楚人稀。”（《步登夏口古城作》，卷一百四十七）史载天宝时人口曾繁衍到四千余万，安史之乱后竟剧减到一千余万，简直令人觉得不可思议，刘长卿的这组淮西诗，可谓对此作了形象的说明。唐代诗人中，如此集中地描写这场战乱对中原一带造成的破坏，还是十分罕见的。

刘长卿对战争的关注，反映了他对国运的担心。赴淮西之前，他曾十分关注江南的两场战事。上元二年（761），他自江西归至苏州，这时刘展之乱刚刚平息，富庶的苏州已经面目全非。他感慨地写道："空庭客至逢摇落，旧邑人稀经乱离。"（《自江西归至旧任官舍赠袁赞府》，卷一百四十七）广德元年（763），他再次由江西归至江东，适值官军镇压了浙东的袁晁起义，他又看到了一个残破的浙东："双旌谁道来何暮，万井如今有几人！"（《奉送贺若郎中贼退后之杭州》，卷一百五十）"越州初罢战，江上送归桡。南渡无来客，西陵自落潮。空城垂故柳，旧业废春苗。闾里相逢少，莺花共寂寥。"（《送朱山人放越州贼退后归山阴别业》，卷一百四十七）大历九年（774），亦即安史之乱结束十二年之后，刘长卿自鄂州回江南，途访穆宁于和州，仍为河北节镇挑起战乱而忧心忡忡："今日犹多难，何年更此逢！"（《和州留别穆郎中》，卷一百四十七）大历十二年（777），刘长卿在睦州送耿沣归京，正值李灵曜据汴州兵乱的消息传来，又使他心神不宁："想到邮亭愁驻马，不堪西望见风尘。"（《送耿拾遗归上都》，卷一百五十一）建中年间刘长卿任隋州刺史，又遇上梁崇义、河北四镇及李希烈之乱，此后则是朱泚之乱及京师的陷落。这些战乱不仅使刘长卿深受其害，而且也使他对国家的前途几乎丧失了信心。

在刘长卿的诗里，对国运的担忧总是与对人民的同情联系在一起的。他总是谆谆告诫人们，要尽量减轻百姓的负担，而对朝廷不断加重赋税的做法则深感不满。"君去凋残后，应怜百越空。"（《送乔判官赴福州》，卷一百四十八）"行当蒙顾问，吴楚岁频饥。"（《送王端公入奏上都》）"山东征战苦，几处有人烟。"（《送河南元判官赴河南句当苗税充百官俸钱》）"南楚凋残后，疲民赖尔怜。"（《送青苗郑判官归江西》，卷一百四十八）"闾阎几家散，应待下车招。"（《送齐郎中赴海州》，卷一百四十七）"诗书满蜗舍，征税及渔竿。"（《送州人孙沅自本州欲归句章营所居》，同上）在这些诗里，儒家的民本思想表现得十分强烈。他深知国运能否好转，关键在于百姓的状况能否改善。而百姓当时的现状，则使他感到十分不安。

这类直接反映重大社会现实问题的诗篇，在刘长卿现存的诗中占相当大的比重。我想谁也无法否认它们的现实意义。笼统地批评大历诗人脱离现实，是并不科学的。

二

一个人的审美情趣，与本人的个性、追求、经历也许有更为直接的关系。

高仲武《中兴间气集》说："长卿有吏干，刚而犯上，两遭迁谪，皆自取之"。独孤及《送长洲刘少府贬南巴序》（《全唐文》卷三百八十七）则说："曩子之尉于是邦也，傲其迹而峻其政，能使纲不紊，吏不欺。夫迹傲则合不苟，政峻则物忤，故绩未书也，而谤及之。"尽管二人的语意有褒贬之分，但却都可以说明，刘长卿是一个正直、倔强的人，不肯随波逐流，苟合取容。早在天宝年间，他就在著名的《听弹琴》（同上，卷一百四十七）一诗中写道："泠泠七弦上，静听松风寒。古调虽自爱，今人多不弹。"这既表明了他对坚贞操守的珍视，又表明了他对世风日下的不满。世态的炎凉，对他的刺激尤深，他首次遭到贬谪时就曾写道："故老相逢少，同官不见多。"（《谪官后欲归故村将过虎丘怅然有作》，同上，卷一百四十七）他自己却不顾世忌，反其道而行之。这从他对待几位因为遭到权臣陷害、排挤而流落江湖的旧相的态度中即可看出。旧相崔涣因为遭到元载的排挤，于大历三年（768）年贬道州刺史。刘长卿在《送刘萱之道州谒崔大夫》（同上，卷一百五十）一诗中写道："沅水悠悠湘水春，临岐南望一沾巾。信陵门下三千客，君到长沙见几人！"崔涣卒后，他写了《祭崔相公文》（《全唐文》卷三百四十六），文中说："大国梁栋，中朝羽仪。清回玉立，岁岁冰姿，秋水见底，寒松无枝。天步艰难，海内崩离，六合恂然，一言安之。"他不仅热情歌颂了崔涣的功绩，而且尖锐地问道："何名高而难恃，翻寄重而先疑！"毫不顾忌权臣的愠怒。如果说刘长卿的入仕是由于崔涣的识拔[①]，这还是出于报恩观念的话，那么旧相李揆、萧华与刘长卿并无瓜葛，而在他们遭难之后，诗人同样对他们寄予了满腔的同情。大历五年（770）年秋，刘长卿移使鄂岳，渡江后就立即去探访当时萍寄汉阳的李揆。李揆曾对推荐元载的苗晋卿说："龙章凤姿之士不见用，獐头鼠目之子乃求官邪？"（《旧唐书·李揆传》）因此元载对他恨之入骨。元载入相后，设法剥夺他的俸禄，名之曰"江淮养疾"，使他丐食江湖达二十年之久。许多州郡长官惧怕元载，避之惟恐不及，刘长卿却自己找上门去，而且一访再访，写下了《秋日夏口涉汉阳献李相公》（同上，卷一百五十一）等诗，后诗云"几人犹忆孙弘阁，百口同乘范蠡舟"，"早晚却还丞相印，十年空被白云留"，这样的诗句，不仅表达了对受害者的同情，也表达了对迫害者的一种谴责。萧华的贬谪，则是李辅国与元载相互利用的结果。刘长卿结识萧华，是在广德二年（764）后者任江州刺史期间[②]，此时萧华已届暮年，且处境险恶，但刘长卿仍对他表现出真挚的仰慕之情。萧华死后，他写了《祭萧相公文》（《全唐文》卷三百四十六），次年又写了《家园瓜熟是故萧相公所遗瓜种凄然感旧因赋此诗》（《全唐文》卷一百五十），写得凄怆满纸。值得注意的是，这几位旧相的遭遇

① 刘长卿《祭崔相公（涣）文》（《全唐文》卷三四六）云："长卿昔忝初秩，公之一顾，谬厕当日之选，敢忘国士之遇。"据《旧纪》，崔涣以至德元载十一月为江淮选补使。二年春至江东。刘长卿之为长洲尉，即在此时。

② 两《唐书》本传均未及萧华尝为江州刺史，而据长卿《祭萧相公文》（《全唐文》卷三四六），知萧华贬峡州司马后，尝稍迁至江州。华以宝应元年贬，至江州当在广德中。

都与元载有关。元载当时炙手可热，而且是刘长卿任长洲尉时的旧识，但刘长卿却并未因此而持暧昧态度。他能够明辨是非，也敢于亮明自己的态度。上元年间，当浙西节度使侯令仪因刘展之乱而代人受过的时候，他就曾公开为之鸣冤叫屈：“迁播共知臣道枉，猜谗却为主恩深”，“北阙九重谁许屈，独看湘水泪沾襟。”（《送侯中丞流康州》，同上，卷一百五十一）这些足以说明，刘长卿是一个有正义感的人，而且是一个敢于直道而行的人。高仲武说他“刚而犯上”，从这个意义上说，并不是没有道理的。

另一方面，刘长卿又是一个勇于进取的人，他热衷于入仕、升迁。早在应举期间，他就被举子们公推为“棚头”，为他们这个“棚”奔走呼号。[①]他自己也不隐晦对仕进的热心。当他达到目的时，喜形于色；而当他的愿望落空时，满腹牢骚。当时侈谈隐居是一种时髦。有些人虽然也热衷于仕进，但表面上仍要装出一副高尚其事的样子。刘长卿则说：“莫买沃洲山，时人已知处！”（《送方外上人》，同上，卷一百四十七）一语道破了他们的心计。刘长卿的诗也谈隐居，但这往往只是发泄不满的一种方式，或者只是从官场败退下来以后掩饰窘境的一种方式，因此他的这类诗尽管貌似恬淡，细细味去，却苦涩得很，辛酸得很。应该指出的是，刘长卿的勇于进取，依靠的是自己的真才实学，躬行直道，勤勉王事。他的勤勉可以在他的诗作中找到充分的证据。在他任转运使判官和鄂岳转运留后的几年内，他到过淮南道的申、光、黄、安、沔、蕲、和、扬、楚等州，浙江道的润、常、苏、湖、杭、越、台、睦等州，湖南道的岳、潭、衡、郴、道、永、连等州，足迹几乎遍及治内各地，而他又是一个“有吏干”的人，政绩是可想而知的。但他并不懂得，仕途能否通达，历来不靠这些。

① 参见《国史补》《唐摭言》《封氏闻见记》。

这样的个性，这样的追求，注定了刘长卿的一生不可能顺遂。

天宝年间，是刘长卿应举的时期。他在《客舍喜郑三见访》（同上，卷一百五十一）一诗中写道："十年未称平生意，好得辛勤谩读书。"十年不第，对一个自视甚高的人来说，打击是很大的。"泣连三献玉，疮惧再伤弓。"（《落第赠杨侍御兼拜员外仍充安大夫判官赴范阳》，同上，卷一百四十九）"累幸忝宾荐，末路逢沙汰。濩落名不成，裴回意空大。"（《早春赠别赵居士还江左时长卿下第归嵩阳旧居》，同上，卷一百五十）心中的阴影，也由此而生了。

刘长卿步入仕途，是在至德二载（757）春江淮选补使崔涣巡抚江左的时候。始授长洲县尉，次年春又摄海盐县令。高兴之余，他又为官职卑小而感到不满。"久客田园废，初官印绶轻"，"懒慢羞趋府，驱驰忆退耕。"（《寄上浙西节度李侍郎》）就在他企望较高职位的时候，他被捕下狱了，接着是贬潘州南巴县（今广东省西部海滨）尉，又命他暂住洪州待命，经过覆勘，维持原议，后来又改贬谪为量移。这时已到了广德元年（763）了。这就是说他做官首尾不足一年，等待一场官司的结束却花了五年！[①]

初入仕途所遭到的这些挫折，使刘长卿对官场的险恶有了一定的了解："地远明主弃，天高酷吏欺"，"猜谗伤薏苡，愁

① 刘长卿至德三载春正月摄海盐令，不久即因事系狱。后遇赦出狱，归至润州故居。是年秋（按即乾元元年秋），有《送许拾遗还京》等诗，作于润州。乾元二年春案结，议贬南巴，命至洪州待进止（见独孤及《送长洲刘少府贬南巴使牒留洪州序》）。上元二年秋，又命至苏州重推，有《恩赦重推使牒追赴苏州次前溪馆作》（卷一百四十七）、《自江西归至旧任官舍赠袁赞府》（卷一百五十一）等诗，后诗注云："时经刘展平后。"故知时在上元二年。同年冬，有《重推后却赴岭外待进止寄元侍郎》诗（卷一百四十七），则仍议贬谪。然长卿未尝至岭外，仍为至洪州，宝应元年所作《送宇文迁明府赴洪州张观察追摄丰城令》一诗（卷一百五十一）即注云："时长卿亦在此州。"长卿重归江东，已在广德元年春。据此知长卿虽再次议贬南巴，实则未尝至南巴也。

暮向江篱”（《初贬南巴至鄱阳题李嘉祐江亭》，同上，卷一百四十九）；也使他的心灵蒙上了更深的阴影。他在《负谪后登干越亭作》（同上）一诗中写道：

天南愁望绝，亭上柳条新。落日独归鸟，孤舟何处人。生涯投越徼，世业陷胡尘。杳杳钟陵暮，悠悠鄱水春。秦台悲白首，楚泽怨青蘋。草色迷征路，莺声伤逐臣。独醒空取笑，直道不容身。得罪风霜苦，全生天地仁。青山数行泪，沧海一穷鳞。牢落机心尽，惟怜鸥鸟亲。

他感到进退失据，孤立无援，他愤懑、哀伤，这些融合为一种黯淡的意绪，充斥于胸臆，外溢于景物，使得流利的莺声、萋萋的芳草，也都在他的笔下呈现出忧伤的色彩。

只有在大历初进入转运使府任职以后，刘长卿才度过了一段比较舒畅的日子。但好景不长，大历八九年的冬春之际，又遭到鄂岳观察使吴仲孺的诬陷，不得不去职东归。[①]吴仲孺的目的就

① 长卿大历三年至淮南。大历四年，曾再巡浙东。春至越、台等州，有《上巳日越中与鲍侍郎（按：应为侍御，即鲍防）泛舟耶溪》（卷一百五十一）等诗；秋至湖、睦州，有《奉使新安自桐庐县经严陵钓台宿七里滩下寄使院诸公》（卷一百五十）等诗。刘长卿之移使鄂岳，有《移使鄂州次岘阳馆怀旧居》诗（卷一百四十七），诗云："万里通秋雁，千峰共夕阳。"时在初秋，则不当早于大历五年。又按刘长卿有《赠元容州》诗（卷一百四十九），诗云："累征期旦暮，未起恋烟霞。"作于元结闲居吾溪时。结大历七年正月朝京师，四月卒，则刘长卿大历六年秋已南巡永、道等州，故知其移使鄂岳，必在大历五年秋。大历八年，吴仲孺任鄂岳观察使。是年冬或次年春，刘长卿即遭仲孺诬陷。大历九年夏秋，长卿去鄂东归，有《和州留别穆郎中》诗（卷一百四十七）。穆郎中为穆宁。据穆员《穆元堂志》（《全唐文》卷七百八十四），穆宁于大历七至九年在和州刺史任。长卿诗云："播迁悲远道，摇落感衰容。"去职之语也。大历十年，访独孤及于常州，时少微上人自京师赴天台，途出常州，二人有诗文赠行，及序明载作于乙卯岁（按即大历十年）。同年秋，于阳羡营碧涧别墅，居闲，有《碧涧别墅喜皇甫侍御（曾）相访》（卷一百四十七）等诗，其名作《逢雪送芙蓉山主人》即作于此年冬。

是要夺取刘长卿所掌的财权，以中饱私囊。他的目的也确实达到了。建中年间他离任归京，家财巨万，已经到了惧不自安的地步（见《旧唐书·白志贞传》）。但吴仲孺是封疆大吏，又是尚父郭子仪之婿，双方的力量对比实在太悬殊了，刘长卿当然无可奈何。幸好覆勘此案的苗伾主持了一下公道，才使刘长卿免遭灭顶之灾，但还是给他留下一条尾巴，并因此被贬为睦州司马。

这次变故对刘长卿的打击更为严重，这不仅因为他年已迟暮，而且也因为这种善恶不分、是非颠倒的状况太令人为前途不寒而栗了。他在《按覆后归睦州赠苗侍御》（同上，卷一百四十九）中写道：

地远心难达，天高谤易成。羊肠留覆辙，虎口脱余生。直氏偷金枉，于家决狱明。一言知已重，片议杀身轻。日下人谁忆，天涯客独行。年光销蹇步，秋气入衰情。建德知何在，长江问去程。孤舟百口渡，万里一猿声。落日开乡路，空山向郡城。岂令冤气积，千古在长平。

从此，刘长卿的诗在黯淡的愁绪中，又平添了几分衰飒。

大历十一年（776）秋冬，刘长卿到了睦州。[①]州司马是个闲职，一般用来安置贬黜人员。他在睦州一住又是五年，直到建中二年（781）春，他方被擢为随州刺史，这时他大约已经五十六

① 大历十二年，刘长卿已在睦州。《宋高僧传·唐睦州龙兴寺慧朗传》卷八："至大历十二年，新定太守萧定述碑，司马刘长卿书，刺史李揆篆额，所谓俱是名公，盛夸全美有矣。"而刘长卿至州时在冬日，其《却归睦州至七里滩下作》（卷一四七）即云："惆怅梅花发，年年此地看。"是知朝命苗丕就地覆勘，事在大历十一年。刘长卿则于十一年秋，由鄂州东归，而于冬日至任。

岁了。[1]刘长卿其实并没多大奢望，一个偏僻的州刺史，已经使他感到满足了。他在《登迁仁楼酬子婿李穆》（同上，卷一百四十九）一诗中写道："临风敞丽谯，落日听吹铙。归路空回首，新章已在腰。"但是这种志得意满的情绪并未持续多久，他就遇到了十分棘手的麻烦。山南东道节度使梁崇义抗拒朝命，朝廷命淮宁军节度使李希烈率军进讨。建中二年夏，李希烈部即已进驻随州。李希烈是一个以狠戾刚愎闻名的野心家，但这时他又是朝廷明命的元戎。刘长卿作为他的下属，不管心里作何感想，表面上也只能虚与委蛇了。后来曾经有人因为他写了《献淮宁军节度使李相公》（同上，卷一百五十一）一诗，指责他歌颂李希烈，这是有欠公允的。这首诗写得气势雄浑，不减盛唐，在《刘随州集》中是罕见之作，因此颇为后人注意。但仔细想去，这种"盛唐气象"与明人的"个个关壮缪，曲曲大江东"已经颇有几分相似了，不过是假、大、空而已。刘长卿自己早已抛弃了这种诗风，此时此地只是因为应酬的需要，偶一为之。其中"身留一剑答君恩"一联，也还语含规劝。

建中三年（782）冬，李希烈反状已明，刘长卿当然只能逃离随州。而他终生为仕进所作的努力，也就这样莫名其妙地全部付之东流了。他在《避地江东留别淮南使院诸公》（同上，卷一百五十一）一诗中写道：

长安路绝鸟飞通，万里孤云西复东。旧业已应成茂草，余生只是任飘蓬。何辞向物开秦镜，却使他人得楚弓。此去行持一竿

① 建中元年，刘长卿尚在睦州，有《奉和赵给事使君（涓）留赠李婺州舍人（纾）兼谢舍人别驾之什》（卷一四八）。《闻奉迎皇太后使沈判官至因而有作》（卷一五〇）等诗。据《旧书·赵涓传》，涓建中初刺衢州。据《唐会要》卷三，建中元年八月，追尊沈氏为皇太后。是知此年秋日刘长卿尚滞睦州。其受命为随州刺史，或在建中元年秋冬，或在建中二年初春，而于二年春至任。

竹，等闲将狎钓渔翁。

简直是命运给他开了一个天大玩笑。这时的刘长卿，已经陷入绝望的痛苦中了。

纵观刘长卿的一生，从天宝初成年时算起，到贞元六年（790）去世为止①，这四十七八年内，除了大历二年至八年任转运使判官及留后的七年间比较顺利，建中二年擢任刺史时有过一阵短暂的兴奋外，其余近四十年的时间都是在逆境中度过的。种种挫折、打击使他长期悒郁寡欢，久而久之，自然会影响到他的个性和爱好。

三

刘长卿诗的凄清、冷峻、黯淡乃至衰飒的色调，是他的心境、意绪的反映，而他的这种特定的心境、意绪又是在国步维艰和经历坎坷的双重影响下渐渐形成并逐步发展的。刘长卿诗歌中的秋天，映出一个心灵的秋天，也映出一个王朝的秋天。

这种色彩黯淡、情调低沉的诗，为什么会经久传诵不衰呢？是不是因为我国有一部灾难深重的历史，除了文景之治、贞观之治、开元之治等几个短暂的时期外，充满了纷争、变故、战

① 刘长卿有《淮上送梁二恩命追赴上都》诗（卷一百四十七），梁二为梁肃，其应征入朝在贞元五年，见崔元翰《右补阙翰林学士梁君墓志》（《全唐文》卷五百二十三）。是知贞元五年刘长卿尚在世。又按刘长卿有《过萧尚书故居见李花感而成咏》诗（卷一百四十七），萧尚书殆为萧复。复大历末尝为常州刺史、建中中迁户尚、吏尚，贞元四年卒。刘长卿诗作于萧复卒后，故居当谓复刺常州时之居宅。而刘长卿归至江南，当在淮南节度使更迭亦即前使府罢之时。刘长卿晚年入淮南幕，府主为杜亚。据《旧记》，贞元五年十月，杜亚为窦觎所代，故疑李花诗作于贞元六年春。权德舆《秦征君校书（系）与刘随州唱和诗序》（《全唐文》卷四百九十）作于贞元七年春，已称刘长卿为“故随州刺史”，则其卒当在贞元六年。

乱、灾祸？是不是人的一生总要遇到困扰和挫折，总是痛苦多于欢乐？是的，我们并不排除上述的这些因素。文学作品一旦问世，就成了一种相对独立的存在，读者可以借以进行再创造，可以“借他人之酒杯，浇自己之块垒”。而对于身处逆境的人来说，刘长卿的诗，的确可以作一杯浇愁的苦酒，以此细细咀嚼自己的忧伤、轻轻抚摸心灵的痛楚。但是，这种客观原因毕竟是次要的。他的诗之所以具有经久不衰的魅力，还是应该到诗的本身中去寻找原因。

刘长卿的诗，尽管可以用秋风、夕阳形容其情韵，但读了不使人感到消沉。这与哀怨悲愤的《离骚》反而会使人感到激奋的情况颇有些相似。这是因为他的诗中充满了对国家前途的担心，对人民苦难的同情，对社会不公的抗争，他的牢骚不平、幽怨哀慕、凄苦愤激的后面饱含着人生的、社会的、道德的意蕴。在他的诗中我们可以时而清晰、时而依稀地看到一个因国步维艰而忧心忡忡的爱国者的形象，感到一个关注民生民疾的仁者之心的搏动，听到一声声怀才不遇者在人生之途处处碰壁时的喟叹。署名皎然的《诗式》说刘长卿等人“窃占青山白云、春风芳草，以为己有，吾知诗道初衰，正在于此”。这段话是用来指摘刘长卿的诗的，是很不恰当的。这倒不因为刘长卿更喜欢的是秋风、夕照，而是他的诗绝不是无病呻吟之作，他在诗中灌注了自己全部的热情、希望、痛苦和感慨。在一定的意义上，不妨把他的全部作品当作一首长诗，当作一首放大了的、也冲淡了的安史之乱时期的《离骚》。国家的命运和个人的追求是震响其中的两个主旋律，它们又往往在凄怆哀怨的情绪中交织在一起。明人汤鳌在《刘随州诗序》中说：“随州之诗，其衰世之哀鸣者也。”他在列举了几首直接关涉时事的诗以后说：“其他所咏，虽无涉国事，而其意未尝不悬于国家也。”元人陈绎曾则说：“刘长卿最得骚人之兴，专主情景。”（《唐音癸签》引《吟谱》）他们两人一个从内容方面，一个从形式方面指出了刘长卿诗与屈赋之间的相承关系。

以屈赋来喻刘长卿诗，人们也许会觉得比拟不伦。但我们只是就其相似之处而言。屈原的特立独行，自然是刘长卿难以企及的。刘长卿只是一个普通人，才智并不出众，唐人高仲武就已经批评他“思锐才窄”了，他不仙，不圣，不佛，不鬼，有着普通人的种种缺失，譬如他高傲，自负，爱虚荣，急于干进，但他的身上也集中了正直而淳朴的普通人的许多优点。也许正因为此，他的诗歌才更易在普通人心中引起共鸣吧。

当然，充沛的内容还需要有相应的形式加以表现。刘长卿在诗艺的领域中所作的耕耘，也是值得重视的。在陈子昂重倡汉魏古风的传统、力主兴寄之后，天宝年间，人们对诗歌本身的特征又重新开始寄予越来越明显的关心。一个突出的表现，是诗贵含蓄的原则为越来越多的人所接受，许多人以此指导自己的创作实践，也有人对此作了理论上的探讨。稍后一些的戴叔伦说：“诗家之景，如蓝田日暖，良玉生烟，可望而不可置于眉睫之前也。”《诗式》则明确提出诗应当“旨冥句中”“情在句外”。这些都可看作天宝以来创作经验的一种总结。这种文艺思潮至少会带来两个直接的后果，一是对意境深远的重视，一是对技巧完善的追求，在天宝年间，则表现为恬淡高远、情深意逸的山水田园诗的大量涌现。可以说，这在当时是一个拥有广大作家群和读者群的新潮诗派。从殷璠《河岳英灵集》和芮挺章《国秀集》的选录标准中，也可看出这是当时的现实。

刘长卿天宝年间开始诗歌创作，肃、代年间趋于成熟，自然不能不受到这种思潮的深刻影响。但他没有沿着恬淡闲逸的道路走下去，而是另辟蹊径，借以表现自己悒郁苍凉的心境。他的锻炼之功，连对他颇有微词的高仲武也不得不加首肯，说他“甚能练饰”，并举出“草色加湖绿，松声小雪寒”“沙鸥惊小吏，湖色上高枝”等联以证明自己的论点。其实这些句子并不能表现刘长卿的本色。他在喜欢凄清色调的同时，还喜欢壮阔雄浑的背景。广袤的田野，连绵的山峦，奔腾的江河，流走的日月，这些才能构成供他的诗情纵横驰骋、盘旋往复的空间。他不喜欢琐细，不喜欢残山剩水、片云只树，他是秋空中哀鸣的大鸟，不是墙角里抽泣的草虫。“寒渚一孤雁，夕阳千万山”，“长江一帆远，落日五湖春”，“孤峰夕阳后，翠岭秋天外”，“春风吴苑绿，古木剡山深”，这些才是刘长卿笔下的典型景物。刘长卿一般不对特定的景物作工致的描写，他的长处也不在于深入发掘景物内在的、不易察觉的美。他更喜欢自由自在地驰骋他的想象，随心所欲地驱使万物，以求包容更多的意蕴。明人胡震亨说“片言可以明百意，坐驰可以役万景”（《唐音癸签》），用以形容刘长卿诗的这种特点，倒是十分恰当的。苍凉豪赡的风神，含蓄不尽的意蕴，构成了刘长卿诗的主要艺术特色。元人方回说：“长卿诗细淡而不显焕，当缓缓味之，不可造次一观而已。”（《唐音癸签》引）清人薛雪则说：“随州韵度不如苏州，意味不如右丞，然其豪赡老成，则皆过之，得意处竟可与少陵索笑，‘长城’之名，盖不徒然。”（《一瓢诗话》）他们各自强调了这一艺术特色的一个方面。清人方东树则说：“文房诗多兴在象外，专以此求之，则成句皆有余味不尽之妙矣。”（《昭昧詹言》）刘长卿诗的魅力之所以经久不衰，这应当是一个重要原因。

刘长卿自称“五言长城”。对“五言”一语的理解似乎可以广泛些，不必仅仅局限于五律。当然，刘长卿的努力是主要用于格律诗方面的。安史乱后，他写的古诗尤少。后人还指出，他的古诗也写得像律诗。他写的五律确实最多，成绩也最显著。但他的七律却似乎更值得注意。五律在沈、宋以后就渐趋于成熟了，而七律的真正成熟，则是肃、代年间的事。此前虽也时有佳作，但毕竟屈指可数。肃、代年间人们才对这种新兴的诗体表现出巨大的热情。西蜀的杜甫，东吴的刘长卿，两京的钱起、韩翃，各自作出了大小不等的贡献。明人高廷礼论七律，以李东川、王维为正宗，杜甫为大家，刘长卿为接武。这一论断，直至清初仍被王士祯认为是“不易之论”（《渔洋诗话》）。他还强调：“七律宜读王右丞、李东川，尤宜熟玩刘文房诸作。”（《然灯记闻》）方东树的《昭昧詹言》更选取《过贾谊宅》等七律十一首，一一详加解释，以说明文房七律之圆警精美，气味沉厚，言近旨深，耐人吟咏。

在大历诗坛上，钱（起）、刘（长卿）是并称的。前人曾这样评论他们各自的特点：“刘结体不如钱厚，写韵自婉。钱选言似逊刘密，树骨故超。”（《唐音癸签》引遁叟语）但也有人直截了当地说：“大历名手，钱不如刘。”（《贞一斋诗话》）简要地说，肃、代年间的诗坛有两个热点，一在两京，一在江左；以钱起、卢纶等“十才子”为代表的京中诗应酬气息更浓一些，不如江左诗的萧散自然，而刘长卿又是江左诗人中富有现实感的代表，创作也最富，无疑是其中最值得重视的诗人。

对刘长卿的评价，历来是颇有异同的。高仲武就曾讥评说：“大抵十首已上，语意略同，于落句尤甚，思锐才窄也。”刘长卿于酬酢应对之际常有率意之作，语意重复的现象确实存在，不能不说是一种缺憾。但就其全部创作而论，毕竟是大醇中的小疵。“十首”之说，尤属夸大其辞。其实高仲武之所以贬抑刘长卿，是因为他不喜欢刘诗的风格。他欣赏的是闲雅清远，而刘长卿的诗却散发出一种他从未嗅到过的异味。这是可以理解的，因为他有自己的原则。清代馆臣在《四库全书总目》中却仍以此为据，批评王士祯对刘长卿的肯定，说：“高仲武《中兴间气集》病其十首以后，语意略同，可谓识微之论。王士祯《论诗绝句》乃云：‘不解雌黄高仲武，长城何意贬文房’，非笃论也。”

这就叫人云亦云，恐怕难免要遭到空疏之讥了。总的来说，对刘长卿的评价是随着时间的推移渐渐提高的。清人卢文弨《刘随州文集题辞》（《抱经堂文集》）中的一段话，可以看作一个总结：“随州诗固不及浣花翁之博大精深……然其含情悱恻，吐辞委婉，绪缠绵而不断，味涵咏而愈旨，子美之后，定当推为巨擘。众体皆工，不独五言为长城也。”

刘长卿用他的诗篇歌咏了王朝的秋天，心灵的秋天，也迎来了唐诗发展的秋天。但这是一个金黄色的秋天。累累的果实，“或红如丹砂，或黑似点漆”，呈现出一派丰收的景象。而他本人的作品，则如“昆山之片玉，桂林之一枝”，也以其独特的风貌，吸引着人们的注意。

（原载《唐代文学研究》第3辑，广西师范大学出版社1992年版）

刘长卿诗重出甄辨

◎佟培基

在唐代诗人中，刘长卿的生平事迹是比较复杂的，史传旧籍关于他的记载颇多舛误，今人虽对其登第、仕履、贬谪等问题作了深入的考证研究，澄清了不少疑团，但其生卒年、宦迹尚有待清之迷雾。在现存唐人传世的诗集中，他的《刘随州集》经历代传刻，更是缥缃纷纭，混淆变乱，卷次不等，颇有同异。清四库馆臣就指出，其集“丛脞颇甚”，古近体诗“亦多淆乱”，“不知何以舛谬至此。”（《四库全书总目》卷一百四十九）《全唐诗》编其诗五卷，共499题，509首，载其诗是较为完备的，但其中与他家重出互见之作40余篇，分别见于隋薛道衡、唐宋之问、陶翰、张彪、张子容、释灵一、张谓、严维、钱起、张南史、皇甫冉、皇甫曾、郎士元、李嘉祐、司空曙、刘禹锡、王建、张籍、贾岛、周贺、李群玉、许浑、谢太虚、李延陵等人名下，且有一诗重出至三四家者，诗题、诗句在各家中互见窜易之情况亦甚为驳杂，有些诗在五代、北宋时就已经歧异。今仅参稽有关旧籍及唐宋所辑之总集，对其重出之诗略事究寻，甄辨不当之处，在所难免，尚期来哲。

1.《新年作》（《全唐诗》五册1483页，以下仅注页码），又见宋之问集（657页），题同。此诗为刘长卿贬潘州南巴尉时作，在上元元年（760）。涵芬楼影印常熟瞿氏铁琴铜剑楼藏明刊本《宋之问集》不收，非宋之问作。

2.五律《送张栩扶侍之睦州》（1499页），题下自注："此公旧任建德令。"又见周贺集，题为《送张之睦州》（5725页）。按睦州在江南道浙西观察使辖下，管六县：建德、桐庐、遂安、清溪、分水、寿昌。见《元和郡县图志》卷二五。刘长卿在大历十一年（776）秋曾量移为睦州司马，有《按覆后归睦州赠苗侍御》诗和《奉使新安自桐庐县经严陵钓台宿七里滩下寄使院诸公》诗，题中之新安、桐庐、严陵钓台、七里滩等皆睦州地。此重出诗首句说："遥忆新安旧，扁舟复却还。"那么所送之张栩乃刘长卿任睦州司马时同僚旧友，据其自注，乃曾任建德县令者，所以诗先追叙昔日友情。周贺一生未曾在睦州任职，故此诗非周作。《文苑英华》卷二八四载作刘长卿，并云见其集本，题下自注作："此公旧宰建德。"亦较《全唐诗》稍胜。四部丛刊影印南宋书棚本之《周贺诗集》无此首，可断为长卿作。然此诗之歧异亦甚早，《唐僧弘秀集》卷四收作清塞，即周贺，题为《送张谭之睦州》。按张谭乃盛唐时刑部员外郎，善丹青，与王维、李颀游。周贺与姚合、朱庆馀、贾岛同时，不能相及，亦可证《弘秀》之误。

3.《松江独宿》（1509页），又见周贺集，题作《秋宿洞庭》（5732页）。《元和郡县图志》卷二十五载，松江属苏州吴县，在县南五十里，而太湖在县西南，湖中有洞庭山。刘长卿在安史之乱时从京洛逃避江左，至德元年曾任长洲县尉，与吴县相邻，其有《登松江驿楼北望故园》诗："泪尽江楼北望归，田园已陷百重围……"此诗为同时所作，正是他避乱独宿松江客驿时的实写。宋书棚本《周贺诗集》不载此诗，《唐诗纪事》卷七十六误作周贺，宋刊残本《文苑英华》卷二百九十二作长卿诗，并云见其集本，亦可佐证。

4.与张谓重出两首。七律《感怀》（1572页），在张谓集中题作《辰阳即事》（2021页）。从诗句看，一派悲凉感伤的情怀。诗中“湘浦”应即楚辞《涉江》中所云之“溆浦”，唐时属辰州。《元和郡县图志》卷三十叙浦县条下载：“本汉义陵县地，《离骚》云：入叙浦而邅回，即此也。”在辰溪县条下又载：“本汉辰陵县，属武陵郡，后改曰辰阳，以在辰水之阳为名。《离骚》云：朝发枉渚，夕宿辰阳，是也。”从此诗题看，张谓《辰阳即事》与诗句相切。张谓在永泰元年末至大历初曾任潭州刺史，写有《长沙土风碑铭》，载《全唐文》卷三百七十五。而辰州紧邻潭州，他曾活动于潭州附近，其集中尚有《邵陵作》一首，邵陵即邵州，在潭州西南，属湖南都团练观察使辖内，而张谓任潭州刺史时正兼此职，那么此诗非长卿作。宋残本《文苑英华》卷二百九十二作张谓，可证。

5.五律《扬州雨中张十宅观妓》（1512页），张十，在张谓集中作“张十七”（2019页）。岑仲勉《唐人行第录》中曰：“诗题又作张十七宅，不知孰是。”然诗题中皆有扬州，按刘长卿在大历五年左右曾到过扬州，集中有《登扬州西灵寺塔》《瓜洲驿奉饯张侍御公……》《瓜洲驿重送梁郎中赴吉州》等诗，而张谓集中除此首外，似无扬州之作。但他于永泰元年（765）曾活动在南京，写有《宋武受命坛记》，末署“唐永泰元年二月二十五日建”。（《全唐文》卷三百七十五）宋武即南朝宋武帝刘裕，《通鉴》宋纪，武帝永初元年载：“六月，壬戌，王至建康。”“丁卯，王为坛于南郊，即皇帝位。礼毕，自石头备法驾入建康宫。”据此，知其受命坛在建康南郊。扬州与南京甚近，张谓有可能于此时东游，故此重出诗尚难定归属。《才调集》卷一署刘长卿，而《文苑英华》卷二百一十三作张谓。歧异甚早。

6.《别宕子怨》，《才调集》作刘长卿，但此诗为隋薛道衡作，题为《昔昔盐》。《文苑英华》卷二百八十七附于刘长卿诗后。彭叔夏曾辨其伪云：“此篇长卿集不载，而郭氏乐府及洪氏容斋续笔并以为薛道衡昔昔盐。按《隋书》《通鉴》，隋炀帝诛道衡曰，更能作空梁落燕泥否？赵嘏有广道衡诗二十首，每一句作一篇，即用前诗句也，《文苑》殆因韦縠编唐《才调集》作刘长卿而误邪？”（《文苑英华辨证》卷五）宋魏泰《临汉隐居诗话》称薛道衡此诗峻洁可喜。范晞文《对床夜语》也说：“薛道衡空梁落燕泥之句，人多不见其全篇，盖题是《昔昔盐》。……赵嘏乃广为二十章，以一句为一题，亦复绮丽。”《文苑英华》卷一八五省试类有顾况所作《空梁落雁泥》试帖诗，况至德二载进士，此取前朝诗人成句命题，可证非刘长卿诗句，《才调》误。

7.《送人游越》（1516页），重至二家，在郎士元集中作《送李遂之越》（2790页），在张籍集中作《送李评事游越》（4315页），亦载明铜活字本三家本集中。《文苑英华》卷二百七十二、二百七十七分别作郎士元、张籍诗，则宋代已歧，暂存疑。

8.《重过宣峰寺山房寄灵一上人》（1514页），与灵一重出，作《酬皇甫冉西陵见寄》（9123页），按皇甫冉集中有《西陵寄灵一上人》（2794页），两首显为酬答之作，姚合《极玄集》卷下将皇甫冉、灵一两诗俱载，当依之。《文苑英华》一百六十四亦并列两诗，又在卷二百四十四中载此重出诗作灵一，非刘长卿作。皇甫冉寄灵一诗又重出作皇甫曾，载铁琴铜剑楼藏明本《皇甫曾诗集》卷一，尾两句有异文，亦误收，《全唐诗》皇甫曾卷中不载。

9.《寄灵一上人初还云门》（1515页），又见皇甫曾集中，作《寄净虚上人初至云门》（2183页），而在张南史集中亦载，作《寄静虚上人云门》（3358页）。《唐音统签》卷二百三十五收入刘长卿下，注云：“一作钱起，误。”可见此诗之纷纭程度。今检明铜活字本《钱考功集》无，那么此诗重出于刘长卿、皇甫曾、张南史三家，而在各家诗题中，所寄之人也歧而为三，即灵一、净虚、静虚，那么首先应澄清此三释者名。按独孤及撰《唐故扬州庆云寺律师一公塔铭》中，曾述及灵一身世事历，云："公讳灵一，俗姓吴，广陵人也。……初舍于会稽南山之南悬溜寺焉，与禅宗之达者释隐空、虔印、静虚相与讨十二部经第一义谛之旨。"此塔铭载《毗陵集》卷九，可见灵一与静虚等共论禅宗经义，则皇甫曾题中作净虚者，盖音同而误。此重出诗首联云："寒霜白云里，法侣自相携。"似指灵一与隐空、静虚等。尾联云："仿佛知心处，高峰是会稽。"即指会稽南山之寺。刘、张、皇甫三人与诸僧都有交往，故很难断定此诗之归属，《文苑英华》卷二百一十九作张南史，可资参考。

10.长卿集中与皇甫冉重出诗最多，有17首，且某些诗又见郎士元、皇甫曾、张南史集中，较为复杂。五律《寄灵一上人》："高僧本姓竺。"（1515页）又作皇甫冉，题为《赴无锡寄别灵一净虚二上人云门所居》（2794页），而在郎士元集中亦载，作《赴无锡别灵一上人》（2788页）。按《中兴间气集》载有灵一酬答诗，题为《酬皇甫冉赴无锡于云门寺赠诗别》，可证此重出诗为皇甫冉作。《唐才子传》称冉："天宝十五年卢庚榜进士，调无锡尉。"此诗当作于赴无锡县尉时，故尾联云："欲徇微官去，悬知讶此心。"同时李嘉祐也有别灵一诗：《同皇甫冉赴官留别灵一上人》，见明铜活字本《李嘉祐集》卷下。云门寺在会稽，灵一酬答诗云："湖南通古寺，来往意无涯。欲识云门路，千峰到若耶……"无锡在太湖北，湖南指太湖之南，云门寺坐落在会稽山，临若耶溪水，故云。《文苑英华》卷二百二十将重出诗作郎士元，知歧误甚早。《唐音统签》卷二百六十三入冉集，注："误入郎士元、刘长卿集。"灵一酬答诗载《弘秀集》卷二及《众妙集》。

11.《送韩司直》（1515页），又作郎士元，题为《送韩司直路出延陵》（2783页），在《全唐诗》中重出二家。但《文苑英华》卷二百七十二又作皇甫曾，并云见曾之本集。可是，四部丛刊影铁琴铜剑楼藏明本《皇甫曾诗集》无此诗，海盐张元济据明活字本曾集补入。但宋《众妙集》、《唐三体诗》卷六、《唐诗纪事》卷二十七、明《唐诗品汇》卷六十五又俱作皇甫冉诗，故此诗已重见于四家集中。诗之尾联云："季子留遗庙，停舟试一过。"《三体》有注云："皇览冢墓记：季子冢在毗陵县暨阳乡，至今吏民祀事。"毗陵即常州。皇甫冉曾任常州无锡县尉，故此诗当为其所作，较早载姚合《极玄集》作冉诗，亦是一证。

12.《酬李郎中夜登苏（一作福）州城楼见寄》（1515页），在皇甫冉集中作《酬李郎中侍御秋夜登福州城楼见寄》（2796页）。诗颔联曰："月照闽中夜，天凝海上寒。"则应为福州。李郎中侍御未详何人。《淳熙三山志》卷二十载，上元二年至大历七年间，李承昭曾任福州刺史。

13.《三月李明府后亭泛舟》（1517页），在皇甫冉集中作《三月三日义兴李明府后亭泛舟》（2795页），义兴属常州，《元和郡县图志》卷二十五载："本汉阳羡县。隋开皇九年平陈，废郡为义兴县。"《唐才子传》称皇甫冉进士及第后任无锡县尉，营别墅阳羡山中，在三月三日上巳祓禊时，与县令泛舟曲水则是情理之中，故疑此诗非长卿作。王荆公《唐百家诗选》九、《岁时杂咏》十七、《众妙集》、《咸淳毗陵志》卷二十二、成化《重修毗陵志》三十六俱作皇甫冉诗。

14.《赠普门上人》（1516页），在皇甫冉集中题同（2789页），但《文苑英华》卷二百三十五又作皇甫曾诗，可是明铜活字本及四部丛刊影明本《皇甫曾诗集》无载。《咸淳毗陵志》卷二十五《仙释》门云："普门师，姓何氏……天宝中受度于南岳寺，博闻强记，萧公定辈皆与游。正（贞）元间归寂，建塔西涧，许孟容为记，石刻今存。"据此知普门上人为南岳寺僧，卒后葬于毗陵西涧。陈垣《释氏疑年录》据《释门正统》卷二云："南岳普门，岳州何氏。唐贞元八年卒，年八十四（709—792）。"皇甫曾有《送普门上人还阳羡》诗，按义兴县（即阳羡）有南岳讲寺，齐永明二年建，见《成化重修毗陵志》卷二十九《寺观》。普门为南岳寺僧，据皇甫曾诗，则知其曾住阳羡山寺中，或即南岳讲寺。皇甫冉在阳羡山中营有别墅，见上考，则此重出赠普门诗极可能为冉作，《唐诗品汇》拾遗六作冉诗。

15.《舟中送李十八》（1561页），在皇甫冉集中题作《同李万晚望南岳寺怀普门上人》（2823页）。诗云："释子身心无有分，独将衣钵去人群。相思晚望西林寺，唯有钟声出白云。"《南岳总胜集》中《叙寺观》载："西林禅寺去衡阳五十里，在岳西南五十里。"从诗句及诗题看，皆深山古刹景色，非舟中送人。且皇甫冉与普门在阳羡有交往，此诗应为冉作。皇甫集中另有《舟中送李八》绝句："词客金门未有媒，游吴适越任舟回。远水迢迢分手去，天边山色待人来。"所送之李八似落第之文士，而回舟吴越与远水山色句皆舟中所见景物。但不知此诗题怎么会与晚望南岳怀普门之诗合二而一，又羼入长卿集中？造成此谬者应是洪迈，《万首绝句》卷六载此作长卿。《唐诗品汇》卷四十九载作冉诗。

16.《送康判官往新安》（1516页），在皇甫冉集中题下尚多"赋得江路西南永"数字（2825页）。诗之本事未详。王荆公《唐百家诗选》卷九、《唐诗品汇》卷六十五作冉。

17.《送顾长》（1516页），在皇甫冉集中作《送顾苌》（2797页）。按题中人名为顾苌，顾况之从兄，况有《哭从兄苌》诗，云："身终一骑曹，高盖者为谁。从驾至梁汉，金根复京师。皇恩溢九垠，不记屠沽儿。……草木正摇落，哭兄鄠水湄。共居云阳里，坎坷多别离。"从此诗可知，顾苌少壮时与顾况同居于云阳里巷，安史之乱中曾扈从玄宗走扶风、陈仓至成都，收复京师长安后，并未得封，一生坎坷不遇，晚年仅官至骑曹参军，卒于鄱阳。诗中之云阳为润州丹阳，汉时称云阳，见《旧唐书·地理志三》。那么顾抟与顾况曾共里居于丹阳，而姚合《极玄集》称皇甫冉为“丹阳人”，与顾抟同里，此重出诗当为其丹阳时送顾抟作。《文苑英华》卷二百七十二、王荆公《唐百家诗选》卷九俱作冉诗，可证。

18.《秋夜有怀高三十五适兼呈空上人》（1573页），在皇甫冉集中题同，只是“空上人”作“空和尚”（2798页），而张南史集中亦载，题作《秋夜闻雁寄南十五兼呈空和尚》（3360页）。周勋初《高适年谱》系此诗于高适晚年入京任散骑常侍后，结茅隐居于长安郊外之东林精舍，长卿以此诗寄之。并云“空和尚”即不空和尚。今检高适集及刘长卿、皇甫冉集中，除此诗外，再无互相交游之痕迹，高适晚年至长安任散骑常侍仅一年，是否有结茅东林僧舍之事亦仅此一证。杜甫《闻高常侍亡》诗，也未言及其晚年有佞佛之行藏，故此怀高三十五之诗甚可疑。按张南史题中作“南十五”，岑仲勉《唐人行第录》言：“南十五，学道之人，名未详。”而空和尚或为隐空和尚，与灵一、静虚同时之道友，见前第九首考，长卿有《过隐空和尚故居》。而东林寺不只长安郊外有，庐山之东林更为有名。故此重出诗在三人集中所怀之人也有两种可能，一为高适、不空和尚，二为南十五、隐空和尚。《文苑英华》卷二百一十九作张南史诗，亦可参考。

19.《宿严维宅送包佶》（1531页），又见皇甫冉集（2809页）。严维宅在会稽鉴湖，又称镜湖，严维有《谢诸公宿镜水宅》诗，三、四句云：“阳雁叫霜来枕上，寒山映月在湖中。”知时节在霜秋。皇甫冉有《秋夜宿严维宅》，颈联云：“秋深临水月，夜半隔山钟。”此重出送包佶诗中有“经秋”“寒服”等字样，与霜秋合，刘乾有《刘长卿杂考》一文（载《文献》1989年第1期）谈及此诗，认为刘长卿在越州会稽活动时是春天，与诗中深秋不合，故诗为皇甫冉作。王荆公《唐百家诗选》卷十、《文苑英华》卷二百七十二、《唐诗品汇》七十八皆作皇甫冉。

20.《送从弟贬袁州》（1531页），在皇甫冉集中题为《送从弟豫贬远州》（2807页）。诗云："何事成迁客，思归不见乡。游吴经万里，吊屈过三湘……"从诗中看，此从弟远离故乡，曾游吴过湘，思北归不成。按皇甫氏家居丹阳，正当吴地，故游吴不当有离乡之叹。刘长卿郡望为河北河间，里居长安，若为刘氏之从弟，则在吴、湘间"应思北雁行"为合理，故疑此诗为刘长卿送其族弟作。但王荆公《唐百家诗选》卷十、《唐诗品汇》卷七十八皆作皇甫冉诗，其从弟豫事历尚待考。

21.《赋得》（1571页），在皇甫冉集中题作《春思》（2834页）。令狐楚纂进之《御览诗》作冉，距其时代甚近，归属当依之。

22.《送崔使君赴寿州》（1572页），在皇甫冉集中题同（2822页）。按此崔使君为崔昭，曾两次任寿州刺史。第一次在肃宗乾元中至上元元年（约758—760）；第二次在德宗建中间（约780—783），见《唐刺史考》三册。此颔联云："仲华遇主年犹少，公瑾论功位已酬。"用东汉邓禹、孙吴周瑜故事。《后汉书·邓禹传》载："邓禹字仲华……年十三，能诵诗，受业长安。时光武亦游学京师，禹年虽幼，而见光武知非常人，遂相亲附。"以后邓禹佐光武而定天下，此诗以年少遇主的邓禹比拟崔昭，那么应指其在肃宗时第一次刺寿州间。诗尾联又云："千里相思如可见，淮南木落早惊秋。"寿州属淮南道，知崔昭赴任时在秋天。皇甫冉在乾元元年曾游会稽，其《奉和独孤中丞游云门寺》诗有："苍翠新秋色。"且会稽距寿州可称为千里，故疑此诗为冉作。

23.《送孔巢父赴河南军》（1573页），在皇甫冉集中题同（2834页）。诗之尾联云："共许陈琳工奏记，知君名行未蹉跎。"以陈琳比拟之，是送孔入军幕语。按孔巢父字弱翁，《旧唐书》卷一五四有传，载："大历初，泽潞节度使李抱玉奏为宾幕。"李抱玉任泽潞节度使在宝应元年（762），并加领陈、郑二州，见《旧唐书·李抱玉传》。陈、郑属河南道，故诗题中有"赴河南军"字样。当时，代宗初立，吐蕃、羌、浑乘机进犯，一度陷京师长安。永泰元年（765）正月，李抱玉兼凤翔陇右节度使，大历元年（766）九月，吐蕃陷原州，李抱玉率军屯于京西。此重出诗第三句"闻道全军征北虏"，即指此。那么孔巢父入李抱玉军幕当在大历元年、二年间。这时，刘长卿活动在哪里呢？从广德二年（764）至大历三年（768）大约五年间，他在长安任监察御史、殿中侍御史，而此诗首句云："江南相送隔烟波。"显为长江之南某地，故诗非刘长卿作。皇甫冉在广德二年到大历初，曾入王缙幕为掌书记，驻洛阳。"大历二年，迁左拾遗，转右补阙。"见独孤及《唐故左补阙安定皇甫公集序》，载《毗陵集》卷十三。此诗可能是皇甫冉从洛阳回里居丹阳，在赴左拾遗任前所写。王荆公《唐百家诗选》卷十作冉，《唐音统签·丁签一六》收入长卿集中，但题下注云："按此诗皇甫冉所作。"

24.《送邵州判官往南》（1532页），在皇甫冉集中题作《送邹判官赴河南》（2815页）。而刘长卿集中还有《毗陵送邹结（一作绍）先赴河南充判官》（1529页），张继集中也有《送邹判官往陈留》，下注："一作洪州送郗绍充河南租庸判官。"（2720页）另外，严维集中也有《留别邹绍刘长卿》（2917页）。从以上各家诗题看，需要澄清的问题有三：一是各家诗题中人名、地名的歧异以何为正？二是送行各诗的时间、地点？三是重出诗归属何人？从各家诗题看，邵州判官、邹判官、郗绍、邹结（绍）先、邹绍实为一人，按往河南充任判官的是邹绍先。《元和姓纂》卷五载其名，《乐府诗集》卷五十七有其《湘夫人》诗，陶宗仪《书史会要》卷五云："邹绍先，笔格坚劲，甚有古风。"张继送其诗载《中兴间气集》，诗题为《送判官往陈留》，似脱其姓。《文苑英华》卷二百七十二载有邹字，但以上二集诗题中俱无"洪州"二字，《全唐诗》张继集中何以于题下一作中云《洪州送郗绍充河南租庸判官》？郗、充显为字形相近之误。《唐诗纪事》卷二十五张继下云："继，大历末，检校祠部员外郎，分掌财赋于洪州。送郗绍充河南租庸判官云……"此则说张继在大历末以检校祠部员外郎的官衔，在洪州掌管财赋，以下又说他有送人赴判官诗，本为两件事，后人失检，将上句中"洪州"二字连下读，遂混入诗题中。刘长卿集中"邹结先"，下注"一作绍"为正。严维集中"邹绍"下脱"先"字。而题为送邵州判官者，更误。从上考知"洪州"二字是误入诗题中，那么各家送行诗只有刘长卿集中"毗陵"一处为送行地点。毗陵即常州，那么刘长卿、皇甫冉、张继、严维何时何由共聚于此而能送邹绍先呢？刘长卿于安史之乱时避地江东，至德元年（756）任长洲县尉，到至德三载（758）正月以后差摄海盐县令，长洲、海盐皆属苏州，紧邻常州地。皇甫冉至德年间任无锡县尉，无锡属常州，其间经常与刘长卿来往唱酬。张继天宝十二年（753）中进士第，天宝末流寓江浙，经丹阳至会稽越中，苏州、常州是他必经之地，有《春夜皇甫冉宅欢宴》诗。严维至德二年进士及第，后授诸暨尉，其从江淮返越州亦必经苏州、常州，时在至德二载春夏间。安史叛军正横行河洛，张巡、许远血战于睢阳，而齐鲁一带兵火频繁，唐朝官军正向长安西北集结，河南、齐鲁的局势十分危急。《通鉴》唐纪至德二载记载："是时府库无蓄积。"南阳一带"城中食尽，一鼠直钱数百，饿死者相枕藉"。所以此时邹绍先出任河南地方的租庸判官，任务是十分艰险的，故张继送其诗说："齐鲁伤心地，频年此用兵。女停襄邑杼，农废汶阳耕。"刘长卿送其诗说："凋残春草在，离乱故城多。"而严维《留别邹绍刘长卿》诗尾联云："待见干戈毕，何妨更采薇。"希望战乱能早日结束。综上所考，送邹绍先的时间在至德二年春后，因为春间严维尚在江淮应选，尚不能返回越州，长卿有春草凋残句。地点在皇甫冉的任职处，即毗陵，张继、严维皆路经此地，而刘长卿是近邻，聚会于此。那么此重出诗当归谁？长卿另有送邹诗，故集中不应有同时同地送同一人之第二首，则此诗必为皇甫冉作。铁琴铜剑楼藏明本《唐皇甫冉诗集》卷四、明铜活字本《皇甫冉集》卷中皆载。诗云："海沂军未息，河畔（一作兖）岁仍荒。征税人全少，榛芜虏近亡。所行知宋远，相隔叹淮长。"皆当时河南战乱未息的实写。但"河畔"又作"河兖"，邹绍先任租庸判官之地是陈留，《元和郡县图志》卷七载，陈留"本汉陈留郡陈留县地，武帝置陈留郡，属兖州。"所以当为"河兖"，与上句"海沂"为地名属对方称精当，"河畔"则失对。

25.《登润州万岁楼》（1573页），在皇甫冉集中作《同温丹徒登万岁楼》（2814页）。《元和郡县图志》润州下载："其城吴初筑也。晋王恭为刺史，改创西南楼名万岁楼，西北楼名芙蓉楼。"皇甫冉里居于润州，此诗当为其与温姓任丹徒县令者登楼所作。王荆公《唐百家诗选》卷十、《文苑英华》卷三百一十二、《至顺镇江志》卷十六、《方舆胜览》卷三、《唐诗品汇》卷八十六、《唐音癸签》卷十六俱作皇甫冉。《刘随州集》卷九下注云："按此诗皇甫冉作。"已有辨误。

26.皇甫冉集中尚有《送王司直》（2810页），下注："一作刘长卿诗。"但长卿集中无，《万首唐人绝句》卷十三作冉诗，在《全唐诗》中属注重出实不重出类，今不作甄辨。

27.《北游酬孟云卿见寄》（1536页），又见张彪集，题同（2892页）。此诗最早载《箧中集》，作张彪，据元结自序，书成于乾元三年（760），时长卿健在，元结之归属当无疑。《文苑英华》卷二百四十四、《唐诗纪事》卷二十三亦俱作彪诗。

28.《南楚怀古》（1536页），又见陶翰集，题同（1475页）。此诗较早载《文苑英华》卷三百零八，作长卿，前接陶翰《出萧关怀古》诗，后人失检误入陶集。

29.《杪秋洞庭中怀亡道士谢太虚》（1537页），又作谢太虚诗（8760页）。《文苑英华》卷三百零五作长卿，并据其本集校。诗中有"羽客久已殁，微言无处求。"及"故园复何许，江海徒迟留。"诗中之"羽客"即谢太虚，而孤舟迟留于江海、徘徊洞庭客楼上，怅望故园家山，皆当为长卿漂泊楚地语。《唐诗纪事》卷七十一作谢太虚，显然是将诗题中人名断开而误为作者。

30.《自紫阳观至华阳洞宿侯尊师草堂简同游李延年（一作陵）》（1547页），又作李延陵诗（8738页）。《文苑英华》卷二百二十六作长卿诗，题中之李延陵，应为李氏任延陵县令者。《嘉定镇江志》卷十六丹阳县令题名记载："李延陵，忘其名，类集有刘长卿同游紫阳观至华阳洞诗。"类集指《润州类集》，陈振孙《直斋书录解题》著录为十卷，"监润州仓曹曾旼彦和纂"。可见宋人归此诗为长卿作。长卿尚有《送陆羽之茅山寄李延陵》及《送李挚赴延陵令》，颇疑李延陵即李挚。此诗与上一首之误同。

31.《题虎丘寺》（1548页），又作刘禹锡，题为《虎丘寺路宴》（3993页）。但《刘宾客文集》（结一庐朱氏剩余丛书本）不载，季振宜《全唐诗稿本》中之禹锡集原亦无，季氏据《吴郡志》抄补。今检《吴郡志》卷十六作禹锡诗，但四部丛刊影宋本《刘梦得文集》无，颇疑地志误。

32.与李嘉祐重出3首。六言诗《送陆澧还吴中》（1556页），在李嘉祐集中题同（2167页），但明铜活字本《李嘉祐集》不载，《万首唐人绝句》卷二十六、《唐诗品汇》卷四十五作长卿诗，《才调集》卷八作嘉祐，季振宜《稿本》据之剪贴入李集。

33.《赴南中题褚少府湖上亭子》（1567页），在李嘉祐集中作《赴南中留别褚七少府湖上林亭》（2165页）。《文苑英华》卷二百八十七、三百一十五双载作刘长卿诗，应依之。

34.《别严士元》（1569页），在李嘉祐集中作《送严员外》（2165页）。高仲武《中兴间气集》、《文苑英华》卷二百七十、范晞文《对床夜语》、赵师秀《众妙集》、《唐诗纪事》卷二十六俱作长卿诗，高仲武盛称其颔联。以上三首各种版本的李嘉祐诗集中皆无，如明铜活字本、朱警《唐百家诗》本、席氏《唐诗百名家集》本、汲古阁《唐人八家诗》中之《台阁集》本等。作李嘉祐者为《才调集》卷八，乃韦縠之误。

35.《七里滩重送》（1556页），又作严维，题为《重送新安刘员外》（2925页），此诗乃刘长卿送严维之作，第二句："越客孤舟欲榜歌。"越客即指严维，越州人。《刘随州集》卷八载此诗，后附有严维唱和所作之《重别》，而《全唐诗外编》下册又将严维唱和诗补作长卿，亦误。

36.《晚春归山居题窗前竹》（1561页），与钱起重出，作《暮春归故山草堂》（2687页）。此诗《刘随州集》无，季振宜《稿本》乃剪《文苑英华》补入其集卷八后，明铜活字本《钱考功集》卷十载，《唐音统签·丁签一七》钱集收入，于题下注云："《文苑英华》作刘长卿题竹，误。"似可从之。

37.《铜雀台》（1578页），又见王建集，题同（3387页）。但南宋临安陈宅书棚本《王建诗集》无，《唐文粹》卷十二、《乐府诗集》卷三十一作长卿，非王建作。

38.《岳阳楼》（1581页），又见许浑集，作《将度故（一作固）城湖阻风夜泊永（一作水）阳戍》（6087页）。按故应作固，《元和郡县图志》卷二十八溧水县下载："固城湖，在县南一百里，周回九十里。"湖在润州、宣州之间。许浑，润州丹阳人，文宗大和、开成间曾客游金陵、宣城，以诗呈宣州刺史崔郸，固城湖为其经行之地。此诗《刘随州集》无，四部丛刊影宋写本许浑之《丁卯集》卷上载，《唐音统签·丁签一六》收入长卿集，但题下注："见滕宗谅岳阳楼石刻，疑伪作也。"甚是。

39.《春望寄王涔阳》（1581页），又作李群玉，题为《长沙春望寄涔阳故人》（6595页）。四部丛刊缩印上元邓氏藏宋本《李群玉诗集》卷中载，《文苑英华》卷二百六十二作群玉诗，并据其本集校。《刘随州集》无，《丁签一六》收作长卿，下注："亦见岳阳石刻，疑伪。"应归群玉作。

40.《却赴南邑留别苏台知己》（1495页），又见贾岛集，作《赴南巴留别苏台知己》（9989页）。按"南邑"应为"南巴"，为长卿贬南巴时作，贾岛《长江集》不载，而范成大《吴郡志》卷四十九作贾岛，彭叔夏《文苑英华辨证》卷五《名氏》二已指出非岛作。

41.《山上鹧鸪歌》（1580页），下注："一作韦应物诗。"《全唐诗》韦集不收，属注重出实不重出例，不再作甄辨。

42.《赴南巴书情寄故人》（1493页），后四句又见长卿本人《罪所留系寄张十四》（1510页）下半首，若重新整理随州集时，应互注，出校异文及出处。

43.另《全唐诗外编》上册据《永乐大典》卷三千零四补《送曲山人归衡州》一首，乃司空曙诗，《又玄集》卷上、《文苑英华》卷二百三十一及江标影宋书棚本《司空文明诗集》俱载，非长卿诗。

44.《外编》下册据《舆地纪胜》卷六十八补《桃源》

四句，乃长卿《送郭六侍从之武陵郡》（1579页）诗之五、六、七、八句，略有异文，不应作佚诗补入。

45.又《外编》下册370页，补张子容《送内兄李录事归故里》一首，乃刘长卿诗（1566页），胡应麟《诗薮》内编卷五盛称之，云："刘长卿献李相公，送耿拾遗、李录事……皆中唐妙唱。"非张子容作。

（原载《文学遗产》1993年第2期）

刘长卿在唐代七律发展的地位

◎邓仕梁

一

七言诗的发展，旧传成于西汉的柏梁台诗，固不足信。魏文帝《燕歌行》，自是通篇七言，但从其构句观之，七言的体格尚未完全建立。至南朝之末，七言渐多，但造句仍流于典重，如庾信小赋，颇有用七言句者，与初唐七言古诗的句法近似①。四杰没

① 庾信集中小赋如《春赋》："宜春苑中春已归，披香殿里作春衣。新年鸟声千种啭，二月杨花满路飞"。(《庾子山集注》卷一，中华书局1980年版，第74页)《对烛赋》："龙沙雁塞甲应寒，天山月没客衣单。灯前桁衣疑不亮，月下穿针觉最难。"(卷一，第83页)赋中构句已与唐初七言为近。"灯前"二句，对偶声律，已合律诗要求，初唐诸家七古如卢照邻《长安古意》："百丈游丝争绕树，一群娇鸟共啼花"。(《全唐诗》卷四十一，中华书局1979年版，第519页)宋之问《明河篇》："鸳鸯机上疏萤度，乌鹊桥边一雁飞"。(《全唐诗》卷五十一，第627页)格调颇与庾赋为近，唐近早期七律如宋之问《三阳宫侍宴应制》："乌向歌筵来度曲，云依帐殿结为楼"。(《全唐诗》卷五十二，第646页)造句跟七古分别不大。我们知道唐初七律以应制之作为主，但可注意庾信此类小赋，也可说是应制之作。倪璠《春赋》下注云："《春赋》以下，庾子山仕南朝时为东宫学士之文也。"考梁简文帝和梁元帝集中俱有《对烛赋》，元帝集中有《春赋》，简文帝集中则有《晚春赋》，相信此类赋为庾氏仕南朝为东宫学士时应制之作。又杨慎《升庵诗话》卷四有《六朝七言律其体不纯》一条(王仲镛《升庵诗话笺证》，上海古籍出版社1987年版，第135—136页)，举出梁简文帝《春情曲》温子升《捣衣》等四诗，谓"此四首声调相类，七言律之滥觞也"。然四诗末二句俱作五言，故胡应麟《诗薮》称其"体殊不合"，而另举庾信诗"促柱调弦"、陈子良诗"我家吴会"二首(内编卷五)，以为体实七言律。

有七言律诗，但其古体颇有对偶工整之句，从音律看也可视为律句，可说是七律的滥觞。初唐至盛唐初期名家，所作七律大率不过数首，又多属应制酬赠之作[①]。虽然后世有以崔颢《黄鹤楼》为盛唐七律第一者，但也不能说七律成熟于崔颢[②]。《黄鹤楼》以浑成见胜，但其声调对偶，尚有未尽合律处，故有论者甚至认为此诗不算七律。且第一之论，本属见仁见智，明人固有称杜甫《登高》为古今七律第一，不但为唐人第一者[③]。

叶嘉莹教授早就注意七律演进的问题，提出唐诗七律一体[④]：

> 在杜甫的七律没有出现之前，以内容来说，一般作品大都不过是酬应赠答之作。以技巧来说，一般作品大都不过是直写平叙之句。……因此七言律诗这一种新体式的长处，在杜甫以前，可以说一直没有得到尽量发展的机会，也一直没有得到应得的重视。

其言甚有见地，对我们了解唐诗的发展，很有启发。本文提出另一位诗人，探讨其在唐诗发展的地位，旨在作一点补充，并考察

① 当时名家如宋之问仅有七律四首，杜审言三首，高适七首，李白八首，崔颢二首。作七律较多者如张说十二首，沈佺期十六首，王维廿首。以张说十二首为例，除《灉湖山寺》及《幽州新岁作》两首外，全属应制酬赠之作，而上举二诗结笔，一云："若使巢由知此意，不将萝薜易簪缨。"一云："遥遥西向长安日，愿上南山寿一杯"。（《全唐诗》卷八十七）可见其主题其实仍是歌颂圣朝，并没有一般山水诗栖心尘外、边塞诗感怀塞上之意。

② 严羽《沧浪诗话·诗评》："唐人七言律诗，当以崔颢《黄鹤楼》为第一。"（《沧浪诗话校释》，人民文学出版社 1961 年版，第 181 页）

③ 胡应麟《诗薮》："杜风急天高一章五十六字……通章章法句法字法，前无昔人，后无来学……自当为古今七言律第一，不必为唐七言律第一也"。（见内编卷五，中华书局 1958 年版）又明代何景明尝以沈佺期《古意》"卢家少妇郁金香"一首为七律第一，胡氏则以为《黄鹤楼》与《古意》俱属"体裁未密"。

④ 叶嘉莹《论杜甫七律之演进及其承先启后之成就》，载于《迦陵谈诗》，台北三民书局 1971 年版，第 56—128 页。

自许为“五言长城”的诗人，在七律方面有什么成就和影响①。

二

叶嘉莹教授以为杜甫七律分四阶段。第一阶段为天宝之乱以前，所作七律最少，仍停留在模拟中。第二阶段为收京以后重返长安，从尝试模仿进步到成熟完美。第三阶段为定居成都草堂时期，从纯熟完美到老健疏放。第四阶段为去蜀入夔以后之作。体分正变②。

叶教授的分析清楚地勾画出七律在杜甫手中的演进，同时也让我们看到唐代七律演变的大略历程。我们不妨考察刘长卿写作七律的进程，如果发现有跟过去的理解不尽相同之处，倒是值得注意的。

所谓过去的理解，固然是笼统的说法。首先可以注意，一般论者似乎倾向于把刘长卿归入中唐人物。如沈德潜在《唐诗别裁》中论刘长卿云③：

---

① 按“五言长城”之号，为长卿自称。权德舆《秦征君校书与刘随州唱和集序》谓：“夫彼汉东守（据《唐书·地理志》，随州属汉东郡），尝自以为五言长城。”而后世或误以为权氏称刘为五言长城。《唐才子传》已有此误，其后论者每因之，如沈德潜亦沿此失。《唐才子传》之误，傅璇琮先生已有辨证。

② 叶嘉莹《论杜甫七律之演进及其承先启后之成就》，载于《迦陵谈诗》，第313页。

③ 沈德潜《唐诗别裁》卷十一，上海商务国学基本丛书本1958年版。又明代胡应麟《诗薮》已目长卿为中唐诗人，如谓“刘长卿《献李相公》……皆中唐妙唱”（内编卷五），“七言律以才藻论，……中唐莫过刘文房”（外编卷四）。至清初陈维崧亦有论诗之句云“大历诗人刘长卿”（《抄唐人七言律竟辄取数断句楮尾》）。按康熙编成的《全唐诗》，收刘长卿诗入卷一百四十七至一百五十一，在王维之后，李杜高岑之前，相信是由于接受了《唐才子传》所载开元廿一年登进士之说，故《全唐诗》中诗人先后的编次，与《唐才子传》相同。康熙四十五年以后论诗者如果采用这个编次，就不会把刘归入中唐人物。当然诸家以刘氏属中唐者，也可能受了高仲武《中兴间气集》的影响，高氏选中唐诗人廿余人为一集，全书分上下二卷，长卿列于卷下，予人的印象是长卿截然别于盛唐诸大家。

中唐诗近收敛，选言取胜，元气不完，体格卑而声调亦降矣。刘文房工于铸意，巧不伤雅，犹有前辈体段。

又在其《新年作》“老至居人下，春归在客先”二句下加按语云：

巧句。别于盛唐，正在于此。（《唐诗别裁》卷十一）

显然沈氏以长卿时代和体调都属中唐，“前辈”自然指李杜、高岑、王储诸家。为了澄清有关刘氏所属时代、七律风格等疑点，下面要尝试解答三个问题：

（一）刘长卿的创作活动在唐代到底属于哪个时期？

（二）他的七律写作以哪一个阶段为主？

（三）刘氏七律在数量、内容、风格技巧各方面与同时代作者有何异同？

这三个问题在下列三节分别讨论。

三

关于第一个问题，有了当今学者研究成果参考，已经不难解决。傅璇琮先生的《刘长卿事迹考辨》，在这方面贡献最大[①]。其实沈德潜只要稍微注意旧有资料，应该不至于径把长卿归之中唐，因为《唐才子传》载刘氏开元廿一年（733）进士，假设登第之年为廿余岁，可推算他生于710年前后[②]。闻一多《唐诗大系》

① 傅璇琮《唐代诗人丛考》，中华书局1980年版，第238—268页

② 《唐才子传》卷二，傅璇琮《唐才子传校笺》本，中华书局1987年版，第311—325页。

即定其生年为709年[①]。按杜甫生于712年，是得到普遍承认的。据此则刘氏长于杜甫三岁，如杜甫为盛唐诗人，长卿岂为中唐？更岂得以杜甫为“前辈”？

据傅氏考辨，《唐才子传》之说不可信。刘氏进士及第之年未可确定，但当在天宝六载（747）以后[②]。此时杜甫已三十四五岁，但即使如此，也难确说杜甫是他的前辈，只能说他们属同时诗人而已。且当时诗人如略长于杜甫的李白和高适，显然是刘长卿的同辈朋友。刘长卿有《秋夜有怀高三十五适兼呈空上人》诗，首句云：“晚节逢君趣道深。”（《刘随州集》卷九）可见长卿与高适相交之时，非为年少，自可算同辈。又长卿有《将赴南巴至余干别李十二》诗，据郁贤皓先生考证，此诗作于李白遇赦放还，上元元年（760）东下浔阳鄱阳之时[③]。由此可见沈德潜谓其句“犹有前辈体段”“别于盛唐”云云，殊不可解，恐是由于认定长卿为盛唐诸家后辈而作出的评论。至于这样辨别风格并作价值判断是否适当，尚待讨论。

通过现代学者的研究，今天我们对刘长卿的生平有比较清晰的认识。如以天宝六载以后登第，则刘氏生年当在725年前后（《唐代诗人丛考》第260—261页）。刘氏终于随州刺史，卒年当在贞元五年至七年间（789—791）[④]。与杜甫（712—770）相较，长卿即使晚于杜甫，其生卒年的差距不过十多二十年。

① 傅璇琮却以为闻氏定其生年为709年缺乏证据。见《刘长卿事迹考辨》，《唐代诗人丛考》第261页。

② 傅璇琮在《刘长卿事迹考辨》中指出天宝中登第的可能性较大，至于天宝哪一年则不可考知。又在《唐才子传校笺》考定天宝六载前，长卿尚未进士及第。

③ 郁贤皓《刘长卿别李白事迹小辨》，载《李白丛考》，陕西人民出版社1983年版，第114—120页。

④ 傅璇琮在《唐代诗人丛考》断定刘长卿卒年在786—791年（第258页）。其后在《唐才子传校笺》复采岑仲勉《唐人行第录》之说，谓卒年当在贞元五年至七年（789—791）。近刊《唐诗大辞典》定为790年。

四

第二个问题。由于刘长卿诗没有学者做过编年工作，资料也不完备，他的七律不确定作于什么时候，但从其内容考察，大都抒写谪居后的感怀，既自伤流落，又往往痛惜贾生。高仲武《中兴间气集》谓长卿[①]：

有吏干，刚而犯上，两遭迁谪。

高仲武为代宗、德宗时人，与刘时代相近，其言当较可信。案“两遭迁谪”，第一次在肃宗年间（756—763），由苏州长洲尉贬为潘州南巴尉。第二次在代宗大历年间（766—779），由鄂岳转运留后贬为睦州司马[②]。考其七律，往往抒写谪居感怀，且所涉地名，多与南巴一带有关，楚山湘水，常见笔下，可见其七律最多作于贬谪之时，如这个推断可信，则其时约与杜甫七律的第三、四期相当[③]。

五

第三个问题。先就其数量分析。叶嘉莹教授统计过李杜同时及以前主要诗人所作七律在其存诗中的数目，有如下结果[④]：

沈佺期　16/157

---

① 高仲武《中兴间气集》，见《唐人选唐诗十种》，中华书局 1960 年版，第 290 页。

② 如《感怀》结句“自笑不如湘浦雁，飞来即是北归时”（《刘随州集》卷九），显然是自伤流滞湘浦之作。

③ 叶氏以为杜甫七律的第三期为定居草堂时，第四期为入夔出峡以后。案杜公卜居浣花溪经营草堂，时当肃宗上元元年（760），入夔至卒年则为 766—770 年。刘长卿两度贬谪则在 758—780 年之间。

④ 叶嘉莹《论杜甫七律之演进及其承先启后之成就》，载于《迦陵谈诗》，第 313 页。

宋之问　4/193

王维　20/479

高适　7/241

岑参　11/397

李白　8/994

杜甫　151/1458

（前一数字为七律数目，后一数字为存诗总数。）

由上表可见杜甫所作七律，与其他诗人比较，不但数量悬殊，在全部作品中所占比重也最大，故杜甫肯定是应该注意的人物。下面试就刘长卿诗作分体的统计。现存刘诗五百七十九首中，诗体作如下分布[①]：

诗体	数量	百分比
五言古诗	143	27.5
五言绝句	30	5.7
五言律诗	212	40.7
六言绝句	3	0.57
六言律诗	2	0.38
杂言	16	3.7
七言古诗	10	1.9
七言绝句	40	7.6
七言律诗	64	12.3
包括少量五言排律		

从各体诗数量看，当然以五言为最多，占74%。五言中又以五律为多，五律与五言排律的数量，合共超过40%，其五言排律有长至五十韵者，可见长卿擅长有格律的五言诗，他自号“五言长城”，应该指其五言律诗或五言排律而言。

另外可注意的是刘氏有两首六言律诗。当时各家似鲜有此体。六言律诗在音节上不容易解决平仄相间的问题，可能因此作

① 统计资料根据四部备要本《刘随州集》。

者殊少①。这两首诗也许可以说明他对新格律有意尝试，但到底存诗太少，不易作进一步探讨。

至于刘长卿的七言之作，七古数量不多，而间用律句，如：

旧地愁看双树在，空堂只是一灯悬。（《刘随州集》卷九）
白云西上催归念，颍水东流是别心。（《刘随州集》卷十）

即押仄声韵亦喜用律句，如：

树色应无江北秋，天涯尚见淮阳月。（《刘随州集》卷九）
穷巷无人鸟雀闲，空庭新雨莓苔绿。（《刘随州集》卷九）

诸例平仄对偶俱工，颇与王维李颀同调，固是初唐后期至盛唐初期风格，与李杜的七古殊趣。

七绝较七古为多，风格平易，仍近于王李，却没有显著的特色。

七律共六十四首，数量在当时仅次于杜甫。如以百分比计算，则较杜甫尤多（杜甫：10.3%，刘长卿：12.3%）。可见长卿

① 关于六言律诗声律上安排的困难，简论如下：近体诗的格律，要点在平仄两两相间，重在第二、第四、第六三字平仄的配合。第一、二句在声律上须平仄相对，如七律仄声起句当作：仄仄平平平仄仄，平平仄仄仄平平。而第三句须与第二句粘，即须作：平平仄仄平平仄。其第二、第四、第六三字仍属相间。六言律诗则首二句的平仄自须相对，用仄声起句尚不成问题：仄仄平平仄仄，平平仄仄平平。但第三句须与第二句粘，即须作：平平仄仄平仄。其第二、第四两字同为仄声，即不合律诗的大原则。至于用平声起句，则首二句已违背了格律的原则，如刘长卿《苕溪酬梁耿别后见寄》（《刘长卿集》卷八）："清川永路何极，落日孤舟解携。"首句第四第六字同用仄声，次句第四第六字同用平声，已不合近体格律原则，而三四两句："鸟向平芜远近——仄仄平平仄仄，人随流水东西——平平仄仄平平"从每句自身及两句相对的平仄看，非常合律，但第三句跟上句合起来看就说不上粘。可见六言律诗少不了七言律诗中的第五字作缓冲，与七言律的情况很不相同，甚至可说基本不能成律。

其实重视七律创作。

先就其题材内容说，叶教授注意到杜甫以前及同时诗人，七律大都不过是应制酬唱之作，甚有见地[①]。刘氏七律，大抵由于居官未显，却没有应制之篇，而大都属于酬赠之作。这并不是说酬赠之作没有价值，只是诗的功能既有局限，自难有更大的发展。杜甫最成功的七律，如《曲江》二首、《秋兴》八首、《登高》、《咏怀古迹》五首，俱非酬唱之作。不过长卿七律不属于酬唱的，也不算太少，共有十二首[②]。也有些七律没有标明酬赠，但显然有为对方写作之意的，暂未算在十二首之内。又如《见故人李均所借古镜恨其未获归府斯人已亡怆然有作》一首（《刘随州集》卷八），详细表明写作背景，也与当时一般赠答不同。分析至此，我们仍然可以说杜甫是把七律从应制酬赠之作中解放出来的功臣，但刘长卿的表现，也自不宜忽略。

内容方面，我们得承认刘氏七律颇有局限，不如杜甫之开阔深远，集中第一首七律《送卢侍御赴河北》首句云："谪居为别倍伤情。"（《刘随州集》卷八）可以概括他七律的大部分内容。上文已指出他七律主要抒写他"两遭迁谪"的感怀。事实上，长卿无论怀古、赠人，都不忘自伤流落，只有少数七律如《献淮宁军节度李相公》《观校猎上淮西相公》等几首，以称颂功德为主，可算例外而已（《刘随州集》卷九）。

风格方面，刘氏七律的特点在于转折自然，用语平易之中，能够融情于景，糅合一些相关意象，使人低徊不已。兹将最为人所传诵，也可说最成功的三首七律（见《刘随州集》卷九）

① 叶嘉莹《论杜甫七律之演进及其承先启后之成就》，载于《迦陵谈诗》，第313页。

② 这十二首不属酬赠的七律为《长沙过贾谊宅》《登余干古县城》《将赴岭外留题萧寺远公院》《北归入至德州界偶逢洛阳邻家李光宰》《狱中闻收东京有赦》《温汤客舍》《偶得》《三月三日李明府后亭泛舟》《感怀》《上阳宫望幸》《过裴舍人故居》《登松江驿楼北望故园》，各诗见《刘随州集》卷八及卷九。

录下：

长沙过贾谊宅

三年谪宦此栖迟，万古惟留楚客悲。秋草独寻人去后，寒林空见日斜时。汉文有道恩犹薄，湘水无情吊岂知。寂寂江山摇落处，怜君何事到天涯。

登余干古县城

孤城上与白云齐，万古萧条楚水西。官舍已空秋草没，女墙犹在夜乌啼。平沙渺渺迷人远，落日亭亭向客低。飞鸟不知陵谷变，朝来暮去弋阳溪。

自夏口至鹦鹉洲夕望岳阳寄元中丞

江洲无浪复无烟，楚客相思益渺然。汉口夕阳斜度鸟，洞庭春水四垂天。孤城背岭寒吹角，独戍临江夜泊船。贾谊上书忧汉室，长沙谪去古今怜。

总而论之，过贾谊宅致悲楚客，独寻秋草，寒林日暮，更添寂寥，写来异常凄切。登余干城及夕望岳阳，怀旧之意甚深，而不免自伤身世。三诗皆取沧江欲暮之景，前二诗托意秋草，后两诗标出孤城，而牢落之怀，益以见矣。但也可看出三诗意象颇为相似，高仲武评长卿“十首以上，语意稍同”，岂不谓此[①]！大抵独取一诗评衡，长卿未必逊于杜甫，但杜之不可及处，正是有艺术家刻意求变的精神，由《曲江》二首到《秋兴》八首，明显叫人感到曲江江头之一片飞花，与瞿塘峡口之万里风烟，气格大为不同。长卿则但点染平江渺渺，秋水连天之景，虽能配合谪居的情怀，不免略觉单调。统计刘氏七律的取景，秋草计共用七

① 高仲武《中兴间气集》卷下刘长卿评语：“诗体虽不新奇，甚能炼饰。大抵十首以上，语意稍同，于落句尤甚，思锐才窄也。”（《唐人选唐诗十种》第290页）。

次，春草共用五次，其他芳草绿草计有七处[①]。其中秋草多用以衬托谪居的寂寥，可称为贬谪的意象，其六言律诗《苕溪酬梁耿别后见寄》结句云：

惆怅长沙谪去，江潭芳草萋萋。（《刘随州集》卷八）

正好说明芳草与谪居之相关。不过由这些例子，可见长卿并没有努力求变化。

关于长卿七律，尚可略补充一些讨论。他有《赋得》一首[②]：

莺啼燕语报新年，马邑龙堆路几千。家住层城临汉苑，心随明月到胡天。机中锦字论长恨，楼上花枝笑独眠。为问元戎窦车骑，何时返旆勒燕然。

其取材命意，俱似初唐沈佺期《古意》（《全唐诗》卷九十六，第1043页）：

卢家少妇郁金堂，海燕双栖玳瑁梁。九月寒砧催木叶，十年征戍忆辽阳。白狼河北音书断，丹凤城南秋夜长。谁谓含愁独不见，更教明月照流黄。

① 刘长卿用秋草的意象七次如下：秋草独寻人去后、官舍已空秋草绿、秋草不生三径处、故园秋草复如何、乡看秋草归无路、秋来芳草自为萤、多时行径空秋草。春草的意象五次如下：春草雨中行径没、春随草色向南深、春草连天随北望、白马翩翩春草细、晴江洲渚带春草。其他有关草的意象七处如下：草色青青迎建隼、细草青青御路闲、漳水悠悠草欲生、草绿湖南万里情、萋萋藉草远山多、草色青青满江洲、岁岁任他芳草绿。（各诗俱见《刘随州集》卷八至九，诗题不记录。）把长卿这些诗句排列起来看，也许更能理解高仲武“语意稍同”的评语。

② 《刘随州集》卷九。按此诗四部备要本题下有按语云：“一作皇甫冉诗，题作《春思》。”

刘氏此诗是否作于较早期，已无从考定，不过可见他颇有初唐格调。在造句方面，有些对偶句如：

家散万金酬士死，身留一剑答君恩。（《献淮宁军节度使李相公》，《刘随州集》卷九）

对得严谨确切，自异于初唐。至于白描景物之句如：

细雨湿衣看不见，闲花落地听无声。（《别严士元》，《刘随州集》卷九）

写水国春寒，颇为细致，已难分辨初唐盛唐。可注意杜甫有“春水船如天上坐，老年花似雾中看”等句，意境相近①。

大抵长卿不论五律七律，俱以白描为主，亦以白描见胜，而风调较淡流转，殊有韵致，惜鲜震撼人心之力耳。

六

回答了三个问题，我们对刘长卿的时代和创作有了比较清晰的认识，先简要综述如下：

刘长卿的创作时代与盛唐诗人大致相同，李杜高适等人，不能算是他的前辈。他的七律，主要作于谪居之时。七律数量虽不如杜甫，但在全部作品中所占比重，则较杜甫尤大。在创作

① 见杜甫《小寒食舟中作》，《杜诗详注》卷廿三，中华书局1979年版，第2061—2062页。即就此诗而论，“春水”联后接以“娟娟戏蝶过闲幔，片片轻鸥下急湍”，似乎是一片闲适之意，造境尚与长卿诗相近，但杜之结笔：“云白山青万余里，愁看直北是长安。”前面分明说老年连看花也不真切，却可以遥看直北万余里，而用一“愁”字领起，把前面数句的境界逆转，就有震撼的力量，其手法有似于西方批评家所说矛盾语言，这正是刘长卿诗所欠缺的。

上，刘长卿有他的特色，而经营之苦心，不如杜甫，风格也少变化。

刘长卿较多写七律的时候，杜甫在七律的写作上已经有所创新，如在造句方面，善于剪裁和压缩语言，熟练地运用典故，配合格律，刻画一时之所感，构成复杂的意象；在音律方面，杜甫开始尝试作拗律，是近体诗形成以后的重要变革。刘长卿则以平易流畅的语言为主，即对偶亦多用白描构成流水对，没有杜甫那种复合意象。譬如怀古之作，杜甫《咏怀古迹》之三咏昭君云：

群山万壑赴荆门，生长明妃尚有村。一去紫台连朔漠，独留青冢向黄昏。画图省识春风面，环佩空归月夜魂。千载琵琶作胡语，分明怨恨曲中论。（《杜诗详注》卷十七）

杜公在明妃生长之地凭吊其人，起笔带出群山万壑，已具见高格。继叙一去紫台，独留青冢，节奏极速。作者刻意用紫台、朔漠、青冢三个强烈的意象，概括昭君一生，加上黄昏，则渗进诗人凭吊的个人感受。颔联补叙两句，把昭君事迹点明，由遗憾、惋惜，转见明艳、凄凉。最后藉琵琶怨曲，把千载以来世人的感恨发泄出来。杜公咏怀古迹，到底有没有涉及个人身世之感呢？我们不必用迂阔的寄托说去解释，但可以相信没有一首诗没有诗人自己在里面，昭君如能遭遇明主自不必远适朔漠。王安石《明妃曲》“人生失意无南北。”（《临川先生文集》卷四）倒是让我们看到失意之人，或有如昭君之在朔漠，或有如杜公之在荆门，而两者失意之由，主要还是由于不能遇合明主。杜公深致慨于昭君，自非无故。

杜甫此诗怀古的题材和主题，与刘长卿最知名的七律《长沙过贾谊宅》，其实非常相近。试比较两首诗，可以见出杜甫造句的功力。他利用时空交替的意象，配合凝练的语言，寄托了无限惋惜。长卿最为人传诵的两句："秋草独寻人去后，寒林空见日斜时"，申写谪宦心情，营造凄冷的气氛极佳。与杜甫颔联颈联比较，则一平易，一凝练。刘长卿用白描流水对，较之前此诸家，造语愈趋圆熟，深有感人之处，是他对七律的贡献。杜甫则用语更能切合昭君，故读来更富历史感[①]。当然我们不必判别高下，就七律的发展而言，刘长卿的重要不如杜甫是可以肯定的，但我们对长卿的成就，也不宜忽视。

讨论诗人在某一体裁的地位，应该探讨他在此体的创作对当时和后世的影响。《唐诗别裁》卷十四录刘长卿七律十一首，可见沈德潜不是没有注意刘氏七律，不过他先认定长卿是盛唐以后人物，因此有以下评语：

> 七律至随州，工绝亦秀绝矣。然前此浑厚兀奡之气不存。降而君平茂政，抑又甚焉。风会使然，岂作者莫能自主耶！

这当然属迂腐的论调。就诗而论，则工绝秀绝，岂非极致！至所谓"浑厚兀奡之气不存"，纯由胸中横亘盛唐中唐之见。中唐本来就不该与盛唐同调，如果说刘长卿有中唐风调，正说明他能开风气之先。我们知道杜公七律影响极大，中唐走奇僻一派者如韩愈，晚唐走凝练一派者如李商隐，以至宋之江西派，俱受其沾溉。但中唐诗本来有两条路子，其一奇僻艰涩，其一平易流转，前者韩愈贾岛等人属之，后者元白刘禹锡等人属之。这些诗人一般都比杜甫刘长卿晚四十年，显然可算唐诗发展的另一

① 案刘长卿亦有《王昭君歌》（《刘随州集》卷七），为杂言体。其后半云："北风雁急浮云秋，万里独见黄河流。纤腰不复汉宫宠，双娥长向胡天愁。琵琶弦中苦调多，萧萧羌笛声相和。谁怜一曲传乐府，能使千秋伤绮罗。"诗中也利用胡天、汉宫的意象，最后同样寄意琵琶苦调，而用语终不如杜诗之凝练。当然杂言古体不比七律，但杜诗尾联："千载琵琶作胡语，分明怨恨曲中论。"足以概括刘氏末四句而有余。

个阶段。如果说杜甫对前一派大有影响，则刘长卿可说下开后一派[①]。如刘禹锡也以怀古之作见长，最著名的有《石头城》七绝和《西塞山怀古》七律，兹录二诗于下：

山围故国周遭在，潮打空城寂寞回。淮水东边旧时月，夜深还过女墙来。（《全唐诗》卷三六五）

王浚楼船下益州，金陵王气黯然收。千寻铁锁沉江底，一片降幡出石头。人世几回伤往事，山形依旧枕寒流。从今四海为家日，故垒萧萧芦荻秋。（《全唐诗》卷三五九）

此二诗有似于刘长卿《登余干古县城》。不独淮水东边之月色，与楚水西头之落日，遥相映衬，其中人世之改换，陵谷之变迁，既为二家之所同慨，而秋草空余，女墙犹在，山形依旧，芦荻萧萧，其意境尤为相近。刘禹锡其实也善于使用平易的语言，构成调和而易于感人的意象，这种手法，可说刘长卿已开其端。

尚可一提的，是文学史上或以刘长卿与钱起合称钱刘。沈德潜在《唐诗别裁》卷十一钱起《和万年成少府寓直》诗下加按语云："钱刘以下，专工造句。"关于钱起生卒年，难于确考，但钱氏事迹最为后世所知的是他参加进士试时赋《湘灵鼓瑟》一诗，诗末二句："曲终人不见，江上数峰青。"（沈德潜

① 就这两派诗人的生卒年看，如韩愈（768—824）、贾岛（779—846）、元稹（779—831）、刘禹锡（772—842），无论怎样看，刘长卿都是这些诗人的先辈。英国学者格雷安说过韩愈意识到唐诗的高峰已成过去，因此不冀求与李杜齐驱，而有意走不同的道路。（见 A.CGraham，Poems of LateT’ang，Penguin Books，1965，P.71）指出韩愈有意别辟新途，诚能把握唐诗发展的脉络，但韩愈刻意营造奇诡怪异的意象，与其说有意跟杜甫立异，不如说是跟刘长卿诗风最为分歧的地方。事实上，在8世纪中叶，即740—770之间，唐代诗坛上杜甫和刘长卿诗风应该属于不同的两派，在当时杜甫恐怕还不能算是主流。

《唐诗别裁》卷十一）一时传为绝唱。据现存资料，可知钱氏进士及第之年为天宝九载，可能只略晚于长卿，肃宗乾元年间（758-760），钱氏任蓝田县尉。蓝田在长安附近，王维有别业在其地，钱氏乃得时相遇从，有诗酬答。王维晚年山水诗风，可能对钱氏有所影响[①]。可见钱刘并未晚于李杜王维多少，诗风的流变，也不是那么容易能够顺着线性的发展划分的。沈德潜的评语，意味着钱起改变了盛唐杜甫的风格，但是我们能不能说，正由于杜公作风异于钱起，故省试时钱起有句传诵一时，杜公却不能及第呢？[②]类似的问题，文学史家也许未暇细论，这里尝试略作分析，或能对读唐诗者提供一点参考吧。

（原载《唐代文学研究》第4辑）

① 傅璇琮《钱起考》，见《唐代诗人丛考》第423-433页。

② 沈德潜谓钱刘以下，专工造句，当指钱氏《和万年成少府寓直》诗中“一叶兼萤度，孤云带雁来”二句。这一联固然对得尖巧，但杜甫五律中有些对句如，“片云天共远，永夜月同孤”（《江汉》），“野径云俱黑，江船火独明”（《春夜喜雨》）。与钱氏相较，何尝相去太远？大抵论诗者总希望在讨论诗歌发展的时候，把时代和风格截然划分，这其实不易为之，往往显得牵强，而且有欠全面。

刘长卿与唐诗范式的演变

◎蒋 寅

刘长卿（726？—787？）是大历时期最出名的诗人[①]。他的诗歌创作一方面保留着盛唐的范式，一方面又最显著地体现出大历诗风的主要特征，可以说是盛唐诗向大历诗过渡的桥梁。他的诗中留下了唐诗范式演变的轨迹，值得我们去做深入细致的研究。但就目前的研究成果来看，刘长卿创作中某些较根本的问题似乎还未得到应有的说明。

刘长卿诗，古人评价一直很高，而且随着时代推移，越来越高。薛雪《一瓢诗话》至称其“得意处竟可与少陵索笑”；卢文弨《刘随州文集题辞》谓“子美之后，定当推为巨擘”，都可以说是推崇备至。但具体到对刘长卿诗歌艺术的评论，古人的议论便不免浮泛。有人说“刘长卿最得骚人之兴，专主情景”（《唐音癸签》卷七引《吟谱》），有人说他“工于铸意，巧不伤雅”（沈德潜《唐诗别裁集》），又有称其诗“多兴在象外”，“有余味不尽之妙”（方东树《昭昧詹言》卷十八）。古人读诗着眼于欣赏，只读大家而忽略小家，所以在评论具体作家时往往因缺乏范式的比较而不具有历史感。这些从欣赏角度得出的结论只能成为类型化判断中的程度说明，若将它们认作个性化的特征

① 刘长卿的生卒年学术界有不同说法，本文据储仲君先生的考证定其生年，据笔者自己的考证定其卒年。详笔者《刘长卿生平再考证》。

说明就变得大而无当。房日晰先生《刘长卿诗的艺术特色》一文综合上述古人意见，说："刘长卿的诗之所以'工于铸意，巧不伤雅'，就在于写情景交融的画面时，主观情绪与客观景物配合极为工巧，二者浑然一体，无迹可寻，几乎达到了独至的境地"。"所谓'专主情景'，是说他在处理情与景的关系上，得诗的三昧，高人一筹。他不是为写景而写景，也不是孤立的抒情，而是能够寓情于景，借景抒情，从而达到'含不尽之意如在象外'，在诗的意境中饱含了诗人爱憎分明的感情。"[①]这样的结论固然不能说不对，但却是以类型代替了个性，将中国古典诗歌的一般美学品格像贴签条似的贴到诗人脸上，使他独自的面目反而被遮掩起来。相比之下，更早发表的卞孝萱、乔长阜二先生的《刘长卿诗初探》一文倒切实地勾勒出诗人一生创作的大致趋向，指出了他玄宗朝游学赴举、肃代两朝两遭贬谪、德宗朝官至郡守三个阶段创作的不同成就和特点。[②]不过，该文对刘长卿作品的系年还不够细致，使得一些论断留有推敲的余地。总之，我认为刘长卿诗在艺术方面如同在生平方面一样，还留有许多值得细加考究的地方。

一、对"五言长城"的叩审

我想先以"五言长城"说起。这是刘长卿的得意之处，也是后人乐于称道的美谈。其实诗人对于自己的作品并不是最权威的裁判，刘长卿自许"五言长城"，只能认为是他平生最喜欢五言，在上面倾注了最大的努力，而实际成就是否像他认定的那么高就很难说了。

① 《求是学刊》，1984年第4期。

② 《社会科学战线》，1982年第4期。

刘长卿早年偏爱写篇幅较大的诗型如五古五排。《全唐诗》卷一百四十八至一百五十三卷所收的五言长篇，大都作于大历元年以前。这些作品总体上可以说语句稳妥、叙议得当，但结构方面却不免有意脉不清的毛病。请举几例：《罢摄官后将还旧居留辞李侍郎》（5.1551）[①]末云："世难慵干谒，时闲喜放归。潘郎悲白发，谢客爱清辉。樗散材因弃，交亲迹已稀。独愁看五柳，无事掩双扉。世累多行路，生涯向钓矶。榜怜溪水碧，家羡渚田肥。旅食伤飘梗，岩栖忆采薇。悠然独归去，回首望旌旗"。按：此诗前段叙己之蹭蹬穷厄，中段赞李之文才武略，末段陈告归留别之意。本来自"世难慵干谒"以下即领起归隐之意，"世累"一联的重复已属无谓，而"旅食"两句更在顺叙中忽然插进一联分叙，使意脉变得复沓紊乱。刘勰说"若瘠义肥辞，繁杂失统，则无骨之征也"（《文心雕龙·风骨》），正是指的这种毛病。

《奉寄婺州李使君舍人》（5.1548）先赞扬李纾牧婺的政绩，然后叙己之困顿云："永日空相望，流年复几何。崖开当夕照，叶去逐寒波。眼暗经难受，身闲剑懒磨。似鸮占贾谊，上马试廉颇"。（下略）按："永日"句领起的是对自身状况的描写，而紧接"崖开"两句却是写景，即使"叶去"句含有某种象征意味，也使叙述中心偏离了意脉。尤其是这两句写景与前半段末联"天清婺女出，土厚绛人多"两句离得太近，在阅读中很容易造成一种呼应关系，使"永日空相望"的提示作用消解，结构的标志归于无形。《至德三年春正月时谬蒙差摄海盐令……》（5.1555）前段叙安禄山叛乱："天上胡星孛，人间反气横。风尘生汗马，河洛纵长鲸。本谓才非据，谁知祸已萌。食参将可

① 题中李侍郎原作李侍御，误。李侍郎，李希言也，时以礼部侍郎领江东采访使。诗云"青春发礼闱"谓此。本文所引刘长卿诗均据中华书局25册本《全唐诗》，只注册、页数。

待，诛错辄为名。万里兵锋接，三时羽檄惊。负恩殊鸟兽，流毒遍黎氓。朝市成芜没，干戈起战争。人心悬反覆，天道暂虚盈。略地侵中土，传烽到上京。王师陷魑魅，帝座逼欃枪。”按：“人心”一联是安史叛乱引起的社会效应和对它的哲学解释，这两层意思本应是在叛乱过程的全部描述后交待的，现在插在过程中间，无形中就使叙述中心偏离了意脉，从而使“略地”句的承接出现了裂缝。

以上诸例还可以说是细节问题，而《题冤句宋少府厅留别》（5.1551）一诗仔细分析就应该说是不成功的作品。

宋侯人之秀，独步南曹吏。世上无此才，天生一公器。尚甘黄绶屈，未适青云意。洞澈万顷陂，昂藏千里骥。从宦闻苦节，应物推高谊。薄俸不自资，倾家共人费。顾予倦栖托，终日忧穷匮。开口即有求，私心岂无愧。幸逢东道主，因辍西征骑。对话堪息机，披文欲忘味。壶觞招过客，几案无留事。绿树映层城，苍苔覆闲地。一言重然诺，累夕陪宴慰。何意秋风来，飒然动归思。留欢殊自惬，去念能为累。草色愁别时，槐花落行次。临岐仍把手，此会良不易。他日琼树枝，相思劳梦寐。

按：此诗前六联写宋少府的器质道义，次四联叙己潦倒之况，再次三联述宋少府之款待，末五联抒别情，层次分明。但第三层六句内部却理致紊乱，经不起推敲。“壶觞”句引出款待的主题，接下去应该写宴饮之乐，却冒出一句称赞宋少府吏干的“几案无留事”，“绿树”一联随之而来，把话头折回第一层次；一直到“一言重然诺”再现“应物推高谊”三句的意思，才又返回饮宴的主题，简直像奏鸣曲式的再现部！这种局部的紊乱，由于隐藏在整体结构的有序中，一般不太显眼，不易为人察觉，但它在细致的解读中就暴露出了意脉上的缺陷。

以上各例，考究起来都属于“炼意”环节的毛病，而且都出于长篇作品。这样，我们就有理由说，刘长卿在缔构长篇作品时，尽管有建立通篇结构、计划内容层次的才能，却还欠缺控制思维逻辑、把握意脉流向、理顺表述程序的功力。揭示出这一点，高仲武对刘长卿的评价——“思锐而才窄”，就由抽象变得具体了。“思锐而才窄”，基本涵义应是敏于感受，拙于表现；而就五言长篇的具体情况来说，则意味着不能控制自己的思维意向，使作品的内容体现出有机的一致性即完整、连贯、清晰的意脉。这是功力不足的表现，原因只能归结于他的年轻。长篇五古、五排本是需要具备深厚的艺术功力，比如像杜甫那样，才能做得好的。杜甫的五古五排虽然也有个别拙辞累句，但那是修辞的问题，像城墙某些砖块上的毛病，不会影响到墙的整体。而炼意的问题，却好比城墙上的裂纹，孕藏着整体的危机。所以刘长卿的“五言长城”实在不像他自以为的那么坚稳，倒是他的五律确实写得工稳妥贴，风韵天然，可以目为“五言短城”。权德舆《秦征君校书与刘随州唱和诗序》（《文苑英华》卷七百一十六）云：“（长卿）尝自以为五言长城，而公绪用偏伍奇师攻坚击众，虽老益壮，未尝顿锋。词或约而旨深，类乍近而致远。”今秦系集中与刘长卿唱和诗只存一首《耶溪书怀寄刘长卿员外》，而刘长卿集中赠秦系之诗存三首五绝，两首五律，一首七绝。看来所谓“偏伍奇师”就是五言长篇以外的这些诗型，秦系欲以之扬长克短，殊不知恰好撞到刘长卿的枪口上了。

二、对“思锐而才窄”的检讨

“思锐而才窄”的涵义，我们才提取了一小部分，现在我们要进一步追索它的全部内涵。在《中兴间气集》中，高仲武是根据如下的评估来下判断的：“（长卿）诗体虽不新奇，甚能炼饰。大抵十首已上，语意稍同，于落句尤甚。”他首先指出的是长卿诗体“不新奇”，这个“新奇”作为审美范畴来分析是可以划出层次的。开天诗人追求新奇，表现在构思取意的奇巧上；元和诗人追求新奇，表现在语意、意象的新颖怪异上。两者只要占其一就能显出新奇的特征。刘长卿诗体不新奇，只能说明他在这两方面都没显示出努力的迹象。既不是惊涛裂岸，也不是曲涧通幽，那么就只能是一条平缓的河。然而，这仅仅是“思锐而才窄”的结果吗？我想我们不妨把敏于感受、拙于表现的基本涵义重温一下，也许能发现一些可以置换的东西。比如把思锐——敏于感受置换为自我意识强，情绪化倾向明显，把才窄——拙于表现置换为取材狭隘，语、象单调。这立刻就将赋予高仲武的评语以全新的解释。

刘长卿的确是个自我意识极强、同时属于情绪强烈型的人。他对自己生存境遇的关心远胜于关心身外一切的总和。在他的诗中，个人的情绪永远是表现中心，其他事物都处于从属地位。同时，由于这种个人的情绪强烈到已很难作为一种心境来描绘，所以它们总是作为概念，通过表情词直接地加以表达。其中，“惆怅”（41例）和“愁”（59例）、“怜”（60例）是出现频度最高，给诗人的作品打上某种情感类型的烙印的词。此外还有“怨”（12例）、“悲”（27例）、“伤”（24例）、“恨”（15例）、“羡”（11例）、“恋”（7例）、“忧”（18例）、“寂寞”（11例）、“惜”（6例）等，也是出现较多的表情词。如此众多的表情词，从积极性的“羡”“恋”到消极性的“怨”“恨”；从程度较轻的“惜”“忧”到程度较重的“伤”“愁”；从瞬间性的态度“怜”到持续性的心态“惆怅”“寂寞”，都指向一种悲剧性命运笼罩下的生存体验，汇聚成诗人特定的感情基调。

伫立伤今古，相看惜解携。（《长沙桓王墓下别李纾张南史》，5.1495）

积雨悲幽独，长江对别离。（《雨中过员稷巴陵山居赠别》，5.1491）

横笛能令孤客愁，渌波淡淡如不流。（《听笛歌》，5.1575）

古今堪伤，解携苦惜，积雨增悲，横笛惹愁，不同时间、不同空间中的一切，无论是自然的、社会的，都是那么令人哀伤！诚如千帆先生所指出的，大历诗人就是生活在这样“一个从恶梦中醒来却又陷落在空虚的现实里，因而令人不能不忧伤的时代。”[①]而刘长卿因为自身的遭际较之他人更深沉地感受到命运的压迫。于是作为对人生世事之回味的惆怅情绪和悲悯态度就突出地成了诗中表现的中心。诗人的“惆怅”包含了深广的内容，而“怜”又包括了纷繁的主体和对象——这是诗人对自身及自身所属群体的共同命运的悲哀、对世道的悲哀。

本来，刘长卿并不是个爱用自白的方式直抒胸臆的诗人，他现存诗中几乎没有感遇咏怀式的作品。像同时代的大多数诗人一样，他习惯于在具体的事件和生存境况中捕捉并表现自己的生活体验。但不同的是，他的情绪化倾向太强烈。以致他在过于关心情绪表达的同时都懒得付之以精细的玩味，诗中的情绪总是以粗线条、类型化的定势出现。情绪的泛滥，使他抒情诗的整个创作方式、作品中所展现的境界都具有明显的写意特征。也就是说，在主体情感被突出、被强化地表现的同时，客观事象、物态却丧失了它们的本体性存在，成为程式化的东西。这最明显的当然表现在意象的选用上。刘长卿诗中，一些意象出现得相当频繁，如芳草（青草、草色，75例）、白云（54例）、青山（36

① 《唐诗鉴赏辞典·前言》，上海辞书出版社，1983年版。

例）、夕阳（落日、斜晖，45例）、潮水（33例）等，另外，还有像沧洲、落叶、柳色、莺声、流水、飞鸟、钓竿、孤云、明月等词也层出不穷。它们在诗中的功能，象征性、隐喻性远大于描述性和写实性。这些词往往有经典性的出处，所以在诗中出现时总附着原典的意指，而这意指对作品的意义要远大于物象本身。于是一个个物象几乎就成了某种情绪类型的代码。就拿青山来说，谢朓名篇《游东田》有“不对芳春酒，还望青山郭”两句，后世遂以青山为故乡故居之代称。刘长卿《重送裴郎中贬吉州》（5.1556）云：

猿啼客散暮江头，人自伤心水自流。同作逐臣君更远，青山万里一孤舟。

《将赴南巴至余干别李十二》（5.1559）云：

江上花催问礼人，鄱阳莺报越乡春。谁怜此别悲欢异，万里青山送逐臣。

虽然两诗题旨有伤人与自伤之别，但都用青山作点缀，寄托自己的悲哀之情。“青山”在这里仿佛成了个现成的脸谱，早已涂好一定的感情色彩。换句话说，它作为与人事相对的自然意象，被诗人赋予了一种人格化的情感倾向，成为作者（或赠诗对象）友情和同情的象征，而它本身作为自然物或观赏对象的存在属性却被抽空了。《更被奏留淮南送从弟罢使江东》（5.1501）诗写道：

又作淮南客，还悲木叶声。寒潮落瓜步，秋色上芜城。王事何时尽，沧洲羡尔行。青山将绿水，惆怅不胜情。

广德元年（763）秋，结束贬谪生活正打算北归的刘长卿又被表奏留在扬州，任淮南转运留后。值堂弟使毕还朝，长卿向他述说了不遂北还之愿的惆怅心情。在这里，不仅“惆怅”是我们熟悉的表情词，“木叶”“寒潮”“沧洲”“青山”也是他诗中最常见的名物。它们在此作为写实的对象出现，但实质上却充当着象征意义的载体，通过本身积淀的情绪内容传达作者的心情，因此可以说是被程式化地对待的东西。由此我们是不是可以说，长卿在着力表达个人情绪的同时，无形中忽略了对客观对象的直觉把握呢？

三、写意特征与程式化的倾向

我们知道，程式化倾向是中国古典艺术在表现上的基本特征之一。在传统写意画中，因突出表现主体意识的需要，物象被抽象化地描绘，成为主体精神的象征。当苍山平湖，劲竹老梅，被作为一种人格、一种心境的物化形态来表现时，它们完全是由过滤掉具体感觉的、类型化的、固定的笔法来描绘的。这正是“写意”的特征。写意总是与程式化或曰类型化联系在一起。刘长卿诗的写意性质，决定了他诗中的物象必将带有程式化、类型化的特征，丧失个性化的感觉色彩。且看他笔下的“潮水”：

正落寒潮水，相随夜到门。（《送张十八归桐庐》，5.1480）

雁还空渚在，人去落潮翻。（《送子婿崔真甫李穆往扬州四首》之三，5.1481）

独过浔阳去，潮归人不归。（《和州送人归复郢》，5.1486）

旧路经年别，寒潮每日回。（《酬秦系》，5.1488）

九江春草绿，千里暮潮归。（《送李二十四移家之江州》，5.1498）

以上几例写潮水，虽指称各不相同，但一无例外地是将它作为人的旅行之对照物来写的，它不是一种出于记录动机的写实，而是出于表现动机的虚拟性的设计。换言之，它们在诗中不是充当材料，而是具有结构的意义。它们作为人——物对照结构的一方，意义只在于映衬人的活动。这样，它们作为自然景观的感性形象和自然属性就变得无关紧要了，事实上诗人也的确将其忽略，使它们沦为丧失感觉内容的概念，于是当它们出现在相近题材的作品中，与相似的情境联系起来时，就很容易带来概念化、公式化的后果——雷同。

以上所论仅仅是“潮水”，而刘长卿诗中尚有众多的“白云”“芳草”“秋风”“夕阳”……它们一次次反复地出现在诗中，将造成什么后果：那当然是高仲武说的“诗体虽不新奇，甚能炼饰”。程式化、概念化的表现由于剔除了新鲜的感觉内容，自然会“不新奇”；但同时却因运用纯熟，而又会显得“炼饰”。除了早年作的五言长篇外，纯熟圆滑正是刘长卿诗的基本特征。结体安稳，造语妥帖，永远不会出现让你不舒服的句子，同时也不会出现让你惊异的意象和句法，像河滩上被流水磨光的鹅卵石，圆滑光洁，粗糙的感觉没有了，但纹理奇异、棱角分明的个性特征也随之丧失了。可以肯定地说，刘长卿诗的“炼饰”是与“不新奇”有关的。“不新奇”是程式化的表现方式的结果，而程式化的表现方式又受写意的艺术意志的制约。明乎此，我们就不能简单地把刘长卿诗体的不新奇归之于“思锐而才窄”，而更应该强调他所属的那个时代的艺术意志的作用。

写意及由此决定的程式化倾向客观上给刘长卿诗带来两个明显的结果。一是某些反复出现的意象程式与诗中特定的感情基调相交融，形成其诗整体上给人的冷落、衰飒的风格印象。储仲君先生称刘长卿“秋风夕阳的诗人”①，可以说极准确而深刻地把握住了刘长卿的精神风貌。

万里通秋雁，千峰共夕阳。（《移使鄂州次岘阳馆怀旧居》，5.1500）

寒渚一孤雁，夕阳千万山。（《秋杪江亭有作》，5.1494）

山含秋色近，鸟度夕阳迟。（《陪王明府泛舟》，5.1498）

帆带夕阳千里没，天连秋水一人归。（《青溪口送人归岳州》，5.1563）

秋草独寻人去后，寒林空见日斜时。（《长沙过贾谊宅》，5.1566）

这些脍炙人口的名句为刘长卿打上了清秋和黄昏的底色，使人提起刘长卿就想到寒雁、秋风、落叶、夕阳，并由此回味起那暮色和秋意中的萧瑟情调。程式化的表现虽然达不到感受印象的新鲜和细腻程度，但却能强化风格，增强总体效果。

程式化带来的另一个后果就是意象的陈熟老化。程式化必然造成雷同，已由潮水的例子证明。其实不光意象，推而广之，艺术表现的一切方面都可能由于程式化而产生雷同。日本学者高桥良行曾分解《重送裴郎中贬吉州》一诗，以句为单位举出长卿诗中若干语意相近的例子，说明长卿创作中的雷同现象。如“人自伤心水自流”一句就有“惆怅离心远，沧江空自流”“临水自伤流落久，赠君空有泪沾衣”“青青草色满江洲，万里伤心水自流”“洛阳举目今谁在，颍水无情应自流”，等例与之相

① 《秋风夕阳的诗人——刘长卿》，《唐代文学研究》第3辑，广西师范大学出版社1992年版。

似。“青山万里一孤舟”一句，他更举出十三联意思相似的诗句，揭示出刘长卿在诗语选择与组织上的落套[①]。现在我要举出长卿诗中直接重复的例子来进一步说明这一点。五古《晚泊湘江怀故人》，（5.1522）云：

天涯片云去，遥指帝乡忆。惆怅增暮情，潇湘复秋色。扁舟宿何处，落日羡归翼。万里无故人，江鸥不相识。

五古《桂阳西州晚泊古桥村主人》，（5.1539）前八句云：

洛阳别离久，江上心可得。惆怅增暮情，潇湘复秋色。故山隔何处，落日羡归翼。沧海空自流，白鸥不相识。

再看五古《晚次湖口有怀》，（5.1539）前八句云：

霭然空水合，目极平江暮。南望天无涯，孤帆落何处？顷为衡湘客，颇见湖山趣。朝气和楚云，夕阳映江树。

五古《夕次檐石湖梦洛阳亲故》（5.1539）前八句云：

天涯望不尽，日暮愁独去。万里云海空，孤帆向何处？寄身烟波里，颇得湖山趣。江气和楚云，秋声乱枫树。

这两例不同于一般的雷同，我怀疑它们是同一作品的初稿与修改稿。而以下的例子则显然是无意识的雷同：

① 《论刘长卿诗的表现》，《中国文学研究》第 8 期，早稻田大学中国文学会 1982 年 12 月版。

行客千万里，沧波朝暮流。（《金陵西泊舟临江楼》，5.1531）

碧草千万里，沧江朝暮流。（《送姚八之句容旧任便归江南》，5.1537）

向日三千里，朝天十二楼。（《送李补阙之上都》，5.1508）

驰驲数千里，朝天十二楼。（《送贾侍御克复后入京》，5.1530）

万里依孤剑，千峰寄一家。（《赠元容州》，5.1534）

长安万里传双泪，建德千峰寄一身。（《送耿拾遗归上都》，5.1564）

漂泊日复日，洞庭今更秋。白云如有意，万里望孤舟。（《上湖田馆南楼忆朱宴》，5.1536）

漂泊日复日，洞庭今更秋。青枫亦何意，此夜催人愁。（《杪秋洞庭中怀亡道士谢太虚》，5.1537）

空使沧洲人，相思减衣带。（《送史判官奏事之灵武兼寄巴西亲故》，5.1533）

从此日相思，空令减衣带。（《严子濑东送马处直归苏州》，5.1533）

此中无处不堪愁，江客相看泪如雨。（《入桂渚次砂牛石穴》，5.1578）

扁舟泊处闻此声，江客相看泪如雨。（《湘中忆归》5.1579）

对这些雷同，我一时还找不到合理的解释。古人集中的诗句雷同情况不一样，最常见的是重复自己得意的句子，如许浑、陆游那样。但刘长卿上述诗句与段落并不算出色，如果不是因两篇作品写作时间相隔太久而无意巧合的话，那么就是懒于创造，拆旧砖造新屋。高仲武说长卿诗大抵十首以上，语意稍同，于落句尤甚。据现存刘长卿诗观之，结束句语意雷同的例子并不多见。看来我们所接触的还只是一部分事实。这部分事实同意脉方面的毛病一样，也局限在五言、主要是长篇中。它再次让我们对“五言长城”的可信赖程度表示怀疑。

四、范型演变的轨迹

强烈的情绪化倾向导致写意性质，写意性质又带来程式化的特征，最终导致刘长卿诗在意象上象征性超过描述性、类型化超过个性化乃至趋于陈熟雷同的结果。这是上文通过分析得出的结论。这一结论它足以解释高仲武的论断中所包含的合理成分，但还决不足以概括刘长卿的全部创作。也许应该说，上述结论只适用于抒情诗的范围。刘长卿是个精神专注的诗人。他在抒情的时候固然十分投入，沉浸于情绪的表达，以致忽略对意象本身进行雕琢和经营；而在专门写景的时候，他也妙运意匠，极貌写物，穷力追新。我们有理由说，他是清楚地把抒情与写景这两种处理不同对象的表现机能分开的。因为刘长卿集中有数量超过大历任何诗人的山水景物诗，并且在这些诗中抒情机能完全是被压抑的，正像在抒情诗中写景机能被压抑一样。

刘长卿早年有极纯粹的风景诗，《龙门八咏》我认为就是乱前的作品。这组诗以《阙口》《水东渡》《福公塔》《远公龛》《石楼》《下山》《水西渡》《渡水》为题，描写龙门的古迹和游览所见。其中一、三、四、五诸篇写物，余四篇写人，而无论写物写人，作者都是站在客观的立场上来描绘：

山叶傍崖赤，千峰秋色多。夜泉发清响，寒渚生微波。稍见沙上月，归人争渡河。（《水东渡》，5.1523）

日暮下山来，千山暮钟发。不知波上棹，还弄山中月。伊水连白云，东南远明灭。（《渡水》，5.1524）

两诗一写人，一写己，虽含有主观感觉的传达（清响、不知），但诗的中心是在表现渡头的秋色、月华和归人。前诗让人联想到孟浩然的《夜归鹿门歌》，后诗则显然是脱胎于谢灵运《石门岩上宿》的"暝还云际宿，弄此石上月"。在这样的诗中，景物本身成为表现的对象，人物则是观赏的主体，两者处于一种并峙的关系上。后来频繁出现的"白云"在这里也只是纯粹的描述意象，不具有任何象征寓意。换言之，诗中的一切都是被观照的对象，而不是表现的媒介。作者的感受、心境只能由读者根据那些对象，用一种推己及人的态度去间接体会。这，不是意味着表现机能的压抑吗？

《湘中纪行》十首是另一组写山水景物的组诗，其写作年代尚不易确定。这组诗因是纪游诗，在描写山水风物的同时还叙述作者的行止，无疑应有更多的主客体之间的交流。然而我们发现，作者在描写湘中景物时，仅融入了相应的神话内容，而不注入主体的感情色彩。唯一的一次情绪流露是在《赤沙湖》（5.1520）中："茫茫葭菼外，一望一沾衣。秋水连天阔，涔阳何处归？"这是因感物而引起的归思的直接表达，景物在诗中仅是归思的起因而非归思的表现，写景的机能并未因抒情而压抑。一般的情况，则以《浮石濑》（5.1520）为代表：

秋月照潇湘，月明闻荡桨。石横晚濑急，水落寒沙广。众岭猿啸重，空江人语响。清晖朝复暮，如待扁舟赏。

诗中的景物都保留着直觉的原初印象，末句表现主观感受也是用拟似语态表达出来，可以说是把写景机能发挥到最大限度，而表情机能则受到严格的压抑。这与前文指出的程式化表现因象征性突出所指，使写景机能萎缩、表情机能增强——的倾向恰好截然对立，应该说是两种表现范式。由《湘中纪行》这组诗可以看出，诗人不是没有写景的才能——范晞文《对床夜语》便称赞这组诗“皆胜语”，“读之使人飘飘然有凭虚御风之意，谓其思锐才窄，不亦诬矣”——关键是在写景时受什么艺术意志支配。

我在《大历诗风》中曾指出，盛唐诗人把握客观的方式仍是谢灵运式的，诗中的景物仅作为客观对象呈现在读者面前，尚未成为主观情愫的载体而被安排布置。无论是在李白式的奔放飞动的诗中，还是在王维式的幽远宁静的诗中，景物就是景物，它们不表现什么，仅以感性之美见赏于诗人。因此，在描写自然的作品中，整个观照及表现就分为两个步骤：一是客观性的景物，二是主观性的感触，刘长卿的山水诗正保留了这一特征。如果说从上述短篇作品尚不能清楚看出两个步骤的话，那么《关门望华山》（5.1542）、《奉陪萧使君入鲍达洞寻灵山寺》（5.1542）、《登扬州栖灵寺塔》（5.1543）、《自紫阳观至华阳洞宿侯尊师草堂简同游李延陵》（5.1547）、《游四窗》（5.1580）等长篇古诗就明显呈现为先景后情，随物兴感的范式。诗人在描绘登眺游历所见之后，抒发即时感想：“徘徊未能去，畏共桃源隔”；“向暮期下来，谁堪复行役”；“对此脱尘鞅，顿忘荣与辱”。这正是盛唐人所谓的“兴于自然，感激而成”。自然与感激——景与情分离并峙，构成诗歌表现的两个内容，而不是融为一体。应该肯定，在山水诗中，景的表现当然是主要内容。盛唐人本来就是把抒情与写景这两种表现机能分别使用的。他们的抒情（或言志）通常是借“感遇”“咏怀”式的诗体来实现。刘长卿区分抒情与写景的机能意味着他继承了盛唐的范式。但不同的是，他的抒情已不再借助于感遇咏怀的方式，而已转向以象征为主的写意方式，达到后来成为中国古典诗歌基本性格的情景交融的境地。据我研究，情景交融是到大历诗歌中才定型的。[①]从这一点上说，刘长卿正是由盛唐范式过渡到大历范式即胡应麟所谓“自成中唐与盛唐分道”（《诗薮》内编卷五）的承前启后的人物。也正因此，他的诗里才醒目地存在着两种范式并行不悖的奇妙现象。在他之前，开天诸公抒情、写景分离，咏怀之作与状景之作截然二途；在他之后，大历诸子抒情、写景融合，咏怀之作与状景之作难以区分，所谓山水诗与山水诗人也难以寻觅。

大历诗的基本特点可以说是抒情机能与写景机能的互相渗透：抒情诗中突出描述意象，写景诗中强化表情手段。刘长卿的写意方式及程式化倾向，其实是大历诗提高抒情性的极端表现。凡事极端化总是很危险，程式化的象征意象最终导致艺术表现的单调、僵化与雷同。单调、僵化与雷同绝对是与艺术的赋性相悖的，作为诗人，刘长卿不可能不意识到这一点，大历诗人们也一样。所以他们都在摸索以拟人、烘托、移情等各种手法来丰富艺术表现形式。而刘长卿，当他摆脱程式的束缚，进入自由创造时，便能写出极清新动人的作品，如脍炙人口的《碧涧别墅喜皇甫侍御相访》（5.1482）：

荒村带返照，落叶乱纷纷。古路无行客，寒山独见君。野桥

① 参看《大历诗风》第六章“感受与表现”；《走向情景交融的诗史进程》，《文学评论》1991年第1期。

经雨断，涧水向田分。不为怜同病，何人到白云。

诗中景语与情语的比例决定了它将通过景物描写来表达感情。尽管“返照”“落叶”“白云”都属于程式化的表现，但与“荒村”“古路”“寒山”“野桥”“涧水”等意象结合起来，就渲染出一重萧条寒凉的氛围，从而烘托出自己荒村僻居的孤寂之感，使皇甫曾相访的厚意和相聚的喜悦显得更加珍贵。若推敲起来，这首诗的动人，与其说是在“白云”之类象征意象的寓意，不如说是在“古路”“野桥”等描述意象的适当渲染。描述意象的新鲜感及由此产生的“陌生化”效果，永远是诗歌魅力的根源。不仅五律如此，七律也是如此。

五、刘长卿七律的历史地位

对于自称“五言长城”的刘长卿来说，他对五言不用说比七言自视更高。但经我们前文对他五言的一番叩问之后，他“五言长城”的信誉已大打折扣，这样七言的相对地位自然上升。同时，我们注意到，刘长卿现存七律63首，在全部518首作品中占12%，这一比例不仅超过沈、宋、高、岑、王、李等盛唐大家，甚至也超过七律巨擘杜甫（杜甫1458首诗中七律151首，占9.6%）。由此可见，他在七律上所下的功夫非同一般。而后人对刘长卿的七律也甚为看重，比如宋人范晞文就说，人知刘长卿五言，不知刘七言亦高（《对床夜语》卷三）。明代高棅《唐诗品汇》论七律，以王维、李颀为正宗，杜甫为大家，刘长卿为接武，王渔洋许为“确不可易”（《师友诗传录》）。渔洋教弟子，也说“七律宜读王右丞、李东川，尤宜熟玩刘文房诸作”（《然灯记闻》）。今人杜水封《随州七律赏析》、邓仕梁《刘长卿在唐代七律发展中的地位》二文，则显示出现代唐诗学者对刘长卿七律的重视。[1]邓先生根据叶嘉莹女士对杜甫七律的分期，将刘长卿七律作为与杜甫七律第三、第四期（从纯熟完美走向老健疏放、体分正变）相当的作品来讨论，首先确定了刘长卿七律在唐代七律发展中的承前启后的位置。在此基础上，我们可以更深入地探讨刘长卿七律创作的一些问题。

叶嘉莹女士已指出，杜甫之前及同时的诗人，七律作品大都是应制酬唱之作，只有杜甫才把七律从应制酬赠中解放出来，赋予广阔的社会生活内容[2]。事实上，赵昌平先生的研究表明，七律这一诗型正是在初唐的一系列游宴应制诗会中逐步完成的。[3]匀称的结构，适当长度的句节，很适宜表现典丽庄重的内容和描述性的对象；中两联对仗又充分提供给作者施展才能的机会。所以，七律以一开始就成为应制酬赠专用的诗型，并在后代用于步韵、唱和等充满竞争意味的场合，是毫不奇怪的。杜甫因居台阁日短，在《早朝大明宫》之外未能充分展露他的揄扬润色之才，便流离在野了。于是七律最终成为他抒发个人情怀与身世之感、寄托历史沉思的诗型，《诸将五首》《咏怀古迹五首》《秋兴八首》达到了诗人、也是整个唐代七律的顶峰。叶嘉莹女士把《秋兴八首》所体现的杜甫对七律的突出贡献归结于两点：句法之突破传统与意象之超越现实。如果沿着这个路子发展下去，唐代七律无疑会在短时间内到达李商隐一站。可是，历史是没有“如果”的，它总是以结局向人们展示无情的客观性。刘长卿的出现改变了七律发展的趋向。

刘长卿七律表现的内容主要围绕着贬谪与送别两个中心，正如邓仕梁先生所说的，可以用集中第一首七律《送卢侍御赴河

① 杜文见台湾《学术论文集刊》3，1976年6月版。邓文为1992年厦门唐代文学国际讨论会论文。

② 《论杜甫七律之演进及其承先启后之成就》，《迦陵论诗丛稿》，中华书局1984年版。

③ 《初唐七律的成熟及其风格溯源》，《中华文史论丛》1986年第4辑。

北》（5.1562）的“谪居为别倍伤情”一句来概括。贬谪涉及自己的身世；送别关系着社会交往。这两条线的交叉决定了刘长卿七律的视野局限于个人生活的领域。对社会对历史的反省和沉思被即时的日常经验内容所替代。其中突出的一点，就是家庭生活的一些特定情境进入诗中，被七律所表现。如《戏题赠二小男》（5.1563）：

异乡流落频生子，几许悲欢并在身。欲并老容羞白发，每看儿戏忆青春。未知门户谁堪主，且免琴书别与人。何幸暮年方有后，举家相对却沾巾。

诗写晚年得子之幸，深感流寓异乡，长成不易，举家相对，竟喜极而悲。孩子的嬉戏让诗人忆起自己的童年，转而感伤岁月匆匆，青春易逝，不胜欷歔悲戚之情。似这类家庭生活题材本是杜甫引入七律的，可是他大致停留在叙事的层面。如此强烈的情绪化、心境化的表现，应该说是从刘长卿开始的。《送子婿崔真父归长城》也是同样的例子，而戴叔伦《少女生日感怀》则为其后继。

强烈的情绪化倾向同样是刘长卿七律的基本特征。由于围绕着贬谪的主题，他的七律甚至比五律更带有感伤的情调，因而象征性的程式化表现也同样存在于作品中。邓仕梁先生指出刘长卿七律中用“秋草”七次、“春草”五次，其他“芳草”“绿草”等七次，正是一个很好的说明。但我们仍应看到，尽管此类象征意象在五律中已成俗套，在七律中却还是不无新鲜感的东西。五、七律技巧成熟期上的时间差弥补了刘长卿艺术表现缺乏独创性的缺陷。更何况七言的句子长度足以使象征意象或“借物指点”的感性内容得到充分展现，从而使那在五言中被压抑的描述性重新活跃起来。请看他的两首名作：

三年谪宦此栖迟，万古惟留楚客悲。秋草独寻人去后，寒林空见日斜时。汉文有道恩犹薄，湘水无情吊岂知。寂寂江山摇落处，怜君何事到天涯。（《长沙过贾谊宅》，5.1566）

孤城上与白云齐，万古荒凉楚水西。官舍已空秋草绿，女墙犹在夜乌啼。平江渺渺来人远，落日亭亭向客低。沙鸟不知陵谷变，朝还暮去弋阳溪。（《登余干古县城》，5.1566）

清人施补华曰："刘长卿《过贾谊宅》诗，'汉文有道'一联可谓工矣。上联'芳草独寻人去后，寒林空见日斜时'，疑为空写，不知'人去'句即用《鹏（鸟）赋》'主人将去'，'日斜'句即用'庚子日斜'"。（《岘佣说诗》）所谓"疑为空写"，即让人以为仅是景物描写，说明意象的象征性被描述性所遮蔽。后诗中的"秋草"自淮南小山《招隐士》"王孙游兮不归，春草生兮萋萋"化出，"夜乌"暗用曹操《短歌行》之意，都象征着自己飘零无依、去留未卜的前程，同时也用鲜明的描写性，成功地烘托出惆怅失意的情绪氛围。这种富有包孕性的意象，构成一种虚实相生的表现手法，较杜甫七律更细腻更切近地深入到中国诗歌情景交融的境界。如果说刘长卿五律把意象的表情机能发挥到极致，以致某些象征意象或借物指点的表现竟沦为俗套。那么他的七律还能维持一个适当的度，即以足够量的描述性意象来保证作品的新鲜感。

七律本是最重用典的诗型之一，两联对仗常要靠典故来支撑。但长卿七律却很少用典，63首诗中，半数以上通篇不用典，这意味着诗中叙述性内容和描述性意象占有绝对的优势，可以看作是对诗歌语言透明度的追求。

水近偏逢寒气早，山深常见日光迟。（《感怀》，5.1572）

晴江洲渚带春草，古寺杉松深暮猿。（《送台州李使君兼寄

题国清寺》，5.1570）

汉口夕阳斜度鸟，洞庭秋水远连天。（《自夏口至鹦鹉洲夕望岳阳寄源中丞》，5.1567）

帆带夕阳千里没，天连秋水一人归。（《青溪口送人归岳州》，5.1563）

像这样的诗句很能代表刘长卿的特色：景象鲜明而浑融，语言自然而不雕琢。长卿笔下的景物总是视野开阔，很少细微的刻画，显得浑融一气；长卿的语言多正常语序，句法完整，给人洗炼流畅的感觉。两方面相结合，就造成了长卿七律清空流畅的风格。古人评刘长卿诗，或谓“清丽”，或谓“流利”，都可以说得其精神。七律压卷之作《送严士元》（5.1569）写道：

春风倚棹阖闾城，水国春寒阴复晴。细雨湿衣看不见，闲花落地听无声。日斜江上孤帆影，草绿湖南万里程。东道若逢相识问，青袍今已误儒生。

诗作于至德二载（757）春初得官后，前六句纯是写景，仅末联寄意。因属初官释褐之际，心情颇为得意，所以诗中的情调也舒缓轻扬，丝毫没有贬谪后作品中的那种悲愤或消沉苦闷。值得注意的是，诗中写景完全没有追求形似的刻画。首句“倚棹”的动作、季节、地点全是虚化的表现，次句气候的描写是变幻不定的；三句写濛濛细雨抹杀视觉印象，四句写春去的象征抹杀听觉印象；五句句法本在突出孤帆，最后却又以“影”字虚化它；六句“草绿”原已较抽象，缀以万里愈益空泛。就是这么一组极空灵极虚泛的景色却构成了一个给人深刻印象、让人难以忘怀的情境、或者说引人玩味的韵致。这就是“清空”的魅力！刘长卿是在七律中开拓这种清空境界的第一人。施补华曾说：“用刚笔则见魄力，用柔笔则出神韵。柔而含蓄之为神韵，柔而摇曳之为风致。读大历人七律，须辨此界”（《岘佣说诗》）。如果可以将《长沙过贾谊宅》《登余干古县城》那样的表现视为“柔而含蓄之”的神韵的话，那么像本诗就应该说是“柔而摇曳之”的风致了。只可惜因为刘长卿平生坎坷，总没有好兴致来作这样的诗。当然，有此一篇已足够，诗的影响本不是由数量决定的。高仲武《中兴间气集》选长卿诗九首，七律仅收这首《送严士元》。唐末范摅《云溪友议》（卷上）又载时人戏谓“细雨”一句“有眼作无眼之句”。为此我们有理由相信，《送严士元》一诗在唐代是广为人知的，它对大历以后七律的影响必须充分加以考虑。

六、刘长卿诗歌的总体评价

经过上文的论述，刘长卿诗歌创作的基本特征及其身跨开元天宝、大历两朝，承前启后的意义已大体可见。这里指出的一些艺术特征其实并不是刘长卿所独有的，不过在他身上体现得较为突出、较为典型罢了。如果你熟悉大历诗，也许会觉得刘长卿几乎没有什么值得称道的特色。他的作品，只有个别篇章能给人留下较深印象，比如常为选本选入的五绝《逢雪宿芙蓉山主人》《送灵澈上人》、五律《碧涧别墅喜皇甫侍御相访》《新年作》及刚才提到的几首七律。的确，刘长卿的佳作大致只在近体范围内。他的古体律化程度严重，缺少骨力和顿折的韵调，为数不多的七绝和杂言歌行也没什么出色之作。所以，他虽属有唐名家之一，但作品被采入各种选本的面却很窄，与他规模颇为可观的诗集不太相称。不过，对此也不必惋惜，大历本就是个创造力贫乏、个性色彩淡薄的时代，刘长卿已达到了这个时代的顶峰。而且正如本文开头指出的，他的诗格法严整而又有径可寻，所以在后代常为初学者模仿。许多言必称李杜的名流，骨子里却是效法刘长卿的。正像明代七子辈口口声声说学杜，实际上却窃取李颀格调一样。只要留心一下，类似长卿“汉口夕阳斜渡鸟，洞庭秋水远连天。孤城背岭寒吹角，独戍临江夜泊船”（《自夏口至鹦鹉洲夕望岳阳寄源中丞》，5.1569）这种格调的作品是不鲜见的，起码在宋末，范晞文就说它“措思削词皆可法”了[①]。到清初，叶燮说：“近或有以钱、刘为标榜者，举世从风，以刘长卿为正派。究其实不过以钱、刘浅利轻圆，易于摹仿”。又说：“或闻诗家有宗刘长卿者矣，于是群然而称刘随州矣”[②]。可见对刘长卿的模仿并非只停留在诗论家的理论中，诗史上确实曾出现过学刘长卿的流行风气。

大凡能引起模仿的作品有两类：一是新奇，有某种先锋意味；一是老到，堪作楷模。刘长卿诗体既然不能说新奇，那么他吸引人的必是老到。在他身上体现着唐代近体诗（尤其是五、七律）纯熟老到的境地，虽不如杜甫那么博大深厚，但自有不同于盛唐的“名隽”。[③]何况老杜的襟怀并非人人都能学到的，所以像王渔洋这样的名家，大抵都会从刘长卿起家，只是不愿坦白罢了。渔洋教弟子作七律“尤宜熟玩刘文房诸作”，适泄露其中消息。李重华说“阮翁骨性既佳，摹拟渐熟，因于王、孟、钱、刘诸家，有婉然恰肖处，”[④]则更明白揭示其渊源所自了。这样再回过头来看刘长卿，我们就不能不欣然承认，他的确是个不折不扣的名家。

（原载《文学评论》1994年第1期）

---

① 《对床夜话》卷三。

② 《原诗》内篇上、内篇下。

③ 《说诗晬语》卷上。

④ 《贞一斋诗说》。

刘长卿生平再考证

◎蒋　寅

唐代诗人中，因生平事迹留传较少而致记载舛误、考证多歧的，首推刘长卿。从《新唐书·艺文志》到《唐才子传》到今人各种文学史，对刘长卿生平的叙述都存在许多问题。近三十年，台湾有陈晓蔷《刘长卿生平事迹初考》，大陆有傅璇琮《刘长卿事迹考辨》、郁贤皓《刘长卿别李白事迹小考》、刘乾《刘长卿三题》《独孤及〈送刘少府序〉的写作年代》、张君宝《刘长卿生平辨证》、杨世明《刘长卿行年考述》诸文考证刘长卿生平。陈文未见，傅文主要澄清刘长卿两次贬谪的经历，纠正了历来混淆两次贬谪的错误；郁、刘文考证刘长卿贬南巴、移使鄂州的年代及卒年；张文考定刘长卿贬睦州之时及生年；杨文则综合诸家之说，按年系述刘长卿生平。诸文各有发明，但意见分歧很大。傅文初出，推考未细，但立论严谨；郁文初刊未密，修订臻善；刘、张、杨之文，考索甚细，然论证偶有疏忽。如刘谓《赴宣州使夜院宴寂上人房留辞前苏州韦使君》诗“韦使君”为韦元甫、谓《同诸公袁郎中宴筵喜加章服》诗作于长安、谓《和州留别穆郎中》作于大历六年穆宁任和州刺史时，杨谓此诗作于大历九年、谓重推在上元二年自南巴归苏州后、谓《夏口送徐郎中归朝》为送徐浩，均轻率失察。通观现存文献及各家考证，对刘长卿生平的勾勒大体为若干确定点与不确定线之连接。刘长卿生平大节，傅文业已明了，困难在于细节。本文试图在诸家研究成果之上，对刘长卿生平作更深一层考索，弄清若干重大事件的具体过程与年代问题。

一

刘长卿的生年，史无明文。傅璇琮先生根据刘长卿天宝六载（747）后登进士的前提，推断他约生于开元十三年（725）前后。这个假设是认定刘长卿以弱冠之年中进士，但现有文献并无材料支持这种认定，而“三十老明经，五十少进士”是当时的常谈，刘长卿完全有可能中年及第，所以认定刘长卿以弱冠之年及第看来是缺乏说服力的。何况刘长卿及第之年并未落实，再由此推断生年，便不太可靠。张君宝先生据《岁日见新历因寄都官裴郎中》诗“绛老更能经几岁”一句，考定长卿应生于中宗神龙二年（706），他的根据是该诗作于大历十四年（779），而“绛老”用《左传·襄公三十年》之典，意味着七十三岁。张先生的考证是相当有力的，不过“绛老”是否真的确指七十三岁还令人怀疑。因为《罢摄官后将还旧居留辞李侍郎》（5.1551）有“潘郎悲白发”之句，若照潘岳《秋兴赋》“余春秋三十有二，始见二毛”的出典，那么至德三载（758）刘长卿才三十二岁，岂不又合于傅先生的推论了吗？这类用典作者往往只取其核心的一个意思，如绛老只取其老耄，潘郎只取其白发，据以推算年岁往往不可靠。相比之下，我认为储仲君先生的看法更有说服力。他根据长卿《奉饯郎中四兄罢余杭太守承恩加侍御史充行军司马赴汝南行营》诗，指出“郎中四兄”是刘晏（725—780），刘长卿称晏为兄，生年自当在开元十四年（726）之后，结合前诗用潘岳之典来看，刘长卿很可能即生于开元十四年。今按《同姜濬题裴式微余干东斋》（5.1534）云：“世路终成梦，生涯欲过半。”诗作于上元元年（760）或二年春待罪滞留江西时，以“人生七十古来稀”的传统观念看，“生涯欲半过”当是三十四岁左右，与储先生所考生年正相吻合。然则刘长卿实为不折不扣的大历诗人，历来将他次于杜甫之前，可以说是极大的误会。

刘长卿青年时代的活动已不可考，诗集中保留下的乱前的作品大都与应科举考试有关，流露出久试不第的举子常有的希冀与失意交织的心态。《温汤客舍》（5.1570）后半写道：“君门献赋谁相达，客舍无钱辄自安。且喜礼闱秦镜在，还将妍丑付春官。”这是未试前满怀希望的心情。而《客舍喜郑三见访》（5.1574）称“十年未称平生意，好得辛勤谩读书”，则又是落第后的失意和怨艾。据《早春赠别赵居士还江左时长卿下第归嵩阳旧居》（5.1553）诗“累幸忝宾荐，末路逢沙汰”一联可知，长卿曾久试不售，所以他绝不是少年得意、可以假设弱冠举进士的。姚合《极玄集》明确记载，长卿开元二十一年（733）进士，这似乎不应该有问题。然而，我们知道，姚合虽去大历未久，但他对大历诗人的记载常是不正确的，[①]况且《落第赠杨侍御……》一诗至少可以告诉我们，在安禄山加御史大夫（《旧唐书》本传）的天宝六年（747），刘长卿还未考取进士。那么，刘长卿是何年中进士的呢？我提出一个推断：刘长卿有首题目很长的《瓜洲驿奉饯张侍御公拜膳部郎中却复宪台充贺兰大夫留后使之岭南时侍御先在淮南幕府》（5.1554）诗写道：“畴昔偏殊眄，屯蒙独永叹。不才成拥肿，失计似邯郸。江国伤移律，家山忆考槃。一为鸥鸟误，三见露华团。”联系到另一首长题诗《至德三年春正月时谬蒙差摄海盐令闻王师收二京因书事寄上浙西节度李侍郎中丞》（5.1555）的自述：“昔忝登龙首，能伤困骥鸣。艰难悲伏剑，提握喜悬衡。巴曲谁堪听，秦台自有情。遂令辞短褐，仍

① 如称戴叔伦“大历间抚州刺史”、卢纶“大历初王缙奏为集贤学士”、李嘉祐“大历中泉州刺史”，均误；又称卢纶官终户部郎中、钱起官终太清宫使，亦甚可疑。

欲请长缨。久客田园废，初官印绶轻。”可以看出，刘长卿在中进士后并未立即释褐授官，是后来经李侍郎提拔才入仕的。“一为鸥鸟误，三见露华团”，我以为就指及第至授官之间的闲居生活。诗题中贺兰大夫是贺兰进明，至德元载正月授岭南节度使未之任。诗作于同年春，称“三见露华团”，则长卿中进士在天宝十一载（752），即比张继、皇甫冉早一年。据他自称“昔忝登龙首”，似乎是当年的状元，《登科记考》于天宝十一载状元恰失载。李肇《国史补》卷下载天宝中刘长卿、袁咸用分为棚头。所谓“棚头”，照《封氏闻见记》（卷三）的说法就是“在馆诸生更相造诣，互结朋党以相渔夺，号之为棚，推声望者为棚头。权门贵戚，无不走也，以此荧惑主司视听”。这是两馆两监生联合起来对抗乡贡进士竞争科举的产物。刘长卿被推为棚头，可见是诸生的领袖，而他的《小鸟篇上裴尹》（5.1575）我以为正是寻求京兆尹支持的证据：“藩篱小鸟何甚微，翩翩日夕空此飞。只缘六翮不自致，长似孤云无所依。西城黯黯斜晖落，众鸟纷纷皆有托。独立虽轻燕雀群，孤飞还惧鹰鹯搏。自怜天上青云路，吊影徘徊独愁暮。衔花终有报恩时，择木谁容托身处。（中略）主人庭中荫乔木，爱此清阴欲栖宿。”查郁贤皓先生《唐刺史考》，天宝年间裴姓京兆尹只有裴士淹，天宝十一载在任，郁先生疑士淹应为少尹，甚是。众所周知，京兆尹通榜对科举的影响是至巨的，刘长卿当年登第，以棚头得到裴士淹举荐的可能性极大。

如前所述，刘长卿中进士后并未立即入仕，至德元载春在瓜州送张侍御时称“回首青云里，应怜浊水澜。愧将生事托，羞向鬓毛看”，也还是蹭蹬失意的感伤。傅先生据长卿《祭阎使君文》“一命之末，三年伏事”之语，认为长卿在天宝后期已任长洲尉，[①]我看恐未必，《严州图经》载阎钦爱至德二载十一月

① 此见傅璇琮主编《唐才子传校笺》卷二刘长卿条。

由苏州别驾迁睦刺的记载容或有误，长卿本人诗文的记载是最可靠的。长卿有《客舍赠别韦九建赴任河南韦十七造赴任郑县就便觐省》（5.1549）诗，韦造任郑县尉见独孤及《郑县刘少府兄宅月夜登台宴集序》（《毗陵集》卷十四）：“夏五月，小暑至矣。吾兄方幕夜天，扫月榭，有酒如乳，酺我乎城隅，（中略）其谁同之？有若功曹陇西李华、参军荥阳郑洵、琅玡王休、河东裴贶、郑尉京兆韦造（下略）”独孤及天宝十三载冬任华阴尉，[①]序必作于天宝十四载夏。然则韦造官郑尉在天宝十四年前不久。长卿诗有“征马临素浐，离人倾浊醪”之句，可知是在京师送韦氏兄弟出任。诗又云：“而我倦栖屑，别君良郁陶。春风亦未已，旅思空滔滔。拙分甘弃置，穷居长蓬蒿。人生未鹍化，物议如鸿毛。”据此，我们可以断定在天宝末年，长卿是旅居长安的，其穷厄未通当与《小鸟篇上裴尹》结尾所写的“少年挟弹遥相猜，遂使惊飞往复回。不辞奋翼向君去，惟怕金丸随后来”有关。作为棚头，他无疑会遭到乡贡进士的嫉恨，各种诬谤打击随之而来，所以他虽中进士，却也不一定能通过吏部试而授官。从前引至德三载春摄海盐令寄李侍郎的诗中可以看出，长卿释褐出于李侍郎的提拔。这位任浙西节度的李侍郎是礼部侍郎李希言，至德元载任苏州刺史、江东采访使，主江东进士试并选补官吏，顾况就是至德二载春在他知江东举时中进士的。长卿有《杂咏八首上礼部李侍郎》（5.1521），应是上李希言的行卷，诗咏幽琴、晚桃、疲马、春镜、古剑、旧井、白鹭、寒釭八物，表达的是一个意思——怀才不遇，希求汲引。其中《古剑》一首云；“龙泉闲古匣，苔藓沦此地。何意久藏锋，翻令世人弃。铁衣今正涩，宝刃犹可试。傥遇拂试恩，应知剸犀利。”玩“何意久藏锋”一联，正是说自己中进士后未即得官，久被弃置。这组诗受

① 据罗联添《独孤及考证》（《大陆杂志》第48卷第3期）。

到李希言赏识，长卿因此得选补长洲尉。两年后长卿寄李希言诗提到“巴曲谁堪听，秦台自有情”正是回顾李的这段旧恩。

综上所述，刘长卿由李希言在江东选补长洲尉，当是无庸置疑的，准确时间虽尚难断定，但肯定在至德元载春以后。刘长卿集中有《避地江东留别淮南使院诸公》（5.1569）云：“长安路绝鸟飞通，万里孤云西复东。旧业已应成茂草，余生只是任飘蓬。何辞向物开秦镜，却使他人得楚弓。此去行持一竿竹，等闲将狎钓鱼翁。”诸家都将此诗系于罢随州刺史任返江东时作，玩诗意，我认为作者先曾西上入京，值安史乱起而避地东下，时长安尚未沦陷。联系到前引瓜州驿送张侍卿一诗来看，我们有理由断定诗作于天宝十四载末或至德元载春，作者正东下至扬州，将渡江而南。诗题言避地江东而不是返回江东，显然他当时还未任长洲尉，赴江东只是避乱而非使还。他在扬州看来是小有逗留的，《冬夜宿扬州开元寺烈公房送李侍御之江东》（5.1536）一诗表明他在天宝十四载冬即抵扬州。这位李侍御是诗人李嘉祐，当时正贬往江西。诗云：“迁客投百越，穷阴淮海凝。中原驰困兽，万里栖饥鹰。（中略）此去尔何恨，近名予未能。炉峰若便道，为访东林僧。”“近名予未能”是当时尚未得官又一证据。大约在瓜洲驿送张侍御往岭南之时，也就是刘长卿渡江之际。《旅次丹阳郡遇康侍御宣尉召募兼别岑单父》（5.1549）一诗，傅先生系于至德二载，我认为它就是至德元载春渡江至丹阳作。“客心暮千里，回首烟花繁。楚水渡归梦，春江连故园。”“烟花繁”正是回望扬州之意，诗中所述“胡马暂为害，汉臣多负恩”“绣衣从北来，汗马宣王言”“南徐争赴难，发卒如云屯”，也是叛乱初起时的情形。同时所作的还有《京口怀洛阳旧居兼寄广陵二三知己》《泛曲阿后湖简同游诸公》。至秋乃有《吴中闻潼关失守因奉寄淮南萧判官》之作，潼关失守是六月的事，传到吴中已是深秋。这时刘长卿已在长洲，从“择木将委质”一句看，他已有投李希言门下之意，或竟已授长洲尉。

二

高仲武《中兴间气集》卷下载：“长卿有吏干，刚而犯上，两遭迁谪。”这两次贬谪贯穿在他整个仕宦经历中，是影响他人生道路的重大事件，也波及他大部分诗作。傅先生的考证发千载之覆，已大体澄清了两次贬谪的年月，刘先生在此基础上又考定两次贬谪的具体过程与其间诗人的行踪，他们的结论都是很给人启发的，但在解释材料和确定年月等细节问题上还存在一些可商榷之处。由于牵涉到对具体材料的理解问题，我在此不打算对两位先生的考证一一核覆，而径述我自己对刘长卿这一段经历的认识。

刘长卿任长洲尉最多一年半时间，在至德二载冬忽因故系狱。今存《罪所上御史惟则》（5.1559）、《罪所留系每夜闻长洲军笛声》（5.1560）二诗表明他入狱是在长洲。前诗“误因微禄滞南昌”句用梅福的典故，说明他以长洲尉得罪；后诗“黄沙谁问冶长猜”句用《论语·公冶长》之典，言非其罪而遭株连。后来他在《罢摄官后将还旧居留辞李侍御》（5.1551）说“去为焚玉石”（详后）也是这个意思，意谓自己无辜牵累，玉石俱焚。不久，十月克复洛阳的消息传来，他欣喜地写下了七律《狱中闻收东京有赦》（5.1570）。据《至德三年春正月时谬蒙差摄海盐令……》诗有云“北虏传初解”“关中贼垒平”“天回万象庆”“长安日更明”，则至迟在至德二载底或三载初长卿已闻收复东京的捷讯，并以十二月戊午朔的大赦（《旧唐书·肃宗纪》）出狱。刘乾先生认为系狱在至德三载罢摄官后，以二月的改元大赦出狱，显然是不妥的。

刘长卿出狱后被李希言差摄海盐县令，他经过这次无妄之灾后，对宦途充满了失望，所以他年初到任后写的诗中满是落寞失意的情绪："小邑沧洲吏，新年白首翁。一官如远客，万里极飘蓬。"（《海盐官舍早春》，5.1509）这与任长洲尉期间作的《松江独宿》所表现的失意情调极为相似，因迟暮之感而萌隐退之意。摄官一般都是短期的临时代理，不出春天，长卿已罢摄官返回苏州，有《西庭夜燕喜评事兄拜会》（5.1511）诗抒发隐退之志。诗首云"犹是南州吏，江城又一春"，感叹自己久滞江东；中云"棘寺初衔命，梅仙已误身"，以评事兄得官之喜与己沉迹风尘之悲相对照，已而引出"无心羡荣禄，唯待却垂纶"的表态。此后不久长卿就回故居赋闲。《罢摄官后将还旧居留辞李侍御》诗云"世难慵干谒，时闲喜放归""悠然独归去，回首望旌旗"，看来是临行留赠李希言之作，唯去往何地，旧居何所不详。以《谪官后却归故村将过虎丘怅然有作》诗观之，似在苏州近郊，即初避地来江南时所营之居，因此他能在"残春"预送刘晏罢杭州刺史赴汝南行营充行军司马的饯宴。

使诗人下狱的那件官司并未了结，他赋闲一年后又因前案遭到牵累。乾元二年（759）春，长卿在苏州参加送郑炅之罢浙西节度还京的饯宴。时隔不久，就接到贬潘州南巴尉的诏命。南巴在今广东电白县，濒临海边，诗人取道江西赴贬所。途中有《初贬南巴至鄱阳题李嘉祐江亭》（5.1546）记他与当时谪官鄱阳令的李嘉祐的相聚，"清山独往路，芳草未归时"，"柳色迎高坞，荷衣照下帷"，写的是夏日的景致。再往南行，又有《赴巴南（二字乙）书情寄故人》（5.1493）云："南过三湘去，巴人此路偏。谪居秋瘴里，归处夕阳边。"时已入秋季。看来他是由鄱阳经赣水转湘水，再泛武溪下岭南的，与戴叔伦赴容州的路线一样。长卿究竟抵达南巴与否，论者意见不一。我的看法是长卿已抵达贬所，不过居留的时间并不长。理由之一：《北归入至德州界偶逢洛阳邻家李光宰》（5.1507）一诗云："生涯心事已蹉跎，旧路依然此重过。近北始知黄叶落，向南空见白云多。炎州日日人将老，寒渚年年水自波。华发相逢俱若是，故园秋草复如何？”至德，宣州属县，诗应作于本年冬返苏州重推途经宣州界时。由第三、五句看，诗人显然是从南巴而不会是日后的从湖南或江西北归。“炎州”唐人习指岭南，[①]“炎州日日人将老”意味着诗人曾在南巴度过一段时间。理由之二：上元元年（760）再赴南巴（留江西待进止）离苏州时所作的《却赴南邑留别苏台知己》（5.1495）诗说：“又过梅岭上，岁岁北枝寒。”此言又过，则前度已过梅岭可知。梅岭即大庾岭（在今江西大余），这里不必看得太实。诗人也许是从临武一带逾岭的，但唐人常以梅岭作为五岭的象征，言过梅岭意味着已进了岭南。不过，必须说明的是，现存诗中还没有能确定是作于南巴的作品。《新年作》（5.1483）一首，刘乾先生据“岭猿同旦暮”一句断为在南巴作。我以为“岭猿”只是泛指，若必以为指五岭，那么南巴并无江，“江柳”指什么江呢？为何未及海景呢？而且诗末言“已似长沙傅，从今又几年？”表明诗人在贬地已度过三个年头，这与我们的考证结果是不符的。此诗又见宋之问诗中（2.657），很有可能是宋之问作，否则就是长卿贬睦州时的作品。实际上在秋冬间，长卿即因同案负谪者上诉鸣冤而被朝廷追赴苏州重推。独孤及《送长洲刘少府贬南巴使牒留洪州序》（《毗陵集》卷十四）云：“会同谴有叩阍者，天子命宪府杂鞫，且廷辩其滥，故有后命，俾除馆豫章，俟条奏也。”长卿集中《恩敕重推使牒追赴苏州次前溪馆作》（5.1493）一诗，即其奉使牒返苏州重推时作。“天南一万里，谁料得生还！”诗人在庆幸之余又不禁倍感悲凉。从奉牒追赴苏州，杂鞫，廷辨，直到后命，这个过程是要

① 刘长卿《江楼送太康郭主簿赴岭南》（5.1574）云“猿声不绝到炎州”，《送张司直赴岭南谒张尚书》（5.1489）云“诚惮炎州里，无如一顾何”，均其例也。

相当时间的，到独孤及等人送刘长卿奉后命赴洪州俟条奏，已是上元年的初春了。[①]

据独孤及序，长卿启程时“春水方生”；长卿留别诸子的答诗《却赴南巴留别苏台知己》（5.1495）言“草色洞庭宽”，《赴江西湖上赠皇甫曾之宣州》（5.1519）言“流水通春谷”，都是在春间。面临去留未卜的前途，他在途中寄诗给任豫章采访使的元载，诉说自己的沉冤。诗云：“却访巴人路，难期国士恩。白云从出岫，黄叶已辞根。大造功何薄，长年气尚冤。空令数行泪，来往落湘沅。”（《重推后却赴岭外待进止寄元侍郎》（5.1494）关于此诗有两点需要指出：一是“黄叶”句并非写实而是暗喻，故与季节无关；二是题中元侍郎应为元郎中之误。元载于上元二年（761）十一月始由御史中丞迁户部侍郎（严耕望《唐仆尚丞郎表》卷三），乾元二年尚任户部郎中。《奉饯元侍郎加豫章采访兼赐章服》诗，元侍郎亦为元郎中之误，诗云“任重兼乌府”，指以户部郎中兼御史中丞。元载曾是李希言江东采访使判官，也算刘长卿的老上级，此时渐为肃宗倚重，刘长卿向他投诗，自然是希求他援手相救。

刘长卿行至余干，适遇流夜郎赦归的李白，彼此悲喜异境，刘长卿作《将赴南巴至余干别李十二》（5.1559）相赠：“江上花催问礼人，鄱阳莺报越乡春。谁怜此别悲欢异，万里青山送逐臣。”前两句指李白，后两句自况，对自己的境遇伤感不已。[②]所幸的是他最后并未再贬南巴。大约是元载为他斡旋起了作用，他先听到贬谪的传闻，结果诏命下达却是量移。《初闻贬谪续喜量移登干越亭赠郑校书》（5.1567）诗真实地记录了他当

① 独孤及时在江淮都统李峘幕中任掌书记，见罗联添《独孤及考证》（《大陆杂志》第48卷第3期）。

② 李白上元元年春在余干遇刘长卿一事，参看郁贤皓《刘长卿别李白事迹小辨》一文，见《李白丛考》（陕西人民出版社，1982）。

时悲喜交集的心情："青青草色满江洲，万里伤心水自流。越鸟岂知南国远，江花独向北人愁。生涯已逐沧浪去，冤气初逢涣汗收。何事还邀迁客醉，春风日夜待归舟。"从诗中所述看，诏命是在春间下达的，不仅给他平反、收回成命，还给他迁了官。唐例，逐臣量移一般就近安置，长卿因此得在江西很可能是饶州弋阳县任职，具体职务不可考，反正是闲职。他有《归弋阳山居留别卢邵二侍御》（5.1518）云"久依鄱水住，频税越人田"，可见他曾在弋阳住过相当长一段时间。集中《九日登李明府北楼》《同姜濬题裴式微余干东斋》《题王少府尧山隐处简陆鄱阳》《东湖送朱逸人归》等诗是当时所作。

上元二年（761）夏，避刘展乱来洪州的苏州刺史韦之晋被任命为婺州刺史，长卿有《赴宣州使院夜宴寂上人房留辞前苏州韦使君》《余干夜宴奉饯前苏州韦使君新除婺州作》二诗为当时所作。据前诗刘长卿时将使往宣州。刘长卿又有《自江西归至旧任官舍赠袁赞府》（5.1567）诗，题下注"时经刘展乱后"。诗云："却见同官喜复悲，此生何幸有归期。空庭客至逢摇落，旧邑人稀经乱离。"诗作于秋日，论者据题下小注均系于上元二年秋，而我以为它应作于宝应元年，我认为刘长卿是因上元三年（时去年号，称元年）建辰月（三月）的大赦北归的，这次赦令"诏左降官、流人一切放还"（《旧唐书·肃宗纪》），《江上重别薛六柳八二员外》（5.1563）似即离江西时所作："生涯岂料承优诏，世事空知学醉歌。江上月明胡雁过，淮南木落楚山多。"诗中所写为秋景，与前诗正相应。如果刘长卿归苏州是在上元二年秋，那宝应元年（762）春作《送宇文迁明府赴洪州张观察追摄丰城令》（5.1571）诗说"倘见主人论谪宦，尔来空有白头吟"，就不好解释了。[①]此诗题下注"时长卿亦在此州"。可见宝

① 该诗系年详笔者《独孤及文系年补正》中关于《送宇文协律赴西江序》的考证（将刊于《广西师范大学学报》）。

应元年春长卿尚在谪宦中。宇文迁是由杭州赴洪的，诗首联云："送君不复远为心，余亦扁舟湘水阴。"这意味着刘长卿当时亦将有湘中之行，而送行则在杭州与洪州之间。皇甫冉有《归阳羡兼送刘八长卿》（8.2832）诗云；"湖上孤帆别，江南谪宦归。前程愁更远，临水泪沾衣。云梦春山遍，潇湘过客稀。武陵招我隐，岁晚闭柴扉。"此诗疑即皇甫冉送刘长卿往湘中之作。皇甫冉乾元、宝应间在越中，[①]刘长卿上元二年夏出使宣州，很可能便滞留未归，翌年春两人相遇及刘长卿送宇文迁要之是在江西一带。随后长卿漫游湘中，集中一部分湘行之作当为此行所作。如《湘中忆归》（5.1579）云："终日空理棹，经年犹别家。顷来行已远，弥觉天无涯。白云意自深，沧海梦难隔。迢递万里帆，飘摇一行客。"如果此诗系年不误，那么"经年犹别家"即指去夏使宣州后便漫游未归。三月赦令下，及诗人奉诏北还已是秋日。

三

刘长卿《会赦后酬主簿所问》（5.1557）诗曾说："重见太平身已老，桃源久住不能归。"意谓放逐既久，惯于闲散生活，已无心再入仕途。不料他归苏州闲居不到一年便被刘晏表奏为盐铁转运使判官，主淮南转运留后务。《更被奏留淮南送从弟罢使江东》（5.1501）诗云："又作淮南客，还悲木叶声。寒潮落瓜步，秋色上芜城。"据诗题推之，长卿似先授他职，后再被表奏留于淮南的，时为秋日。随后不久他就被差往鄂州出使。在道有《奉使鄂渚至乌江道中作》（5.1559）云："沧洲不复恋鱼竿，白发那堪戴铁冠。"两句表达的是老而复起的无奈之情，"铁冠"为御史所戴，由此可知《新唐书·艺文志》所载监察御史一职

① 详傅璇琮《唐代诗人丛考·皇甫冉皇甫曾考》。

是长卿入淮南使院时所授朝衔，而非至德中任。乌江在和州境内，长卿另有《和州留别穆郎中》（5.1486）诗，应是同时所作："播迁悲远道，摇落感衰容"，仍是在秋季。刘乾先生系此诗于大历六年（771），认为是长卿移鄂岳转运途经和州所作，显然不妥。穆宁大历七年（刘文误为六年）为和州刺史，而此诗题称穆郎中。考《旧唐书·穆宁传》："宝应初，转侍御史，为河南转运租庸盐铁等副使。明年，迁户部员外郎。无几，加兼御史中丞，为河南、江南转运使。广德初，加库部郎中。是时河运不通，漕挽由汉、沔自商山达京师。选镇夏口者，诏以宁为鄂州刺史、鄂岳沔都团练使及淮西鄂岳租庸盐铁沿江转运使。"据郁贤皓先生《唐刺史考》卷一百六十四，广德元年鄂州刺史为韦延安，则穆宁由库部郎中改刺鄂约在广德二年（永泰元年已在任），刘长卿在和州晤穆宁必是广德元年秋。此诗系年于刘长卿生平关系至大，必须明辨。

刘长卿由鄂州使还已是翌年春，这从《留辞》（5.1581）一诗可以知道："南楚迢迢通汉口，西江淼淼去扬州。春风已遣归心促，纵复芳菲不可留。"诗作于返扬途中，大约是在江州一带。此后的几年，诗人是在淮南使院，而不是如刘乾先生说的赴京任职。刘文所举途次秋浦、至德、丰、沛诸作并无有力证据说明它们作于赴京途中，[①]前两首我认为是南巴返回时作；《送河南元判官赴河南勾当苗税充百官俸钱》《送青苗郑判官归江西》（广德二年作）、《送徐大夫赴广州》（大历二年作）等诗也看不出是作于京师；《奉和杜相公新移长兴宅呈元相公》完全可能是遥和；而《同诸公袁郎中宴筵喜加章服》明言"沧洲此会稀"，其作于越中无疑，刘文断为大历元年京中作，大误。总之，刘文断定广德元年秋至大历三年（768）间刘长卿入京任监察

① 丰、沛诸诗，杨世林认为是天宝中游梁宋一带时作，较刘说为可取。

御史，证据是不充分的。相反，我倒有证据说明长卿这段时间是在淮南：

（1）《送蒋侍御入秦》（5.1501）云："朝见及芳菲，恩荣出紫微。晚光临仗奏，春色共西归。"蒋侍御即蒋晁，淮南节度从事，其入京据储仲君先生考有两次：一是永泰元年（765）以检校殿中侍御史入朝，二是大历二年以侍御史入朝。[①]此称侍御而不称端公，当为蒋晁前一次入朝。（2）《送梁郎中赴吉州》《瓜洲驿重送梁郎中赴吉州》二诗，据郁贤皓先生《唐刺史考》，梁郎中名乘，永泰二年见任吉州刺史，则长卿送其赴任当在是年或前一年。（3）《同郭参谋咏崔仆射淮南节度使厅前竹》（5.1537）一诗，张君宝先生据"阮巷何人在，山阳几处残"两句及末联用任安之典，认为作于崔圆卒后，甚是。崔圆大历元年（766）六月检校右仆射，大历三年（768）六月卒，长卿诗必作于六月之后。（4）《廨中见桃花南枝已开北枝未发因寄杜副端》（5.1499）云："何意同根本，开花每后时。应缘去日远，独自发春迟。结实恩难忘，无言恨岂知。年光不可待，空羡向南枝。"杜副端我以为是杜佑，也即李嘉祐《送杜御史还广陵》（6.2152）诗所送的杜御史，他是韦元甫浙西观察从事，随韦接任崔圆而为淮南节度从事。大历三年冬奉使入京，四年春归广陵，李嘉祐诗即送别之作。[②]杜佑在浙西幕时署衔司法参军，殿中侍御史当为转淮南后所授。时韦元甫对佑"深所委信"（《旧唐书》本传），长卿寄诗诉迟暮之叹，自有希冀引荐之意，应作于大历四年（769）春。由上述诸诗可证，刘长卿直到大历四年左右还在淮南，其间并无入京任职的经历。

① 《李嘉祐诗疑年》，《唐代文学研究》第2辑（广西师大出版社，1990）。
② 详笔者《大历诗人札记》（《河北师院学报》1993.2）。

四

大历五、六年间，长卿似辞官隐居阳羡。皇甫冉《刘侍御朝命许停官归侍》（8.2820）诗我怀疑即为刘长卿作，长卿时带朝衔殿中侍御史。诗云“莱子复辞官”“赐告承优诏”，又云“山中暑带寒”，知在夏间停职。皇甫冉又有《寄刘八山中》（8.2800）诗云：“东皋若近远，苦雨隔还期。闰岁风霜晚，山田收获迟。茅檐燕去后，樵路菊黄时。平子游都久，知君从见嗤。”首联表明作者故里与长卿隐居地相距不远，时将还归因雨阻程。皇甫冉故居在丹阳，然则诗题“山中”在丹阳附近可知。“闰岁风霜晚”应为大历六年，前一个闰年为大历三年，后一个闰年为大历八年，均与长卿事迹不合。长卿《酬滁州李十六使君见赠》（5.1525）题下自注“李公与予俱于阳羡山中新营别墅，以其同志，因有此作”。诗云：“满镜悲华发，空山寄此身。白云家自有，黄卷业长贫。”“幢盖方临郡，柴荆忝作邻。”李十六名幼卿，其牧滁在大历五年至九年（？）间[①]。此言“新营别墅”“初临郡”，当在大历五年（770）。长卿隐居期间的作品，除《宿双峰寺寄卢七李十六》《自紫阳观至华阳洞宿侯尊师草堂简同游李延陵》两首外，余就不易确指了。

据现存材料来看，长卿于大历六年秋间又被征起，授鄂岳转运判官之职，带朝衔为检校祠部员外郎。这一点我同意刘乾先生的意见，但我与他的理由不一样。我的理由是：皇甫冉《寄刘八山中》诗所述已是秋景，长卿《移使鄂州次岘阳馆怀旧居》（5.1500）云：“多惭恩未报，敢问路何长。万里通秋雁，千峰共夕阳。”仍是秋景，看来他在接到皇甫冉诗不久就动身了，没

① 郁贤皓先生《唐刺史考》据独孤及《琅琊溪述并序》，定李幼卿出牧在大历六年，然该文所署大历六年三月日期乃是作文之时，据文所述李之政绩，时李牧滁似已有时日，疑在五年始任。

能与出使江南因顺便探家的皇甫相遇。皇甫冉抵丹阳后，有《和（一作同）樊润州秋日登城楼》诗。而长卿《和樊使君登润州城楼》（5.1564）却是在鄂州途中，观末联“王粲尚为南郡客，别来何处更销忧”二句自知。年内在鄂州所作的诗还有刘乾先生指出的《秋日夏口涉汉阳献李相公》《夏口送长宁杨明府归荆南因寄幕府诸公》二首；大历七年春在鄂州作的则有《汉阳献李相公》《送蔡侍御赴上都》二首，这些作品都表明长卿是在大历六年秋赴鄂州转运留后任。

刘长卿在鄂州期间较重要的事迹是出使湖南，集中《陪辛大夫西亭宴观妓》《晦日陪辛大夫宴南亭》《奉酬辛大夫喜湖南腊月连日降雪见示之作》《湖南使还留辞辛大夫》以及有关魏万成、郭夏的诸诗都是这次出使所作。诸家考证将这次出使定于大历六年冬至七年春，只能说是由辛京杲大历五年五月出任湖南观察而推出的想当然的结论。实际上，这次出使的时间是有线索可考的。《湖南使还留辞辛大夫》（5.1535）首云：“王师劳近甸，兵食仰诸侯。”考《旧唐书·代宗纪》大历九年五月乙丑诏：“四海之内，方协大宁，西戎无厌，独阻王命，不可忘战，尚劳边事。（中略）而边谷未实，戎备犹虚。因其天时，思致丰积，将设平籴，以之馈军。然以中都所供，内府不足，粗充常人之数，岂齐倍余之收，其在方面荩臣，成兹大计，共佐公家之急，以资塞下之储。每道岁有防秋兵马，其淮南四千人，浙西三千人，魏博四千人，昭义二千人，成德三千人，山南东道三千人，荆南二千人，湖南三千人，山南西道二千人，剑南西川三千人，东川二千人，鄂岳一千五百人，宣歙三千人，福建一千五百人。其岭南、浙东、浙西，亦合准例。恐路远往来增费，各委本道每年取当使诸色杂钱及回易利润、赃赎钱等，每人计二十贯，每道据合配防秋人数多少，都计钱数，市轻货送纳上都，以备和籴，仍以秋收送毕。”这就是所谓“兵食仰诸侯”，也就是长卿出使湖南的原因。他于大历九年秋赴湖南，办妥转运“轻货”之务后，于翌年春返回鄂州，留辞辛京杲的诗即当时所作。而回到鄂州不久，约在春间，就发生了吴仲孺欲截留财赋而诬奏长卿犯赃二十万贯的事。《旧唐书·赵涓传》提到：“大历中，鄂岳观察使吴仲孺与转运使判官刘长卿纷竞，仲孺奏长卿犯赃二十万贯，时止差监察御史苗伾就推。”今按长卿有《按覆后归睦州赠苗侍御》诗，可以断定他是由鄂州赴贬所睦州的。

五

长卿贬睦州的年月，诸家考证结论不一，有大历十一年秋（卞孝萱）、大历十年至十一年间（张君宝）、大历九年（杨世林）三种说法。其中杨先生的考证似嫌论据不足。他举《和州送人归复郢》《清溪口送人归岳州》《和州留别穆郎中》三诗作为长卿大历九年赴睦的证据，缺乏充分理由：仅凭“绿林行客少”“江菼苍苍客去稀”两句就能断定它们作于大历九年初杨猷拥兵跋扈时吗？而《和州留别穆郎中》作于广德元年已见前考。《奉和李大夫同吕评事太行苦热行兼寄院中诸公仍呈王员外》诗，诚如杨所说作于大历十年夏四月，但这首赓和诗并不能说明长卿已在睦州，而只表明他在苏州。诗云“永怀姑苏下，遥寄建安作”，可见长卿是在苏州看到李涵原倡的。长卿另有《送少微上人游天台》诗，据独孤及《送少微上人之天台国清寺序》（《毗陵集》卷十六）：“岁次乙卯，（少微）自京持钵而来，给事中天水赵公涓赋诗抒别，卿大夫已下属而和者二十七章，既而飞锡济江，休于晋陵，又东至于姑苏，将涉震泽，逾会稽，上天台，至国清上方而止。”乙卯即大历十年，据序所言长卿送少微必在江东。再联系到《送耿拾遗归上都》（5.1564）一诗来看，我们可以断定，刘长卿在大历十年春已离开鄂州，赴睦州贬所。耿沣出使江东的时间，傅璇琮先生根据他与颜真卿的联句及梁肃《送耿拾遗归朝廷序》，定于大历八年（773）至十一年（776）之间（《唐代诗人丛考·耿沣考》）。储仲君先生将刘长卿送耿沣还京诗系于大历十二年春，[①]是以刘长卿的行迹推断的。我的看法恰好相反：这首诗本身提供的内证是足以系年的，刘长卿的行迹反要靠它来确定。诗云："若为天畔独归秦，对水看山欲暮春。穷海别离无限路，隔河征战几归人？长安万里传双泪，建德千峰寄一身。想到邮亭愁驻马，不堪西望见风尘。""欲暮春"应是三月，"穷海""天畔"联系《奉和李大夫……》诗来看似乎指苏州（建德毕竟离海太远）。"隔河征战"一句告诉我们，这是大历十年春天。《旧唐书·代宗纪》大历十年正月，"己酉，昭义牙将裴志清逐其帅薛粤"；"癸丑，田承嗣盗取洺州，又破卫州"。二月丙子，"以华州刺史李承昭为相州刺史，知昭义兵马留后。时田承嗣尽盗入相、卫所管四州之地，自署长吏。是日河阳军乱，逐城使常休明，迫牙将王惟恭为留后，军士大掠数日，休明奔东都"。这就是当时黄河北岸发生的战事，所以诗说"隔河征战几归人"。在此前后一两年的春天，河北一带无战事。大历十一年三月戊子，[②]曾发生河阳军乱、大掠三日之事，但迅即平定。此事短暂，以时间计当月也未必传到江东，据此，断定刘诗作于大历十年春我想是没问题的。看来诗人在暮春已抵苏州，并稍作逗留。诗的颈联是个分叙，我以为是指两个人的前程：耿沣返上都，将长卿的苦情传达给亲故；长卿自己则将前往睦州，消磨贬谪的岁月。弄清这首诗的写作时间，不仅可以确定刘长卿贬睦州的年月，同时也使耿沣出使江东的时间有了一个准确的答案。

① 详《张继的行迹及其他》（《文学遗产》1991.3）。

② 《旧唐书·代宗纪》"戊子"上脱"三月"二字，据《二十史朔闰表》推之。

有一点必须澄清的是，储仲君先生曾举《按覆后归睦州赠苗侍御》（5.1539）一诗，认为刘长卿是在大历十一年（776）秋由鄂州江行赴睦州的。今按诗云："年光销蹇步，秋气入衰情。建德知何在，长江问去程。孤舟百口渡，万里一猿声。"时间的确是在秋天，但题中"归睦州"值得注意。去往贬所不言"赴"而言"归"，说明他前此已在睦州，这次只不过是被追回重加推案。"按覆"我想就是指的这个意思。看来刘长卿贬睦州也有一个与贬南巴类似的过程，因诬告案漏洞太多而被朝廷差使重推。

刘长卿贬睦州期间的生活比较清楚，从其诗作中可以看到他与严维、李嘉祐、包佶等人的交游，但他离开睦州赴随州刺史任的年月尚须考证。《岁日见新历因寄都官裴郎中》诗不是如张说作于大历十四年，而是作于十三年除夕，因为"若道平分四时气"一句指闰年（大历十四年闰五月）。"贾生何事又三年"一句说自己不幸又经历了三年贬谪生活，与前考刘长卿大历十年贬睦正合。傅璇琮先生又据《送秦侍御外甥张篆之福州谒鲍大夫秦侍御与大夫有旧》（5.1558）诗断定刘长卿大历十四年夏尚在睦州，其赴随当在大历末建中初（《唐才子传校笺》），今按刘长卿有《登迁仁楼酬子婿李穆》（5.1527）诗云："临风敞丽谯，落日听吹铙。归路空回首，新章已在腰。非才受官谤，无政作人谣。俭岁安三户，余年寄六条。春芜生楚国，古树过隋朝。赖有东床客，池塘免寂寥。"据"寄六条""过隋朝"之语，知此诗作于赴任随州刺史途经扬州时，时为初春。刘长卿又有《闻虞沔州有替将归上都登汉东城寄赠》（5.1565）云："淮南摇落客心悲，涢水悠悠怨别离。早雁初辞旧关塞，秋风先入古城池。"汉东即随州，诗作于早秋。考《旧唐书·德宗纪》，建中二年夏四月己酉朔省沔州，四年三月己卯复置。观长卿诗题言"有替"（即有人代任），则时沔州尚未省，知诗作于建中元年秋。据此推之，长卿赴随必在建中元年。

六

刘长卿去随州任年月，傅璇琮先生考定在建中四年李希烈乱淮西时，郁贤皓先生《唐刺史考》更考出随州在建中三年即已为李佐移守，则长卿去随应在建中三年（782）。离随后他返回阳羡旧居，有《早春》（5.1517）诗云："微雨夜来歇，江南春色回。本惊时不住，还恐老相催。人好千场醉，花无百日开。岂堪沧海畔，为客十年来。"盖大历六年（771）赴鄂，至此已十一年也。还江东后诗作可考者有贞元二年（786）送朱放赴京的《喜朱拾遗承恩拜命赴任上都》《寄别朱拾遗》、同年送李嘉祐牧台州的《送台州李使君兼寄题国清寺》。[①]刘长卿卒年不可确考。岑仲勉先生《唐人行第录》"梁二"条云："《全（唐）诗》五函刘长卿《淮上送梁二恩命追赴上都》。考梁肃以贞元五年由淮南幕征入台，长卿卒年虽不详，可能在五年至七年之间，颇信梁二即肃也。"此说今人均信从附和，实则其间尚有可议。梁二为梁肃，以诗中所叙殆无可疑。但梁肃此行是否即贞元五年（789）以监察御史征还台还值得推敲。诗云："贾生年最少，儒行汉庭闻。拜手卷黄纸，回身谢白云。"明是初入仕光景。若贞元五年，梁肃已三十七岁，似不宜以贾谊作比（贾谊享寿三十三岁）。据我考证，梁肃在建中元年制科登第后即以校书郎告假觐省，滞留江东，建中三年（782）得萧复荐授右拾遗修史，应召赴京。[②]刘长卿送梁肃入朝当是这一次。时梁肃三十岁，比之贾谊正切。皎然有《送梁拾遗肃归朝》（23.9213）云："明主重文谏，才臣出江东。束书辞东山，改服临北风。"当为同时所

---

① 李嘉祐刺台州，傅璇琮先生定于上元二年，今从储仲君先生《李嘉祐诗疑年》之说，别详笔者《大历诗人札记》（《河北师院学报》1993.2）。

② 详笔者《梁肃年谱》（将刊于《文史》）。

作。长卿诗云："故关无去客，春草独随君。淼淼长淮水，东西自此分。"送别时为春间，[1]地点是在泗州一带。看来刘长卿是在年初离随州的，顺淮水东下，至泗州逢入京的梁肃，故诗末云"东西自此分"。这个推断我想是可以成立的。而此事的系年既明，则岑说不攻自破。根据现有材料，我们仍然只能说，刘长卿的卒年在贞元二年至贞元七年春之间。但我相信刘长卿大约在贞元五年前即已下世。皎然在《诗式》卷四"齐梁诗"一条里说："大历中，词人多在江外，皇甫冉、严维、张继、刘长卿、李嘉祐、朱放，窃占青山白云、春风芳草，以为己有。吾知诗道初丧，正在于此，何得推过齐梁作者？迄今余波尚浸，后生相效，没溺者多。大历末年，诸公改辙，盖知前非也。"这段批评口气颇不客气，按理似不该在诸人生前发之，今观刘长卿之外余皆作古，我们有理由推断刘长卿时亦不在人世。《诗式》据自序是撰于贞元五年，这大致就是刘长卿卒年的下限。

刘长卿的生平事迹，由于缺乏起码的信史可征，不少地方都只能据作品推断；而作品本身因各人理解不同也会产生解释的歧异，研究者各自得出不同的考证结论是很正常的，但我们在操作上不能违反常识和形式逻辑，否则必将流于轻率和武断。本文力求根据可靠的论据谨慎推论，但对诗人生平这一系列重大问题的年代考定来说，完美和精确恐怕是很难在这一篇文章中达到的，我期望得到批评。

（原载《中国典籍与文化论丛》1995年第2辑）

① 皎然另有《答裴评事澄荻花间送梁肃拾遗》(23.9238)诗作于秋天，乃是另一次送行。据朱文长《吴兴送梁补阙归朝赋得荻花》诗，可知皎然诗题有误。

刘长卿集版本源流试说

◎任晓辉

刘长卿（718？—790？）字文房，唐代大历时期的著名诗人，祖籍宣城（今安徽宣城），郡望河间（今河北献县东南），家居洛阳。玄宗天宝年间中进士，后为长洲县尉，再后遭人嫉害被诬告入狱，贬南巴尉。代宗大历八年（773）任转运史判官，知淮西鄂岳转运留后，因与鄂岳观察使吴仲孺有隙而再贬为睦州司马。德宗建中元年（780）除为随州刺史，至官终。世人也称他作“刘随州”。刘长卿为人干练而刚直，唐代高仲武在《中兴间气集》中评说他“有吏干，刚而犯上，两遭贬谪，皆自取之”。文学上，刘长卿工于诗，盛唐、中唐之间号为“名手”。尤其擅五言，有“五言长城”的美称。清人卢文弨的《抱经堂文集》有评“子美之后，定当推为巨擘”。足见其地位之高。

刘长卿的诗词是否在唐代就已经编纂成集，现在难以确考。只是依据陈顺智先生在《刘长卿集版本考述》一文中得到的结论。至少可以肯定一点：刘长卿与秦系唱和的诗歌在唐代已由秦系编纂成集，有权德舆写的《秦征君校书与刘随州唱和集序》为证。这是目前为止刘诗入集的最早记载，但是这部诗集的名字以及收录刘诗的数目仍然不能确知。而可以考证出的刘集行世的时间为北宋时期。由此，刘集的版本研究以北宋作为起点应该是比较合适的。

时至今日，对刘集版本的研究成果主要有五种：万曼先生的《唐集叙录·刘随州文集》①、蒋寅先生翻译日本高桥良行的《刘长卿集传本考》②、储仲君先生《刘长卿诗编年笺注》后附的《〈刘随州集〉版本考》③、杨世明先生校注的《刘长卿集编年校注》④、陈顺智先生的《刘长卿集版本考述》⑤。总的来说，各位先生对于刘长卿集的研究各有侧重。

然而刘集的版本系统还是有些模糊的。基于现有研究成果，对刘集清代及近代的版本，笔者着重查考了北京师范大学图书馆和国家图书馆可目及的版本，并尽量录写其版本特征，以补足前辈学者未加详细说明的部分，然后把它们归并到刘集的版本系统中，以期得到更为明晰的整体面貌。

一、刘集版本的说明

【北宋】

北宋欧阳修著录之《刘长卿集》十卷本，亦称十卷本。

依据：北宋欧阳修《新唐书·艺文志》四："《刘长卿集》十卷。"南宋晁公武《郡斋读书志》卷四："刘长卿集十卷。……今集诗九卷，杂文一卷。"南宋陈振孙《直斋书录解题》卷十六别集类："刘随州集十卷……诗九卷，末一卷杂著数篇而已。"南宋尤袤《遂初堂书目》之别集类录有"刘长卿集"，但不录卷数。

特征：宋代已有刘长卿的集子行世。题名可能是《刘长卿

① 万曼《唐集叙录·刘随州文集》，中华书局 1980 年版。
② （日本）高桥良行著，蒋寅译《刘长卿集传本考》，《扬州师院学报》1988 年第 10 期。
③ 储仲君《刘长卿诗编年笺注》，中华书局 1996 年版。
④ 杨世明校注《刘长卿集编年校注》，人民文学出版社 1999 年版。
⑤ 陈顺智《长卿集版本考述》，《文献》2001 年第 1 期。

集》，基本样貌是十卷（诗九卷，诗以外的杂著一卷）。

关系：《新唐书》上所著录的十卷本是最早著录的本子，亦是《刘长卿集》的祖本。

宋刻十卷残本

依据：清陈揆所《稽瑞楼书目》："刘文房集六卷"。并注："宋刻残本二册"。清黄丕烈《百宋一廛赋》注有："残本刘文房文集，每半叶十二行，每行二十一字，所存五至十，凡六卷。"清翟镛《铁琴铜剑楼藏书目录》："刘文房集六卷，唐刘长卿撰，原书十一卷，今存第五至十。每半叶十二行，行二十一字，贞、敬字有减笔，册首有'正书翰林国史院官书'七字长印，盖明时钤记也。旧为士礼居藏书。"《北京图书馆善本书目》卷六集部："刘文房集十卷，宋刻本二册，存六卷，五至十。"

特征：题名《刘文房集》。残存第五至第十，共六卷。每半叶十二行，行二十一字。现藏于国家图书馆。

关系：在尚未发现其他北宋刻本之前，有理由认为它极有可能是欧阳修《新唐书》所录十卷刻本的残本。它的学术价值和研究价值比较可靠。

【南宋】

南宋建昌十一卷本

依据：南宋陈振孙《直斋书录解题》卷十六别集类："建昌本十卷，别一卷为杂录著。"清黄丕烈于嘉庆七年（1802）构室藏百部宋刊本，嘉庆九年（1804）清顾广圻作《百宋一廛赋》："五言长城，未隳文房，杂著附见，知胜建昌。"黄注："……予别藏临何义门校，即据建昌本以相复勘，知此为胜也。"

特征：十一卷。

关系：建昌本即是北宋本的一种，或许由于长时间不被提及，已很稀罕。即使幸存也很可能残损。所以没有形成一个独立完整的版本系统。

南宋书棚十卷本

依据：静嘉堂藏陆心源旧藏之汤鳌刊本第四册末叶，有陆心源之前的收藏者冶泉的墨笔手跋："辛未秋，从沈颖谷业师，假得义门何先生校本，校过其前五卷，依南宋书棚本，乃文渊阁残书也。……两抄次第，与宋本皆合。宋本十行，行十八字，此本同。"清缪荃孙《艺风藏书续记》卷六《诗文》第八上："康熙丙戌二月，得见文渊阁不全随州集，校此五卷，南宋书棚本也。"

特征：每半叶十行，行十八字。

关系：此本承接北宋刻本，更成为后世版本系统的一个源头。

【明】

弘治临洮李君纪刻本

依据：傅增湘《藏园群书题记》补遗："此本为弘治戊午（1498）临洮太守李君纪刻于郡斋，后有余姚韩明跋。……此本行格为十行十八字，其出于书棚本无疑。"

特征：明弘治十一年戊午（1498），临洮李君纪刻。题名《刘随州文集》。后有弘治戊午陕西按察副使余姚韩明序，说明此本是韩明据杨邃庵藏本过录，李君纪出资刻于郡斋。十一卷（诗十卷，文一卷），外集一卷（十首诗全为重出）。每半叶十行，行十八字。黑口，四周双栏。现藏于国家图书馆。据高桥良行，日本大仓集古馆亦藏有此本。

关系：源于南宋书棚本。

弘治西蜀李士修刻本

特征：明弘治十三年庚申（1500），随州知府李充嗣（字士修）刊刻。集前有宗彝序，后有沈宝文甫跋，详细记载了刊刻原委。题名《刘随州文集》。十一卷（诗十卷，文一卷），削去了外集一卷。每半叶十行，行十八字。黑口，四周双栏。现藏于国家图书馆。据高桥良行，日本名古屋市蓬左文库藏有朝鲜旧刊本《刘随州文集》十一卷，外集一卷。

关系：抵源于南宋书棚本。如储仲君先生所言，此本与临洮李君纪刻本大同小异，在收诗、分卷、编次、版式上完全相同，不同只在缺叶多少和地方。

正德汤鏊刻本

特征：明正德十二年（1517），随州从事郎判事汤鏊刻。前有汤鏊序，后有随州儒学训导玉山陈清序。题名《刘随州集》。十卷（诗九卷，文一卷），外集一卷。每半叶十行，行十八字。黑口，四周双栏。

关系：抵源于南宋书棚本。后序有云“继其治者”实为李士修，汤氏所依也为李士修刻本。正德汤鏊刻本据李士修刻本削去文集一卷，又据临洮李君纪刻本补入外集一卷，所以与以上两本均有渊源。后世版本多从此本出。

蒋孝刻本

特征：明嘉靖二十九年（1550），蒋孝刻。傅增湘临何焯校跋。题名《刘长卿诗集》。十一卷（诗十卷，文一卷），外集一卷，且删去了与他人的酬唱诗。每半叶十行，行二十字。白口，四周单栏，单鱼尾。收在《中唐十二家诗集》之一。现藏于国家图书馆。

关系：源出南宋书棚本。与正德汤鏊刻本属同一系统。

汉东瑞珠堂刻本

特征：明万历十六年（1588）刻。题名《刘随州文集》。十二卷，二册。每半叶九行，行二十字。白口，四周单栏。现藏于国家图书馆。

关系：源出南宋书棚本。

祝以豳刻本

特征：明万历二十一年（1593），祝以豳刻。题名《刘随州诗集》。十卷。

关系：源出南宋书棚本。

朱之蕃重刻本

特征：明万历四十年（1612），朱之蕃及其门人重刻蒋孝刻本。现藏于国家图书馆。据高桥良行，日本内阁文库、国会图书馆亦有藏。

李之祯刻本

特征：明天启四年（1624），李之祯刻。题名《刘随州诗集》。十一卷（诗十卷，补遗一卷），收在《唐十家诗》之二。

关系：源出南宋书棚本。

《中晚唐诗》本

特征：明末，龚贤汇集野香堂、贞隐堂等刻本。题名《刘长卿诗集》。一卷。收在《中晚唐诗》之六。现藏于台湾图书馆。

关系：不明。但不会脱离南宋书棚本的范围。

抄本

（1）冯定远家藏抄本。

（2）严天池家抄本。

依据：静嘉堂藏陆心源旧藏之汤鳌刊本："用冯定远家藏抄本及严天池家抄本互勘。"

关系：均源出南宋书棚本。

（3）明抄本。

依据：王重民《中国善本书提要·集部·别集类》："在正德中间适隔二叶，二影印本抄补之，则此抄本与正德本所缺正相同，疑当同出一源也。"

特征：题名《刘随州文集》。十一卷（诗十卷，文一卷），外集一卷。每半叶十二行，行三十字。白皮纸。现藏于国家图书馆。

关系：格局与临洮李君纪刻本、西蜀李士修刻本相同，或以之为据，与正德汤鏊刻本同源。

翻宋本

（1）依据：清孙星衍《平津馆鉴藏书记》卷二："唐《刘随州诗集》十一卷，末卷为文。题刘随州刺史刘长卿撰，前后无序跋。卷二《从河南元判官赴河南勾当苗税充百官俸钱》诗，不书勾字。注云御名，是避宋高宗讳构嫌名，知此本从南宋本翻雕。"

特征：题名《刘随州诗集》。十一卷（诗十卷，文一卷）。每半叶二十行，行二十字。

（2）依据：清丁丙《善本书室藏书志》卷二十四集部三："唐《刘随州诗集》十一卷。"下有小双行小字注："明翻宋本。李申耆藏书……卷二《从河南元判官赴河南勾当苗税充百官俸钱》诗，不书勾字，是避宋高宗讳构嫌名，知此本从南宋本翻雕者，以纸版度之，当为宏（弘）治所刊。"

特征：题名《刘随州诗集》。十一卷（诗十卷，文一卷）。每半叶十三行，行二十一字。

关系：均为翻南宋刻本。万曼先生认为二者是同一个刻本，据行款属不同的版本。

明铜活字本

（1）依据：清赵宗建《旧山楼藏书记》："毕氏刊刘随州集十卷，两册，明毕氏活字本。"

特征：毕昇刻。题名《刘随州集》。十卷，两册。

（2）依据：清张金吾《爱日精庐藏书志》卷二十九集部别集类"刘随州集十卷"下注："明活字本。杨梦羽藏书。"

特征：题名《刘随州集》。十卷。

（3）依据：清丁丙《善本书室藏书志》卷二十四集部三"唐《刘随州集》十一卷"下注："明活字本。何梦华藏书。"

特征：题名《刘随州集》。十卷（全为诗，编次顺序先古诗后律诗，先五言后七言，先律诗后绝句）。每半叶九行，行十七字。国家图书馆有“明铜活字印本”四册本和五册本两部。此外，上海图书馆、台湾图书馆、杭州大学图书馆均有藏。

关系：储仲君先生认为铜活字本实为明刊本之重编本。

八卷本

依据：清孙星衍《孙氏祠堂书目》：“刘随州诗集八卷。明韦祀莫刊本。”

特征：明韦祀莫刻。题名《刘随州诗集》。八卷。

关系：不明。

【清】

《全唐诗》本

特征：清康熙四十六年（1707），扬州书局刻。题名《刘长卿诗集》。五卷，删重出诗、附他人酬唱诗及外集，多异文夹注。收在《全唐诗》卷一四七至卷一五一。

关系：底本为十卷本。诗歌编次与南宋书棚本相同，属明刊本系统，且清代刊本以此本为著。

《唐诗百名家全集》本

依据：清卢文弨《刘随州文集题辞》：“近时吴郡席启寓刻唐人诗百家，以随州为首，虽其诗差备，然颇有异同，究不及是本之精。”

特征：清康熙四十一年（1702），席启寓编。康熙四十七年（1708）刊行。附传略、论说附有云：“集九卷，今刻诗十卷，补遗一卷。”题名《刘长卿文房诗》。十卷，补遗一卷。每半叶十行，行二十字。白口，左右双栏。收在《唐诗百名家全集》之一，两册。

关系：与明李之祯《唐十家》本结构相同。

卢文弨手抄本

依据：清卢文弨《抱经堂文集》卷七：“《刘随州文集》十一卷，其前十卷皆诗也，后一卷文，而总题曰文集。”

特征：清乾隆四十二年（1777）卢文弨手抄。卢文弨校跋并录有何焯题识，何焯以宋本校正。题名《刘随州文集》。十一卷（诗十卷，文一卷），但后一卷有目而无文。每半叶十一行，行二十字。白口，四周双栏，单鱼尾。现藏于国家图书馆。

关系：源出南宋书棚本。

《四库全书》本

特征：清乾隆四十六年（1781）刻。题名《刘随州集》。十一卷（诗十卷，文一卷），外集一卷被删。

关系：源出弘治临洮李君纪刻本、西蜀李士修刻本。

【近代】

《畿辅丛书》本

特征：清光绪五年（1879），王灏编。题名《刘随州诗集》。十一卷（诗十卷，补遗一卷），且始收《湘妃诗序》一文。每半叶十行，行二十二字。黑口，左右单栏。

关系：源出弘治临洮李君纪刻本。

《四部丛刊》本

特征：前有《刘随州诗序》。题名《刘随州集》。诗十卷，外集一卷。每半叶十行，行十八字。黑口，四周双栏，双鱼尾。收在《四部丛刊》集部。

关系：上海涵芬楼据明正德本影印。

《四部备要》本

特征：前有《刘随州诗序》，后附《刘随州诗后序》。题名《刘随州集》。诗十卷，外集一卷。每半叶十三行，行十九字。白口，四周单栏，单鱼尾。有“珍仿宋版印”字样。收在《四部备要》集部二十三。

关系：源出明正德汤鏊刻本，据席氏本校刊。

《丛书集成初编》排印本

特征：题名《刘随州集》。十一卷（诗十卷，文一卷），补遗《湘妃诗序》。

关系：以王灏《畿辅丛书》为底本。

二、刘集版本梳理的思考

1.依照版本学术语规范，对版本进行命名可以根据不同的标准。然而，笔者认为在对同一部集子的同一层面的多个版本进行考订时，最好能够统一标准。基于这个想法，弘治十一年的本子的命名值得再推敲。前辈学者对于弘治十一年的这个本子通常有两说，即“韩明刊本”或者“李君纪刻本”。事实上，这个本子的确比较特殊，因为它涉及两个人物：韩明是过录和为集子作跋的人，但是它是由李君纪出资进行刊刻的。所以，把这个本子命名为“韩明刊本”或者“李君纪刻本”都有一定的道理和依据。然而，如果照应到同一时期的另外两个本子，它们可以提炼出一个共同点，就是都可以找到提供资助的刊刻者。那么在这种情况之下，定名为“弘治临洮李君纪刻本”，与“弘治西蜀李士修刻本”“正德汤鏊刻本”结构一致，这样似乎更为妥当。本篇文章遵从这种考虑，大胆改动了一些本子的名称，以期更合规矩。

2.陈顺智先生在他的文章《刘长卿集版本考述》中提到“《四部丛刊》《四部备要》与《丛书集成》诸丛书……大抵不出弘治临洮韩明刊本即南宋书棚本之范围”。笔者对此有疑惑之处。据笔者所见，《四部丛刊·刘随州集》书名页背后有“上海涵芬楼据明正德本影印”字样，很明显，它是直接来源于正德汤鏊刻本，纵然正德汤鏊刻本与弘治临洮李君纪刻本即弘治临洮韩明刊本有着密切的关系，确切说是来源于它，但是也不能因此就越过直接承继的本子而归于版本系统的隔代渊源。《四部备要》亦同此。这样的话难免会造成版本系统的淆乱。

3.杭州大学图书馆1957年编的《四部备要目录》中有“以席氏本为底本”的观点。考察这三个本子，从结构上比较，《四部备要》本是诗十卷，外集一卷；正德汤鳌刻本是诗九卷、文一卷、外集一卷；席氏《唐诗百名家全集》本是诗十卷、补遗一卷。可见，《四部备要》本的结构完全不同于席氏《唐诗百名家全集》本，而和正德汤鳌刻本却较为接近。具体从文字内容上看也是如此。因此可以得出结论：《四部备要》本实际上是源出正德汤鳌刻本，据席氏本校刊。

三、小结

刘长卿的集子历来著录题名不一。有曰刘随州，有曰刘长卿，有曰刘文房。集名或曰诗集，或曰文集，或曰集。卷数或十卷，或十一卷，或十二卷。但从承载内容来看，南宋以前的本子主要由诗（包括酬唱诗）和文两部分构成。从明代开始，陆续又加入外集（主要是重出诗）和补遗（主要是初见诗，还有《湘妃诗序》）。

如果论及版本源流大致可以分为三个系统：十一卷本系统、十卷本系统和八卷本系统。关于十卷本系统，现在学界比较认同北宋欧阳修著录的十卷本为有书提及的最早的本子，它的一个刻本（即北宋十卷残本）现今可见，虽然仅存六卷，仍然理所当然地成为不可或缺的校刊本。南宋书棚本虽然没有成书流传下来，但它是有较为详细而且有明确记载的最早的本子之一，后世大抵不出此范围，它成为版本系统中的一个名副其实的源头。之后的弘治临洮李君纪刻本、弘治西蜀李士修刻本和正德汤鳌刻本，由于这三个本子关系极为密切，共同构成了版本源流的一个中心，有时并称为明刊本，后世的本子多从此出。总的说来，清代以后，无论刻本、抄本、影印本、排印本一般都属于南宋书棚本的系统。而十一卷本系统和八卷本系统，一来因为鹤立鸡群，没有本子承继；二来也因为这两个本子只在书目中被提及，根本没有成书流传。因此，这里只是把它们分别单独陈列出来，而不能作过多的说明。

通过以上分析，笔者推断：以弘治临洮李君纪刻本作为底本，以北宋十卷残本作参校本或许能够接近最初本子的原貌。现在，通常以弘治临洮李君纪刻本作为底本，以北宋十卷残本、正德汤鏊刻本等多种本子作为参校本。这也是比较值得信赖的。

（原载《吉林大学学报》1998年第2期）

明抄本《刘随州诗集》考略

◎段承校

唐代诗人刘长卿以诗驰名于上元、宝应、大历间，擅长近体，尤工五律，自许为“五言长城”。关于刘集的流传，除历代书志著录外，今人万曼先生《唐集叙录》已有所考叙。又储仲君先生《刘长卿诗编年笺注》（中华书局1996年版）附有《〈刘随州集〉版本考》一文，但没有超出万曼先生所叙。两家对明抄本刘集所叙甚少，储氏甚至怀疑明抄本刘集即抄自明弘治十一年（1498）临洮太守李君纪刻本。王重民先生《中国善本书提要》集部、别集类疑明抄本刘集与《四部丛刊》影印明正德十二年（1517）汤鳌刊本“当同出一源”。然明正德汤鳌刻本源自李君纪刻本（见上引储氏刘集版本考），则储氏所疑亦类王重民先生之疑也。明清两代翻刻刘集不少，但均源于南宋书棚本，此已为共识。今南宋书棚本已不见存于世，北宋蜀刻本《刘文房文集》仅存卷五至卷十，卷九之前为诗，卷十为文，不过编排体例与今之通行本迥异。笔者近得观南京图书馆藏明抄本《刘随州诗集》胶片，经过比勘，认为明抄本刘集直接抄自南宋书棚本，故撰此拙文，或有不当，敬祈教正。

一、明抄本刘集概况

南京图书馆藏明抄本刘集胶片为美国国会图书馆提供。首题《刘随州诗集》，但卷内又题“刘随州文集卷某”，内有诗十卷文集一卷外集一卷。卷内有：“叶文庄公家世藏”“叶子寅印”“叶德荣甫世藏”“松霭藏书”“伯羲父”“盛昱之印”“宗室文悫公家世藏”“寒云秘籍珍藏之印”等印记，又此本另有“国立北平图书馆藏”之印，与王重民先生《中国善本书提要》著录正同。卷一之前为目录，分卷及诗题顺序与明正德汤鳌刊本相同，但抄本卷十的诗歌编排顺序迥异。书末有寒云跋语，曰：“《刘随州文集》十一卷，明人写本，字甚拙古，惟间有脱误。历经叶文庄、周松霭、盛伯兮诸家藏，其珍贵可知。编次与宋本及弘治翻棚本悉合，惟古活字本以五古居首为独异，诗次亦不同。此册皆宋纸，颇足玩赏，客京师时所得。己未二月，寒云。”卷内错抄漏抄的现象比较严重，将在下文论述。

二、明抄本刘集非源于李君纪刻本

笔者未得见北京图书馆藏明弘治李君纪刻本，然储仲君先生之《刘长卿诗编年笺注》之底本即是李君纪刻本，只是《笺注》已将原集编排次序全部打乱，使用颇为不便。不过《四部丛刊》影印之明正德阳羡汤鳌刻本即源于李君纪刻本，故亦能窥见李君纪本之概貌。据储著所附版本考，知李君纪刻本刘集为“十一卷，外集一卷”，是本为十行十八字，黑口，四周双栏。不过储氏认为明抄本《刘随州诗集》十一卷外集一卷，“前此唯李君纪本有之，颇疑所据乃君纪本”，（见上引版本考语）。此“疑”实乃不当，抑储氏笺注刘集时未见明抄本欤？明抄本的诸多特征使我们相信抄本与李君纪刻本虽同出一源，但各有所自。以下从三个方面考证之。

（一）从两本的缺字来看，明抄本绝非源于君纪本。

明抄本《刘随州文集》卷第四《湘中纪行》十首之《洞山

阳》诗："白云将犬去，□□□□□。□□□□□，□□□□晖。"君纪本作："白云将犬去，芳草任人归。空谷无行径，深山少落晖。"此诗君纪本不缺字，卢文弨校语亦不言缺。同上卷《杂咏八首》之《白鹭》诗："夕阳□孤影"，君纪本作："夕阳吊孤影"。同上卷《寄李侍御》诗："年年湖上亭，怅望江□□。□□□□□，□□□何适。"君纪本作："年年湖上亭，怅望江南客。骢马入关西，白云独何适。"同上卷《过郧三湖上书斋》诗："何事东南客，忘机□□□。"君纪本作："何事东南客，忘机一钓竿。"卷第五《南楚怀古》诗："□余湘水上，千载闻离骚。"君纪本作："独余湘水上，千载闻离骚。"卷第六《陪元侍御游支硎山寺》诗："因逐溪水还，观□两无碍。"君纪本作："因逐溪水还，观心两无碍。"必须指出的是：虽然抄本普遍存在漏抄的现象，但以上所举例子明显不是漏抄，而是书手明知底本有缺字，故意空格。对此我们只能作如下解释：那就是明抄本所据绝非李君纪刻本，而是一南宋书棚刻本，此书棚本版面已有缺损，所以造成上述现象。

此处尚需补充说明一点，君纪本的避讳字与明抄本相同，另，也有相同的缺字现象。如抄本卷第四《归弋阳山留别卢邵二侍御》诗："只应□□惯"。两本均缺"君少"二字。同上卷《题独孤使君湖上林亭》诗："水□登龙净"。两本都缺一"对"字；《送裴二十一》诗："不须□早晚。"二本俱缺一"论"字。可见二本均源于南宋书棚本。

（二）从两本的缺页情况来看，我们也可得出相同的结论。

北图藏君纪刻本的缺页情况，储仲君先生云："计卷一缺三处，共四页，诗十六首；卷二缺一处，两页，诗八首；卷七缺二处，诗四首（储按《罢摄官后将还旧居》缺后十八韵，《赠别于群》缺前二十九句）；卷九缺一处，一页，诗三首；共计缺七处，九页，诗三十三首。"但对照明抄本，使我们完全有理由相信：君纪刻本所据原本是一个比较完整的南宋书棚本，其缺页现象是后世流传造成的，而明抄本则是一种漏抄错抄的现象。抄本的错漏情况如下：卷一错抄一处，即王重民先生指出的："卷一《送宣尊师醮毕归越》第四句'登刀入白云'，入字误接《酬张夏》首句，在正德本中适隔二叶。"卷二漏抄一处，《送梁郎中赴吉州》末句"无奈借留何"，无字误接于《送齐郎中典括州》第四句"听讼台云中"之"云中"二字前，与正德汤鳌刻本相校，适隔一页，漏抄诗三首余。卷六漏抄两处，《奉送从兄罢官之淮南》第四句"鸥鸟世情赊"世字误接于《贬南巴至鄱阳题李嘉祐江亭》"柳色迎高坞"句之"迎"字前，与正德本校，刚好翻过一页，中间隔了《落第赠杨侍御兼拜员外仍充安大夫判官赴范阳》及《贬南巴至鄱阳题李嘉祐江亭》诗的后半首。又漏抄《孙权故城下怀古兼送友人归建业》《宿双峰寺寄卢七李十六》及《京口怀洛阳旧居兼寄广陵二三知己》前十七句，与正德汤鳌刊本校，正好翻过二页。卷七抄错一处，诗二首，即《罢摄官后将还旧居留辞李侍御》缺后十八韵，三十六句，《赠别于群投笔赴安西》缺前二十九句，与正德汤鳌刊本校，适隔二页，此处与君纪本缺页同。卷九不缺。

从以上的比较来看，可以断定明抄本绝非抄君纪本而成。虽然如此，我们还得解决一个疑惑：那就是上举明抄本的错漏何致于在明正德汤鳌刻本中正好漏抄一页或两页呢？这有两种可能。一是底本流传时失页。一是漏抄，这可以从版式上得到回答。从现存明弘治、正德刘集的刊本来看，有弘治十一年（1498）、十三年（1500）、正德十二年（1517）三个刊本，均为十行十八字，黑口，四周双栏之版式，这一版式即是南宋书棚本之通行版式。故漏抄一二页，盖书手抄录时，不经意翻过一页或两页，后又不加对校，以致漏抄而不悟，此亦抄本之通病也。至此我们可以认为明抄本《刘随州文集》所据之南宋书棚本当是一个“十行十八字”的本子，或不致有误。

（三）从抄本卷十的诗歌编排顺序来看，亦可证明之。

明正德汤鳌刊本《刘随州诗集》十卷，外集一卷。题曰诗集，故将卷十一的文删除。比勘正德本与抄本第十卷，抄本的编排顺序特异，依次为：《颍川留别司仓李万》《听笛歌留别郑协律》《时平后送范伦归安州》《小鸟篇上裴尹》《登吴古城歌》《瘼兵篇》（正德本作《疲兵篇》）《送姨子弟往南郊》《铜雀台》《昭君歌》《新安送陆澧归江阴》《弄白鸥歌》《长沙赠衡岳祝融峰般若禅师》《赠湘南渔父》《明月湾寻贺九不遇二首》《题曲阿三昧王佛殿前孤石》《送友人东归二首》《入桂渚次砂牛石穴》《严陵钓台送李康成赴江东使》《送杜越江左觐省往新安江》《湘中忆归》《送郭六侍御之武陵郡》《山鹳鸽歌》《望龙山怀道士许法稜》《戏赠干越尼子歌》。正德汤鳌刊本源于君纪本。从以上独特的顺序看，抑南宋书棚本有不同的本子？兹姑存疑。但至少可以说明抄本非源于君纪刻本。

三、明抄本刘集的校勘价值

王重民先生《中国善本书提要》集部·别集类《刘随州诗集》条评曰：“然其异文，往往此胜于彼。”此说甚是。然储仲君先生却认为：“至其异文，‘往往此胜于彼’，盖抄时当据文义更改也。”（见储著版本考语）此说恐失之偏颇。以下先叙抄本与君纪本校语之微异处，然后再举此异文以明此抄本实足珍视。

（一）校语相异者

卷二《送严侍御充东畿观察判官》“古木隔林看”，君纪刻本有注“一作古道近乡看”，抄本无此注。《送李校书赴浙东幕府》，君纪本题下无注，抄本题下有注：“校书工于翰墨。”后

《全唐诗》本即依此注。《余干夜宴奉饯前苏州韦使君新除婺州作》，抄本"新除婺州作"作注语，君纪刻本经书为诗题。《晚次苦竹馆却忆干越旧游》，君纪本无校语，抄本有校语："一作晚行次苦竹馆"。卷五《送姚八之句容旧任便归江南》，君纪本无校语，抄本有校语："一本作送姚八归江南"，正德汤鳌刊本亦有此校语。卷九《观校猎上淮西相公》，君纪本有校语："一无下五字"。抄本无。卷九《送李将军》，君纪本作《送李将军》，《文苑英华》作《送开府侄随故李使君旅榇却赴上都》，《唐诗品汇》作《送李将军迎故使中丞旅榇赴京》。储仲君先生注曰："按此人为开府，固可称将军，然长卿称之为侄，当为刘姓也。作李将军，盖涉尾句而误。"按储注是，但未得此诗题之实。该诗明抄本最得其要。抄本作《送李将军》，下有注语："一云送开封（此字衍）府侄迎故使中丞旅榇却赴上都，李公用贬谪没于江西，开府上表让官乞自伏护"。是则刘长卿所送乃刘姓开府侄，开府侄所伏护者乃"故使中丞旅榇"。卷九《赋得》诗题下有注："一作皇甫冉诗题作《春思》"，抄本无此注。

（二）异文举要

明抄本《刘随州文集》具有旧抄本普遍存在的缺陷，诸如漏抄、错抄、字用俗体等，但也不尽如储仲君先生所说的是"抄时当据文义更改"。兹就初步比勘，摘其要者述之，其中有些异文并与残宋本《刘文房集》及《文苑英华》等相对照，以明此抄本所具有之校勘价值。所引诗题及诗句一并先依储氏笺注本，后出异文。

卷一《初到碧涧招明契上人》"泉浇谷后田"，《文苑英华》作"谷口"；君纪本作"苦后"；抄本作"谷后"。

卷二《送郑司直归上都》"宦游成楚老"，君纪本作"禁"，抄本作"楚"；《全唐诗》作"楚"。《重推后却赴岭外待进止寄元侍御》“来往落湘沅”。君纪本缺一“湘”字；抄本不缺。《送严侍御充东畿观察判官》“故园经乱久”，《文苑英华》作“失”；君纪本作“六”；抄本作“失”。《送李校书赴浙东幕府》“芸香辞乱事”，君纪本作“乱”；抄本作“职”；明活字本亦作“职”。

卷四《赴江西湖上赠皇甫曾之宣州》“东西潮渺渺”。君纪本作“潮”；抄本作“湖”。《过郧三湖上书斋》“何事东南客”。残宋本作“东林”；君纪本作“东南”；抄本作“东南”。《从军六首》“回看虏骑合”。残宋本作“首”；君纪本作“看”；抄本作“首”。《栖霞寺东峰寻南齐明征君故居》“古墓依寒草”。君纪本作“暮生”；抄本作“暮依”。

卷五《夏口送长宁杨明府归荆南因寄幕府诸公》“日越今无事”。残宋本作“百”；君纪本作“日”；抄本作“百”。《泛曲阿后湖简同游诸公》“映带至徐州”。君纪本作“至”；抄本作“南”；明活字本亦作“南”。《送姚八之句容旧任便归江南》“湖山若个幽”。君纪本作“忧”；抄本作“幽”；明活字本亦作“幽”。

卷六《题王少府尧山隐处简陆鄱阳》“陆生鄱阳令”。君纪本作“生”；抄本作“公”。《按覆后归睦州赠苗侍御》“岂令冤气积”。君纪本作“令”，抄本作“知”。《留题李明府霅溪水堂》“落日无王事，青山在县门。”君纪本作“王事”；抄本作“至亭”。《关门望华山》“爱此众容秀”。残宋本作“容”；君纪本作“客”；抄本作“容”。《雨中登沛县楼赠表兄郭少府》“伫立收烟氛”。君纪本作“氛”；抄本作“雾”。《李侍御河北使回至东京相访》“桃花御沟里”。君纪本作“花”；抄本作“李”。

卷七《题虎丘寺》“千载唯丘墓”，残宋本作“墓”；君纪本作“暮”；抄本作“墓”。《旅次丹阳郡遇康侍御宣慰召募兼别岑单父》“客心暮千里”。残宋本作“募”；《文苑英华》作“暮”；君纪本作“募”；抄本作“暮”。又同诗“归潮落山根”句。残宋本作“山根”；君纪本亦作“山根”；抄本作“三更”。《洛阳主簿叔知和驿承恩赴选伏辞一首》“三载部邮亭”。残宋本作“部邮亭”；君纪本作“出江亭”；抄本作“郡邮亭”。《夜宴洛阳程九主簿宅送杨三山人往天台寻智者禅师隐君》：“落潮见孤屿”。残宋本作“潮”；君纪本作“湖”；抄本作“潮”。

卷八《使次安陆寄友人》“三户无人自鸟啼”。君纪本作“自鸟”；抄本作“鸟自”。

卷九《哭陈歙州》“千秋万古葬平原”。君纪本作“葬”；抄本作“共”。

以上所举例证，旨在说明明抄本《刘随州文集》在目前南宋书棚本不见存于世的情况下，作为直接抄于南宋书棚本的孤本，基本上保持了底本的原貌，其校勘价值，除一些明显的漏抄错抄外，应同明君纪本等而视之。惜乎储仲君先生笺注刘集时未加以利用。

最后谈谈有关明抄本《刘随州文集》卷第十一文集和外集的问题。《新唐书·艺文志》著录《刘长卿诗集》十卷；郑樵《通志·艺文》及晁公武《郡斋读书志》四所著录的卷数均同，《读书志》并注云：“今集诗九卷，杂文一卷。”陈振孙《直斋书录解题》著录《刘随州集》十卷，并注云：“诗九卷，末一卷杂著数篇而已。”但又说：“建昌本十卷，别一卷为杂著。”是则十一卷本在南宋末即已成形，但未知建昌十一卷本的编次如何，从陈注可知，其规模当是十一卷为诗，一卷为文。据上文考证，明抄本源于南宋书棚本，又抄本外集有诗《双峰下□□□故人李宥》，书手在抄录时有空格，知外集即编刻于南宋书棚。外集所录诗共十首，俱见于集中。《重送》见于卷八中，又佚去题

"裴郎中贬吉州"六字。《次前溪馆作》一首见于卷二。《送裴二十七端公使岭南》亦见于卷二。《赠袁赞府》一首见于卷九，却以题下所注"时经刘展平后"为题，但佚去"时经"二字。《双峰下□□□故人李宥》亦见于卷九，但卷九中的诗题为《双峰哭李宥》。《秋云岭》《洞山阳》《横龙渡》《赤沙湖》四首诗为卷四《湘中纪行》中的四首，却将《秋云岭》改为《云秋岭》、《洞山阳》改为《阳山洞》。《寄李侍郎行营五十韵》见于卷七。四库馆臣评采进本时说："佚其题首至德三年等二十四字"。《四库全书》据邹炳泰家藏本著录，有外集一卷，即源于明正德汤鳌刻本，不过正德本与明抄本均不缺此"二十四字"，所以《四库全书》本当是一个翻刻正德本。万曼先生认为外集是"明人妄增"，恐不妥。笔者认为，外集的出现是南宋书棚商贾标异其货以射利。值得注意的是前引卷四《洞山阳》空格甚多，而外集赫然俱在，是亦明抄本照录书棚本未暇校改之证也。

（原载《古籍研究》1999年第2期）

刘长卿集版本考述

◎陈顺智

刘长卿是唐代大历年间的一代作手，人称“五言长城”，不仅在当时，即使在明清时代也产生过较大的影响。关于刘长卿集的版本研究，有万曼的《唐集叙录·刘随州文集》，次有由蒋寅翻译的日本高桥良行所著之《刘长卿集传本考》，再有储仲君先生《刘长卿诗编年笺注》所附的《〈刘随州集〉版本考》。外之者，以余寡闻，尚未及见。现将前述三文与余之陋识综述于次，以飨同好。

唐代　刘长卿诗在唐代是否结集，尚难确考。可以肯定的是刘长卿与秦系唱和的诗歌已由秦系编纂成集，虽然权德舆应秦系之邀为唱和集写了四百来字的《秦征君校书与刘随州唱和集序》，但是，我们却很难说这一唱和集的集名就是《秦征君校书与刘随州唱和集》。权序称：“（贞元）七年春，始与予遇于南徐。……白头初命，色无愠怍，知名岁久，故其相得甚欢。因谓余曰：‘今业六义以著称者，必当酬唱往复，亦所以极其思虑，较其胜败，而文以时之，闻人序而申之。’悉索笈中，得数十编，皆文场之重名强敌，且见较以故敌故（二字疑衍）随州刘君长卿赠答之卷，惜其长往，谓余宜叙。”遗憾的是其中并没有记载集中到底有多少首诗作。文中所云“得数十编”显然不单指刘长卿，而“皆”字当然还包括其他一些“文场之重名强敌”者，因此本唱和集收诗也自然不会太多，如权序所云，大概也就是“凡若干首”而已。尽管如此，这也是刘诗入集的最早记载吧！

后晋刘昫等撰的《旧唐书·经籍志下》之集部所录唐集甚少，刘长卿集亦自然未录。《经籍志上》之序曾言：“今录开元盛时四部诸书，以表艺文之盛。”同序复载玄宗之语云：“内库皆是太宗、高宗先代旧书，常令宫人主掌，所有残缺，不遑补辑，篇卷错乱，难于检阅。卿试为朕整比之。”开元九年群臣重修成《群书四部录》二百卷，随后“毋煚又略为四十卷，名为《古今书录》”，可见《旧唐书·经籍志》所据之书目实际上还是太宗、高宗时期之书目，因此未载录盛唐以下别集便不足为怪了。北宋嘉祐五年（1060）欧阳修等撰《新唐书》，《艺文志四》著录有“《刘长卿集》十卷”，并有如下文字：“字文房，至德监察御史，以检校祠部员外郎为转运使判官，知淮西、鄂岳转运留后。鄂岳观察使吴仲孺诬奏，贬潘州南巴尉，会有为辨之者，除睦州司马，终随州刺史。”《新唐书·艺文志》在《旧唐书·经籍志》的基础上增补了大量书籍。这些后来增补的书籍源于何处，欧阳修在《艺文志序》中未加说明。因此，刘长卿集是否已在唐代编纂成集，现在难以确考。

宋代　宋代已有刘集行世。最早的著录当属《新唐书》之十卷本。后南宋晁公武所撰《郡斋读书志》卷四上著录有“刘长卿集十卷，……今集诗九卷，杂文一卷”；陈振孙《直斋书录解题》卷十六别集类亦著录：“刘随州集十卷……诗九卷，末一卷杂著数篇而已。建昌本十卷，别一卷为杂录著。”从二人所著录的情况来看，陈振孙与晁武公所录之十卷相同，但集名却又有别；陈振孙所录之“建昌本”当为十一卷本，其集名则未详。又南宋尤袤所撰《遂初堂书目》之别集类亦著录“刘长卿集”，然不录卷数。若不论集名，惟论卷数，则宋人著录之刘集有二个版本：一为十卷本，一为十一卷本。十卷本即北宋欧阳修著录之

《刘长卿集》十卷本，亦为《刘长卿集》之祖本。

关于宋刻十卷残本。上述宋代《刘长卿集》今已不存。今天尚存的宋代刘集，仅有一残本。据《北京图书馆善本书目》卷六集部上载："刘文房集十卷，宋刻本二册，存六卷，五至十。"此残宋本清代学者多有著录，若陈揆所撰《稽瑞楼书目》载云："刘文房集六卷。"并注："宋刻残本二册。"嘉庆年间的黄丕烈曾于《百宋一廛赋》注中道："残本刘文房文集，每半叶十二行，每行二十一字，所存五至十，凡六卷。书录解题云：'刘随州集，唐随州刺史宣城刘长卿文房撰，诗九卷，末一卷杂著数篇而已。建昌本十卷，别一卷为杂著。'予别藏临何义门校，即据建昌本以相复勘，知此为胜也。"黄丕烈之残宋本后归瞿镛所有，据《铁琴铜剑楼藏书目录》载："刘文房集六卷（原注：宋刊残本），唐刘长卿撰，原书十一卷，今存第五至十。每半叶十二行，行二十一字，贞、敬字有减笔，册首有正书翰林国史院官书七字长印，盖明时钤记也。旧为士礼居藏书。"国图今藏即此本。根据这段文字，有以下几个疑问：其一，尽管著录均为《刘文房集》残本六卷，但总卷数之记载有异，国图明确著录为"十卷"，瞿氏明确称"原书十一卷"，而黄氏则仅云"所存五至十"，似乎亦仅十卷。瞿氏的十一卷本既为"士礼居"即黄丕烈所藏，二书的行款又同为"每半叶十二行，行二十一字"，那么黄氏断不会藏有二个总卷数不同而行款和存卷相同的宋残刻本，果真黄氏藏有二个这样的宋刻本，对于总数只有百部宋刻本的藏书来说将极其显眼，因而黄氏必然会加以著录。又储仲君尝见国图残本，瞿氏所叙特征，"一与北图藏本同，且十卷尾端有'铁琴铜剑楼'印记"。黄瞿二氏所载应为同一残宋本，其记载则必有一误，或许瞿氏所载"十一卷"之"一"为衍字。其二，此宋刻残本与前述宋本关系。此本结构，《百宋一廛赋》之作者顾广圻及注者黄丕烈、瞿镛均未明示，但笔者所见国家图书馆所藏《刘文房集》九卷之前为诗，卷十为文。此与晁公武、陈振孙所述吻合。此外，玩味顾氏与黄氏之语，亦可知其所录宋残刻本为诗九卷，文一卷。顾氏赋云“杂著附见，知胜建昌”，黄氏于注中复引了陈振孙《直斋书录解题》刘长卿集“诗九卷，末一卷杂著数篇而已”之语。黄丕烈为何征引陈振孙之言以说明顾广圻的“杂著附见”一句呢？以常情度之，若此宋残本与陈氏著录之本不同，则理当指出；既然黄氏非但没有指出二本之间的差异，反以陈氏的文字来加以说明，那么只能证明在黄氏看来二者本来就是一个版本。其三，现存六卷的宋残刻本，究竟是北宋还是南宋的刻本？前述瞿镛载有“贞敬字有减笔”一句非常重要。“贞”是宋仁宗赵祯之嫌名，“敬”则为宋太祖赵匡胤祖父赵敬之庙讳。再考之国图宋残刻本，《齐一和尚景堂》诗“恒沙”之“恒”字即缺笔，是避宋真宗赵恒之名讳，对南宋高宗赵构之讳又恰恰不避，如《送河南元判官赴河南句当青苗税充百官俸钱》诗则直书“句”，南宋本则于“句”处空缺，并下注：“御名。”又黄丕烈《士礼居藏书题跋记续编》也曾明言：“《刘文房文集》：余向藏《刘随州集》，系沈宝研斋临何义门校宋本，然非此宋本也。尝取勘何校本，知彼为南宋刻，而此为北宋刻也。”故知此残刻本为北宋本。其四，此北宋刻残本与其他宋本的关系。晁公武与陈振孙著录的《刘长卿集》是“诗九卷，杂文一卷”或“诗九卷，末一卷杂著数篇”，因之二人著录的应该是同一个刻本，亦即北宋刻本。此刻本至南宋时尚完好无损，周必大、彭叔夏曾以此本覆勘《文苑英华》，凡有异处均以小字随文夹注，并注云：“集作某。”非出自本集则云：“一作某。”储仲君尝将国图宋刻残本与《文苑英华》做过比较，“经比勘，长卿诗之异文，均与此本同，又知南宋时此本尚行于世”。由此可以推论，晁公武、陈振孙所著录的是同一个北宋的刻本，经周必大、彭夏叔之手时尚好，流传至清代便已成六卷残本，这就是现今国图所藏的六卷宋刻残本。瞿镛也认为“残本与之（谓陈氏著录本）合”，因此，在尚未发现其他北宋刻本之前，有理由认为这一北宋刻本即欧阳修《新唐书》所录之刻本。《新唐书》撰成于宋仁宗嘉祐五年（1060），亦为北宋本刊刻之下限。其五，既然《新唐书》、晁氏、陈氏以至国图的残本均为同一版本，那么何以各自著录的集名却一为《刘长卿集》、一为《刘文房文集》或为《刘文房集》呢？储仲君以为：“《新书》、晁志著录别集，均书撰人姓名，而非照录书题，所书《刘长卿集十卷》，盖即《刘文房文集》十卷也。”暂且不论晁志，仅就《新唐书》而言，虽非“均书撰人姓名”，但《新唐书》十之八九以姓名著录集名。其六，清人傅增湘《藏园群书题记》卷六补遗云：“《随州集》宋时蜀刻曰《文房集》，常熟瞿氏藏有残本五卷，余曾假校。又有南宋书棚本，何义门曾见之。”依此则知北宋之此六卷残本或即蜀刻本，至于所云“五卷”当为“六卷”之误记。

南宋十一卷建昌本与十卷书棚本。最早著录建昌本的仍然是陈振孙《直斋书录解题》，建昌本此后未曾见于载录，至清嘉庆间再度露面，此后便湮没无闻了。黄丕烈于嘉庆七年（1802）构室藏百部宋刊本，名曰“百宋一廛”，后两年其助手顾广圻作《百宋一廛赋》，该赋及黄丕烈为赋所作之注中均提及建昌本，则二人当见过建昌本，或者建昌本本为其所藏？赋及注云：

五言长城，未麋文房，杂著附见，知胜建昌。（黄注云：残本刘文房文集，每半叶十二行，每行二十一字，所存五至十，凡六卷。书录解题云，刘随州集，唐随州刺史宣城刘长卿文房撰，诗九卷，末一卷杂著而已。建昌本十卷，别一卷为杂著。予别藏临何义门校，即据建昌本以相复勘，知此为胜也。）

由黄丕烈注文尾句，知何焯亦尝以建昌本与宋刻残本相校，并以残刻本为佳。前述《士礼居藏书题跋记续编》卷四之集部在论及残宋本为北宋本而何义门校本为南宋本之后又涉及建昌本："陈氏书录解题有'刘随州集十卷，唐随州刺史宣城刘长卿文房撰，诗九卷，末一卷杂著数篇而已'。残本与之合。建昌本十卷，别一卷为杂著，何义门所校如此，盖建昌本也。"此亦谓义门之校本为南宋建昌本。然而何焯自己及记载何焯校本者均未提及建昌本，岂非咄咄怪事！据高桥氏云，现存静嘉堂藏陆心源旧藏之汤鳌本上有何焯的朱笔校语，第四册（共四册）末叶有陆心源之前收藏者冶泉之墨笔手跋，载有何焯校勘刘集之事：

辛未秋，从沈颖谷业师，假得义门何先生校过本校过，其前五卷，依南宋书棚本，乃文渊阁残书也，后五卷，用冯定远家藏抄本及严天池家抄本互勘，两抄次第，与宋本皆合。宋本十行，行十八字，此本同，可见嘉靖以前本犹可据，惜文集未刊入，行将抄补入。冶泉记。自记则用墨笔，恐相误也，书中圈点，非尽出义门。又记。

清缪荃孙撰《艺风藏书续记》（卷六、诗文第八上）著录明弘治本《唐刘随州诗集十一卷》之题解中亦有与冶泉相同的记载：

卷中朱笔校过，临何义门先生校语，前五卷校宋，卷十后有跋……

何氏手跋曰：康熙丙戌二月，得见文渊阁不全随州集，校此五卷，南宋书棚本也，毛丈斧季云，随州集难得佳本，凡校三过，庶无疏略矣。

又曰：丁亥二月，以二弟所买冯定远旧藏抄本，校后五卷，其次第与宋椠目录皆合，盖佳书也。文房诗，庶几稍可读矣。又记云，严天池家抄本，后五卷次亦同，复取参校改五字。

此外，卢文弨抄本《刘随州文集》卷五也过录有何义门之题识，云："康熙丙戌（1706）二月，得见文渊阁不全随州集，校此五卷，南宋书棚本也。"证之以前述傅增湘所云"又有南宋书棚本，何义门曾见之"之语，则何义门所见实为南宋书棚本。而且上述各种记述完全吻合：何焯所用刘随州集底本为正德十二载本，以文渊阁残本校前五卷，以冯定远旧藏抄本校后五卷，再得严天池家抄本复校后五卷，改五字；用于校勘的文渊阁本、冯本及严本，其次第、目录皆同，均为南宋书棚本。卢文弨的手抄本曾将何焯之校本与校语一同过录，并写有《刘随州文集题辞》一文，中曰：

《刘随州文集》十一卷，其前十卷皆诗也，后一卷文，而总题曰文集。何义门氏以宋本校正如此。其卷之起讫，字之异同，皆备著焉。然后一卷有目而无文，余尝按其目求之，仅于《文苑英华》得四篇录之，他尚无考也。

又高桥氏说：何焯"将目录首行及终行的'刘随州诗集目录'改为'文集'，于首叶上栏注'宋本作刘随州文集，十行十八字'"。因为正德刊本原本无文，故何焯依宋本补上目录，然未补文，后卢文弨按目求文仅得四篇。何氏既已补文，故尔只得将正德本之"诗集"改称抄本为"文集"。由上可知，何焯诸人均未提及以建昌本作校勘事，而是用南宋书棚本用校勘；黄丕烈、顾广圻既然言之凿凿，必然是言之有据。既然两者都不会错，那么有可能，即建昌本与南宋书棚本极相似，或者完全相同；或者两个本子同出一源。又细玩"建昌本十卷，别一卷为杂著”语意，似乎本为十卷本，后附入“杂录”而别为一卷，方形成了十卷附一卷之格局。果真如此，那么这个建昌本也很可能是由十卷本衍生出来的一个本子。前述《士礼居藏书题跋记续编》卷四之集部在论及残宋本为北宋本而何义门校本为南宋之后又涉及建昌本：“陈氏书录解题有‘刘随州集十卷，唐随州刺史宣城刘长卿文房撰，诗九卷，末一卷杂著数篇而已’。残本与之合。建昌本十卷，别一卷为杂著，何义门所校如此，盖建昌本也。”可知建昌本即北宋本之一种。或许正因为北宋本入明至清已极稀罕，而且即使幸存也已残损，故尔建昌本也逐渐从藏书家之视线中消失。

明代 有明一代刘集的刊刻极其繁多，形式也极丰富。现择其要者，考述如下。

刻本中有三个极为重要。

第一个是韩明刊本，据傅增湘《藏园群书题记》补遗说：“此本为弘治戊午（1498）临洮太守李纪刻于郡斋，后有余姚韩明跋。谓得善本于杨邃庵提学应宁，同时行者尚有孟、韦诸集，今刘集尚有传者，而韦、孟则不易觏矣。”复云：“此本行格为十行十八字，其出于书棚本无疑。”集后有韩明序，叙述了刊刻刘集的过程，落款为“弘治戊午春二月朔中顺大夫陕西按察司副使余姚韩明识”：“予同寅提学邃庵杨先生应宁尝为予言，诗莫盛于唐，学诗者必法诸唐，而唐诗自李、杜、韩、柳降，如王、孟、韦、刘诸名家，其集不数数见，知言者有遗憾焉。予闻而识之。遂从邃庵假所藏善本，各录一过，将有所图而力未能也。比明年，则韦、孟诸集邃庵已梓行之，而王右丞诗亦刻诸西蜀矣，独刘随州集尚为阙典。乃谋诸临洮李君纪，僦工市材，刻之郡斋。”此本今国图有藏，题为《刘随州文集》，十一卷，外集一卷，十行十八字；又据高桥氏言今日本大仓集古馆亦藏有此本。

第二个为两年后的西蜀李士修刻本。弘治庚申年（1500），随州知府李充嗣又刊刻了《刘随州文集》，集前有宗彝序，后有沈宝文甫跋。二文于刊刻原委过程叙之甚详。宗序云："西蜀内江李公士修，由秋官作判岳阳，来知随。好古颖敏，劳心苦节，日以诗书礼义，风化随人。一日乘暇过南山草堂，谓予曰：'人之精华，吐露为文；文之神妙，吟咏成诗。大可经天地，核世教，幽可通鬼神，远可藻饰休光，无非诗也。晚得刘随州诗，关风教，虽尝刻之临洮李君，而所传不广，好诗者每每惜之。庸是捐赀会梓，俾人知刘诗，盛可颉颃李杜，而不失三百篇古意。'乃载言载咏，良久别去。阅明日，州佐胡公冕，幕宾卢公，请序于予。"本集亦为十一卷，然削去外集一卷，十行十八字。今国图有藏。据高桥氏言今日本名古屋市蓬左文库藏有朝鲜旧刊本《刘随州文集》十一卷、《外集》一卷，亦与此本同，惟外集一卷似未削去，未知何故。

第三个是后来流传甚广的正德十二年（1517）刊本《刘随州诗集》。为随州从事郎判事汤鏊所刻。此本前有汤鏊序，后有随州儒学训导玉山陈清后序。后序有云："（文房）去随之后，继其治者亦尝镌公之诗以遗世，又不幸何时为识者取去，遂使随之民得藏其本者不一二家，至今恨之。今年丙子，宜兴汤君来判是州。至之日莅政临民，一以公所为为法。暇则取公之诗布诵之，若有所授受而心得者，因命刻之以传。虽其间采摭不能尽备，是亦历久聚散之常耳。何况世之诗赋词章，苟无关世教者，虽连篇累牍，亦若无补。若汤君刻公此诗，何异精金美玉，可以资世。虽锱铢之微，尤足为终身好爱，又何必以区区之遗为意哉！"本集为十卷，外集一卷，十行十八字。此本易见，后《四部丛刊》之《刘随州诗集》、《四部备要》之《刘随州集》均以此为底本。

上述三个明刻本之异同。三个本子行款完全一样，都是每半叶十行，行十八字；版式均为黑口，四周双栏；卷数韩明所刊为诗十卷、文一卷、外集一卷，李士修所刊惟削外集一卷，存诗十卷、文一卷；汤鏊刊本删去文一卷，存诗十卷、外集一卷，所以集名也由《刘长卿文集》改为《刘长卿诗集》，或许其意在诗，故有此举。三个本子所用的版本大抵源于南宋书棚本。正德本陈清后序中所云“继其治者”当指李士修，汤氏所依也当是李士修刊本；士修刊本原有缺叶、缺字，正德本之缺叶、缺字正与之同，然汤氏刊刻间亦尝采摭他本以相校勘，并补修士本所无而韩明本所有之外集一卷，故后序有“其间采摭不能尽备”之语。对于这个本子虽然汤氏颇为费心，但似乎始终不太满意，所以陈清有“又何必以区区之遗为意”的宽慰话。正因为汤氏的倾心努力，所以正德本受到陈清的赞美：“若汤君刻公此诗，何异精金美玉可以资世。”可知正德本是据李士修刊本，删去文集一卷，又据韩明刊本补入外集一卷而成。至于李士修刊本，据沈文甫跋云：“长卿集自余致之，既刻而无跋其后者。余揆李侯之意，其不有俟于我耶？必其我也跋长卿者夫？”则知此本乃是沈氏家藏本。确如储仲君先生所言，此本与韩明刊本大同小异，二者之收诗、分卷、编次、版式完全相同，所异者仅为缺叶多少和地方，因此可以认为二者出自同一版本。而韩明刊本卷二之《送河南元判官赴河南勾当苗税充百官俸钱》之“勾”空格，并于下以小字双行注：“御名。”是避南宋高宗赵构之讳；又《长沙桓王墓下别李纾张南史》之“桓”字缺笔，则是避宋钦宗赵桓之讳；因此韩明所据当是南宋本。如前引卢文弨抄本录何焯题识，知其曾以南宋书棚本校刘集之前五卷，复以其二弟所买冯定远旧抄本校后五卷，并云：“其次第与宋椠目录皆合，盖佳书也。”可知其前后用于校勘的二个本子均为南宋书棚本。何焯曾于“句”下有注：“勾字，宋本乃高宗时刊本也。”复于卷五之《题萧郎中开元寺新构幽寂亭》诗下有注：“构字，宋本不注御名，不解。”此种既避讳又不严格的现象或许正好说明它并非官刻本而是坊刻本，因此历来的校勘学家、藏书家都认为它是南宋书棚本也就不无根据了。由此尚可设想，若为新刻本，其避讳应当一致，正因为不是新刻本所以有时候忽略了应该避讳之处。果真如此的话，南宋书棚本又是因于北宋的刻本了。但不管如何，这个本子对后来产生了极大的影响。

国图今藏的明代另一个抄本《刘随州文集》十一卷外集一卷，行款为十二行三十字。王重民《中国善本书提要·集部·别集类》云：“验以《四部丛刊》影印明正德刊本，卷一《送宣尊师醮毕归越》第四句‘登刀入白云’，入字误接《酬张夏》首句。在正德中间适隔二叶，而影印本已抄补之，则此抄本与正德本所阙正相同，疑当同出一源也。然其异文，往往此胜于彼。此本十一卷为文集，盖正德本删之，此尤其可贵处。”按此本格局与临洮李纪、韩明本相同，或当据之，大抵不出前述三本之范围。

明代还有二个翻宋本。一为阳湖孙星衍《平津馆鉴藏书记》卷二所载：“唐《刘随州诗集》十一卷，末卷为文，题刘随州刺史刘长卿撰，前后无序跋。卷二《送河南元判官赴河南勾当苗税充百官俸钱》诗，不书勾字。注云御名，是避宋高宗讳构嫌名，知此本从南宋本翻雕，每叶二十行，行二十字。”清丁丙《善本书室藏书志》卷二十四、集部三还著录有另一个明翻宋本“唐刘随州诗集十一卷”，并于下双行小字注：“明翻宋本，李申耆藏书。”又云：“每半叶十三行，行二十一字。明弘治有两刊本，均十一卷，一西蜀李士修知随州所刊，一余姚韩明所刊。此本十一卷，末为文。卷二《送河南元判官赴河南句当苗税充百官俸钱》诗，不书句字，是避宋高宗讳构嫌名，知此本从南宋本翻雕者。前后无序跋，以纸版度之，当为宏（弘）治所刊……”万曼先生以为二者为同一个刻本，据其行款来看应属两个不同的版本。

孙星衍在其《孙氏祠堂书目》还著录有一个八卷本："刘随州诗集八卷，明韦祀莫刊本。"此本独特，然不详其渊源。

嘉靖二十九年（1550）蒋孝刊行了《中唐十二家诗》，总集之首有薛应圻所撰之《刻中唐诗序》，落款为"嘉靖庚戌春二月既望"。收《刘长卿诗集十一卷、外集一卷》，亦由诗十卷、文一卷、外集一卷构成，与前述弘治正德本当为同一系统，与前三本不同的是将与其他诗人的酬唱诗一并删除。此本万历四十年（1612）复由朱之藩与其门人重刻，今日本内阁文库、国会图书馆有藏本。万历十六年（1588）汉东瑞珠堂刻《刘随州诗集十二卷》，二册，为九行二十字，白口单边，此本国图有藏。又天启四年（1624）李之桢刊行《唐十家诗》，十家之二有《刘长卿诗集十卷，补遗一卷》。又明龚贤汇集明末野香堂贞隐堂等刻本而编成《中晚唐诗》，其中《中唐诗》二十家之六为《刘长卿诗集一卷》，今台湾图书馆有藏。

明代刘长卿集的刊刻还比较重要的一面，即活字本的刊行。清人多有载录，赵宗建《旧山楼藏书记》载："毕氏刊刘随州集十卷，两册，明毕氏活字本"，张金吾《爱日精庐藏书志》卷二十九之集部别集类载："刘随州集十卷。"下有双行小字注："明活字本，杨梦羽藏书。"又丁丙《善本书室藏书志》卷二十四之集部三载："刘随州集十卷，随州集十一卷，文一卷，诗十卷，此则不载其文也。"并于《刘随州集十卷》下有双行小字注："明活字本，何梦华藏书。"这个十卷的活字本国家图书馆有"刘随州集十卷，明铜活字印本"四册本与五册本两部，上海图书馆有"刘随州集十卷，明铜活字印本"一部，台湾图书馆有"刘随州集十卷，二册，明九行活字本"一部，杭州大学图书馆也有藏本，上海古籍出版社曾据此影印出版。明代十卷之刘随州集活字本与他本不同，编次顺序先古后律、先五后七、先律后绝，而与明人编集之惯例吻合，诚如储仲君所言，“铜活字本实为明刊本之重编本”。

清代 清代最早刊刻刘长卿集的当数康熙四十六年（1707）扬州书局的《全唐诗》本。此本与明刊本明显不同者略有数端：明本集有十卷，此本合为五卷，此其一；此本收诗较明刊本略有增损：增益之诗多附每卷之末尾，删除重出诗、所附他人酬唱之诗及明刊本外集，此其二；如《凡例》言：“诗集有善本可校者，详加校定，如善本难觅，仍照《全唐》《统签》旧本，以俟考正。”故异文夹注颇多，为明刊本所无，此其三。但此本卷首传略之末云：“集十卷，内诗九卷，今编诗五卷。”则其底本为十卷本，然其诗歌编次与明刊书棚本无异。

席启寓于康熙四十一年（1702）编成《唐诗百名家全集》，于去世后的康熙四十七年（1708）才刊行。刘长卿置被于百家之首，《刘随州诗集十卷·补遗一卷》此本与明末李之桢《唐十家》本结构相同；其“补遗”与前述诸本之“外集”不同者在于均为初见诗，极为宝贵。此本之编次与诸本亦异，故卢文弨《刘随州文集题辞》云：“近时吴郡席启寓刻唐人诗百家，以随州为首，虽其诗差备，然颇有异同，究不及是本之精。”

乾隆间有卢文弨之手抄本。《抱经堂文集》卷七有《刘随州文集题辞》，落款为“乾隆四十有二年（1777）三月十九日东里卢文弨书于金陵之寓斋。”中云：“《刘随州文集》十一卷，其前十卷皆诗也，后一卷文，而总题曰文集。何义门氏以宋本校正如此。其卷之起讫，字之异同，皆备著正业焉。然后一卷有目而无文。余尝按其目求之，仅于《文苑英华》得四篇录之，他尚无考也。”则抄本全依何焯校本，当然也包括何焯之校语，仅补录文四篇。此本今存国家图书馆。

乾隆四十六年（1781）《四库全书》完成，收《刘随州集十一卷》。据《总目提要》，其底本为乾隆进士官至吏部尚书之邹炳泰（字仲文）家藏本，“是集凡诗十卷，文一卷”，其“外集一卷”被删，故与明弘治临洮李纪、西蜀李士修刊本同，亦南宋书棚本之源流。《提要》对此本予以严厉批评，谓其“编次丛脞颇甚，诸体皆以绝句为冠，中间古体近体，亦多淆乱”，然万曼以为：“馆臣认为编次丛脞，古近淆乱，不知此正唐集原来面目也。”

此外，光绪五年（1879）王灏（字文泉）所编之《畿辅丛书》刊行。中收《刘随州诗集十一卷》，十一卷中始增补《湘妃诗序》一文。此本后为《丛书集成》初编之《刘随州集》的底本，影响亦极广泛。

近世以来影响较大者为《四部丛刊》《四部备要》与《丛书集成》诸丛书所收之刘集，其间虽卷数有异，或十卷、或十一卷、或十二卷，虽复以卷数不同而集名也异，或曰文集，或曰诗集，或曰刘随州，或曰刘长卿，但大抵不出弘治临洮韩明刊本即南宋书棚本之范围。

（原载《文献》2001年第1期）

论刘长卿诗歌的风格

◎陈顺智

艺术风格是一个作家成熟的重要标志，也是其艺术成败最集中最全面的体现。本文就情感及其表达两方面对刘长卿诗歌的艺术风格作一论述。

一、深婉不迫的情感

刘长卿诗歌感情的总体特征可用两字来概括，即深婉。深，所以不浅薄、不会一览无余；婉，所以不直率、能含蓄蕴藉。从构成上看，深有赖于诗人丰富、广博、敏锐的情感；婉则有赖于诗人细腻、尖巧、委曲的运思。说他情感丰富敏锐，是因为他无论写怀遣兴、寄友送别，还是登山临水、荡泊客旅无不以悒悒之情写诗；说他运思细腻委曲，是因为他之写情无不百折千回、纡余往复、窈深缭曲、随物赋形。

刘诗情感之深婉首先表现为缠绵悱恻，怨而不怒。刘长卿因性格刚直，于肃、代两朝两度得罪权贵而遭贬谪，作于第一次被贬南巴途经宣城时的《将赴岭外留题萧寺远公院》就充分表现了这种怨而不怒的感情特征：

竹房遥闭上方幽，苔径苍苍访昔游。内史旧山空日暮，南朝古木向人秋。天香月色同僧室，叶落猿啼傍客舟。此去播迁明主意，白云何事欲相留？

前几句表面看是切题写寻苔径、访竹房，弦外之音却引而不发，所以方东树说："因内史想南朝，因南朝即其木亦古，所谓兴在象外也。"[①]这种象外之兴，诗人经一忍再忍之后终于在尾联中以曲折之方式自然流露出来：是在"天香月色同僧室"留下小住？还是"叶落猿啼傍客舟"走上贬途？两者不可得兼。因此，尾联在全诗结构中的意义不是发牢骚，而是回答不能留止的原因。乍看起来，轻描淡写，但正是在这种不经意处，表现出诗人那种强烈的不满和极大的激愤，细细品味方知笔墨内外，自有一段骚人迁客之情。尤其"结意深婉，亦复矫矫"[②]。所谓"深婉"，是因为诗人"借白云以道播迁，骚怨韵致"[③]；"矫矫"，是因为诗叙怨情无沉闷滞重之感，无疲塌之弊，而有振起、逸动之势。将贬谪怨情写得轻飘飘的，毫无抗争的意思，真可谓是怨而不怒了。名篇《长沙过贾谊宅》则于怨而不怒外更显出缠绵悱恻的特色：

三年谪宦此栖迟，万古惟留楚客悲。秋草独寻人去后，寒林空见日斜时。汉文有道恩犹薄，湘水无情吊岂知。寂寂江山摇落处，怜君何事到天涯？

长卿之吊贾谊，犹如贾谊之吊屈原。以刘长卿的如此遭遇，以贾谊宅的如此环境，以两人共同经历撞击诱发的如此强度的感情，诗人并不直接抒发，而完全将自己的感情转移到贾谊身上，借贾谊吊屈原的心情来含蓄地表现自己吊贾谊时的感受和

① 方东树《昭昧詹言》，卷十八，原文无。
② 《唐风定》，卷十七。
③ 胡以梅《唐诗贯珠》，卷四十二。

情绪，因而将“深悲极怨”的感情写得“妍秀温和”[①]，深而不晦，婉而多讽，让人读后自然觉得“有兴有味”[②]。

当然，面对由“独醒空取笑，直道不容身”带来的罪所留系、南谪瘴疠和被吴仲孺诬奏贪赃、量移睦州，诗人也曾有过极大的怨愤，如“地远明君弃，天高酷吏欺”（《初贬南巴至鄱阳题李嘉祐江亭》）、“地远心难达，天高谤易成”（《按覆后归睦州赠苗侍御》）、“青阳振蛰初颁历，白首衔冤欲问天”（《岁日见新历因寄都官裴郎中》）等等。然而更多的是将极大的愤懑化作轻度怨怼，将直接的斥责变成了委婉的讽刺，如其《送侯中丞流康州》说：“迁播共知臣道枉，猜谗却为主恩深”，这分明是种怨怼之情、讽刺之意；复如《负谪后登干越亭作》说：“得罪风霜苦，全生天地仁”，吴乔评道：“刘长卿《登干越亭》诗，前段尚宽和，至‘得罪’三联，忽出哀苦之词，遂觉通篇尽是哀苦。唐人诗法如是，若通篇哀苦，失操纵法。”[③]王寿昌则说它“忠厚”，“犹有诗人温厚之遗”[④]。显而易见，诗人将满腔的愤懑一忍再忍，最终以点染的方式表现出来，不仅将其情感的强度弱化了，而且不直不尽，从而收到委婉含蓄的美学效果。

刘诗情感之深婉其次表现为犹疑不决、徘徊不定。在主体结构中的情与志总是相依而存，情感往往是志向感性的表现，具有极大的随机性；志向常常是感情的依据，具有较大的稳定性。没有情感的参与，志向非常容易成为干巴巴的理性话语，失去生活的斑斓色彩；没有志向的规范，情感也极其容易导致失去明确的指向，从而表现出犹疑不决、徘徊不定，莫名的惆怅、无端的

① 《唐风定》，卷十七，原文无。

② 方东树《昭昧詹言》，卷十八。

③ 吴乔《围炉诗话》，卷二、卷四。

④ 王寿昌《小清华园诗谈》，卷上。

烦恼随之成为诗作的感情基调。在安史之乱刚爆发、避乱江南时，刘长卿还有些壮志，即使系留狱中也希望有朝一日报效国家，“传闻阙下降丝纶，为报关东灭虏尘。壮志已怜成白首，余生犹待发青春”（《狱中闻收东京有赦》）。但现实渐渐地使他认识到“时艰方用武，儒者任浮沉”（《寄万州崔使君》）。此后他几乎没有表现过自己的壮志和理想，流露于篇什之中更多的是深深的惆怅和强烈的无奈。就此而说他丧志低吟并不过分。

其《感怀》颇可以表现他丧志后的复杂心绪、无奈感情和无所适从的命运感：

秋风落叶正堪悲，黄菊残花欲待谁？水近偏逢寒气早，山深常见日光迟。愁中卜命看周易，梦里招魂读楚词。自笑不如湘浦雁，飞来即是北归时。

首联以悲秋起，语极无奈。“欲待谁”，正是说不清、道不明的惆怅、疑惑、犹豫、茫然，甚至可以说是一种迷失主体的复杂感情和丧志失意的深刻心态。用悲秋来表达惆怅和烦恼，也正是“贫士失职而志不平”的体现。不过由安史之乱影响导致的丧志的成分则要多一些。至于诗歌的颔联，于哀怨讽谕中暗含“志不平”的情绪就更明确更浓郁。前人说他爱用“摇落”语，诚哉斯言！如“自古悲摇落，谁人奈此何”（《月下呈章八元》）、“播迁悲远道，摇落感衰容”（《和州留别穆郎中》）、“摇落淮南叶，秋风想越吟”（《寄会稽公徐侍郎》）、“摇落秋江暮，怜君巴峡深”（《寄万州崔使君令钦》）等等。这些悲“摇落”的诗句之中，确实流露出丧志不平的悲怨之情。这种由丧志带来的说不明、理还乱的复杂感情，诗人还常常用“惆怅”来表达。“惆怅”作为一种感情体验正是宋玉悲秋的内容之一，它所表达的也正是因失意丧志而引起的迷惘。在众多的感情体验中，刘长卿非常敏锐而细腻地突出表现了“惆怅”，全集竟逾38次，至于间接借助物象表现的则不可胜数。由此可见，借悲秋表现其失意丧志的惆怅茫然、心绪不宁的感情在刘长卿的精神生活中占据着多大的比重，有着多么重要的地位！

诗的下半篇基本上是抒发对家乡故园的怀念之情。虽然安史乱后诗人基本都居住在江东直到去世，但魂牵梦萦的却是他的嵩阳旧业。这种落叶归根的文化心态，这种狐死首丘的绵绵情意，这种对桑梓之地的深切怀念，伴随着他渡过下半辈子艰难坎坷的凄苦生涯。思乡之情的另一面便是漂泊感。漂泊生涯是滋生思乡之情的现实土壤，思乡之情作为一种憧憬向往则是对漂泊现实的不满和厌弃。“尽室今为客，惊秋空念归”（《宿严维宅送包佶》），是其全家漂泊生涯的真实写照！“为客难适意”（《泛曲阿后湖简同游诸公》），既含着奔波忙碌、寄人篱下、干谒求职，也含茹着他对命运的捉摸不透，对行止的莫知所从，对生涯的无可奈何。盛唐人也悲秋叹老，却不曾丧志，他们还有抱负、有雄心、有自信；盛唐人也曾漂泊，却被视作为“壮游”，是实现大志的途径。但刘长卿之背井离乡不是为求功名，他之丧志低吟不是本无志向，因此他的感情浸透着大历时代的精神氛围，也就更显得格外深厚、刻骨和忧伤、迷茫。

刘诗情感之深婉最后表现为深情宛转，韵味悠长。刘集中表现得极其普遍的还有离情别绪，这类诗歌多达250首，约占全集的二分之一。大历中名气颇高的钱起、郎士元以祖饯著称，以致“自丞相已下，出使作牧，二公无诗祖饯，时论鄙之”①，其作却多入俗套，官场应酬，鲜见真性。刘长卿生涯坎坷，沉迹下僚，于人生、于仕宦多有感触，因此倍感友情弥足珍贵，故于送别、寄赠之中真情深婉，韵味悠长，颇受好评：“刘长卿

① 高仲武《中兴间气集》，卷下。

《送陆澧》《赠别严士元》《送耿拾遗》《别薛柳二员外》诸诗，绝无套语。”[①]“今人作应酬诗者，不必责以王右丞之《送杨少府》、杜少陵之《和裴迪》，只作中唐人刘长卿之《送陆澧》、李益之《送贾校书》几首，请拜以为五十六字之师。”[②]如七律《送陆澧仓曹西上》：

长安此去欲何依，先达谁当荐陆机？日下凤翔双阙迥，雪中人去二陵稀。舟从故里难移棹，家住寒塘独掩扉。临水自伤流落久，赠君空有泪沾衣。

陆澧赴京谋求发展，刘长卿可以给予极大鼓励，说一大堆廉价的祝愿等虚辞套语。但诗人却饱含真情、深婉地表达出自己的看法：“言长安诚多先达，此亦何待君说，但我第一要问者：何依？第二要问者：谁当？‘何依’者，言君欲何人荐？‘谁当’者，言谁人必荐君也。只须两问，早令西上之人心口一时诎然，更复不知所措。妙！妙！三四反复再晓譬之。言‘日下凤翔’，设使得荐，诚然快事，但‘雪中人去’，万一不荐，为之奈何？‘双阙迥’又常言地甚远，‘二陵稀’又微言去者甚少也。上解讽陆不必西上，此解述已不复西上也。言已昔在长安，流落乃不可说，然则今之得归故里，寄在寒塘，其为幸甚，岂可胜道！而肯于他人之去，乃独欣欣相送耶？”[③]细加玩味，方知此诗大有韩退之《送董邵南游河北序》之妙！诗人对后进的爱护、深情在纡徐而下的宛转运思中自然流出。此类诗作长卿集中颇多，如方东树评《青溪口送人归岳州》：“文房只用眼前习见字、习见语，而无一意不深，无一字不灵，思致清绮，绝

① 吴乔《围炉诗话》，卷二、卷四。
② 吴乔《围炉诗话》，卷二、卷四。
③ 金圣叹《唐才子诗甲集》，卷四。

无滞相死语。……上言‘客去稀’，以起下‘一人归’，理脉之细如此，岂粗才所知。五六亦常语，而细按之，皆非率意浅直而出者。”[①]金圣叹评《送耿拾遗归上都》：“看他八句诗中，凡用无限意思，却又笔笔能到。”[②]情真，所以令人感动，让人觉得不是客套应酬、没有虚礼；意深，所以足以耐人吟咏，玩味之际余味盎然。其诗用意深婉，加之真情绵绵，故深而不滞，倒具一种“流美”。如《送陆澧仓曹西上》之“流美清圆，弹丸脱手”[③]、《送皇甫曾赴工部》之“秀雅沉深，不特流美擅长”[④]等等。

送别、留别、寄赠若出自真情，发于内心，则往往不忍遽别，久久留恋。在刘长卿集中经常看到重送、重别诗。如《江州留别薛六柳八二员外》五七律各一首，如送朱放之《喜朱拾遗承恩拜命赴任上都》《寄别朱拾遗》；复如《送张起崔载华之闽中》也有五绝和五律；其中最感人的是好友严维大历末辟严郢幕府，诗人长亭短亭，一连写了五排《送严维赴河南充严中丞幕府》、六言《蛇浦桥下重送严维》和七绝《七里濑重送》三首。这种深情厚意，岂是应付虚礼！这应该是诗人个性气质的表现。刘长卿性格刚直耿介、孤傲严峻，另一面则重友谊、尚感情。刚直耿介，必然爱憎分明，敢爱其所爱而憎其所憎，而且其爱憎不易转化；孤傲严峻，必然敌友斩然，于友合则不分而于敌离则不合，而且合则执着不移，深情贯注。

刘诗深婉的情感表现为由贬谪引发的缠绵悱恻、怨而不怒，由失志引起的犹疑不决、徘徊不定和由离别引出的深情宛转、韵味悠长三个维度，以及这三个维度的感情所包含着的文化品格、时代精神和个性气质这三个带有质的规定性的层次。正是

① 方东树《昭昧詹言》，卷十八，原文无。

② 金圣叹《唐才子诗甲集》，卷四。

③ 《唐风定》，卷十七。

④ 《唐风定》，卷十七。

这三者的交融整合，才最终形成了刘诗感情深婉的个性特色。

二、舒缓迨荡的表现

文学以语言作为物质传达媒介而有别于其他艺术部类。因此运用不同的语辞、不同的构辞方式和不同的表达习惯都可能形成不同的风格。下面将考察刘长卿诗作语言是如何表现深婉之情、最终形成流利宛转、含蓄蕴藉的主体风格的。

首先，善用虚字将其深婉之情表现得流利宛转、含蓄蕴藉。作文写诗不外实词虚字两端，而两者却有不同的作用。刘淇《助字辨略序》云："构文之道，不过实字虚字两端，实字其体骨，而虚字其性情也。盖文以代言，取肖神理，抗坠之际，轩轾异情；虚字一乖，判于燕越……一字之失，一句为之蹉跎；一句之误，通篇为之梗塞。"实字为诗文体骨之所立，虚字则是诗文性情神态之所生。能够用好虚字，那么诗歌开合摇曳、悠扬委曲的美学效果则自然见出。故古人常有"诗用实字易，用虚字难"之叹。《四溟诗话》卷四载："诸子列坐，因评钱、刘七言近体两联多用虚字，声口虽好，而格调渐下，此文随世变故尔。""中唐诗虚字愈多，则异乎少陵气象。刘文房七言律，《品汇》所取二十一首，中有虚字者半之。"这里正好指出刘诗的特色。

以《长沙过贾谊宅》为例，全诗共用八个虚字。首联写贾宅，下句用'惟'字，贾谊贬谪长沙，万古千秋之后一切都不复存在而"惟"留悲；诗人否定其他，独独肯定"悲"，既指屈原之可悲，又指贾谊之可悲，还暗寓自己遭贬之可悲；用肯定句式表达凄怆悲伤，文势仿佛振起，实则更为低回掩抑。颔联用"独"字写出自己凄苦孤独之情：世人皆不知贾谊之悲，而我"独"知、"独寻"，难道不正是以同病相怜故？此时此刻谁又能知我之悲呢？一“空”字，既照应“惟”字，又作为“独寻”的结果，进一层逗露出诗人黯然神伤、万念俱灰的心情，使得悲情更为浓郁，使孤独更加深厚。颈联之“有道”，仿佛振起，旋用一“犹”字衬跌，句意突转，含蓄蕴藉：有道之汉尚且薄待贾谊，无道之君便不堪言喻！辞约意丰、宛转跌宕；此就谊不被重用而言，承上“谪宦”。下句“无情”，陷入困惑，接用一“岂”字加强，忧伤难解、愁绪茫茫：贾之吊屈，湘水不知，刘之吊贾，湘水便晓？“无”字关涉贾刘两人，“岂”字也问贾刘两人；“有”与“犹”搭配，“无”与“岂”搭配，再两相比较烘托，非常细致精微地展现了诗人的内心情感。“何事”，明知故问：贾谊心忧汉室反贬天涯，自己使“纲不紊，吏不欺”却谪南巴，深意曲露，哀怨自出。全诗八句在虚字的映衬下进退伸屈、肯定否定，使诗意诗情屈伸自如、意度磅礴，流利宛转、疏朗动荡，丝毫没有滞塞之感，诗人的悲愤不满也因之展现得更加丰厚深沉、含蓄蕴藉。

大量虚字的渗入，确实容易削弱诗句的骨力，然而却能使诗情辞回环，有一唱三叹之妙。律诗最重中间两联，一般要求结言端直，用词精警，使气劲健。刘长卿的律诗中两联则多用虚字，使气也较缓弱，自然容易形成其独特的艺术风格。如“官舍已空秋草没，女墙犹在夜乌啼”（《登余干古城》）、“暮雨不知涢口处，春风只到穆陵西”（《使次安陆寄友人》）、“壮志已怜成白首，余生犹待发青春。风霜何事偏伤物，天地无情亦爱人”（《狱中闻收东京有赦》）等等。他最善用的犹、自、只、独、空、何、岂、不，这些虚字可分为两类：一为限定辞，一为疑问辞。他不常以限定辞去限定表现的主体，而限定表现的次要事物，通过肯定或否认次要事物以达到否认或肯定主要表现对象的目的，自然造成明畅不晦涩、含蓄有韵味的特色；如果说他用限定辞是把诗意引向不确定的言外之意，那么他用疑问辞则是有意将读者引向一个由他设定的想象领域。二者相济并用，自然使诗句疏畅流荡、言简意丰。前人也曾指出虚字对诗歌风格的影响，李西涯云："诗用实字易，用虚字难。盛唐人善用虚字，开合呼应，悠扬委曲，皆在于此。"①显而易见，刘长卿流利宛转、含蓄蕴藉的风格与其妙用虚字颇有关系。

其次，善用叠字将其深婉的情感表现得流利宛转、含蓄蕴藉。运用叠字自有长处，当然也很难，尤其诗歌用叠字就更难，"诗下双字极难，须使七言五言之间除去五字三字外，精神兴致，全见于两言，方为工妙。"②顾炎武也说"诗用叠字最难"。所谓难，也就是要做到"复而不厌，赜而不乱"，要"极自然"③，不显造作痕迹。

刘长卿诗集共用叠字达160次以上。这些叠字在绝大多数情况下都起到了延长诗歌节奏的作用，从而表现出舒缓迫荡、流利畅达的美学效果。如其《赠元容州》尾句"何事沧波上，漂漂逐海槎"，表现一种漂泊感和对无期漂泊生涯的厌倦，但如果将"漂漂"换成"漂流"，就显得差些，换成"漂泊"就更差了。究其所以，是因为"流"的变更使得声韵俱换，无意之中将一个节奏分成两部分，节奏从而在感觉上也缩短了；而"泊"为入声，更为短促，更不能表现诗人荡着小舟在沧波上漂流的情景。"漂漂"将本为平而长的声调再加延长，更完美地呈现出诗人在烟波浩渺、虚盈晃荡的沧波上无所依止的情景和茫然不知所从的心境。一般在古诗中下叠字较易处理，因为即使叠字多占了位置，也可以通过增加句子来施行补救。律诗则不相同，或40字或56字，字字如珠玑，十分宝贵，所以不得轻易下叠字。但刘长卿却特别爱在五七律中用叠字，均达到近40次以上，而在五七古中

① 谢榛《四溟诗话》，卷四，原文无。
② 叶梦得《石林诗话》，卷上。
③ 顾炎武《日知录》，卷二十一。

总共也才用了43次。刘长卿居然还在绝句中用叠字，38首七绝用18次，28首五绝用9次；不仅如此，他更于绝句的偶句中用叠字："渺渺云山去几重，依依独听广陵钟"（《瓜洲驿东送梁郎中赴吉州》）、"苍苍竹林寺，杳杳钟声晚"（《送灵澈上人》）等等。这些叠字大胆而广泛的运用非但没有影响诗情的表现，相反使之在延长的悠扬宛转的节奏中充分流露出来。正如朱光潜所说："节奏是传达情绪的最直接而且最有力的媒介，因为它本身就是情绪的一个重要部分。"[①]因此"艺术家把应表现的思想和情趣表现在音调和节奏里，听众就从音调节奏中体验或感染到那种思想和情趣，从而引起同情和共鸣。"[②]

如果说随着叠字的运用，节奏的延长、语言单位的扩大，给读者提供了想象的时间，那么叠字本身所具备的模糊性则给读者提供了想象的空间。刘长卿所用58个叠字可分三类。第一类是时间名词，共6个，使用13次；第二类是数字词，共4个，使用7次；第三类是形容词，共46个，使用136次。形容词表现意象本来就不十分精确，本来就是主体对外物的一种模糊印象和粗糙感受。因此形容词表现外物具有相当程度的朦胧感和模糊性。但当诗人通过模糊景物的描述来表达创作主体内心意识中纷乱复杂、游移不安，或者丰富深沉的情感时，两者也就同时获得了定性。如："谁遣因风起，纷纷乱此心"（《夜中对雪赠寄秦系……》）、"十年犹去国，黄叶又纷纷"（《秋日夏口涉汉阳献李相公》）、"惨惨天寒独掩扃，纷纷黄叶满空庭"（《过裴舍人故居》），虽然都是借"纷纷"表现纷乱复杂的情感，但其内容指向却不易混淆，留给我们的想象空间反而很大，足以让人细细玩味揣摩。就一般性词义看，"茫茫"仅指阔大无边，可以形容

① 朱光潜《朱光潜美学文集》，第2卷，第115页。

② 朱光潜《谈美书简》，第79页。

水面，可以形容草原，可以形容无处所，但在诗人笔下则常常表现因友人离去后留下的怅然若失、依依不舍的离情别绪："欲逐孤帆去，茫茫何处寻"（《逢郴州使因寄郑协律》）、"茫茫汉江上，日暮复何之"（《送李中丞之襄州》）……阔大无边的本义立刻成为诗人感情的象征。刘诗中使用频率较高的叠字还有青青、悠悠、苍苍、杳杳、迢迢、渺渺、淼淼、萧萧、寂寂、寥寥等。这些叠字的感情倾向比较忧伤而不振奋、其感情强度比较缓弱而不迅疾，其感情色彩比较冷清而不热烈，因此用这些叠字来表达诗人那种哀怨、悲悯、离忧、乡愁的深婉感情最为合适。

最后，从语气结构方面来看看刘长卿是如何将其深婉之情表现得流利宛转、含蓄蕴藉的。王夫之云："诗以道情，道之为言路也。诗之所至，情无不至；情之所至，诗以之至：一遵路委蛇，一拔木通道也。然适越者至越尔，今日适越而昔来，古今通哂；东渐闽，西涉蜀，以资越之眷属，则令人日交错于舟车而无已时。无他，不足于情中故也。古人于此，乍一寻之，如蝶无定宿，亦无定飞，乃往复百歧，总为情止，卷舒独立，情依以生；空杳之迹微，大忍之力定。"[①]"言路"即今之所谓语气结构，大约有两种：一是"遵路委蛇""宛转屈伸"，一是"拔木通道"。前者表现上曲折多样，是为了加强感情的凝注集中，而不是扭捏作态的半含不吐；而"言路"即语气结构的宛转屈伸又直接受内在感情的辗转屈伸的制约，而不是单靠外在语言的"钩锁映带"来实现。简言之，语气结构是感情的"言路"，语词尤其是虚字、叠字则是语气结构最表层的呈现。刘长卿诗歌的语气结构显然属于"遵路委蛇""宛转屈伸"一类。

刘诗这种"宛转屈伸"的语气结构在其《长沙过贾谊宅》《送陆澧仓曹西上》等诗中表现得淋漓尽致，前论已详，此不多

① 王夫之《古诗评选》，卷四。

叙。再看其《送耿拾遗归上都》：

若为天畔独归秦？对水看山欲暮春。穷海别离无限路，隔河征战几归人？长安万里传双泪，建德千峰寄一身。想到邮亭愁驻马，不堪西望见风尘。

全诗反复思量、推想耿沣何以归秦，从推想中表现了一种宛转屈伸的语气结构，从而表现了诗人依依不舍、浓郁深沉的离情别绪：诗起句即问，却问而不答，转向暮春山水，语气极为和缓流转，“暮春”是归因，也可以是诗人思绪茫然时视野无意所及，同时也将读者引入一个想象空间，因而使诗“言路”由问句的振起到叙述句的荡开，完全是一种问而不答的从容和深婉。接着用“无限路”“几人归”的否定句和疑问句表达了肯定的语意，用“传双泪”“寄一身”肯定的语句表达了否定的语意，更使语气动荡空灵，呈现一屈一伸的情态。尾联再推开，以“想到”转出他日“不堪”懊恼后悔以证今日沮劝的正确，再度宕开。全诗的语气形成一种切入、荡开、否定盘曲、肯定伸展、荡开收束的结构形式，虽然没有大的起伏波澜，没有纵横捭阖，没有陡转急下，但是其宛转屈伸、荡开收束，于变化之中见出流利。

如果我们对刘长卿诗歌这种宛转屈伸的语气结构从稍小一点的语气单位——句子方面来看，那么它常常表现为疑问句、否定句、限定句和递进句。因为独特的语气结构往往从常用的诗歌句式中得到最充分的体现。而且这四种句式中虚字运用得最为频繁，叠字也运用得较为普遍。如疑问句：“空把相如赋，何人荐礼闱”（《送马秀才移家京洛便赴举》）、“送客归何处，平芜满故乡”（《送李端公赴东都》）；如否定句：“沙鸥不知陵谷变，飞来飞去弋阳溪”（《登余干古县城》）、“细雨湿衣看不见，闲花落地听无声”（《别严士元》）；如限定句：

“惟有陶潜柳，萧条对掩扉”（《送金昌宗归钱塘》）、“官舍已空秋草绿，女墙犹在夜乌啼”（《登余干古县城》）；再如递进句：“贤达不能同感激，更于何处问苍苍”（《罪所上御史惟则》）、“绛老更能经几岁，贾生何事又三年”（《岁日见新历因寄都官裴郎中》）。诗人还将这些语气极宛转的句式结合运用，更于宛转之外平添许多屈伸、动荡，构成一种含蓄蕴藉、耐人思索的语气氛围。如“暮雨不知溳口处，春风只到穆陵西”（《使次安陆寄友人》）是否定与限定的结合；“干越知何处，云山只向东”（《送李侍御贬鄱阳》）是疑问与限定的关联；“今日犹多难，何年更此逢”（《和州留别穆郎中》）是疑问与递进的连缀；“江海无行迹，孤舟何处寻”（《赴新安别梁侍郎》）是否定与疑问的并用；“风霜何事偏伤物，天地无情亦爱人”（《狱中闻收东京有赦》）是限定与递进的并用；“江客不堪频北望，塞鸿何事又南飞”（《登润州万岁楼》）是否定与递进的比肩。刘诗集中还有更为复杂的句式结构，表达着更为复杂然而却极为宛转屈伸的语气结构，此不赘述。

刘长卿诗歌宛转屈伸的语气结构与其深婉缠绵的思想感情这种表里统一、本末不二的符契结合，最终形成他流利宛转、含蓄蕴藉的独特艺术风格，正如卢文弨所说，“其含情悱恻，吐辞委宛，绪缠绵而不断，味涵咏而愈旨”[①]。诚哉斯言！当然，刘长卿诗歌并非尽皆如此，若渡江避乱以前的诗作多盛唐习气，或凝炼深沉，或慷慨悲怆，或气势充沛；渡江以后也虽时露闲旷、清秀、淡雅，但不管如何，流利宛转、含蓄蕴藉才是刘长卿其所以为刘长卿的独特风格。

（原载《社会科学研究》2000年第3期）

① 卢文弨《抱经堂文集》，卷七，《刘随州文集题辞》。

刘长卿“五言长城”新解

◎潘殊闲　王胜明

刘长卿曾自称为“五言长城”，依据是权德舆《秦征君校书与刘随州唱和诗序》载“夫彼汉东守尝自以为‘五言长城’”（《文苑英华》卷716）。“汉东守”指刘长卿。后人误传为权德舆称刘长卿为“五言长城”。如辛文房《唐才子传》卷第二“刘长卿”条曰：“权德舆称为‘五言长城’。”《全唐诗》卷147、沈德潜《唐诗别裁集》等均沿袭辛文房错误。那么，“五言长城”究竟指什么？一般人从字面理解，“五言长城”当指五言中的长篇，有如“长城”，长而且坚固。也有人认为应该指五言近体，如沈德潜《唐诗别裁集》卷三即持此观点，他的理由是：“中唐诗渐秀渐平，近体句意日新，而古体顿减浑厚之气矣。”沈德潜的意思是说刘长卿的古体不配“长城”之誉，而近体因为有创新，故堪称“长城”。今人蒋寅先生亦持此说，认为“刘长卿的‘五言长城’实在不像他自以为的那么坚稳，倒是他的五律确实写得工稳妥帖，风韵天然，可以目为‘五言短城’”。蒋先生的理由是刘长卿的五言长篇“不能控制自己的思维意向，使作品的内容呈现出有机的一致性即完整、连贯、清晰的意脉。这是功力不够的表现，原因只能归结于他的年轻。”[①]

其实，对刘长卿“五言长城”的理解，大可不必胶着于

① 见《文学评论》1994年第1期，蒋寅《刘长卿与唐诗范式的演变》第43页。

古、近体诗之争，而应作如下思考：

第一，所谓五言长篇、短篇并非五言古、近体的代称。事实上，五言古诗中有短篇（如古绝、六句古诗、部分乐府古体诗等），五言近体中有长篇（排律），因此，以五言长、短篇或古、近体之别来理解长卿的“五言长城”是欠妥当的。

第二，刘长卿现存诗集有510首诗歌，其中五言诗多达380首，约占75%。因此，“五言长城”实际上应该理解为长卿对五言诗的偏爱和其五言诗实际创作数量的众多。

第三，关于刘长卿五言古、近体诗的成就和评价问题。

一是五律、五排约占五言诗总数的70%，五言近体在数量上明显占优。

二是五言近体与五言古体的总体艺术成就比较，五言近体（特别是五律）艺术风格已臻成熟，而五言古体则稍逊风骚。这从高棅《唐诗品汇》、沈德潜《唐诗别裁集》选刘长卿五律均仅次于李、杜、王、孟这一事实，可以想见前人对刘长卿五律的推重。

三是就与盛唐诸名家比较而言，刘长卿五言近体独辟蹊径，足堪与之比肩；而五言古体则显得功力不够。蒋寅先生把长卿五言长篇的“功力不够”归之于他的“年轻”，则显得有些草率。不错，刘长卿的五言长篇大多创作于前期和中期，其艺术功力没有杜甫的扎实深厚也是事实。但这与“年轻”没有必然联系。杜甫的五言长篇也并非都写作于中年以后，相反，他自己倒有“晚节渐于诗律细”（《遣闷戏呈路十九曹长》）的认识，可以反证“年轻”不是写不好五言长篇的惟一原因。事实上这种长篇巨制不仅与自己的艺术功底有关，还和时代风会、人生际遇紧密相连。安史之乱后，社会一度动荡不安，人们经受的恐吓一时还难以在心中抹去。所以，这个时代的人特别敏感、细腻、内向，盛唐人那种强烈的自信心消弭了，盛唐人那种闳放豁达的胸襟流散了，故这一时代的诗人没有更多的时间和兴趣去构思长篇大作。事实上大历时期的诗人普遍喜欢创作律诗，而且喜欢精雕细刻，不愿做费时费神的古体诗。关于这一点，陆时雍曾有令人信服的解释：

中唐诗近收敛，境敛而实，语敛而精。势大将收，物华反素。盛唐铺张已极，无复可加，中唐所以一反而之敛也。初唐人承隋之余，前华已谢，后秀未开，声欲启而尚留，意方涵而不露，故其诗多希微玄澹之音。中唐反盛之风，攒意而取精，选言而取胜，所谓绮绣非珍，冰纨是贵，其致迥然异矣。然其病在雕刻太甚，元气不完，体格卑而声气亦降，故其诗往往不长于古而长于律，自有所由来矣。（《诗镜总论》）

四是若从唐诗本身的发展演变以及与刘长卿同时代的其他诗人比较而言，则长卿的五言古、近体都具有重要的承前启后意义。

人所共知，五律在唐代一直占有重要的地位，总数达8300多首。在这样一个群星辈出的时代，刘长卿靠什么占有一席之地？不妨先认识他的作品：

荒村带返照，落叶乱纷纷。古路无行客，空山独见君。野桥经雨断，涧水向田分。不为怜同病，何人到白云。（《碧涧别墅喜皇甫侍御相访》）

乡心新岁切，天畔独潸然。老至居人下，春归在客先。岭猿同旦暮，江柳共风烟。已似长沙傅，从今又几年。（《新年作》）

第一首是诗人在阳羡山中自己的别墅喜迎朋友皇甫曾的造

访，按理说应该充满喜悦之情。但全诗几乎都在描绘居处的风景，无一“喜”字流露。其于舒缓平淡中释放出巨大的艺术感染力，令人久久回味。方回特喜欢该诗“细淡而不显焕”的艺术特色，并告诫读者“当缓缓味之，不可造次一观而已也”（《瀛奎律髓》卷4）。

第二首是刘长卿贬谪南巴时的作品，该诗为我们塑造了一位远谪天涯、独立天畔、寂寞孤独、潸然泪下的诗人形象。情真语切，意脉流畅，属对精工。尤其是中间两联，屡被前人称道。洪亮吉曾经比较过孟浩然、杜甫、刘长卿三位诗人咏洞庭湖的诗作，认为“少陵一篇尚矣。次则刘长卿‘叠浪浮元气，中流没太阳’。余以为在孟襄阳‘气蒸云梦泽，波撼岳阳城’二语之上。通首亦较孟诗遒劲。”（《北江诗话》卷五）这亦从一个侧面反映刘长卿五律艺术成就的认知度。

其他诸如《饯别王十一南游》《穆陵关北逢人归渔阳》《移至鄂州次岘阳馆怀旧居》等五律作品，均能展现刘长卿成熟的艺术风格。

不可否认，与盛唐人拙朴、厚实、粗犷的五律风格相比较，刘长卿五律的最大特点乃在于以细腻的感触与柔美精致的文笔相结合构成含蓄蕴藉、婉转流利的风格。方回所谓的“细淡而不显焕”实际上就是“含蓄蕴藉、婉转流利”的别解。这种风格在不经意中已演绎出由盛唐通向中唐的艺术门径，意味着以古诗之法写五律的时代的结束，对五律作精细加工打磨的时代的到来。无怪乎前人屡评刘长卿诗“甚能炼饰”（高仲武《中兴间气集》），“以研炼字句见长”（刘熙载《艺概》）。

与五律相比，刘长卿的五言长篇略嫌粗糙，但在杜甫之后的大历诗人中，仍能独标一格。翁方纲就认为长卿五古“可接武开宝诸公”（《石洲诗话》）。高棅将刘长卿五古列入盛唐名家，他体则分属羽翼和接武。这种分类虽显矛盾亦欠科学，但这从另一侧面反映了长卿五古的价值。确实，长卿对五古的掌握还不够老练圆熟，其作品的内在差异较大，有的慷慨悲壮，如《从军六首》；有的闲旷淡静，如《龙门八咏》；有的情词婉转，如《长门怨》《月下听砧》《少年行》等。这表明，长卿五古既有盛唐之风，又渐露中唐之音。在慷慨阔大中掩饰不住隽永、清秀之气，而这正是他作为"承盛启中"名家的一种标志。所以，施补华评长卿"古诗亦近摩诘，然清气中时露工秀，淡字、远字、微字皆不能到。此所以日趋于薄也。"（《岘佣说诗》）张戒对长卿诗歌的特点是认识得很清楚的，他认为长卿的得意处，可称为"子美之匹亚"，同时，又指出长卿有"古诗似律"的缺点。从传统古诗浑厚古朴的特点而言，长卿五古确实有"趋薄"之弊；但若从诗歌发展演变的历史规律言，则长卿在古诗中创作出有类律诗的韵味和意境，则又不失为一种尝试。

长卿的五言排律今存53首，占总数的10%。五言排律在初盛唐可谓名家辈出，成就斐然。在此背景下，长卿的五排能够独辟蹊径，虽不能与盛唐诸家阔大的气势、奔放的节奏和高亢的声调争胜，但在思想的深邃、语言的流畅等方面则又大胜往昔。如：

天南愁望绝，亭上柳条新。落日独归鸟，孤舟何处人。生涯投越徼，世业陷胡尘。杳杳钟陵暮，悠悠鄱水春。秦台悲白首，楚泽怨青蘋。草色迷征路，莺声伤逐臣。独醒空取笑，直道不容身。得罪风霜苦，全生天地仁。青山数行泪，沧海一穷鳞。牢落机心尽，惟怜鸥鸟亲。（《负谪后登干越亭作》）

全诗声情婉转，韵味无穷。乔亿称之为"绝唱"（《大历诗略》），方回、沈德潜等人也大加赞赏。其他诸如《按覆后归睦州赠苗侍御》《同姜濬题裴式微余干东斋》等诗都有这样的特点。牟愿相对长卿五排给以很高评价，认为："刘文房五言长律，博厚深醇，不减少陵；求杜得刘，不为失求。”（《小澥草堂杂论诗》）这是颇有见地的。长卿五言排律的这些特点，正是唐诗发展演变的一个痕迹。前人评长卿五言排律一方面“真能接武前贤”（贺裳《载酒园诗话又编》），另一方面又因“气骨顿衰，景象既殊，音节亦寡”（胡应麟《诗薮》内编卷四）而有异前人，稍逊盛唐。长卿五言排律的这种两面性或说矛盾性，正是刘长卿的历史贡献所在，也是刘长卿诗歌的价值所在。贺贻孙说：“刘长卿诗，能以苍秀接盛唐之绪，亦不免以新隽开中晚之风。其命意造句，似欲揽少陵、摩诘二家之长而兼有之，而各有不相及不相似处，其所以相似不相及，乃所以独成其文房也。”（《诗筏》）这无疑是中的之论。

长卿绝句不多，五、七言绝句总共不到60首，其中五绝只有28首。长卿五绝虽然数量不多，但大多流畅谐美，体现了他善于炼饰，成熟圆美的特点。如历来为人们传诵的《逢雪宿芙蓉山主人》：

日暮苍山远，天寒白屋贫。柴门闻犬吠，风雪夜归人。

该诗意境清旷，远景与近景、动态与静态、人与动物、情与景，相互衬托，浑然一体，构成一幅令人难忘的画面。前人对此多有赞叹。比如，唐汝询称其“凄绝千古”（《唐诗解》），施补华认为“较王、孟稍浅，其清妙自不可废”（《岘佣说诗》）。施补华所言正是长卿五绝与盛唐诸家五绝浑厚之风的区别。长卿其他五绝作品如《春草宫怀古》《送灵澈上人》《送方外上人》等均有“清妙”的诗点。

由以上可以看到，刘长卿五言古、近体诗都有成就，在唐诗发展史上占有一席之地，具有承前启后的重要意义。因此，长卿“五言长城”的自谓，实际上也应理解为长卿对自己五言诗价值和艺术成就的倚重。对刘长卿及其诗歌认识十分深刻的卢文弨曾评价刘长卿为子美之后的“巨擘”，他指出长卿“众体皆工，不独五言为长城”（《抱经堂文集》卷七《刘随州文集题辞》）。这里的“众体”当然不仅有五言诗，还有七言诗。“皆工”，则意味着长卿五、七言诗各体都可圈可点，在文学史上具有重要的意义和影响。刘长卿的五言诗成就已如前述，而七言诗尤其是七律，艺术成就亦不在五言诗之下，拿沈德潜的话说则是“工绝亦秀绝”（《唐诗别裁集》卷十四）。当然，这已经不是本文应该论述的问题了。“不独五言为长城”，则说明在卢文弨的心目中，“五言长城”之说，是无须分古近体之别的，“长城”是对整个五言诗而言的。这对我们正确理解“五言长城”的含义是有帮助的。

综上所述，刘长卿自称的“五言长城”应该理解为：1.刘长卿对五言诗的偏爱；2.刘长卿五言诗创作数量的众多；3.刘长卿对自己五言诗价值和艺术成就的倚重。

（原载《重庆邮电学院学报》2004年第5期）

刘长卿山水诗的盛唐面目

◎王志清

刘长卿是盛唐到中唐的过渡人物。刘长卿诗对后世的影响极大，前人大多关注其对后代在创作上的影响。清人叶燮就说过：“或闻诗家有宗刘长卿者矣，于是群然而称刘随州矣。”[①]明清两代那些言必称李杜的名流，实际上是取法刘长卿的，或者是以仿效刘而起步的。

刘长卿的诗，“多兴在象外，有余味不尽之妙。”[②]刘长卿“最得骚人之兴，专主情景。”[③]从古人的这些评语里，我们可以清晰地看出，其诗乃盛唐之音，或者说具有盛唐诗的最本质的特点。然而，在这个过渡性人物的身上，人们发现刘长卿山水诗与盛唐的关系，往往是从“差异”性上来说的，即看到了刘长卿不同于盛唐的个性，也即看到他诗中露出了中唐面目的迹象。胡应麟《诗薮·内篇》云：“诗到钱、刘，遂露中唐面目。”[④]又说：“中唐钱、刘，虽有风味，气骨顿衰。”[⑤]应该说这些论述都不错，是在比较中突出了他区别盛唐的一面。即便如此，这也很能够说明问题了，也即说明他跟盛唐的血脉联系的密切，同时也表

① 叶燮《原诗·内篇》下，《清诗话》下册，上海古籍出版社 1978 年版，第 580 页。
② 方东树《昭昧詹言》，人民文学出版社 1961 年版。
③ 胡震亨《唐音癸签》，上海古籍出版社 1981 年版。
④ 胡应麟《诗薮·内篇》，上海古籍出版社 1979 年版，第 84 页。
⑤ 《诗薮·内篇》，第 120 页。

明其诗有着从盛唐诗传承的一致性，有着共同面目的一面，或者说是有着与中唐所不同的一面。

葛晓音教授认为："刘长卿诗含情悱恻，吐露委婉，境界清空。大抵能代表律诗从盛唐向中唐过渡时期的最高水平。"[①]葛氏之概括，实际上是盛唐山水诗的重要特征，这也表明，刘长卿的山水诗具有盛唐山水诗的主要特征，或者说其诗具备了盛唐山水诗的某些最重要特征，也说明把其归入盛唐的可能性。陶文鹏也在其最近新出版的著作里指出："尤其是在对特定景物的传神刻画上，长卿不用杜甫的有力字眼，反倒于平易中见出体物状景之妙，这确是盛唐遗风所在。"[②]此论道出了刘长卿不同于中唐刻意精工的个性特点。美国哈佛大学教授斯蒂芬·欧文是一位具有海内外影响的唐诗学者，他在《盛唐诗》著作里讨论刘长卿说："或许是由于刘长卿的重复，高仲武异常尖锐地批评他'思锐才窄'。但尽管高仲武的批评尖锐，刘长卿的诗还是保持了对后代读者的吸引力，他是八世纪后期最广泛评论的诗人之一。特别是从诗歌的正统观念看，刘长卿的诗均衡，清晰，技巧完美，似乎保持了盛唐风格的延续。"[③]欧文的表述更不含糊，充分肯定了刘长卿风格对盛唐诗风的延续性。这些研究都对我们的刘长卿归属问题的提出，提供了大有裨益的启迪。

一、刘长卿山水诗的盛唐面目

刘长卿（709—780?）的生年属于第一代盛唐诗人，在年龄上他比杜甫大3岁，比岑参还大了好几岁，也只比王维小8岁，比储光羲小2岁。刘长卿的活动记载比较详细的是在中唐的一段

① 葛晓音《唐诗宋词十五讲》，北京大学出版社2003年版，第128页。

② 陶文鹏，韦凤娟《灵境诗心》，凤凰出版社2004年版，第259页。

③ 斯蒂芬·欧文《盛唐诗》，黑龙江人民出版社1992年版，第240页。

历史，他于肃、代两朝遭贬谪，德宗朝官至郡守，官终随州刺史。但是他生长于盛唐，开天之间游学起举，于公元733年登进士第。这足以证明，盛唐气象对他的影响是不会肤浅的，他目睹盛唐的盛世繁荣，深受盛唐美学的熏染。他后来的诗中多有乱后景象和诸多惆怅的出现，也是他自觉不自觉地把两个时期比较起来的结果。斯蒂芬·欧文指出："刘长卿的作品明显地仿效了王维及其圈子的应景诗，往往直接借用，甚至在意象和风格上普遍模仿。"不过，刘长卿"他对这一风格的运用也能体现出某些王维的才赋"①。这从风格的一致性和承传紧密性上说明刘长卿自然应该归属于盛唐山水诗群落。

刘长卿的乱前作品，也如盛唐代表性诗人那样的清空明丽，深婉隽永：

秋月照潇湘，月明闻荡桨。石横晚濑急，水落寒沙广。
众岭猿啸重，空江人语响。清晖朝复暮，如待扁舟赏。

——《浮石濑》

到君幽卧处，为我扫莓苔。花雨晴天落，松风终日来。
路径深竹过，门向远山开。岂得长高卧，中朝正用才。

——《集梁耿开元寺所居院》

一路经行处，莓苔见履痕。白云依静渚，春草闭闲门。
过雨看松色，随山到水源。溪花与禅意，相对亦忘言。

——《寻南溪常山道人隐居》

日暮下山来，千山暮钟发。不知波上棹，还弄山中月。
伊水连白云，东南远明灭。

——《渡水》

① 《盛唐诗》。

人与自然的和谐，是盛唐山水诗的永久魅力，也是这个时代的重要表征。以此观刘长卿的这些作品，我们更有信心把他归入盛唐，至少可以视为盛唐山水诗的余韵。从文艺美学角度看，刘长卿的这些诗生态活泼，情趣盎溢，呈现出空灵澄澈的境界，山石林泉充满了诗意的光辉，充满了生命活力的福慧。刘长卿以虚静之心体悟自然无为之道，而在审美时得到艺术的转换：秋月空江、花雨春草、白云溪花，暮钟闲棹，静寂钟磬之响打破了寂空和静谧，缥缈的暮霭引人进入空灵幽远的神秘境界，整个画面极富运动感，极富生命的节律美，成为超现实的精神象征。这与王维以“空山”来组织意象、营造意境的构思及效果是一样的。

即便是从刘长卿的后期作品看，也有着盛唐气象的返照，或者说最接近于盛唐，最合适归入盛唐。

“香气空翠中，猿声暮云外。”（《陪元侍御游支硎山寺》）

“白云心自远，沧海意相亲。”（《曲阿对月别岑况徐说》）

“来去云无意，东西水自流。”（《送勤照和尚往睢阳赴太守请》）

刘长卿诗中的这些诗句，无论意象，还是意境，乃至用词与表述形式，都酷似王维。与王维一样，刘长卿也喜欢用“白云”之象，取“白云”超逸缥缈而无定质之形态，其自然特征洽契佛禅之“空”义。关键是他得到王维的精髓，其象中之意也恍惚摇曳，让人置身于云蒸霞蔚的多向义的暗示里，获得参与式的驰思骋怀的妙悟。

王维诗歌的最杰出贡献就是处理好了人与自然的关系，人是纯粹审美的人，自然是本色自然。他的诗歌不是停留在简单的

“象喻”层次，更不存在人与自然的冲突，真正是“无心”与“平常心”的出色表现。但是，其诗中并不是真的没有了人的存在，没有诗人情感意志的表达，而是让你看不出人与自然之间有一点点的不和谐的音符。刘长卿的《和林一上人新泉》诗，是一首让人很自然地想起王维的《山居秋暝》之类的诗，诗云：“东林一泉出，复与远公期。石浅寒流处，空山夜月时。梦间闻细响，虑澹对清漪。动静皆无意，唯应达者知。”此诗虽然意境不像王维诗那样的清新和透明，也不像王维那样把禅宗理义融化得不露丝毫痕迹，但是，吐露委婉，境界清丽，即便拖了一个类似谢灵运的诗“尾巴”，仍然不乏盛唐情韵。

在表现方法上，刘长卿不像陶潜那样喜欢自叙的方式，也不是谢灵运式的用近于写生的方式摹绘自然，而是如王维那样，十分关注生命的体验，习惯了在具体事物和生存环境中捕捉瞬间变化而作原生态的直接呈现。所不同的是，他的情绪化太强烈，以至于将情感强加给外物，诗中山水包含了强烈的人生意识的内容。他的《秋云岭》诗是这样写的：

山色无定姿，如烟复如黛。孤峰夕阳后，翠岭秋天外。
云起遥蔽亏，江回频向背。不知今远近，到处犹相对。

此诗可以与王维的《终南山》比较读。王维的诗更多有一种晖光氤氲的恍惚感，诗人以立体空间的阔远、澄明和宁静，来证明生命存在的自由和时间的充盈。其诗中的空间感觉随着时间感觉而节奏化了，“白云回望合，青霭入看无”，呈现出的是感觉的动态，是瞬息性的艺术感觉的永恒。诗人便也无意于美的存在，而消融于时间和外物的深度里。刘长卿也是努力使诗中山水以最接近自然的本然形态出现的，诗人聚焦一个特定的审美空间，远近游目，辗转生发，诗中的流动变幻，自然万象成为无限自由意志的生命状态，使其作品中的景象物态极富自然原生态美感，穷尽极艳，具有精确具体的特写性，表现出诗人在体合宇宙的生命节奏中的审美满足感。

但读刘长卿此类诗，总让我们感到有一种为写景而写景的生硬，有一种刻意摆布的运思痕迹。其诗云："风景随摇笔，山川入运筹。"（《湖南使还留辞辛大夫》）我们不妨视为刘长卿的创作原则和追求，这种刻意精工的美学追求，与"笔补造化"（李贺《高轩过》）说有异曲同工的意思，他们以为，造化尚不甚完美，须用人工"运筹"来弥补。这种"运筹"的诗美观，即是以"意"来超越物象。刘长卿最为脍炙人口的诗《逢雪宿芙蓉山主人》云："日暮苍山远，天寒白屋贫。柴门闻犬吠，风雪夜归人。"诗人特别强化了情感的体验，诗中蓄意造成强烈的情感反差，让人于极荒寒处来体验极温馨时的心情，这是表"意"的特殊需要。正因为这种对比性的设置，使山水自然的表情功能发挥到最大限度，强化了感伤的因素或者其他的情感的因素。

刘长卿因为其身世际遇的原因，其诗中多"漂泊"语。"漂泊日复日，洞庭今更秋。白云如有意，万里望孤舟。"（《上湖田馆南楼忆朱宴》）漂泊在盛唐诗中也不罕见，特别是孟浩然诗里常常有这样的描写，但是，那种漂泊情绪，那种因为漂泊而生成的深刻的感伤色彩，则成为"过渡性"的色彩了。

寂寞江亭下，江枫秋气斑。世情何处淡，湘水向人闲。
寒渚一孤雁，夕阳千万山。扁舟如落叶，此去未知还。

——《秋杪江亭有作》

万古巴丘戍，平湖此望长。问人何淼淼，愁暮更苍苍。
叠浪浮元气，中流没太阳。孤舟有归客，早晚达潇湘。

——《岳阳馆中望洞庭湖》

霭然空水合，目极平江暮。南望天无涯，孤帆落何处？

顷为衡湘客，颇见湖山趣。朝气和楚云，夕阳映江树。

——《晚次湖口有怀》

望君烟水阔，挥手泪沾巾。飞鸟没何处，青山空向人。

长江一帆远，落日五湖春。谁见汀洲上，相思愁白苹。

——《饯别王十一南游》

南归犹谪宦，独上子陵滩。江树临洲晚，沙禽对水寒。

山开斜照在，石浅乱流难。惆怅梅花发，年年此地看。

——《却归睦州至七里滩下作》

诗里频频出现孤帆和夕阳意象。刘长卿最让人能够挑剔的毛病就是意象太多的重复，词汇也如此，比如其诗中“惆怅”一词，如果作一罗列的话，几有40处之多。但是，刘长卿的诗不仅不像中唐大历诗人那样重雕饰重辞藻，更如盛唐人那样追求自然的情趣和浑然的境界。与盛唐气象所不同者，“刘长卿的诗中，感伤多于激情，更多地描绘似画的图景，而不是描写折射了认识结构或潜在世界秩序的景象，在这些方面他甚至超过了同时代人的作品。开元天宝时期诗歌对创新和复杂的关系的关注，变成了一成不变的忧伤调子：候鸟，落雨，夕阳，孤独船上和马上的孤独诗人。”[①]漂泊无定的“意”的渗入，使其诗有着一层盛唐所不见的淡淡的忧伤感，山水自然成了感伤主体理念的感性显现，而诗人又特别地关注和张扬自然中存在着的这些心灵性内容。强烈的情绪化倾向，使他的诗略略不同于盛唐诗而表现出自己的面目，也是中唐的面目。诚如沈德潜《说诗晬语》中指出的那样：“刘随州工于铸语，不伤大雅，然‘老至居人下，春归在客先’‘万里通秋雁，千峰共夕阳’，名隽有余，自非盛唐人

① 《盛唐诗》，第239页。

语。”[①]《碧涧别墅喜皇甫侍御相访》云：“荒村带返照，落叶乱纷纷。古路无行客，寒山独见君。野桥经雨断，涧水向田分。不为怜同病，何人到白云。”诗人也是重意境，重野趣，重呈现的，而诗中所用均为“荒寒”意象，感情色彩极其强烈，浓重地渲染了诗人寂寞孤独的心境，特别是最后两句，卒章显情，“不为怜同病，何人到白云”，表现诗人离群索居的孤独和幽怨。这些诗里，他不同于让外物作纯自然的自在呈现的王维，而是通过移情来显示“意”，诗中景不一定是眼前景，而是诗人的心中景，甚至没有了物的原初印象，“物皆着我之色彩”，山水成为诗人的独特的情意动作。这种“意”的特别强烈，诗人往往从内心的感情和理念的表现需要出发来寻找自然对象，这与杜甫强调心理感觉一样，笔下景物便多了些主观随意性，这正是“过渡”时期的重要特点。

帆带夕阳千里没，天连秋水一人归。

（《青溪口送人归岳州》）

水近偏逢寒气早，山深常见日光迟。

（《感怀》）

秋草独寻人去后，寒林空见日斜时。

（《长沙过贾谊宅》）

日斜江上孤帆影，草绿湖南万里程。

（《送严士元》）

山水自然，给了刘长卿心灵触发的机缘和借托，使其美感的生成具有了象喻性的客观对象。但从另一方面看，强烈的“意”的张扬，又使他特别专注于美的理念以感性的形式显现。因

① 沈德潜《说诗晬语》，《清诗话》，上海古籍出版社 1978 年版，第 540 页。

而，使他的山水诗显示出十分鲜明的艺术个性来，也多了一些乱后的“时代”烙印。

这就是既同于盛唐，而又不同于盛唐的刘长卿现象。由此可见，刘长卿归入盛唐山水诗群落，并没有什么可以严格否决的理由。

二、刘长卿山水诗归入盛唐的意义

盛唐山水诗派本来就不是一个严密意义的组织，不是一种实际存在的文人集团，而是一种“派”的特殊形态，是后人对这一时期风格相同和水准相近的作者作出的一种合并同类项性质的概括。如果从风格和水准上来说，刘长卿归入盛唐是没有多少问题的。问题是时间，以前人们的划分大多是以时期为根据的，根据这一点而把他划在圈子之外。其实如果简单地以生年为依据，他自然应该归属盛唐诗派了，即便是其存诗多为乱后的作品，我们也没有十分充足的理由不把他归入盛唐，斯蒂芬·欧文说“韦应物：盛唐的挽歌”[①]，也就是说，盛唐诗派可以延续到比刘长卿更晚的时期。把刘长卿归入盛唐，我们的考虑主要是他在山水诗上的贡献，主要是他归入盛唐而生成的意义。“这一时期的诗歌到处可看到王维的影响，数十位诗人致力于再现他的风格，获得不同程度的成功。高仲武在上段落中称许钱起为王维的继承人时，已经含蓄地肯定了王维独一无二的最高位置。”[②]刘长卿归入盛唐，钱起与王维且有过往赠答的，归入盛唐就更是顺理成章的了。那么，再后续到皇甫谧乃至司空曙等人，也就有这个可能了。而这一批诗人的作品，应该是盛唐山水诗风格的一部分。有

① 《盛唐诗》，第278页。

② 《盛唐诗》，第235页。

了这批诗人的加入，也不仅仅是简单的规模扩张，而是对盛唐山水诗派的实际情况的重新认识。刘长卿归入盛唐山水诗派，其意义不止让此群落多了一人，而是多了一批人，使此“派”更有了派的规模，有了派的无形而巨大的聚合力。

蒋寅先生认为：情景交融是到大历时才真正定型，意思也就是把这种交融的功劳主要归于刘长卿。[①]如果这种说法成立的话，则更能够显示刘长卿文学史上的地位，更能够说明刘长卿归入盛唐的意义。蒋寅说：“我认为盛唐诗的主客、情景关系基本上仍是分离的：自然景物通常是作为观赏的对象而非表现的媒介出现；诗人描绘自然景物主要是欣赏它们的感性之美，抒发由此获得的愉悦。因此写自然景物的诗中情景就明显地分为两部分——客观性的描写和主观性的抒情。”[②]蒋寅特别举例刘长卿的《秋杪江亭有作》和《碧涧别墅喜皇甫侍御相访》二诗，说是“消融了客观描写和主观抒情的界限，使二者融为一体”。他接着分析说：“诗人的主观感受仍然活动在景物描写中，只不过表现得更为间接而隐蔽。这是最纯粹的中国诗。主观与客观融为一体，诗中的物我关系由分变合，于是就形成了中国古典诗歌的基本性格，所谓寓情于景，情景交融。”[③]我们以为，真要说到情与景交融的“间接而隐蔽”，那肯定是以盛唐为最高典范的。蒋寅说刘长卿等人的诗情景交融，这无可厚非。但是，说盛唐人不能情景交融，这不一定能够让人接受。盛唐诗兴象玲珑，古人比如“羚羊挂角，无迹可求”，那是“情景交融”的最高境界。以王维为杰出代表的盛唐山水诗派，他的诗歌不是简单的“象喻”形态，在处理人与自然的关系上，已经不是以人工来摄取和摆布自然的，而是超越了“巧构”而达到天然的天籁浑成。也就是

① 蒋寅《中国诗学的思路与实践》，广西师范大学出版社2001年版，第204页。

② 《中国诗学的思路与实践》，第110页。

③ 《中国诗学的思路与实践》，第112—113页。

说，盛唐山水诗不是不情景交融，而是让人分不清何为情何为景之痕迹的交融，无工可见，无迹可寻，是只见其景不见其情而情无所不在的交融。宗白华先生在“意境”艺术上，最推崇盛唐诗和宋元人的画，他在《中国意境之诞生》一文中说：“空寂中生气流行，鸢飞鱼跃，是中国人艺术心灵与宇宙意象‘两镜相入’互摄互映的华严境界。”①宗先生所形容的这种意境，也就是情景交融的最佳范型。蒋寅说，大历诗人“通过设计情境来表现既定的内容。换言之，他们要从一个既定的主题出发，向客观去寻找对应物，使它得到外化合表现。”②则更突出了刘长卿的诗追求人工之美的特点与意义。

因此，蒋寅高度评价说：“情景交融作为中国诗的性格，作为中国艺术意境的符号结构方式，终于定型。”③这种“定型”的意义，亦即刘长卿在情景交融上的重要贡献。我们的理解是，刘长卿的这种“定型”，在于形成了一种易于操作的模式，或者说是形成了一种具有方法意义的“套路”。我们非常赞同这种“定型”的说法，就此一点，可以说是刘长卿给盛唐山水诗的发展画了一个句号，表现出刘长卿在对盛唐山水诗派承传上作出了“总结性”意义，也更能够说明他是盛唐山水诗派的最合适的殿军。

总之，无论从生年，还是诗歌的风格、实力乃至创作的个性，刘长卿都应该归入盛唐，虽然他的山水诗显示出不同于盛唐山水诗派的某些突出个性和中唐面目。把他归入盛唐，不只是个简单的规模扩张，而是盛唐山水诗群落“派”的自然生态的必然要求，显示出此派的无形而巨大的聚合力，也更是对盛唐山水诗派的实际情况的重新认识。

（原载《殷都学刊》2006年第2期）

① 宗白华《美学散步》，上海人民出版社 1981 年版，第 72 页。

② 《中国诗学的思路与实践》，第 113 页。

③ 《中国诗学的思路与实践》，第 128 页。

刘长卿事迹新证

◎胡可先

刘长卿是唐代由盛转衰时期，经历过安史之乱的著名诗人。他的生平事迹，甚为复杂，有很多地方，至今还没有弄清楚。最近见到新出土的拓本刘长卿所撰的《王廉墓志》与刘长卿所书的《魏系墓志》，以及郑深所撰的《郑洵墓志》，为我们研究刘长卿的生平事迹提供了新的线索。

《魏系墓志》原题为《唐故伊阙县令钜鹿魏府君墓志铭并序》，题署："前乡贡进士张莒撰，睦州司马刘长卿书。"墓主以大历十三年（778）十一月十八日葬。这方墓志为刘长卿任睦州司马提供了新的证据。刘长卿任睦州司马，当代学者考证甚为详明，其时间与本墓志所载基本一致，故不需要再进一步展开讨论。惟此志是刘长卿所书，为我们进一步了解刘长卿文学成就以外的书法艺术成就提供了新的材料。该志的情况，《河洛墓刻拾零》云："首题：'唐故伊阙县令钜鹿魏府君墓志铭并序'。共25行，满行26字，590×590×105。志盖篆书：'唐伊阙令魏府君墓志铭'，3行，行3字，445×450。大历十三年（778）九月十日卒，十一月十八日葬。张莒撰，刘长卿书。2003年秋，河南省洛阳偃师市出土，旋归洛阳张氏。"[①]笔者所见到的拓本《唐故朝议郎行上党郡大都督府黎城县令上柱国太原王公墓志铭并序》，题

① 赵君平、赵文成《河洛墓刻拾零》，北京图书馆出版社 2007 年版，第 447 页。

署："通直郎行陈留郡浚仪县尉刘长卿撰上。"志云："公讳廉，字廉，太原晋阳人也。……以天宝二载七月十日寝疾于官舍，春秋六十有九。……复以天宝十一载二月廿四日卜远于颍川郡西南界颍水之阳平原，礼也。……长卿不佞，承命为文，存遇清埃，浚惊玄化，陵谷是虑，刻石为钧。"[①]由新出土的几方墓志与史籍参证，可以进一步探讨刘长卿生平事迹的几个问题：一、为陈留浚仪县尉问题；二、登进士第时间；三、为监察御史时间；四、为鄂岳转运判官时间。

一、为陈留浚仪县尉问题

据《王廉墓志》题款，知刘长卿于天宝十一载（752）二月在陈留浚仪县尉任上。而学术界对刘长卿的研究，迄今为止，尚未涉及刘长卿尉浚仪事，只是把陈留的踪迹定为天宝时刘长卿东游经历的一部分。按，浚仪县，《元和郡县图志》卷七《河南道》三《汴州》："浚仪县，望。郭下。理西界。本汉旧县，属陈留郡。故大梁也，魏惠王自安邑徙此，因浚水为名。"[②]刘长卿有《惠福寺与陈留诸官茶会得西字》诗，有"傲吏方见狎，真僧幸相携"句[③]，"傲吏"应即自指，当是任陈留浚仪县尉时，与同官在真福寺茶会之作。《别陈留诸官》诗云："恋此东道主，能令西上迟。徘徊暮郊别，惆怅秋风时。上国邈千里，夷门难再期。行人望落日，归马嘶空陂。不愧宝刀赠，惟怀琼树枝。音尘倘未接，梦寐徒相思。"[④]这首诗就是刘长卿罢浚仪县尉赴京师时

① 按刘长卿撰《王廉墓志》拓片，见于雅昌艺术网《兴业堂主藏碑拓选》，墓志长宽为 46.5×46.5 厘米。兴业堂是洛阳收藏与经营金石碑志拓片等文物的民间收藏机构，创办于光绪十五年（1889）。据称《王廉墓志》志石 2006 年出土于洛阳，现藏洛阳关林博物馆。

② 李吉甫《元和郡县图志》中华书局 1983 年版，第 177 页。

③ 杨世明《刘长卿集编年校注》，人民文学出版社 1999 年版，第 32 页。

④ 杨世明《刘长卿集编年校注》，第 31 页。

所作，故言“上国邈千里，夷门难再期”。“不愧宝刀赠”，用《晋书·王祥传》典：“初，吕虔有佩刀，工相之，以为必登三公，可服此刀。虔谓祥曰：‘苟非其人，刀或为害。卿有公辅之量，故以相与。’祥固辞，强之乃受。”[①]亦以此典表达对陈留诸官送别之感谢，更流露出自己将入京为官，以身许国的志向。故将有关刘长卿陈留诸诗归为东游之作，是不确切的。“夷门难再期”之夷门亦在浚仪县境内，《元和郡县图志》卷七《河南道》三《汴州》：“浚仪县……夷门，《史记》大梁城有十二门，东门隐士侯嬴，年七十，家贫，为夷门监者，魏公子无忌厚遗之，不肯受。”[②]又言“惆怅秋风时”，知其罢浚仪县尉的时间是在秋天。

有关刘长卿事迹的文献记载，极为简略，最早见到的是《新唐书》卷六十《艺文志》集部别集类：“《刘长卿集》十卷，字文房。至德监察御史。以检校祠部员外郎为转运判官、知淮西鄂岳转运留后，鄂岳观察使吴仲孺诬奏，贬潘州南巴尉，会有为辨之者，除睦州司马。终随州刺史。”[③]并没有记载他任浚仪尉之事。其后辛文房《唐才子传》，以及近年有关刘长卿的考订文章或年谱，如傅璇琮《刘长卿事迹考辨》、杨世明《刘长卿年谱》、储仲君《刘长卿简表》等，都没有涉及刘长卿任浚仪县尉之事。其为浚仪县尉一事，长期被湮没而不为人知。

二、登进士第时间

刘长卿登进士第的时间，最早见于姚合《极玄集》卷下：“刘长卿，……字文房，宣城人。开元二十一年进士。历监察御

① 房玄龄《晋书》，中华书局1974年版，第991页。
② 李吉甫《元和郡县图志》，第177页。
③ 欧阳修、宋祁《新唐书》，中华书局1975年版，第1604页。

史，终随州刺史。”[①]宋陈振孙《直斋书录解题》卷一六：“《刘随州集》十卷。……长卿，开元二十一年进士。”[②]元辛文房《唐才子传》卷二《刘长卿传》亦云：“开元二十一年徐征榜进士。”[③]宋晁公武《郡斋读书志》则云：“《刘长卿集》十卷，右唐刘长卿字文房。开元末中进士第。至德中，监察御史。”[④]清徐松《登科记考》卷八据《极玄集》著录刘长卿登进士第亦在开元二十一年（733）。[⑤]

然而，记载刘长卿开元二十一年登进士第之说是错误的，傅璇琮《刘长卿事迹考辨》有较为详细的考证，以为“所谓刘长卿开元二十一年登进士第之说不能成立，天宝中登第的可能性较大。至于具体在天宝哪一年，就不可考知了。”[⑥]按，傅先生的考证是可信的。陈尚君则进一步推测曰：“按敦煌遗书斯五五五有樊铸《及第后读书院咏物十首上礼部李侍郎》，今存八首并残诗一首。铸另有天宝三载作《檄曲江水伯文》，见《唐文粹》卷三三。《刘随州集》卷四有《杂咏八首上礼部李侍郎》，虽所咏之物与樊铸不同，但可肯定为一时之作。据此可知长卿为‘礼部李侍郎’知举年及第。检《登科记考》卷八至卷九，自开元二十四年改由礼部试进士后，李姓知贡举者有：天宝六载至八载，礼部侍郎李岩；九载，礼部侍郎李晤；十载，兵部侍郎李麟；十一载，礼部侍郎李麟。长卿及第，应在此数年中，为李岩

① 傅璇琮《唐人选唐诗新编》，陕西人民教育出版社 1996 年版，第 559 页。
② 陈振孙《直斋书录解题》，上海古籍出版社 1987 年版，第 473 页。
③ 傅璇琮《唐才子传校笺》，中华书局 1987 年版，第 313 页。
④ 孙猛《郡斋读书志校证》卷一七，上海古籍出版社 1990 年版，第 843 页。孙猛校证云：“袁本作‘开元二十一年进士’。卧云本、《经籍考》作‘开元末第进士’。按长卿为开元二十一年进士，事见《极玄集》卷下、《书录解题》、《唐才子传》卷二。”
⑤ 徐松《登科记考》，中华书局 1984 年版，第 265 页。
⑥ 傅璇琮《刘长卿事迹考辨》，《中华文史论丛》第 8 期，上海古籍出版社 1978 年版，第 364 页。

所取的可能性似更大些。”[①]陈先生的推测为我们进一步考证刘长卿的及第时间提供了重要的线索。

考刘长卿有《小鸟篇上裴尹》诗云：“藩篱小鸟何甚微，翩翩日夕空此飞。只缘六翮不自致，长似孤云无所依。西城黯黯斜晖落，众鸟纷纷皆有托。独立虽轻燕雀群，孤飞还惧鹰鹯搏。自怜天上青云路，吊影徘徊独愁暮。衔花纵有报恩时，择木谁容托身处。岁月蹉跎飞不进，羽毛憔悴何人问。绕树空随乌鹊惊，巢林只有鷦鷯分。主人庭中荫乔木，爱此清阴欲栖宿。少年挟弹遥相猜，遂使惊飞往复回。不辞奋翼向君去，唯怕金丸随后来。”[②]细味诗意，应是刘长卿及第后以请求裴尹援引为官时作。按，唐开元时西都长安、东都洛阳、北都太原置府，设尹一人。据郁贤皓《唐刺史考全编》卷一，天宝中裴姓为京兆尹惟天宝十一载（752）裴士淹；又同书卷四九，天宝中裴姓为河南尹者为天宝三载（744）裴敦复、天宝九载（750）至十四载（755）裴迥。刘长卿为洛阳人，故其诗所上裴尹以河南尹更有可能。参以《王廉墓志》天宝十一载（752）刘长卿已在浚仪县尉任上，则上裴尹即当在天宝九载（750）或十载（751）。而刘长卿又有《落第赠杨侍御兼拜员外仍充安大夫判官赴范阳》诗，安大夫即安禄山，据《旧唐书》卷二百上《安禄山传》：“三载，代裴宽为范阳节度。……六载，加大夫。”[③]又《金石萃编》卷八八《北岳恒山安天王铭》：“骠骑大将军员外置同正员、兼范阳郡长史、柳城郡太守、平卢

① 傅璇琮主编《唐才子传校笺》第五册《补正》，中华书局1992年版，第58页。按，陶敏《全唐诗人名汇考》：“《杂咏八首上礼部李侍郎》，李侍郎，李希言。《册府元龟》卷七七一：‘李希言为礼部侍郎，子纾代宗大历中亦历礼侍郎。’……李希言以礼部侍郎知贡举，见《登科记考》卷一〇。”（辽海出版社2006年版，第224页）按，《登科记考》卷一〇，李希言知江东举在至德二载（757）。其时刘长卿早已为官，故不取李希言说。

② 杨世明《刘长卿集编年校注》，第14页。

③ 刘昫《旧唐书》中华书局1975年版，第5368页。

节度支度营田、陆运两蕃四府、河北海运、兼范阳节度经略支度营田副大使采访处置使、兼御史大夫、上柱国、柳城县开国伯、常乐安公曰禄山，国之英也。……天宝七载岁在戊子五月庚午廿五日甲午建。”[①]故知至少是天宝六载（747），刘长卿是应举落第的。因此，刘长卿及进士第可以锁定在天宝七载（748）或八载（749）。[②]

三、为监察御史时间

《新唐书·艺文志》称刘长卿“至德监察御史”，后人大都以为这一记载是错误的。傅璇琮《唐才子传校笺》卷二云：“未知何据。或监察御史系长卿任长洲尉、海盐令时所带之宪衔。”[③]陈尚君《补正》曰：“笺考至德中刘长卿为长洲尉等，甚是，《新志》有误。然令、尉无带宪衔者。刘乾《刘长卿三题》谓‘至德’乃‘广德’之讹，不为无见。”[④]按，刘乾《刘长卿三题》，其一为“刘长卿何时任监察御史”，认为：“新志的‘至德’，是‘广德’之误，刘长卿是唐代宗广德元年、二年间回长安并任监察御史的。”[⑤]

---

① 王昶《金石萃编》，中国书店1985年版，第2页。

② 刘长卿及进士第时间尚有以下两说。一是天宝十四载说，杨世明《刘长卿年谱》：“据《登科记考》，天宝十二载七月诏天下举人不得充乡试，皆须补国子学生及郡县学生，然后听举。李肇《国史补》谓刘长卿天宝中为朋头，是时重东府西监。而长卿诗文均可证其乱起即渡江任长洲尉。综上各端，似长卿得第在十四年春。”（《刘长卿集编年校注》，第631页）其说又见杨世明《刘长卿行年考述》，载《四川师范学院学报》1990年第4期。一是至德二载说，储仲君《刘长卿简表》：“至德二载，约三十二岁，应江东进士举，礼部侍郎李希言下进士及第。由崔涣铨选入仕，释褐苏州长洲县尉。”（《刘长卿诗编年笺注》，第580页）按，刘长卿天宝十一载（752）已在浚仪县尉任，故天宝十四载（755）、至德二载（757）登进士第之说均误。

③ 傅璇琮《唐才子传校笺》，第315—316页。

④ 傅璇琮《唐才子传校笺》，第59页。

⑤ 刘乾《刘长卿三题》，《唐代文学论丛》，1982年第1期，第296页。

今按，傅璇琮以刘长卿未任监察御史实职，刘乾以刘长卿为监察御史在广德中，都是根据刘长卿相关诗文等材料加以推测，并没有确凿的证据。今据《新唐书·艺文志》记载，刘长卿为监察御史是在出为转运判官，知淮西、岳鄂留后之前。他为岳鄂留后以后，又被吴仲孺所诬而贬为南巴尉。其受诬的时间在至德三载（758），大致无可怀疑[①]。按照《新唐书·艺文志》的叙述顺序，刘长卿任监察御史不容在广德中。刘乾在《刘长卿三题》中，运用较大的篇幅考证广德中刘长卿在长安，故而认定此时为监察御史。今考刘长卿有《祭萧相公文》云："维年月日，殿中侍御史刘长卿，谨以清酌庶羞之奠，敬祭于故江州刺史相国萧公之灵。"[②]萧相公即萧华，诗为刘长卿广德元年（763）春出使鄂州时作。杨世明注云："《宝刻丛编》，萧华在宝应元年（762）到任不久即死去。今按此文直书辅国之恶，应在辅国被刺之后，即宝应元年十月之后。文作于江上，应在广德元年春。时文房奉使鄂渚，正逢萧华旅榇北归，因得吊祭。"[③]是广德中，刘长卿为殿中侍御史，而不是监察御史。

据上文所考，刘长卿天宝十一载（752）以后在浚仪县尉任上，罢任后就赴京为官，据其诗虽难以确定其所任京官到底是何职，然参证《新唐书·艺文志》"至德监察御史"，则知其罢浚仪县尉任后，就赴京任监察御史之职。不久即逢安史之乱，天宝十五载（756）七月又改元至德元载，其后不久刘长卿南奔并为长洲尉。由此推定，刘长卿任监察御史仅是至德元载较短的时间，但这与《新唐书·艺文志》的记载是相吻合的，因而《新唐书·艺

① 可参阅傅璇琮《刘长卿事迹考辨》，载《中华文史论丛》第 8 辑，第 353 页；杨世明《刘长卿年谱》，载《刘长卿集编年校注》，第 632 页；储仲君《刘长卿简表》，载《刘长卿诗编年笺注》，第 581 页。

② 杨世明《刘长卿集编年校注》，第 573 页。

③ 杨世明《刘长卿集编年校注》，第 573 页。

文志》关于刘长卿至德中为监察御史的记载，不应该轻易否定。

四、为鄂岳转运判官时间

刘长卿有《巡去岳阳，却归鄂州使院，留别郑洵侍御，侍御谪居此州》诗云："何事长沙谪，相逢楚水秋。暮帆归夏口，寒雨对巴丘。帝子椒浆奠，骚人木叶愁。惟怜万里外，离别洞庭头。"[①]按，这首诗与刘长卿为鄂岳转运判官的时间直接相关。其为鄂岳转运判官及转运留后，傅璇琮《刘长卿事迹考辨》以为"当大历五六年间，刘长卿已为转运判官、转运留后等职"[②]，而储仲君《刘长卿诗编年笺注》则云："诗当作于大历七年（772）或八年巡行岳州时。"[③]其《刘长卿简表》大历五年云："移使鄂州，擢鄂岳转运留后，检校祠部员外郎。"[④]杨世明《刘长卿集编年校注》注此诗则云："大历八年（773）或前后鄂岳任上作。"[⑤]今考拓本郑深撰《唐故监察御史贬岳州沅江县尉荥阳郑府君墓志铭并序》："唐大历四年三月廿七日，前监察御史、贬岳州沅江县尉荥阳郑府君讳洵，春秋五十三，卒于巴陵之官舍。……拜监察御史，兼总以军储之务，将骄而难可其欲，公一以贯之，遂为奸人所忌，因有沅江之责。"[⑥]又拓本柳识撰《唐故朝议郎行监察御史上柱国郑府君墓志铭并序》："府君讳洵，字洵，荥阳人也。……诏授监察御史。又别敕除盩厔县令。……未

① 《刘长卿集编年校注》，第 383 页。

② 傅璇琮《刘长卿事迹考辨》，《中华文史论丛》第 8 期，上海古籍出版社，1978，第 356 页。

③ 储仲君《刘长卿诗编年笺注》，中华书局，1996，第 376 页。

④ 《刘长卿诗编年笺注》，第 584 页。

⑤ 《刘长卿集编年校注》，第 383 页。

⑥ 中国社会科学院考古研究所《偃师杏园唐墓》，科学出版社 2001 年版，第 300 页。按，《郑洵墓志》及《郑洵与夫人合祔墓志》，最早刊载于洛阳考古工作队《河南偃师杏园村唐墓的发掘》，《考古》1996 年第 12 期，第 13 页。

经考，王师西备犬戎，军储是切。诏授太子舍人兼监察御史，充京西军粮使。无何，监察正名，使务仍旧。居数月，以直道为谗巧所嫉，贬岳州沅江县尉。……以大历四年三月既望，寝疾终于岳州官舍，时年五十六。”[①]这两方墓志，前者为郑洵志，后者为郑洵夫妇合祔志。刘长卿《巡去岳阳，却归鄂州使院，留别郑洵侍御，侍御谪居此州》诗有“何事长沙谪，相逢楚水秋”语，足证作于大历三年（768）之前。唐监察御史可称“侍御”，唐赵璘《因话录》卷五：“御史台三院，一曰台院，其僚曰侍御史，众呼为端公。……二曰殿院，其僚曰殿中侍御史，众呼为侍御。……三曰察院，僚曰监察御史，众呼亦曰侍御。”[②]由《郑洵墓志》可知，刘长卿为鄂岳转运留后，必在大历三年或之前，这首诗也当为大历三年秋作。陶敏对郑洵墓志的价值及刘长卿诗的作年曾作这样的论定：“这首诗中述及郑洵为侍御，谪岳州的情况，正可与郑洵墓志相发明。过去读此诗，仅自独孤及文知郑洵天宝末为华阴参军，至其大历中因何事谪来岳阳则一无所知。现在郑洵墓志出土，疑团遂涣然冰释。而且，郑洵志大有裨于对刘长卿事迹的了解。……郑洵墓志的出土，为我们提供了解决这个问题的新史料。郑洵既于大历四年三月卒于岳州，那刘长卿巡岳州并作诗留别郑洵就不应晚于大历四年三月。而且，刘诗云‘相逢楚水秋’，作于秋日，那二人岳州之会就不应晚于大历三年秋。换句话说，早大历三年，刘长卿就已在鄂州使院了。”[③]因此，由新出土《郑洵墓志》，可以订正学术界将刘长卿为鄂岳转运判官时间系于大历五年、七年或八年的成说，而大致确定为大历三年或稍前。

（原载《学术研究》2008年第6期）

① 中国社会科学院考古研究所《偃师杏园唐墓》，科学出版社，2001，第 302 页。

② 赵璘《因话录》，上海古籍出版社，1979，第 101—102 页。

③ 陶敏《唐郑洵墓志考释》，《咸宁师专学报》1999 年第 2 期，第 49 页。

近三十年来刘长卿研究综述

◎林珍华

刘长卿是唐代大历时期的一个名家，在唐诗发展史上起承上启下的过渡作用，在历代诗话中多次被提及。新中国成立后，学术领域内长期受偏狭的阶级斗争论和机械反映论的影响，刘长卿研究基本处于停滞状态，无论在总体研究上还是在单篇诗章的评价上，刘长卿都未受到应有的重视。20世纪60年代出版的游国恩先生主编的《中国文学史》只有半节论及，到2005年7月出版的袁行霈先生主编的《中国文学史》第四编第五章“大历诗风”三节中，关于刘长卿的论述约占一半的比例，肯定了他的诗歌更具“孤独寂寞情调”，更能反映时代士人心态，“受特定心境和意绪支配的诗歌的词语选择和意象构成方面，刘长卿表现尤为突出。”[①]文学史教材所占篇幅的变化，不仅反映人们文学观念的进步，也标志着对艺术品鉴能力的不断提高，以及对表现心灵、抒写主观世界的诗歌的艺术价值有了新的认识。实际上，打破新中国成立后三十多年间刘长卿研究停滞状态，标志着刘长卿研究新局面到来的，无疑是1980年傅璇琮先生的《唐代诗人丛考·刘长卿事迹考辨》[②]。

---

① 袁行霈《中国文学史》，北京高等教育出版社 2005 年版，第 246-251 页。

② 傅璇琮《唐代诗人丛考·刘长卿事迹考辨》，中华书局 1980 年版。

一、生平事迹的考证

唐代诗人中，因生平事迹留传较少而致记载舛误、考证多歧的，首推刘长卿。两《唐书》没有为刘长卿立传，《新唐书·艺文志》有一百来字关于其事迹的记述，已有误载。后世的唐诗选本及元代辛文房的《唐才子传》，到今人的各种文学史，不但沿袭了这一错误，而且增加了新的错误，给后世的研究者带来诸多不便。所以对刘长卿的研究，必须首先从生平事迹清理着手。考证刘长卿生平的，除了傅文外，还有郁贤皓《刘长卿别李白事迹小考》（《中华文史论丛》，1980.01）、刘乾《刘长卿三题》（《唐代文学》，1982.01）、《独孤及〈送刘少府序〉的写作年代》（《唐代文学》第4辑，1984）、张君宝《刘长卿生平辩证》（《唐代文学》第4辑，1984）、杨世明《刘长卿行年考述》（《刘长卿集编年校注》，人民文学出版社，1999.9）、蒋寅《大历诗人研究·刘长卿生平再考证》（《大历诗人研究》（下），中华书局，1995）、陈顺智《刘长卿诗歌透视·刘长卿诗歌考辨》（湖北人民出版社，1994）。傅文初出，立论谨严，对刘事迹考辨，有很大的突破，使千年疑案，决于一旦，第一次勾勒了刘的生平轮廓。其贡献有三：（1）以诗史互证方法，纠正了《新唐书·艺文志》将两次贬谪二事合而为一，串成为一件事之误，大体澄清了两次贬谪的时间和地点；（2）通过与刘交往诗人的互赠诗文，考知刘长卿并非“终随州刺史”，其卒年当在786—791年之间；（3）通过《唐国史补》及刘诗，证见姚合《极玄集》“开元二十一年进士”不能成立，并下结论“假如以开元二十一年登进士第，同时其登第年以二十余岁计算，则或生于710年左右；但如果天宝六载以后登第，则其生年当在725年左右了。”此后有关刘长卿的研究都是在此文基础上展开的，刘乾先生的《刘长卿三题》[①]对傅文考证的疏漏之处作了三点补证：

① 刘乾《刘长卿三题》，《唐代文学论丛》，陕西人民出版社 1982 年版。

（一）刘长卿是唐代宗广德元、二年间回长安并任监察御史的；（二）刘长卿为转运判官，是在淮南而非淮西；（三）刘长卿在建中四年失随州后，成为淮南节度使杜亚的正式幕僚，卒于贞元五年春至七年春这两年之间。两位先生的结论都是很给人启发的，但在解释材料和确定年月等细节问题上，还存在着一些可商榷之处。之后，张君宝的《刘长卿生年辩证——兼考其贬睦州之年》[①]进一步补足傅考疏略处，对刘长卿第二次贬谪作了更精细的考证，使之趋于完善。杨文则综合诸家之说，按年系述长卿生平。诸文各有发明，但意见分歧很大，困难在于梳理细节。蒋寅的《刘长卿生平再考证》[②]（收入《大历诗人研究》下编），在诸家研究成果之上，对刘长卿生平作更深一层的考索，弄清若干重大事件的具体过程与年代问题。在"生年补证"方面，支持储仲君先生的看法，认为"刘长卿很可能即生于开元十四年。"指出"刘长卿实为不折不扣的大历诗人，历来将他次于杜甫之前，可以说是极大的误会。"蒋文把刘长卿卒年下限定于贞元五年，即788年。刘长卿的生平事迹，由于缺乏起码的信史可证，不少地方都只能据作品推断；而作品本身因各人理解不同也会产生解释的歧异，研究者得出不同的结论是很正常的。

二、作品真伪考辨、诗集整理及笺校

刘长卿诗集和他的生平事迹一样，纷乱复杂。大历时诗歌酬唱互赠的风气，使诗风有了同一的趋向，我们称之为"大历诗风"。刘诗与同时的诗人诗歌互相混淆，在《全唐诗》中可见一斑，其中重出诗歌现象相当严重，据柏俊才先生考察与辨析，约有18首之多。对刘长卿作品进行考辨的，有储仲君的《刘长卿诗歌名篇系年质疑——兼及诗人生平的若干问

① 张君宝《刘长卿生平辩证——兼考其贬睦州之年》，《唐代文学》第4辑，1984年。
② 蒋寅《大历诗人研究》，中华书局1995年版。

题》（《晋东南师专学报》，1988.03）、刘乾的《刘长卿诗续考》（《西南师大学报》，1991.2）、《刘长卿诗异文考辨》（《南都学坛》，1993.4）、《刘长卿诗再续考》（《平原大学学报》，2002.3）、《刘长卿部分睦州诗考》（《平原大学学报》，2005.2）、佟培基《刘长卿诗重出甄辨》（《文学遗产》，1993.2）、柏俊才《〈全唐诗〉刘长卿重出诗歌考》（《山西师大学报》，1999.3）、张传峰《刘长卿贬南巴诸诗笺证》（《湖州师专学报》，1995.4）。刘乾先生对刘诗考证尤见功力，其考证成果为诸家所引证；柏文在《全唐诗》497首刘诗之外，考证重出诗18首，同时对过去一直存疑不定的诗作进行了合理的判定；刘文与张文的考证，使刘长卿两次贬谪的诗作明朗化。通过几代学者的努力，对于刘长卿诗作的归属问题已较好地解决。

在诗集整理及笺注方面，有储仲君的《刘长卿诗编年笺注》①（中华书局，1996.7）、杨世明的《刘长卿集编年校注》②（人民文学出版社，1999.9）。由中华书局1996年7月出版的《刘长卿诗编年笺注》，集校勘、考据、编年、笺注、集评于一书，考据与编年用力尤勤。对于刘长卿生年，据撰者考证，刘长卿是在"江东侍郎"李希言下进士及第，由江淮宣谕使崔涣遴选入仕的，时间则在至德二载（757），他的生年则在开元十四年（726）前后。这就澄清了刘长卿的时代归属何以与诗风不侔的疑问。二是贬谪，撰者进一步考明了他初贬南巴和再贬睦州的具体时间，以及两次贬谪均曾经历"按覆"的复杂过程。三是"从逆"之嫌，刘长卿有两首七律是献给李希烈的，其中有"家散万金酬士死，身留一剑答君恩"这样的名句，影响很大，后人怀疑他"从逆"。实际情况是，当时李希烈刚刚被朝廷加封为南平郡王，奉命率部讨伐梁崇义，进驻随州一带，刘长卿作为随州刺史自然要

① 储仲君《刘长卿诗编年笺注》，中华书局 1996 年版。

② 杨世明《刘长卿集编年校注》，北京人民文学出版社 1999 年版。

受他的节制。上引诗句则隐含规劝之意。李希烈反意渐明，刘长卿即逃归淮南，而于贞元六年（790）卒世。至此，刘长卿的生平，特别是至德以后的行迹，已历历可考，这也为刘诗的编年提供了基础。编年便于了解创作背景，该书编者态度审慎，把大量诗作归为未编年诗。编年诗中，也有相当部分并不能确定具体的年份，而只能确定某一区间，编者特意创为“区间编年法”，以尽可能接近实际。笺注重在引征典实，诠注词源，广收博取，而又力求简约。题注则爬梳剔抉，探幽索微，不仅有益于考察作者身世，而且为研究他的朋友如皇甫冉兄弟、李嘉祐、张继、严维等人行迹提供了重要线索。对史实与背景的考察，有助于准确理解诗篇的内容。这使得刘长卿的许多诗篇，包括一些名篇如《逢雪宿芙蓉山主人》《别严士元》等，摆脱了以往一些“想当然”的解释，呈现出新的风貌。该书以明弘治十一年（1498）李君纪刊本《刘随州文集》为底本，删除重出诗，补入他集所载诗9首，共收诗509首，另附文11篇，刘集更加接近原貌。可以说，此书为研究者提供了一本迄今为止最为完备与可靠的刘长卿诗集。书后附有历代诗评和版本考。杨世明校注的《刘长卿集编年校注》一书，也以明李君纪刊本为底本，汇校十几种唐诗总集和别集，校勘谨慎，务求近真。它共收诗506首，文10篇，按诗、词、赋、文次第，各体编年排列，书末有附录四种：历代评论汇录；刘集序跋题记；刘长卿年谱。年谱虽仍有待考察之处，但多数结论，平实可从，对于其诗文的研究，颇有帮助。

三、综合研究与热点问题

对刘长卿作综合研究的，有蒋寅的《大历诗风》[①]和《大历

① 蒋寅《大历诗风》，上海古籍出版社 1992 年版。

诗人研究》①、陈顺智的《刘长卿诗歌透视》②、王贵宝的《刘长卿与大历诗风》、涂钧的《刘随州诗散论》。后两者是硕士学位论文，我们对它们先存而不论。由上海古籍出版社于1992年8月出版的蒋寅的博士论文——《大历诗风》，该书是第一部系统研究大历诗歌的专著，也是国内第一部综合性地研究一个诗史时段的著作。它将历来不被人重视的大历诗歌作为唐诗史上一个特殊的时段来研究，通过与开元、元和两个高峰的比较，揭示出它独特的价值及作为由盛转中的转折点在唐诗乃至整个中国诗史上的意义，使诗史的内在脉络愈益清晰地凸显出来。它以一种新的诗史研究思路和研究范式引起学术界的重视。整个研究以诗人的感受方式、表现方式为核心，从心态史、时空观念、意象结构等新的视角设计了一个适合于对象的新颖的研究模式，使整个分析过程和结论突破现有格局，达到了新的深度。它在研究方法上的开拓意义和实际的理论收获，受到学术界的好评。在本书将大历诗歌的艺术特征及大历诗风在唐诗史上的意义作了全面阐述的基础上，《大历诗人研究》对大历诗的研究深入诗史、流派、诗人及其具体作品中去，对大历诗本身的历史演变和它承上启下的具体路径作了细致的考察和分析。该书分为上、下两编，上编为诗歌史和作家作品研究，下编为诗人生平与作品考证。它将大历诗的时限界定为至德元载到贞元八年（756—792），并将这段诗歌史划分为三个阶段和四个诗人群体，刘长卿即被视为江南地方官诗人的代表。在“承前启后的名家——刘长卿”这一节里对刘长卿的“五言长城”进行资格认证，认为刘长卿的“五言长城”实在不像他自以为的那么坚稳，倒是他的五律确实写得工稳妥帖，风韵天然，可以目为“五言短城”；对“思锐而才窄”的检

① 蒋寅《大历诗人研究》，中华书局 1995 年版。

② 陈顺智《刘长卿诗歌透视》，湖北人民出版社 1994 年版。

讨方面，蒋寅赋予高仲武的评语以全新的解释：自我意识强，情绪化倾向明显，取材狭隘，语、象单调；在“写意特征与程式化倾向”说“刘长卿诗的写意性质，决定了他诗中的物象必将带有程式化、类型化的特征，丧失个性化的感觉色彩”；在前面分析的基础上，指出“刘长卿正是由盛唐范式过渡到大历范式的承前启后的人物。也正如此，他的诗里才醒目地存在着两种范式并行不悖的奇妙现象”；肯定刘长卿是七律“开拓清空境界的第一人”，“他的诗纯熟老到、格法严整而又有径可循，所以在后代常为初学者模仿”。虽然蒋文中有些结论未免主观，但力求从多方面审视诗人的诗史意义，改变了以往研究中的线性推断和简单结论，值得我们借鉴。如果说把刘长卿放在大历时期，并与同时代诗人作横向联系，取得创造性学术价值的是蒋寅先生，那么陈顺智先生的《刘长卿诗歌透视》这一专著的问世，则是刘诗研究上的里程碑。该书将刘长卿这位生活在盛、中唐两个诗歌高峰之间的重要诗人置于大历那个特殊的时代、特殊的环境来考察。全书三章“生活之城”“艺术之境”“大历之冠”，由点到面，逐步分析刘长卿诗作为历史与个人经验的忠实记录、作为艺术探索的结晶在诗史上的独特价值，同时以刘长卿为中心，阐述了自己所理解的大历诗风的嬗变。通览“生活之域”一章，作者对刘长卿诗歌理解达到了很深的境地，论述刘长卿山水意识的一节，不仅笔墨抒情，分析也很精当。“艺术之域”一章作者对刘诗体裁、意境、风格的全面研究，最终将诗人的审美结构概括为缩虚入实，抟实成虚；动静相宜，视听互彰；大小错落，远近转换等主要模式。将刘长卿放在大历诗风的变迁中去考察的“大历之冠”一章，作者指出，刘长卿之所以被历代诗评家视为大历诗人的翘楚，就在于他以突出的创作，深刻、细腻而准确地表现了大历时期急剧变化的社会心理、时代精神及审美趣味。对大历诗歌的艺术特征，作者是从纤细新巧的意象刻画、空疏萧散的艺术境界、工稳清巧的律体风貌三个方面来认识的，点面结合，既透视大历又深化刘长卿研究。在五古诗体评价方面，似乎局限于前人定论，与实际成就不符。附录《刘长卿诗歌系年考辨》的考证，似乎不够充实详核，有些粗疏。

近二十年来，反映刘长卿个性与成就的几个问题，成为研究的热点，如：一类，“五言长城”之说及五律风格特征；二类，青山白云之类的山水意象、意境论；三类，儒佛道思想对创作心态的影响等。一类的文章有：房日晰《刘长卿诗的艺术特色》（《求是学刊》，1984.4）、张天健《试论刘长卿“五言长城”的近体模式》（《汉中师院学报》，1988.3）、陈顺智《论刘长卿诗歌的风格》（《社会科学研究》，2000.3）、范海玉《刘长卿五言律诗研究》（河北大学硕士论文，2000）、潘殊闲、王胜明《刘长卿“五言长城”新解》（《重庆邮电学院学报（社会科学版）》，2004.5）。刘长卿曾自诩为“五言长城”，“五言长城”究竟指什么，历来说法不一。一类文章中，有的认为是指五言中的长篇，也有人认为指五言中的短篇，即五言近体。在《刘长卿“五言长城”新解》一文中，把“五言长城”理解为“刘长卿对它的偏爱，实际创作数量的众多以及对其五言诗价值和艺术成就的倚重”，文章有独到的见解。二类文章有：储仲君《秋风夕阳的诗人——刘长卿》①、陈顺智《刘长卿诗歌意境的审美特征》（《江汉论坛》，1992.7）、狄松《从水语象观照刘长卿诗情感内涵》（《福建论坛》，1998.3）、李军《论刘长卿诗歌创作中的“夕阳”情结》（《中州学刊》，2002.4）、钱爱娟《秋风萧瑟处、夕阳迟归人——刘长卿诗歌意境谈》（《延安教育学院学报》，2004.9）、楚清伟《论刘长卿诗中秋之意象》（《开封大学学报》，2004.3）、进坚强　胡祖平《解读刘长卿诗歌中的

① 储仲君《秋风夕阳的诗人——刘长卿》，《唐代文学研究》，1992 年。

"青山"意象》（《海南广播电视大学学报》，2006.2）、《解读刘长卿诗歌中的"白云"意象》（《黔东南民族师范高等专科学校学报），2006.4）、李彩霞《孤城：孤独者的心灵荒城》（《名作欣赏），2007.6）等。在刘长卿的诗作中，多次出现"青山""白云""秋风""夕阳""潮水""沧洲"等意象，储仲君先生分析意象程式与特定的感情基调之间的关系，指出两者的交融，形成刘诗整体上给人的冷落、衰飒的风格特征，称刘长卿"秋风夕阳的诗人"，可以说极准确而深刻地把握住了刘长卿诗的精神风貌。储先生发其端，之后，著文分析刘诗意象、意境的论文层出不穷，如金、胡两位先生从刘长卿诗歌中的象征性意象"青山""白云"入手，对其象征意义进行解读，并简要探讨刘诗中惯用象征性意象的原因，认为：刘长卿诗歌几乎所有的象征性意象，都表现出一种失落、黯淡的愁绪和失意后的泉林之思。其原因来自两重失望：一是对当时社会的失望；一是对自身遭遇的失望。与这种观点相类似，钱文认为：时代的没落与坎坷的经历影响刘长卿创作的意向性选择，并由此造成了刘长卿创作意象的某种程式化。清冷的意境与时代精神互现，是刘长卿诗歌独特的魅力所在。三类文章有：郜林涛《佛教与刘长卿的思想和创作》[①]、刘万川的《解读刘长卿诗中的隐逸》（《黔南民族师范学院学报》，2001.1）、潘殊闲《刘长卿及其诗歌的宗教情怀》[②]、潘殊闲　刘静的《刘长卿与杜甫》（《杜甫研究学刊），2004.2）、陈菁华《刘长卿诗歌中个体生命意识的回归》（《安阳师范学院学报》，2006.4）、高中坡《刘长卿的从军征戍之作》（《海南广播电视大学学报》，2007.2）等。郜文对刘长卿

① 郜林涛《佛教与刘长卿的思想和创作》，《山西大学学报（哲学社会科学版）》，2001 年第 6 期。

② 潘殊闲《刘长卿及其诗歌的宗教情怀》，《西南民族大学学报（人文社科版）》，2004 年第 2 期。

的研究，角度有所变化，认为：刘长卿与佛教一直有比较密切的关系，他对佛教的信仰贯穿一生，而且随着他仕途的坎坷不断加深，其与佛教关系密切的重要表现是与僧侣的交游，以文相尚是他们交往密切的主要原因。总的说来，作品对天台宗、禅宗兼收并蓄。在此基础上，作者分析了佛学思想对其诗风的影响：其作品中直接阐发佛理的诗句很少，但佛理融入诗歌创作中，形成独特的诗风，具体表现为“空明闲淡”与“寂静深幽”的特点。潘文则指出：刘长卿个人坎坷的际遇与唐代社会“三教调和”和唐代文人“周流三教”的时代潮流相契合，在人生与艺术的两个层面上相互浸润并积淀为浓郁的“宗教情怀”，促成其诗歌澹泊空灵、清幽闲雅的艺术风格的形成。所有这些热点问题的阐述，集中体现在对有关刘长卿诗歌的个性和成就地位的探讨上。

四、对刘长卿研究的回顾与展望

与唐代诗歌特别是大历诗歌研究的总体趋势相一致，20世纪80年代至90年代初刘长卿研究主要是以考据性质和文献整理为主，介绍性和赏析性论著占主要地位，90年代中后期，刘长卿研究趋于面上的突破，论析性文章渐多，侧重于体裁、风格、意象、意境等方面。进入新世纪，刘诗研究往深广方面发展，与宗教学、美学、心理学等相关学科的横向联系密切了。从模糊的轮廓到渐趋清晰的印象，从整体到细节。在艺术探讨方面，则有从宏观上寻找规律、在微观上更趋细腻的特点，视野有所开拓，刘长卿研究表现出具有时代特色的良好趋势。当然，刘长卿研究远没有功德圆满。在前人研究的基础上，我们要以较新的视角、理性的思维对其加以剖析和审视。刘长卿研究依然前景广阔，有以下几点启示：第一，针对目前刘长卿研究的论著重复过多、新意较少的状况，在以后的研究中要充分正视已经取得的成果，在选题、立论及行文上尽量减少重复。第二，尽管历代学者对刘长卿的各种记载和传闻进行大量的辨别，但一些学者在资料运用上依然比较轻率，所以有必要对历代有关刘长卿研究的资料进行系统的辨伪和甄别。日后研究的起点应建立在对刘长卿的历代纷繁复杂的资料进行彻底清理的基础上，对于真伪材料的利用应该明确区分，应该避免研究初始阶段时不加甄别的不足。第三，鉴于以往刘长卿研究中出现的一些夹杂个人主观感情的不足，日后对刘长卿的研究应力求客观与公正，应尽量减少个人的爱憎倾向，在探讨其优点的同时，对其缺点和不足也应坦然接受，避免在诗人研究中爱屋及乌和恨屋及乌的现象。第四，对古人评价的重新认识。历代诗论者评价刘诗往往莫衷一是、众说纷纭，有说“众体皆备，不独五言为长城”，有说“七言亦佳”，限于当时的历史条件和资料的局限，真知与片面往往并存一炉。所以一方面应做到能够清醒地认识这些评论，知其原委；另一方面，则不能受制于古人，应进行具体的分体研究，以推动刘长卿研究的进一步深入。最后，刘长卿研究也应该结合时代发展的特色，大量吸收新的文学思潮、观念方法以及研究手段，在将刘长卿放在盛唐、中唐之交文学史背景中回归历史的同时，也要注意对其现实意义的探索和挖掘。毕竟，一个活生生的刘长卿才是其真正存在的意义与价值所在。

（原载《安阳师范学院学报》2008年第6期）

注：原文所列的一些文章出处和时间年份有误：刘乾《刘长卿三题》（《唐代文学》，1982.1）、张君宝《刘长卿生平辨证》（《唐代文学》第4辑，1984）中，《唐代文学》应为《唐代文学论丛》，《刘长卿生平辨证》应为《唐代文学论丛》1984年第5辑。

刘长卿与佛教相关事迹考

◎何剑平

刘长卿早年曾历开元、天宝盛世，是中唐前期颇有特色的诗人，本文就刘长卿与佛教之关系的文献记载作若干考证，在此基础上对刘长卿一生的行迹再作材料上的补充，以期扩展对刘长卿的研究领域。本文需要考析的主要有两个问题：一是关于他接触佛教的大致时间和地点；二是他和天台宗的关系。

一、刘长卿接触佛教之时地

刘长卿何时接触释教，史无明文，然从其诗自身提供的线索看，刘长卿接触佛教的时间在其早年即已发生。

刘长卿早年（在登第之前）尝居长安及洛阳之地，他在洛阳有旧居，在长安近郊灞陵附近有别业。长卿早年尝居嵩山读书。天宝四载（745）至十三载，长卿约20岁至29岁，为应进士举，频繁来往于洛阳、长安之间。值得注意的是，早年在洛阳时，刘长卿的一些诗即已流露出受佛教影响的迹象。刘长卿有《送薛据宰涉县》，为研究他与佛教有关事迹提供了重要信息，但一直未引起研究者足够重视。天宝六载制科及第后，薛据授任永乐主簿，于天宝九载（750）前后，秩满而改迁涉县（今河北省涉县）令，刘长卿写诗赠之。其中写到自己倦于应举的心境，说：

鸟倦自归飞，云闲独容滀。既将慕幽绝，兼欲看定慧。遇物忘世缘，还家懒生计。无生妄已息，有妄心可制。心镜常虚明，时人自沦翳。

观此数语，可知屡试不第的刘长卿此时已有皈依释教之心，而且，长卿此时已颇解禅法，认识到心于修禅的重要性："心镜常虚明，时人自沦翳"——吾人之心本如镜子一般虚明湛然，由于时人自己不勤加修行，遂为诸种妄念所垢翳而不能显现。刘长卿对禅法的这种认识是源出有自的。按，诗中关于心如镜之譬喻乃唐世习禅者所常用，净觉《楞伽师资记》中有刘宋求那跋陀罗三藏之安心禅训，其原文云："亦如磨铜镜，镜面上尘落尽，镜自明净。"此譬最为著名，成为当时北宗禅派教义宗风之标识语。张说《荆州玉泉寺大通禅师碑》铭文称颂北宗神秀禅法："心镜外尘，匪磨莫照。"[①]李邕《大照禅师碑》记普寂的禅修历程："宝镜磨拂，万象乃呈。"[②]宗密《禅源诸诠集都序》将神秀禅归为"息妄修心宗"，并叙其禅派特色为："背境观心，息灭妄念。念尽即觉悟，无所不知，如镜昏尘，须勤拂拭，尘尽明现，即无所不照。"据此，刘长卿诗中"无生妄已息，有妄心可制。心镜常虚明，时人自沦翳"之句，与北宗禅派修禅意旨相合。或者说，刘长卿对禅法之体悟是以北宗坐禅之法为思想基础的。

为进一步论证此事，还可举以下几首诗为例。

其一，《刘随州集》卷七《早春赠别赵居士还江左时长卿下第归嵩阳旧居》诗，作于天宝后期[③]。据《元和郡县图志》卷

① 李昉等《文苑英华》，中华书局1966年版，第4522页。

② 董诰等《全唐文》，中华书局1983年版，第2658页。

③ 储仲君《刘长卿诗编年笺注》，中华书局1996年版，第40页。

五，嵩阳，隋县名，则天时改为登封，属河南府。长卿在嵩阳有旧居。按，由“遥思旧游处，仿佛疑相对”，知长卿与居士在长安有过从游处，时居士欲返江东，长卿下第亦欲归嵩阳旧居，故有是作。诗首段对赵居士进行了赞誉：

见君风尘里，意出风尘外。自有沧洲期，含情十余载。深居凤城曲，日预龙华会。果得僧家缘，能遗俗人态。一身今已适，万物知何爱。悟法电已空，看心水无碍。

可见赵居士者乃佛教信仰者。刘长卿在此写到居士对佛法的颖悟，说他“悟法电已空，看心水无碍”，此“看心”一语不可忽略，因为它也是北宗禅法的重要特色语。宗密《禅源诸诠集都序》卷上之二注引荷泽神会评介北宗禅派语：“拟心即差，故北宗看心，是失真旨。”李邕《嵩岳寺碑》言神秀普寂一系之禅法特色：“湛然观心，了然见性。”[①]可见，“看心”“观心”皆当时神秀一系习禅之习用语。唐慧琳《一切经音义》卷一百《观心论》音义注即云：“大通神秀作。”另外，嵩阳一带是北宗禅法的传播地，北宗学说在此长期盛传。王缙《东京大敬爱寺大证禅师碑》自谓：“缙尝官登封，因学于大照（普寂），又与广德（普寂弟子）素为知友。”[②]最澄《内证佛法相承血脉谱并序》说普寂“在嵩山流传禅法，人众多归”[③]，都说明北宗禅派在这里有很大势力。

其二，《刘随州集》卷六《陪元侍御游支硎山寺》诗，说：“留连南台客，想象西方内。因逐溪水还，观心两无碍。”按，元侍御，指元载。据《旧唐书·元载传》，元载于肃宗至

① 《文苑英华》，第4531页。

② 《文苑英华》，第4552页。

③ 最澄《传教大师全集》第1卷，比叡山专修院编纂1926年版，第14页。

德二载（757）冬迁豫章太守，与刘长卿偕游支硎山当在至德二载。支硎山，据旧题唐陆广微《吴地记》，在苏州吴县西15里，山中有寺，号曰报恩，梁武帝时置。“因逐溪水还，观心两无碍”正禅观语，“观心”已如上述。

以上两首诗皆使用了表示北宗坐禅之法的特色语，透露出长卿于北宗禅极熟悉，尝受其影响当无有疑问。从时间上来看，天宝后期恰是北宗禅统摄北地之时。宗密《禅源诸诠都序》卷上所谓“当高宗大帝，乃至玄宗朝时，圆顿本宗未行北地，唯神秀禅师，大扬渐教，为二京法主、三帝门师，全称达摩之宗”，即从禅宗发展史的角度道出了实相。

刘长卿对北宗的兴趣还表现在对北宗圣迹的礼谒。《刘随州集》卷四有《龙门八咏》诗，其中之三《福公塔》及之四《远公龛》，最引人注目。如《福公塔》诗云：

寂寞对伊水，经行长未还。东流自朝暮，千载空云山。谁见白鸥鸟，无心洲渚间。

据考，《龙门八咏》乃刘长卿于开元、天宝居洛阳时作[①]。伊水，流经伊阙山（龙门山）。《元和郡县图志》卷五河南道一河南府：“伊阙山，在县北四十五里。两山相对，望之若阙，伊水流其间，故名。”而此福公塔，当指义福禅师塔。据严挺之《大智禅师碑铭并序》，义福禅师乃北宗神秀弟子[②]，“始于都城传教，二十余年，人皆仰之”[③]，使北宗禅法在他和普寂的时代达至鼎盛时期。于开元二十三年（735）秋弃世于龙兴寺，七月六日，迁神于龙门奉先寺之北冈。《唐代墓志汇编》开元四三三有

① 杨世明《刘长卿集编年校注》，人民文学出版社1999年版，第65页。

② 《全唐文》，第2842页。

③ 《大正新修大藏经》，大藏经刊行会1924-1934年版，50册第760页。

杜昱《大唐故大智禅师塔铭》载义福禅师于开元二十四年夏五月廿五日，殂逝，“秋七月七日甲申，迁神于奉先寺之西原，起塔守护”。如此，刘长卿拜谒福公塔的时间，其上限亦当在开元二十四年之后。《远公龛》：

松路向精舍，花龛归老僧。闲云随锡杖，落日低金绳。入夜翠微里，千峰明一灯。

此远公龛之远公为谁？据现有材料，开元天宝年间，僧中为远公可考知者有二人，一为慧远，一为崇远法师。先说慧远。宋儋《大唐嵩山会善寺故大德道安禅师碑并序》谓安禅师有弟子慧远者[①]。李邕《大照禅师塔铭》载北宗普寂禅师坐灭，玄宗诏令归葬嵩岳寺，开元二十八年，“仍委寺主慧远、上座崇泰、都维那昙庆等，载令构缉”起塔事[②]。可见，慧远曾任嵩岳寺寺主。

崇远法师，《菩提达摩南宗定是非论》记述神会于开元二十年与北宗崇远法师辩论，中有对崇远法师之介绍：

于是有当寺崇远法师者，先两京名播，海内知闻……时人号之‘山东远’，岂徒然耶？

又引神会言：“道俗总听，从京洛已来，至于海隅，相传皆许远法师解义聪明，讲大乘经论更无过者。”可知此远公者乃极善于讲论者，系北宗义学僧。此一类例证还载于《历代法宝记》以及宗密《圆觉经大疏释义钞》卷三之下《神会传》。此二远公，虽孰是孰非，难以确定，然其宗门皆为北宗系统当无可

① 《全唐文》，第4041页。
② 《全唐文》，第2660页。

疑。综合观之，刘长卿《远公龛》之远公为嵩岳寺寺主慧远的可能性更大，开元二十八年，此慧远尚在世，若此推断成立，则《龙门八咏》之诗的创制时间亦当在天宝年间。以上两诗皆为刘长卿礼谒北宗禅师圣迹所作，从中不难看出刘长卿对北宗禅派的特殊兴趣。

据以上所考，可以得出以下结论：刘长卿早年居长安及洛阳时即已接触在帝京河洛广为流传的北宗禅法，此时的一些诗作在对佛理的领悟上都表现出受北宗禅影响的痕迹，其时间当在开元末、天宝初年。

二、刘长卿与天台僧之交游

天宝十四载，安史乱起，诗人南下奔吴，在苏州长洲尉任[①]，常以公事奉使出行往来于润州、扬州之间，从此进入与佛教密切接触的时期——结识各宗僧人，其中尤以结交天台宗派系的僧侣最为突出。

在扬州，刘长卿与不少僧人交流往还，较著名者有开元寺烈公、禅智寺演和尚、龙兴寺灵佑等，但值得我们注意的是他同龙兴寺灵佑的关系。灵佑是对刘长卿产生重要影响的僧人。据《宋高僧传·灵一传》，灵佑曾向扬州律僧法慎学习相部律，法慎为怀素最著名的弟子，《宋高僧传·法慎传》载：法慎天宝七载卒，会葬者万人，其众多上首弟子中即有维扬灵佑。灵佑虽为法慎弟子，然又转益多师，亦习天台法门。《宋高僧传·上恒传》记贞元初，释上恒徙居豫章龙兴寺，与“庐阜法真、天台灵佑”等交游事，则知灵佑又为天台学者。此外，《唐大和上东征传》则向我们透露了更多灵佑的生平事迹：一是天宝九载（750），鉴

① 傅璇琮《唐代诗人丛考》，中华书局2003年版，第276页。

真和尚第五次东渡航海失败，取道江苏，行至润州江宁县，入瓦官寺登宝阁，时鉴真和尚弟子灵佑即引鉴真一行“还栖霞寺，住三日”。二是介绍鉴真和尚弟子中超群拔萃为世师范者，其中即有“洛州福[先]寺僧灵佑”，据此，灵佑早年尝挂单于洛阳福先寺。至于灵佑所住寺院及与《法华经》之联系，扬州法云寺僧明空《胜鬘经疏义私钞》卷一谈及《胜鬘经》的注疏情况说：“今上宫王疏所释，即是后译经（求那跋陀罗译）。有二十一纸。其疏，唐大历七年，日本国僧使诫明、得清等八人，兼《法华疏》四卷将来扬州，与龙兴寺大律阇梨灵佑。”[①]这段话谈到一个重要的历史事件：唐大历七年、日本光仁天皇宝龟三年，即772年，日本入唐僧诫明、得清等八人，曾将日本圣德太子所撰《胜鬘经疏》《法华疏》送至扬州龙兴寺供养，时灵佑为龙兴寺律大德，善习《法华经》。总上可见，释灵佑为扬州著名律师，早年在洛阳福先寺修习，后又南下维扬，师从法慎、鉴真学律，长于《法华经》，修法华三昧，传天台教迹。刘长卿集中有两首诗写给灵佑。《刘随州集》卷五有《题灵佑上人法华院木兰花》，题下自注：“其树岭南移植此地。”诗云：

庭种南中树，年华几度新。已依初地长，独发旧园春。映日成华盖，摇风散锦茵。色空荣落处，香醉往来人。菡萏千灯遍，芳菲一雨均。高柯傥为楫，渡海有良因。

诗当作于大历四五年（769—770）驻扬州时。此法华院应在扬州龙兴寺内。圆仁《入唐求法巡礼行记》卷一92条所载开成四年（839）正月三日介绍扬州龙兴寺的文献中记载：“寻南岳大师颜影，写着于扬州龙兴寺，敕安置法花道场琉璃殿南廊壁

① 《卍新纂续藏经》，国书刊行会1975-1989年版，19册第925页。

上。……又彼院门回廊壁上，画写诵《法花经》，将数致异感和尚等影。数及廿来，不能具写。琉璃殿东有普贤回风之堂——昔有火起，尽烧彼寺。烧至法花院，有诵经师灵佑，于此普贤堂内诵《法花经》，忽然大风起自院里，吹却其火，不烧彼堂。时人因号‘普贤回风之堂。’”真人元开《唐大和上东征传》可与此相印证：“其龙兴寺先是失火，皆被烧，大和上昔住院房，独不烧损，是亦戒德之余庆也。”据圆仁所记可知，在扬州敕置的法华院就在龙兴寺内。显然，刘长卿访灵佑时，灵佑为扬州龙兴寺律大德，住本寺法华院。由诗句“菡萏千灯遍，芳菲一雨均”，可知刘长卿化用了《妙法莲华经·药草喻品》的事典，而这正好关合诗题“法华院”和灵佑诵持《法华经》的身份。贞元初，刘长卿再至扬州，而灵佑已逝。刘长卿作《题灵佑和尚故居》，诗云：“叹逝翻悲有此身，禅房寂寞见流尘。多时行径空秋草，几日浮生哭故人。风竹自吟遥入磬，雨花随泪共沾巾。残经窗下依然在，忆得山中问许询。”从末二句，可见刘长卿此前尝就灵佑问法，他将自己同灵佑的关系，比拟为名僧支遁和名士许询在越州山阴的讲经问难。“残经”为何经？由扬州龙兴寺法华堂诵经致异感的故事可知当为《法华经》，刘长卿尝得灵佑上人指授《法华经》并咨问经中义理。人所共知，此经为天台宗立说的主要依据。

刘长卿在游吴越时交往的重要僧人为普门上人。据《佛祖统纪》卷十“荆溪旁出世家”，禅师普门，曾拜谒天台荆溪湛然为师，学《止观》《法华》之旨，深有造诣。与湛然弟子元浩同门。梁肃在《送鉴虚上人还越序》称之曰：“东南高僧有普门、元浩，予甚深之友也。”[①]普门善属文，尚古意。自称普门子，有极高义学修养，尝应湛然师之请，著《妙法莲华经玄义

① 《全唐文》，第5269页。

释谶缘起序》《止观辅行传弘决序》二文，历指当代习禅者之弊。圆珍《入唐求法总目录》“法华部”著录普门《妙法莲花经玄义释签缘起序》一卷。刘长卿有多首诗写给普门。如《秋夜肃公房喜普门上人自阳羡山至》：“山栖久不见，林下偶同游。早晚来香积，何人住沃洲。寒禽惊后夜，古木带高秋。却入千峰去，孤云不可留。”肃公，据《宋高僧传·法诜传》，法诜大历十三年（778）卒时，“邗城肃公为《颂》”。邗城即今扬州，是知肃公为扬州僧，此诗当作于扬州。据《新唐书·地理志五》，阳羡即义兴（今江苏省义兴县），属江南东道常州晋陵郡。诗云“早晚来香积”的“香积”，乃是指香积佛之众香国，为净土佛国中之最，语出《维摩诘所说经·香积佛品》，以香积喻普门上人来自清净妙境。“何人住沃洲”之“沃洲”乃用名僧支遁于沃洲小岭寺行道的典故，两句互文，其用事及含义不难理解。诗末两句写了普门上人现迹世间而不著世间的精神境界。以孤云（白云、浮云）譬于世间心无所染著的得道者，在长卿本人诗作中有诸多内证。此诗当为大历四、五年间，皇甫冉、严维、刘长卿相继游历扬、润，普门前来造访而作。普门访别后，约在大历五年（770）的春天，刘长卿又作《寄普门上人》：“白云幽卧处，不向世人传。闻在千峰里，心知独夜禅。辛勤羞薄禄，依止爱闲田。惆怅王孙草，青青又一年。”此诗将普门上人洁己拔俗之境界及其在山林的习禅生活与诗人自己的营营仕宦作了对比，表达了对前者的向往。《刘随州集》卷三有《赠普门上人》。此诗一作皇甫冉诗①，但由“云山随坐夏，江草伴头陀”，可知普门仍持传统之坐禅方式。

① 参见《全唐诗》卷二四九、明抄本《皇甫补阙诗》、明活字本《皇甫冉集》。《文苑英华》卷二三五则作皇甫曾诗，题为《题普门上人房》。

三、结论

根据以上对刘长卿崇信佛教之时地及其与僧侣交游情况的探索考稽，我们可以得出如下认识：

刘长卿早年曾栖居河南嵩阳一带读书，后为应进士举，又尝来往于洛阳、长安之间。这一带本是当时神秀、普寂一系北宗禅法的传播地。盖在开元末、天宝初年，长卿即已接触佛教，或在其时即已受持诵读《法华经》《维摩诘经》等大乘佛教典籍，并受到当时京洛地区北宗禅法之环境气氛的影响，这在其记录早期生活情况的诗歌中留有明显的痕迹。

自安史乱离，长卿随士人渡江南迁，与僧人交往频繁。刘长卿在游历为官时，与其有往来的僧人总计有24人，禅师占有10位之多，在长卿与这些不同宗系僧侣的交往中，尤以其与北禅宗和天台宗的关系令人注目。

刘长卿与北宗一系的关系除了前文所论及的对看心（观心）禅法的接受和巡礼北宗圣迹外，还表现在刘长卿在后来的诗里不断提及双峰寺和东山二处。双峰寺在蕲州黄梅县西北40里的双峰山，是禅宗第四祖道信和第五祖弘忍大师修行之所。刘长卿有三首诗提到双峰寺。一为《游休禅师双峰寺》诗，写于长卿任御史时，大约在大历五年移使鄂州时作。大历六年至八年间长卿至鄂州时重游双峰寺，又作《宿双峰寺寄卢七李十六》诗，寄给习禅友人滁州刺史李幼卿；大约在大历十二年后，刘长卿的朋友李宥卒，葬于双峰寺，刘长卿遂重游双峰寺，悼念故人。《刘随州集》卷九收有《双峰下哭故人李宥》诗。

至于东山，则是与双峰寺紧密相关的一种指称，刘长卿有两首诗提及：《喜朱拾遗承恩拜命赴上都》《西陵寄一上人》。其中后诗首句云："东山访道成开士，南渡随阳作本师。"此处东山，或尚有喻指当时众所皆知的佛教圣迹：黄梅东山弘忍大师的修行之地。关于这一点，在《楞伽师资记》《历代法宝记》《宋高僧传》卷八弘忍及神秀本传都可找到佐证。另外，最澄《内证佛法相承血脉谱并序》“达摩大师付法相承血脉谱一首”有“黄梅东山弘忍和上”条[①]，严挺之《大智禅师碑铭并序》谓义福禅师法轮谱系，曰“河南普寂与禅师二人，即东山续德，七代于兹”，可见，道信、弘忍的法系统称为东山法门。东山法门事实上代表着禅宗未分宗前的情况。而神秀、普寂一系乃直承东山法门而来。那么，刘长卿为什么在诗中反复写到双峰寺和东山？这同诗人早年接受北宗禅的经验有关，还同当时天台宗、律宗等对北宗禅观推重的文化背景密切相关。

天宝以还，宗派竞起，慧能之后裔南禅宗尤为活跃，然其思想及修行所出现的一些弊端，引起佛教各宗派的诟病与不满。这在净土大师慈愍三藏《略诸经论念佛法门往生净土集》卷上、义学沙门神清《北山录》卷六、刘长卿的僧友普门上人《止观辅行传弘决序》、湛然《维摩经略疏》卷一等论著中均有所表述。这些意见反映出当时佛教天台、净土等学者及部分士大夫对于禅宗崛起及禅宗教法演变之隐忧及反省。正缘于此，一些信众在禅法教源上对东山法门传承至普寂一系禅法仍颇为崇仰，认为神秀、普寂一系是僧璨遗言之传人。如大历七年（772），舒州刺史独孤及撰《舒州山谷寺觉寂塔隋故镜智禅师碑铭并序》，说弘忍以心教传慧能、神秀，慧能“其嗣无闻”，神秀传普寂，“寂公之门徒万人，升堂者六十有三”云云[②]，明显有赞扬北宗弘化之意。最澄《内证佛法相承血脉谱并序》“达摩大师付法相承血脉谱一首”，叙中土禅宗相承谱图，未有慧能一系，乃因其入唐受法，习天台宗，兼弘北宗禅之故[③]。当时南方律宗、天台宗有鉴于

① 《传教大师全集》第1卷，第12页。

② 《文苑英华》，第4562页。

③ 《传教大师全集》第1卷，第12页。

慧能之后裔教法之弊，对于习禅仍特重东山法门，禅律结合成为寺院风气。刘长卿的僧友灵一、灵佑的老师——扬州律僧法慎即说："天台止观，包一切经义；东山法门，是一切佛乘。"[①]灵一本人被独孤及赞述为"闻思修慧""严持律藏"的高僧[②]；灵佑是法慎弟子，又是天台宗学人，天台止观和东山法门禅修观的会通自然会影响到刘长卿，并在其诗歌创作中得到反映。

刘长卿在交游中还有一个重要特征就是天台情结。长卿有多首表达自己对天台的向往。天宝五载（746）前后，杨山人欲赴天台寻访圣迹，刘长卿于洛阳作《夜宴洛阳程九主簿宅送杨三山人往天台寻智者禅师隐居》诗。据此可见刘长卿于天台宗故事及天台智𫖮禅师之圣迹极熟悉。或刘长卿于此前已尝听说或阅读过有关文献。上元二年（761）春间，刘长卿由岭外南巴尉归来，至吴越一带，李嘉佑将赴台州任，刘长卿作《送台州李使君兼寄题国清寺》诗送之[③]。国清寺旧名天台，隋开皇十八年（598）为僧智𫖮建，大业中改名国清，为天台宗著名寺院[④]。此诗表达了长卿对天台国清寺景致之向往。作于大历十年的《送少微上人游天台》说"石桥人不到，独往更迢迢"，作年不详的《送惠法师游天台因怀智大师故居》，由诗题及"深山谁向石桥逢""寂寥惟听旧时钟"等句可知刘长卿此前尝游历天台，其游历天台在上元二年之前。通过以上诗作，我们可以看到刘长卿对天台圣迹的深切怀念，这种怀念同刘长卿所师事礼铭的两位天台宗系统之义学高僧普门、灵佑对于他的深刻影响是分不开的。

（原载《武汉大学学报》2009年第5期）

① 《大正新修大藏经》，50册第769页。
② 《全唐文》，第3962页。
③ 《唐代诗人丛考》，第238页。
④ 《大正新修大藏经》，《国清百录》卷3，第816页。

刘长卿五言诗特殊体式之考述

◎孙建峰

储仲君先生所撰《刘长卿诗编年笺注》一书（中华书局1996年第一版，收入《中国古典文学基本丛书》），对刘长卿的诗歌作了编年、笺注，对不同版本的异文，校记中也有所收录。读过此书之后，发现刘氏诗歌的格律中有种特殊体式，前人似少提及，且由此特殊体式可对某些异文作出判断，在校勘中应属理校之一种。

一

先看两首刘长卿的五言诗：

苍苍竹林寺，杳杳钟声晚。
荷笠带斜阳，青山独归远。[①]

（《送灵澈上人》）

孤云将野鹤，岂向人间住。
莫买沃洲山，时人已知处。[②]

（《送方外上人》）

① 储仲君《刘长卿诗编年笺注》，中华书局1996年版，第435页。下文引刘诗，皆用此版本。

② 储仲君《刘长卿诗编年笺注》，第443页。

两首诗皆押仄声韵，且被选入《唐诗三百首》“五言绝句”一体中[①]。本文要探讨的，与这两首诗有关。押仄韵的五言绝句，如孟浩然的《春晓》、柳宗元的《江雪》，并不罕见，则刘长卿的这两首诗，有何特殊之处呢？再看一首刘长卿的五言诗：

悠然钓台下，怀古时一望。
江水自潺湲，行人独惆怅。
新安从此始，桂楫方荡漾。
回转百里间，青山千万状。
连崖去不断，对岭遥相向。
夹岸黛色愁，沉沉绿波上。
夕阳留古木，水鸟拂寒浪。
月下扣舷声，烟中采菱唱。
犹怜负羁束，未暇依清旷。
牵役徒自劳，近名非所尚。
何时故山里，却醉松花酿。
回首唯白云，孤舟复谁访。[②]
（《奉使新安自桐庐县经严陵钓台宿七里滩下寄使院诸公》）

类似的作品，统计有67首左右。涵咏之下，不难发现这种特殊的五言诗，形式上有如下特点：[③]（一）每句5字，句数则从4句到36句不等，出现频率较高的，按顺序有4、6、8、12、16、20、24。此

① 喻守真《唐诗三百首详析》，中华书局1957年版，第270页。《唐诗三百首》尚收有刘氏另一首五言绝句《听弹琴》：“泠泠七弦上，静听松风寒。古调虽自爱，今人多不弹。”所押乃平声韵。

② 储仲君《刘长卿诗编年笺注》，第316页。

③ 这些诗并非一般的律诗或一般的古体，本文拟称之为“别体”，但重要的首先不在“名”，而在“实”。

外则句数为10、14、28、36的诗，各有一首[①]。（二）皆偶句押仄声韵，一韵到底。此点与后面第四点有关系。（三）对仗方面，比较自由。虽没有特定的要求，事实上很多联用了对仗，如上举《奉使新安》诗的画线部分，形式上趋向工整。（四）近体格律诗的本质特征在于讲究平仄，而此处所谓特殊体式，也主要由平仄体现。具体而言，即：1、每句第二字符合黏对规律，故首句第二字若是平声起头，则整首诗的第二字依次为“平仄。仄平。平仄。仄平……”，仄声起头则相反。2、每句之中，上句或奇数句的第五字与第二字的平仄相反，下句或偶数句的第五字总是仄声，因为押仄声韵。为明了起见，下面把这种诗特殊的平仄格式，列一简表，并与一般五律作对照：

特殊的五言诗	五言律诗
……	……
○平○○仄，○仄○○仄。	○平○○仄，○仄○○平。
○仄○○平，○平○○仄。	○仄○○仄，○平○○平。
○平○○仄，○仄○○仄。	○平○○仄，○仄○○平。
○仄○○平，○平○○仄。	○仄○○仄，○平○○平。
……	……

上表“五言律诗”只列每句的第二字与第五字，其实五律的平仄有更多规定。可见，刘长卿这些特殊体式的五言诗极有规律，并非一般的古体。但同时，又和一般的五律不同。不同之处，首先是五律的句子都是律句，而这些五言诗，有很多不是的，如上举《奉使新安》一诗，“回转百里间”“夹岸黛色愁”“沉沉绿波上”“回首唯白云”等句，即不可能在一般律诗中出现。实际上，拿上句或奇数句“○仄○○平”的句式为例，其他三个字（第一、三、四字）的平仄，按理有八种情

① 见《刘长卿诗编年笺注》第104页《吴中闻潼关失守因奉寄淮南萧判官》其二（10句）、第291页《初至洞庭怀灞陵别业》（14句）、第44—45页《赠别于群投笔赴安西》其二（28句）、第7—8页《题冤句宋少府厅留别》（36句）。

况，实际上也确有八种情况，这里各举两例：

（1）平仄平平平：归路随枫林[①]、官柳阴相连[②]；

（2）平仄平仄平：乡梦寒更频[③]、伊水连白云[④]；

（3）平仄仄平平：予亦返柴荆[⑤]、元帅许提携[⑥]；

（4）平仄仄仄平：通越事岂难[⑦]、回首不问家[⑧]；

（5）仄仄平平平：伫立收烟氛[⑨]、自有沧洲期[⑩]；

（6）仄仄平仄平：日暮微雨中[⑪]、世上无此才[⑫]；

（7）仄仄仄平平：小邑务常闲[⑬]、颂德有舆人[⑭]；

（8）仄仄仄仄平：古树枳道旁[⑮]、倘遇拂拭恩[⑯]。

但是，作者造句时，对平仄的选择仍有一定的习惯或偏好。据初步统计，“○平○○仄”（可以是上句、也可以是下句）的句式出现最频繁的是“平平仄平仄”，“○仄○○仄”（只出现于下句）出现最多的情况是“仄仄平平仄”，而“○仄○○平”（只出现于上句）出现最多的情况是“仄仄平仄平”“仄仄仄平平”等。上举两首五言绝句，即是例子。换言之，其句式不排斥律句，但没有非要律句不可的规定。因此，对

① 《刘长卿诗编年笺注》，第 41 页。
② 《刘长卿诗编年笺注》，第 71 页。
③ 《刘长卿诗编年笺注》，第 6 页。
④ 《刘长卿诗编年笺注》，第 58 页。
⑤ 《刘长卿诗编年笺注》，第 42 页。
⑥ 《刘长卿诗编年笺注》，第 45 页。
⑦ 《刘长卿诗编年笺注》，第 174 页。
⑧ 《刘长卿诗编年笺注》，第 182 页。
⑨ 《刘长卿诗编年笺注》，第 1 页。
⑩ 《刘长卿诗编年笺注》，第 40 页。
⑪ 《刘长卿诗编年笺注》，第 6 页。
⑫ 《刘长卿诗编年笺注》，第 7 页。
⑬ 《刘长卿诗编年笺注》，第 1 页。
⑭ 《刘长卿诗编年笺注》，第 30 页。
⑮ 《刘长卿诗编年笺注》，第 74 页。
⑯ 《刘长卿诗编年笺注》，第 108 页。

这两首五言绝句，看成一般押仄韵的格律诗可以，看成上述根据其他五言诗总结出来的特殊体式亦可。

此外，与一般五律不同之处，乃在于这些诗中不可能出现“○平○○平”的句式，因为末字是平声的不可能是下句，而上句第二、第五两字平仄又必相反。因而只有三种句式。并且，就第二字与第五字这两个节奏点的平仄看，这种特殊体式的仄声更多，在循环的四句中，五律有四平四仄，它则有五仄三平。因仄声之多，读来即容易感到音调的深沉和风情的潇洒。此处再举两例，除平仄外，读者亦可从上述押韵、对仗等角度进行考察和体味：

长安邈千里，日夕望双阙。
已是洞庭人，犹看灞陵月。
谁堪去乡意，亲戚想天末。
昨夜梦中归，烟波觉来阔。
江皋见芳草，孤客心欲绝。
岂讶青春来，但伤经时别。
长天不可望，鸟与浮云没。[①]

（《初至洞庭怀灞陵别业》）

望君舟已远，落日潮未退。
目送沧海帆，人行白云外。
江中远回首，波上生微霭。
秋色姑苏台，寒流子陵濑。
相送苦易散[②]，动别知难会。

① 储仲君《刘长卿诗编年笺注》，第291页。

② 按，此句“送”与“散”二字皆仄声，不符合上句第二第五两字平仄相反的要求。然此诗前面第三句“目送沧海帆”已出现“送”字，此处似有重复之嫌；而按其句意，参以下句，此处亦以作相聚、相交之意为佳。疑“送”字误，但无版本依据。

从此日相思，空令减衣带。[①]

（《严子濑东送马处直归苏》）

此处仍需指出几个例外（下划横线），计有“楚泽秋更远”[②]、“勿复尊前酒”[③]、“寒水深洞彻”[④]、“年年湖上亭”[⑤]四处，并不符合黏对或“上句第五字与第二字平仄相反”的规律。其原因或是作者偶未遵循此种规律，或是仍在探索中因而偶然出格，或是流传中出现异文，但不能因此而否认从全诗及其他类似的诗中归纳出的规律。

其实，前人对这种诗的平仄特点亦曾论及，如王力先生在其《汉语诗律学》中论近体诗和论古体诗时即谈到过。如黏对的规律和“上句第五字的平仄相间出现”的规律，其书第二章第三十节《古风的黏对及其出句末字的平仄》[⑥]即曾提及，只是尚未连贯起来。且“上句第五字与第二字平仄相反”这一重要规则没有指出。而在《汉语诗律学》第一章《近体诗》之第六节《平仄的格式》谈“仄韵近体诗的平仄”时，认为“依盛唐人的规矩，在五律仄韵诗里，各联出句的末字须平仄相间”[⑦]，所举例子即含刘长卿的这部分五言诗。借用王力先生的说法，这种特殊的五言诗，应该算是“入律的古风”或“古风式的律诗”。

① 储仲君《刘长卿诗编年笺注》，第465页。
② 储仲君《刘长卿诗编年笺注》，第1页。
③ 储仲君《刘长卿诗编年笺注》，第169页。
④ 储仲君《刘长卿诗编年笺注》，第109页。
⑤ 储仲君《刘长卿诗编年笺注》，第270页。
⑥ 王力《汉语诗律学》，上海教育出版社1979年版，第417—436页。
⑦ 王力《汉语诗律学》，第81页

二

以上对刘长卿的体式特殊的五言诗，作了描述与分析。今再略谈其背景与价值。

这些特殊的五言诗，介于近体与古体之间。产生它们的背景，一方面是格律诗的成熟与普及，而刘长卿的格律诗，包括五言律与七言律，都有相当的成就，历来得到公认；另一方面，刘长卿欲别开生面，不限于成熟了的律诗格律，而自有创新。总之，律诗的体格与规范，加上古诗的风情与音调，即是这部分“别体诗”的特征所在。凭这种诗体上的创造性，刘长卿在唐诗乃至整个中国诗歌的发展史上，也应该可以占据一个可观的地位。

至于其价值，则对格律体式的理解，自然可以加深对刘长卿的诗本身的理解。即如“五言长城”中的“五言”，形式上到底指什么呢？沈德潜曰：

> 中唐诗渐秀渐平，近体句意日新，而古体顿减浑厚之气矣。权德舆推文房为“五言长城”，亦谓其近体也。①

而本文所分析的特殊五言诗，沈氏《唐诗别裁集》把它们收在“五言古诗”中②。但“五言长城”果真指近体五言吗？似尚可探讨。我认为在考察这个问题时，不该忽视本文所提出的这部分特殊体式的五言诗。而张戒《岁寒堂诗话》卷上曾有评语曰：

> 韦苏州律诗似古，刘随州古诗似律。③

对刘长卿的特殊五言诗有所了解后，于“古诗似律”一

① 沈德潜《唐诗别裁集》，中华书局1975年版，第43页。
② 沈德潜《唐诗别裁集》，中华书局1975年版，第43—44页。
③ 丁福保《历代诗话续编》，中华书局1983年版，第460页。

语，应能更加了然。当然，对这种诗体在整个古代诗歌体式中所处的位置，在诗歌历史上的渊源与影响，在其他诗人笔下有无回响等，尚可再作探讨，本文不过发一端绪而已。

倘确认某诗属于此种体式，则凭其格律特征（主要是平仄方面），可以判断一些异读字的读音，可以处理一些异文。用之处理异文应算理校的一种，自当慎重，但不可否认有时的确颇有效果。这里以《刘长卿诗编年笺注》的文本为主，判断相关异文如下：

1．从宦闻苦节，应物推高谊。[①]

（《题冤句宋少府厅留别》）

校记：从宦，残宋本作“从官”。按：其上一联为“洞澈万顷陂，昂藏千里骥”，则此处上句第二字当作平声，与“藏”黏，并与“物”对，则残宋本“官”字为佳。

2．下笔盈万言，皆合古人意。[②]

（《送薛据宰涉县》）

校记：合，残宋本作“含”。按：此处当与“笔”字平仄相对，当据残宋本改作“含”。

3．迢递朗陵道，怅望都门夕。[③]

（《送元八游汝南》）

① 储仲君《刘长卿诗编年笺注》，第 7 页。
② 储仲君《刘长卿诗编年笺注》，第 28 页。
③ 储仲君《刘长卿诗编年笺注》，第 69 页。

校记：迢递，残宋本作“迢迢”。按：因下联首句为“向别伊水南”，则此处“望”字与“别”黏，读作仄声。则上句第二字当作平声，“迢迢”正相符合。

4．赋诗皆旧交，攀辙多新吏。①

（《洛阳主簿叔知和驿承恩赴选伏辞一首》）

校记：交，底本作“友”，从残宋本。辙，残宋本作“轨”。按：“友”字与“诗”平仄相对，是，此底本不误，而残宋本误也。至于作“辙”或“轨”，不能通过这种办法判断。

5．伊余在羁束，且复随造化。②

（《灞东晚晴简同行薛弃朱训》）

校记：余，残宋本作“子”。按：作“子”则与“羁束”之“束”不对，作“余”是。然“伊子”不辞，疑残宋本作“予”，则亦与“束”平仄相对，不误。

6．故园胡尘飞，远山楚云隔。③

（《京口怀洛阳旧居兼寄广陵二三知己》）

校记：园，底本作“国”，此从残宋本。按：底本不误，盖“国”正与“山”对也。

---

① 储仲君《刘长卿诗编年笺注》，第71页。

② 储仲君《刘长卿诗编年笺注》，第74页。

③ 储仲君《刘长卿诗编年笺注》，第95页。

7. 惆怅空伤情，沧浪有遗迹。[①]

（《京口怀洛阳旧居兼寄广陵二三知己》）

校记：伤情，《文苑英华》作“往复”，《唐诗品汇》作“含情”。按：“含情”或有可能，“往复”当为后人臆改。

8. 不如归远山，云卧饭松栗。[②]

（《吴中闻潼关失守因奉寄淮南萧判官》）

校记：如，《文苑英华》作“尔”。远，残宋本、《文苑英华》作“剡”。卧，残宋本、《文苑英华》作“门”。按：此联上两句为“临风但攘臂，择木将委质”，则“如”当作“尔”，以与“木”黏；“卧”当作“门”，以与“尔”对也。

9. 铁衣今正涩，宝刃犹可试。[③]

（《杂咏八首》之《古剑》）

校记：刃，卢文弨本校语：“近本作刀，不通。”按：此诗写剑，而此近本作“刀”，当传抄时误改。而按其平仄格式，也以作“刃”为是，卢校甚确。

10. 迢递太行路，自古称险恶。[④]

（《奉和李大夫同吕评事太行苦热行兼寄院中诸公仍呈王员外》）

① 储仲君《刘长卿诗编年笺注》，第 95 页。
② 储仲君《刘长卿诗编年笺注》，第 104 页。
③ 储仲君《刘长卿诗编年笺注》，第 108 页。
④ 储仲君《刘长卿诗编年笺注》，第 173 页。

校记：迢递，《文苑英华》作“迢迢”。按：《文苑英华》是。

11．石枯山木燋，鳞穷水泉涸。[①]

（《奉和李大夫同吕评事太行苦热行兼寄院中诸公仍呈王员外》）

校记：枯，《文苑英华》作“露”。按：其上句为“赤日何煎铄”，“露”正与“日”字相黏，且与“燋”字平仄相对，则“露”字是。

12．江信久寂寥，楚云独惆怅。[②]

（《自鄱阳还道中寄褚征君》）

校记：寥，《唐诗品汇》作“寞”。按：“寥”与“信”平仄相反，符合规律，不当作“寞”。《唐诗品汇》乃后人臆改。

13．已是洞庭人，犹看灞陵月。[③]

（《初至洞庭怀灞陵别业》）

校记：看，底本作“有”，此从《唐诗品汇》。按：底本作“有”，与“是”不对，误。《唐诗品汇》作“看”，此时读平声，正是。

① 储仲君《刘长卿诗编年笺注》，第173—174页。

② 储仲君《刘长卿诗编年笺注》，第218页。

③ 储仲君《刘长卿诗编年笺注》，第291页。

14．北塔凌空虚，雄观压川泽。[①]

（《登扬州西灵寺塔》）

校记：观，《文苑英华》作“规”。又，此句《唐诗品汇》作“雄势压山泽”。按：因下句第二字须与“塔”字平仄相对，当作平声，故“雄势”可排除；至于是“观”（平声）或“规”，可再作判断。

当然，以上的例子，仅是从刘长卿五言诗特殊体式的角度，根据平仄作出的判断，其他角度亦当考虑，但这种判断无疑值得参考。

（原载《中国韵文学刊》2010年第1期）

① 储仲君《刘长卿诗编年笺注》，第322页。

刘长卿诗歌用韵考

◎孟爱华

刘长卿（718？—790？），字文房，家居洛阳，中唐时期的代表诗人之一。刘长卿现存诗篇较多，《全唐诗》录其诗五卷，共500余首。由于刘诗的情况较为复杂，“有与他集互见而实即长卿作者，有互见而归属难明者，有佚于集外者”。[①]本文对于存在争议的诗歌暂不讨论，只考察可以确定属于刘长卿的477首诗作的用韵情况。本文仅从用韵的角度分析这些作品，归纳出诗人的用韵系统，总结其用韵特点。材料主要使用中华书局出版的《全唐诗》，并参照人民文学出版社《刘长卿集编年校注》（以下简称《校注》）和文渊阁所藏四库全书本《刘随州集》（以下简称四库本），相抵牾之处则据诗意及用韵情况决定取舍，诗歌序号按《刘长卿集编年校注》编排。

本文主要讨论如下几个问题：一、刘长卿近体诗的韵部系统；二、刘长卿古体诗与近体诗用韵之异同；三、刘长卿、杜甫、韦应物诗韵比较；四、刘长卿诗歌的几处校勘。本文原有韵谱和归纳韵例的详细材料，限于篇幅，略而不载。参照《广韵》用韵规定，根据用韵次数和入韵字数进行归纳，再加以说明。讨论韵部的分合时，举平以赅上去。韵例分析，仅讨论典型的韵段。

① 刘长卿《刘长卿集编年校注》，杨世明校注，北京：人民文学出版社，1999年版，第15页。

一、刘长卿诗歌的韵部系统

刘长卿近体诗共有357首，包括五律239首（排律48首），五绝26首，七律57首，七绝35首。押歌戈韵的17个韵段，其中歌韵独用1个韵段，歌戈同用16个韵段，未见歌戈韵与他韵合用的韵段。可见歌戈二韵是一个独立的韵部。押佳麻两韵的9个韵段，其中麻韵独用的4个韵段，佳麻同用的5个韵段（如《送从兄昱罢官后之淮西》：铘赊遐华嗟涯嘉霞斜家沙麻，佳麻同用）。未见麻佳韵与他韵合用的韵段。可见麻佳二韵是一个独立的韵部。押鱼虞模韵的8个韵段，其中鱼韵独用4个韵段，鱼与虞模同用2个韵段（如《送方外上人》：住处，御遇通用；《赴楚州次白田途中阻浅问张南史》：暮处，御暮通用），占鱼韵入韵总数的33.3%，因此将鱼虞模三韵归为一个韵部。押灰咍韵的11个韵段，其中咍韵独用4个韵段，灰咍同用7个韵段，未见灰咍韵与他韵合用的韵段。可见灰咍二韵是一个独立的韵部。押齐韵的9个韵段，其中齐韵独用8个韵段，齐微同用1个韵段，微韵字仅出现1次，算是出韵。可见齐韵是一个独立的韵部。押支脂之韵的29个韵段，其中支韵独用2个韵段，支脂之三韵相押27个韵段，未见与他韵合用的韵段。可见支脂之三韵是一个独立的韵部。押微韵的33个韵段，其中微韵独用32个韵段，微之同用1个韵段，之韵字仅出现1次，当属出韵。可见微韵是一个独立的韵部。押豪韵的1个韵段，其中豪韵独用1个韵段，由于豪韵独立性较强且入韵字较多，故例子虽少亦归为一部。押萧宵韵的8个韵段，其中宵韵独用1个韵段，萧宵同用6个韵段，萧韵宵韵与肴韵相押1个韵段，且仅有一个韵字，当属出韵。可见萧宵二韵是一个独立的韵部。押尤侯幽韵的18个韵段，其中尤韵独用4个韵段，尤侯幽同用14个韵段，未见尤侯幽韵与他韵合用的韵段。可见尤侯幽三韵是一个独立的韵部。

押侵韵的20个韵段，均为侵韵独用，未见侵韵与他韵合用的韵段。可见侵韵是一个独立的韵部。押寒桓韵的16个韵段，其中寒韵独用5个韵段，寒桓同用11个韵段，未见寒桓韵与他韵合用的韵段。可见寒桓二韵是一个独立的韵部。押删山韵的17个韵段，其中删韵独用1个韵段，山韵独用1个韵段，删山同用15个韵段，未见删山韵与他韵合用的韵段。可见删山二韵是一个独立的韵部。押先仙韵的19个韵段，其中先韵独用2个韵段，先仙同用17个韵段，未见先仙韵与他韵合用的韵段。可见先仙二韵是一个独立的韵部。押元魂痕韵的18个韵段，其中元韵独用2个韵段，魂韵独用1个韵段，魂痕同用1个韵段，元与魂痕同用14个韵段，未见元魂痕韵与他韵合用的韵段。可见元魂痕韵是一个独立的韵部。押真谆韵的41个韵段，其中真韵独用10个韵段，真谆同用31个韵段，未见真谆韵与他韵合用的韵段。可见真谆二韵是一个独立的韵部。押文韵的17个韵段，其中文韵独用16个韵段，文欣同用1个韵段，且仅为一个韵字，当属出韵。可见文韵是一个独立的韵部。押阳唐韵的13个韵段，其中阳韵独用5个韵段，阳唐同用8个韵段，未见阳唐韵与他韵合用的韵段。可见阳唐二韵是一个独立的韵部。押庚耕清韵的21个韵段，均为互押。未见庚耕清韵与他韵合用的韵段。可见庚耕清韵是一个独立的韵部。押青韵的1个韵段，其中青韵独用1个韵段，由于入韵字较多，故例子虽少亦归为一部。押东韵的21个韵段，押钟韵的6个韵段，互不相押。可见东钟二韵是两个独立的韵部。尚有两韵由于例子太少，难以归纳：蒸登同用1次；咸衔凡同用1次。除此之外，还有两首入声韵的诗歌未作归纳，列入古体诗。

通过以上分析可知，刘长卿近体诗阴声韵归纳为歌部（歌戈）、麻部（佳麻）、鱼部（鱼虞模）、齐部（齐）、灰部（灰咍）、支部（支脂之）、微部（微）、豪部（豪）、宵部（萧宵）、侯部（尤侯幽）等十部；阳声韵归纳为侵部（侵）、寒部

（寒桓）、删部（删山）、先部（先仙）、元部（元魂痕）、真部（真谆）、文部（文）、阳部（阳唐）、耕部（庚耕清）、青部（青）、东部（东）、钟部（钟）等十二部。

刘长卿古体诗共120首，有191个韵段。包括五古89首，90个韵段；七古11首，54个韵段；杂言18首，47个韵段。押歌戈韵的3个韵段，均为歌戈同用，未见歌戈韵与他韵合用的韵段。可见歌戈二韵是一个独立的韵部。押佳麻两韵的6韵段，其中麻韵独用的5个韵段，佳麻同用的1个韵段，未见佳麻韵与他韵合用的韵段。可见佳麻二韵是一个独立的韵部。押鱼虞模韵的17个韵段，其中鱼韵独用2个韵段，鱼与虞模同用12个韵段（如《题虎丘寺》：路处墓去遽暮顾树虑露故误，御遇暮通用），占鱼韵入韵总数的85.7%，因此将鱼虞模三韵归为一个韵部。押灰咍泰韵的11个韵段，其中咍韵独用1个韵段，灰咍同用5个韵段，灰咍与泰同用5个韵段。可见灰咍泰三韵是一个独立的韵部。押齐韵的2个韵段，其中齐韵独用1个韵段，霁祭同用1个韵段。可见齐祭韵是一个独立的韵部。押支脂之微韵的26个韵段，其中微韵独用7个韵段，微韵与支脂之三韵相押4个韵段（如《入白沙渚夤缘二十五里至石室山下怀天台陆山人》：迟随熙期枝依思涯之吹，支脂之微通用；《题冤句宋少府厅留别》：吏器意骥谊费匮愧骑味事地慰思累次易痳，置至志未通用）。可见支脂之微应合为一个韵部。押豪韵的5个韵段，其中豪韵独用5个韵段，未见豪韵与他韵合用的韵段。可见豪韵是一个独立的韵部。押萧宵韵的2个韵段，其中萧韵独用1个韵段，萧宵同用1个韵段，未见萧宵韵与他韵合用的韵段。可见萧宵二韵是一个独立的韵部。押尤侯韵的19个韵段，其中尤韵独用7个韵段，尤侯同用12个韵段，未见尤侯韵与他韵合用的韵段。可见尤侯韵是一个独立的韵部。

押侵韵的7个韵段，其中侵韵独用7个韵段，未见侵韵与他韵合用的韵段。可见侵韵是一个独立的韵部。押删山韵的5个韵段，其中山韵独用1个韵段，删山同用4个韵段，未见删山韵与他韵合用的韵段。可见删山二韵是一个独立的韵部。押先仙韵的10个韵段，其中先仙同用10个韵段，未见先仙韵与他韵合用的韵段。可见先仙二韵是一个独立的韵部。押元魂痕韵的6个韵段，其中元韵独用1个韵段，魂韵独用1个韵段，元魂痕同用1个韵段，元与山韵仙韵同用2个韵段，与仙韵同用1个韵段，集中在“晚”“远”两字上，入韵字太少。因此将元魂痕韵归为一个独立的韵部。押真谆韵的10个韵段，其中真韵独用6个韵段，真谆同用3个韵段。真与文韵同用1个韵段，但真韵处于换韵首句，当属首句借用邻韵的情况。可见真谆二韵是一个独立的韵部。押阳唐韵的6个韵段，其中阳韵独用1个韵段，阳唐同用5个韵段，未见阳唐韵与他韵合用的韵段。可见阳唐二韵是一个独立的韵部。押蒸登韵的3个韵段，其中蒸登同用3个韵段，未见蒸登韵与他韵合用的韵段。可见蒸登二韵是一个独立的韵部。押庚清韵的4个韵段，其中清韵独用2个韵段，庚清同用1个韵段。与青韵同用1个韵段，但青韵入韵字仅出现1次，当属出韵。可见庚清韵是一个独立的韵部。押东钟韵的3个韵段，其中东韵独用1个韵段，东钟同用2个韵段（如《登东海龙兴寺高顶望海简演公》：宫中雄龙容虹逢同穷钟从峰，东钟通用）。未见东钟韵与他韵合用的韵段。可见东钟二韵是一个独立的韵部。尚有几部因用例太少不便归纳韵部：文独用1次；青独用1次；寒独用2次。

通过以上分析可知，刘长卿古体诗阴声韵归纳为歌部（歌戈）、麻部（佳麻）、鱼部（鱼虞模）、灰部（灰咍泰）、齐部（齐祭）、支部（支脂之微）、豪部（豪）、宵部（萧宵）、侯部（尤侯）等九部；阳声韵归纳为侵部（侵）、删部（删山）、先部（先仙）、元部（元魂痕）、真部（真谆）、阳部（阳唐）、蒸部（蒸登）、庚部（庚清）、东部（东钟）等九部。

刘长卿古体诗入声韵韵例较少，屑薛同用1次，月薛同用3

次，月屑薛同用2次，月没末薛1次，月末薛同用1次；铎韵独用5次，药铎同用2次；职独用1次，职德同用3次；陌独用2次，陌麦同用3次，陌麦昔同用4次，陌麦锡同用1次，陌麦昔锡同用3次，陌锡同用1次，陌昔锡同用2次；质术栉同用1次；屋独用2次，屋烛同用5次；屋沃烛同用1次；屋烛德没1次；缉韵独用1次。据此大致归纳为月部（月薛）、铎部（铎药）、职部（职德）、锡部（锡陌）、质部（质术）、屋部（屋烛）、缉部（缉）等七个韵部。

二、刘长卿古体诗和近体诗用韵之异同

根据以上分析，刘长卿近体诗共二十二韵部；古体诗阴阳声韵共十八韵部，入声韵七部。除去韵例太少难于归纳的韵部，近体诗基本上与《广韵》独用、同用规定相合，古体诗用韵也受近体诗格律影响，用韵也比较严格。一方面是异摄通押的情况少，阴声韵、阳声韵中只有麻部一类且仅出现一字，另一方面平上去入四声分押极严，仅两字例外，其中一例上去通押可能属于全浊上声归入去声的情况。

虽然如此，我们仍然可以从古体诗与近体诗用韵的异同及其与《广韵》的比较中看出一些反映实际语音情况的材料，比如刘诗古、近体诗用韵中的佳麻通用与鱼虞模通用以及古体诗用韵中的支脂之微通用与东钟通用均真实地反映了当时的语音面貌。

1.异摄通押，主要是佳麻通用。刘诗出现6次，均为假摄麻韵与蟹摄佳韵“涯”相押。“涯”字与麻韵相押盛唐已见端倪，李白、孟浩然诗都有“涯”与麻韵相押例。杜甫《喜晴》诗“佳涯”与麻韵“华花蛇赊家麻瓜瑕沙斜查嗟”相押，《柴门》一首“崖柴佳涯”与齐韵“西”和麻韵“家铘车查斜蛇麻沙奢花嗟遮华夸差霞”相押。刘长卿同时的诗人用韵中，此现象已很普

遍，白居易诗中不仅有麻韵与佳韵“涯”字相押，且有同部仄声“罢、画、话”诸字与麻部字相押。贾岛、孟郊诗中均有麻韵与“涯”相押例，李贺诗中有麻韵与“娃”相押例。刘禹锡诗中有麻韵与“涯娃佳”相押例。“涯”字在唐代可能有三读，分属麻、佳、支三韵。宋代词韵中佳韵已经一分为二，大部分与同摄灰韵同用，小部分与假摄麻韵同用。

2.遇摄内部，鱼虞模通用。王力曾指出《经典释文》反切中鱼与虞模混切的例子，如“以虞切鱼者，有钼，仕俱切；猪，音诛；菹，侧俱反。以模切鱼者，有庐，力吴反”等。何超《晋书音义》以鱼切虞有一百余次，平上去声均有，显然已经混并。与刘长卿同时的中唐诗人白居易《琵琶行》有一韵段以“女（语）住（遇）部（姥）妒（暮）数（遇）污度故（暮）妇（有）去（御）”叶，鱼与虞模通用。

古体诗用韵除以上两点外，还有以下情况：

1.通摄内部，东钟通用。虽然韵例少，但入韵字较多，故归为一部。刘长卿之前的北方诗人用韵东冬钟通用不乏其例：杜甫《雨晴》“风（东）农（冬）红空（东）”叶，岑参《与高适薛据登慈恩寺浮图》“空宫工穷风东珑中濛（东）宗（冬）穷（东）”叶，《刘相公中书江山画障》“穷功中通（东）峰（钟）风（东）冬（冬）翁（东）踪浓（钟）同（东）松（钟）”叶。

2.止摄支脂之微同用，与初盛唐诗人用韵不同。宋之问《目洪府舟行直书其事》“里汜（止）水（旨）子（止）鄙旨轨（旨）趾史里止（止）紫（纸）起耻（止）履（旨）滓已始（止）毁（纸）梓（止）靡（纸）死美（旨）理纪芷矣（止）”叶，杜甫《赠崔十三评事公辅》“池枝为知危随（支）几（旨）移离雌罴（支）疑（之）螭宜斯（支）彝衰（脂）披施垂（支）”叶，无一例微韵杂入，初盛唐诗人用韵支脂之与微是分用的，甚至支与脂之也很少混用。

3.臻摄元部上声阮韵与山摄上声产狝同用；臻摄元部入声月韵与山摄入声屑薛末同用，月薛同部，初唐已有，宋之问有三首月薛通用，中唐李贺、孟郊、白居易莫不如此。盛唐杜甫诗韵中二摄入声完全合流。元韵，《广韵》归臻摄，宋代韵图中并入山摄，以上情况说明元部并入山摄的变化在中唐时入声的转化已经完成，上声正处于转化之中。

4.梗摄入声陌麦昔锡已经同用；另外尚有通摄屋韵“陆屋目幅独”字、烛韵“辱玉”字与曾摄德韵“北”字、臻摄没韵“没”字通用一例，通、曾摄入声都是〔-k〕韵尾，臻摄入声应为〔-t〕韵尾。〔-k〕、〔-t〕入声韵尾相混现象值得注意。

三、刘长卿、杜甫、韦应物诗韵比较

杜甫（712–770），字子美，盛唐大诗人。生于河南巩县。长期生活于洛阳，并以洛阳为家乡。属于与刘长卿相同地域不同时代的诗人之一。韦应物（737–792），中唐诗人。据考证从出生到47岁之前很少离开过长安，他的“乡音”应该是长安话。属于与刘长卿相同时代不同地域的诗人之一。

1.近体诗

以刘长卿近体诗韵部为基础与杜诗韵部、韦诗韵部相比，其差别是：杜诗支与脂之分用，刘诗支脂之同用，韦诗支脂之微通用；杜诗和韦诗均为麻独用，刘诗麻佳通用；杜诗和韦诗均为真谆欣通用，刘诗真谆同用，其余同。

张世禄先生归纳的杜甫近体诗韵系中虽然没有麻佳通用，但他又称“涯字在近体诗中都押入麻韵”，[①]这一点正与同为洛阳

① 张世禄《杜甫与诗韵》，《张世禄语言学论文集》，上海：学林出版社，1984年版，第459页。

诗人的刘长卿一致。杜诗与韦诗均为真谆欣通用，可能是杜甫的一千几百首诗歌绝大多数是进入长安以后创作的，受到当时最有势力的方音——唐代长安音的影响从而导致的。相比杜诗、韦诗来说，刘诗用韵与《广韵》同用、独用规定更为契合，更严守唐代功令。

2.古体诗

从阴声韵看，三人韵系基本相同。从阳声韵看，区别主要集中在臻山二摄。杜诗用韵，真谆欣文元魂痕寒桓删山先仙合为一部；韦诗用韵，真谆臻文欣为一部、元魂痕为一部、寒桓删山先仙为一部；刘诗用韵，分寒桓部（仅2例）、删山部、先仙部、元魂部、真谆部、文部（仅1例），欣部由于韵例暂缺不便归纳，元韵有向山摄靠拢的痕迹，真谆韵有与文韵合用的痕迹。总的来说，刘诗阳声韵分部最细，多达六部。山臻两摄，杜诗合为一部，韦诗分为三部。

从入声韵看，三人区别在山臻摄、梗曾通摄入声的分合上，其余缉部、药铎觉部皆同。杜诗质术栉物月没曷末黠辖屑薛合用；韦诗质术为一部、月物没末曷为一部、屑薛为一部；刘诗质术栉为一部，月没末屑薛为一部。杜诗屋沃烛职德同用为一部、陌麦昔锡为一部；韦诗屋烛为一部、陌麦昔锡职德为一部；刘诗屋沃烛为一部，职德为一部，陌麦昔锡为一部。

杜甫入声用韵最宽，收〔-t〕尾的山臻摄合并，收〔-k〕尾的曾通摄也合并，刘、韦二人山臻二摄也有合并情况，但从总体看，仍以分用为主。除此之外，韦诗入声韵跨越了梗曾二摄。杜甫自称“老去渐于诗律细”，主要指近体诗的格律。就古体诗看，他的用韵却是特别放宽的。刘长卿古体诗，因受到唐代科举考试功令影响，用韵较严。

四、刘长卿诗歌的几处校勘

1.诗8（《从军行六首》二）在四库本中作“一身事征战，匹马同辛勤”，“辛勤”一词在《全唐诗》及《校注》中均作“苦辛”。勤，《广韵》巨今切，平声欣韵；辛，《广韵》息邻切，平声真韵。本诗押真谆韵，因此从诗歌用韵的角度看，当为“苦辛”。

2.诗27（《夜宴洛阳程九主簿宅送杨三山人往天台寻智者禅师旧居》）在四库本作“羡尔五湖夜，往来闲扣船”，在《全唐诗》及《校注》中均作“舷”。船，《广韵》食川切，平声仙韵；舷，《广韵》胡田切，平声先韵。均属先仙韵部，因此仅凭押韵无法判断二者孰是孰非。

3.诗57（《送郭六侍从之武陵郡》）在《校注》中作“洛阳遥想桃源人，野水闲流春自碧”“落日相看斗酒残，送君南望但依然”，四库本分别作“桃源隔”“斗酒前”。由于这两句均处于换韵的地方，一般以入韵为常规。隔，《广韵》古核切，入声麦韵，与“碧”（入声陌韵）通押；前，《广韵》昨先切，平声先韵，与然（平声仙韵）通押。因此从押韵的角度当取“隔”“前”。

4.诗84（《明月湾寻贺九不遇》）在《校注》中作“楚水日夜绿，傍江春草深”“青青遥满目，万里伤归心”，四库本分别作“春草滋”“伤心归”。深，《广韵》式针切，平声侵韵；心，《广韵》息林切，平声侵韵；滋，《广韵》子之切，平声之韵；归，《广韵》举韦切，平声微韵。如果从《校注》说，“深心”为一韵段，押侵韵；从四库本说，“滋”“归”入韵，整首诗即之微同用，亦讲得通。

（原载《渤海大学学报》2010年第5期）

刘长卿七律的诗史定位及其诗学依据

◎葛晓音

刘长卿是与杜甫同时代的诗人，按理在唐诗史上应划入盛唐，但历代诗论对他的诗歌尤其是七律的定位，几乎一面倒地“列之中唐”。即使有少数学者对此提出质疑，也随即能找到解释的理由。当代学者则都倾向于将其视为在盛唐与中唐之间承上启下的作家，这一定位说明刘长卿虽然是盛唐人，却在风格体调等方面开启了中唐。既然结论不存在多大争议，似乎也没有再作探究的必要，但如果细察古人的有关评论，不难看出，究竟怎样认识刘长卿七律介于盛唐和中唐之间的特点，还是有一些见仁见智的不同看法。而且由于学界公认刘长卿七律的风格不同于杜甫七律的“变格”，倒是更接近盛唐七律“正宗”王维、李颀的风貌，这就引出一个需要回答的问题：刘长卿七律被划入中唐，究竟依据什么诗学标准？今人的有关研究虽然也曾从某些角度提及刘长卿“承上启下”的作用，但笔者认为尚不足以回答以上这个较真的问题。因此本文拟联系宋以后诗论中的盛唐与中晚唐之争的诗学背景，辨析其划分诗人时代的诗学依据，并从七律体式建设的角度，对如何为长卿七律在诗史上定位的问题提出一些新的认识。

一

在历代诗论中，少数学者认为刘长卿属于盛唐的主要理据是其实际生活年代。如宋张戒说："（随州诗）与杜子美并时，其得意处，子美之匹亚也。"[①]明宋濂《答章秀才论诗书》列举盛唐诗人谓："开元、天宝中，杜子美复继出……真所谓集大成者，而诸作皆废矣……他如岑参、高达夫、刘长卿、孟浩然、元次山之属，咸以兴寄相高，取法建安。"[②]也是将刘长卿置于高、岑、孟、杜等开元天宝诗人之间的。清阎若璩《题刘随州诗集》说："刘长卿之为盛唐也无可疑，而分刘为中。尝推其故，盖高棅误读《中兴间气集》，以'中兴'为'中唐'，于是所迁钱起、刘长卿等二十六人，除孟云卿外，尽从而'中'之。此致误之由。水心犹未核及。"[③]又赞叶水心疑刘长卿为开元二十一年进士，为"具眼人"。潘德舆也说："盖随州开元间进士，论诗必分时代，当系盛唐。以文房为中唐者，误也。"[④]贺裳《载酒园诗话又编》说："昔人编诗，以开元、大历初为盛唐，刘长卿开元、至德间人，列之中唐，殊不解其故。"[⑤]但他随即对盛唐和刘长卿的诗歌声调加以分辨，自己解释了其中缘故。可见，他们认为如根据刘长卿的生活年代，是应当将其视之为盛唐诗人的。

另一种将刘长卿和盛唐王、李并提的看法，则是出自神韵派的王渔洋。他认为："七律宜读王右丞、李东川。尤宜熟玩刘文房诸作。"[⑥]并批评高仲武没有眼光："中兴高步属钱郎，拈

① 张戒《岁寒堂诗话》卷上，丁福保辑《历代诗话续编》上册，中华书局 1983 年版，第 460 页。

② 宋濂著，罗月霞主编《宋濂全集》，浙江古籍出版社 1999 年版，第 208 页。

③ 阎若璩《潜丘札子》卷 5，《景印文渊阁四库全书》第 859 册，第 509-510 页。

④ 潘德舆《养一斋诗话》卷 4，郭绍虞、富寿荪编《清诗话续编》第 4 册，上海古籍出版社 1983 年版，第 2063 页。

⑤ 《清诗话续编》第 1 册，第 331 页。

⑥ 王渔洋口授，何世璂述《然灯记闻》第十八条，王夫之等撰，丁福保辑录《清诗话》上册，上海古籍出版社 1963 年版，第 120 页。

得维摩一瓣香。不解雌黄高仲武，长城何意贬文房？”[1]指出钱起、刘长卿都是能承王维风格的中兴诗人。赞成此说的不乏其人，如乔亿说：“文房固五言长城，七律亦最高，不矜才不使气，右丞、东川以下，无此韵调也。”[2]方东树说：“七律宗派，李东川色相华美，所以李辅辋川为一派，而文房又所以辅东川者也。”[3]贺贻孙《诗筏》也说：“刘长卿诗，能以苍秀接盛唐之绪”，“其命意造句，似欲揽少陵、摩诘二家之长而兼有之，而各有不相及不相似处。”[4]这些学者多从神韵风调着眼，将刘长卿的七律看作王维、李颀一路。而王、李的七律在明代诗论中，是一向被视为盛唐之正宗的。笔者曾在《杜甫七律“变格”的原理和意义》一文中梳理过当时的七律审美取向之争，指出以李攀龙、高棅、王世贞、胡应麟、胡震亨为代表的明代诗家虽然在推尊王、李还是杜甫的问题上有所争议，但是实际上都认为王、李代表的盛唐七律是风雅和平的正调，杜甫的七律相对王、李而言是变格[5]。那么刘长卿七律究竟是否属于盛唐正格呢？

与王渔洋等有所不同的是，明清诗论中更多的学者虽然承认刘长卿七律能接盛唐余绪，却还是认为“刘即自成中唐，与盛唐分道矣”[6]。高棅的《唐诗品汇》在“总叙”里首先把刘长卿列入“中唐之再盛”的大历贞元诗人群中，各类诗体都排在“接武”的名家前列。此后多数诗家均承此说，刘长卿七律遂被列为中唐之首。如胡应麟说：“七言律以才藻论，则初唐必首云卿，盛唐当推摩诘，中唐莫过文房，晚唐无出中山。不但七言律也，诸体

① 王士祯《戏仿元遗山〈论诗绝句〉》三十二首之八，张健注《王士祯论诗绝句三十二首笺证》，文史哲出版社1994年版，第91页。
② 乔亿选编，雷恩海笺注《大历诗略笺释辑评》，天津古籍出版社2008年版，第63页。
③ 方东树著，汪绍楹校点《昭昧詹言》，人民文学出版社1961年版，第419页。
④ 《清诗话续编》第1册，第185页。
⑤ 参见拙文《论杜甫七律“变格”的原理和意义》，《北京大学学报》2011年第6期。
⑥ 胡应麟《诗薮》内编卷五，上海古籍出版社1979年版，第84页。

皆然，由其才特高耳。”[①]同为盛唐派，评价之间却有这样的差异，主要是因为标准并不一致。众所周知，李攀龙等推崇盛唐重在气象格调，王渔洋等推崇盛唐则基于神韵。如果从气象格调来看，刘长卿就比王、李要差一等。各家论长卿，还从不同角度进一步说明了列之中唐的原因，综合观之，大体有以下几方面：

其一，气象不如盛唐高浑雄整，所以比盛唐降一格。以高浑为盛唐七律正格，是很多盛唐派的共识，如明方以智说：“近体因陈隋之比俪，而初盛以高浑出之，气格正矣。”[②]贺裳也说：“盛唐人无不高凝整浑。”[③]刘诗虽然工秀而渐失浑厚元气。如沈德潜所说：“大历后渐近收敛，选言取胜，元气未完，辞意新而风格自降矣。”“七律至随州，工绝亦秀绝矣，然前此浑厚兀奡之气不存。”[④]乔亿也说：“随州‘五言长城’，七律亦最佳。然气象骨力，降开、宝诸公一等。”[⑤]

其二，工于炼意炼句，思致新巧。明清盛唐派诗论家多认为这是中唐诗的基本特点，如沈德潜说：“中唐诗渐秀渐平，近体句意日新。”[⑥]刘长卿则以隽巧见长，如陆时雍说：“刘长卿体物情深，工于铸意，其胜处有迥出盛唐者”，但“巧还伤雅，中唐身手于此见矣。”[⑦]贺贻孙《诗筏》谓刘诗：“亦未免以新隽开中晚之风。”[⑧]吴乔说：“盛唐不巧，大历以后，力量不及前人，欲避陈浊麻木之病，渐入于巧。刘长卿云‘身随敝履经残雪’，皇

---

① 《诗薮》外编卷四，第187页。
② 方以智《通雅·诗说》，《景印文渊阁四库全书》第857册，第46页。
③ 贺裳《载酒园诗话又编》，《清诗话续编》第1册，第331页。
④ 分别见沈德潜《说诗晬语》卷上，《清诗话》下册，第540页；沈德潜选编，刘福元等点校《唐诗别裁集》，河北人民出版社1997年版，第215页。
⑤ 乔亿《剑溪说诗》，《景印文渊阁四库全书》第1701册，第224页。
⑥ 《唐诗别裁集》，第40页。
⑦ 陆时雍《诗镜总论》，《历代诗话续编》下册，第1418页。
⑧ 《清诗话续编》第1册，第185页。

甫冉‘菊为重阳冒雨开’，巧矣。”[1]不过刘熙载认为刘长卿虽长于练句，却不损娴雅大方：“刘文房诗以研练字句见长，而清赡闲雅，蹈乎大方。其篇章亦尽有法度，所以能断截晚唐家数。”[2]这样的看法在清后期诗论中也有代表性。

其三，虚字增多，开中晚唐诗乃至宋诗端倪。谢榛认为律诗“实字多则意简而句健，虚字多则意繁而句弱”[3]，所以“中唐诗虚字愈多，则异乎少陵气象。刘文房七言律，《品汇》所取二十一首，中有虚字者半之”，“凡多用虚字便是讲，讲则宋调之根，岂独始于元白”[4]。

刘长卿诗被归为“中唐第一”[5]，其气象骨力不及盛唐，从根本上说是时代和他本人的遭遇所决定的，这一点不少学者都已提及。如明汤鳌所说：“随州之诗，其衰世之哀鸣者也。”“岂亦长卿嗟世不如意，不觉其过于伤，犹屈平之《离骚》者欤？”[6]李东阳也说：“《刘长卿集》凄婉清切，尽羁人怨士之思，盖其情性固然，非但以迁谪故。”[7]这种悲哀凄怨的调子确实已经异乎雄浑壮丽、和平温厚的盛唐气象。

不过从大多数论者的观点来看，时代和个人遭际的原因并非人们关注的重点。许多盛唐派将刘长卿划入中唐的主要原因还是在其艺术表现的特点，尤其是以上三点中的其二。由于新隽工巧而导致其诗不同于浑朴宏丽、不求工巧的盛唐诗，这是盛唐、中唐诗气格体调的主要差别。联系明清诗论中的唐宋诗之争的背景

① 吴乔《围炉诗话》卷三，《清诗话续编》第1册，第556页。
② 刘熙载《艺概》卷二，上海古籍出版社1978年版，第61页。
③ 谢榛《四溟诗话》卷一，《历代诗话续编》下册，第1147页。
④ 《四溟诗话》卷四，《历代诗话续编》下册，第1224-1225页。
⑤ 《刘随州文集》韩明跋语：“昔人评品随州诗为中唐第一。”（国家图书馆藏弘治十一年本。）
⑥ 商务印书馆编《四部丛刊》集部《刘随州集十卷外集一卷》汤鳌序，上海涵芬楼用明正德刊本影印，第1、3页。
⑦ 李东阳《麓堂诗话》，《历代诗话续编》下册，第1379页。

来看，盛唐派对中晚唐诗虽也有一些公正的评价，但审美取向大体是偏重于盛唐正格的。因此将刘长卿列入中唐，尽管标为第一，仍不免带有些许贬意。可见随州七律在唐诗史上的定位，在相当大程度上依据的是明清诗论划分初盛和中晚的审美标准。

中国诗学批评史上的唐宋诗之争贯穿于从南宋到近代的诗学发展过程之中，伴随着诗学批评中各种理论派别、理论概念的生成和演变。其中包含着许多诗学问题的争论，例如唐诗研究中的盛唐和中晚唐之争，各种诗体的正宗与变格之争，实际上反映了中国诗学批评中的多种审美标准之争。这一争论对于深入理解中国古典诗歌的风貌、格调、神韵等等是有促进作用的，但也因其带有褒贬的倾向乃至于门户的偏见而掩盖了某些更深层面的问题。刘长卿七律的诗史定位正是如此。虽然由于盛唐派各家评价标准和角度不同的缘故，随州或被列为中唐第一，或置于盛唐和中唐之间，或仍属盛唐王、李一路，但评论者的注意力都是集中于以区分盛唐和中唐的审美标准去衡量其每首作品，而忽略了更关键的问题：在盛唐七律成熟不久、作品不多的这个特定阶段，刘长卿和杜甫各自以其可观的数量成为天宝、大历间七律成就最为突出的诗人。他们对于七律的建设和发展究竟起了什么作用？笔者曾在《杜甫七律“变格”的原理和意义》一文中指出：被视为“正宗”的盛唐七律优雅平和、高华壮丽，具有成熟初期的不可复制的特殊魅力，但由于题材品种和创作数量较少，也带来了艺术表现的单一性。由此探讨了杜甫七律被明清诗家公认为“变格”的深层原因，在于杜甫探索七律体式原理和发掘其表现潜力的自觉意识。其意义不仅在于题材、作法之多“变”，更在于其建设七律体式的重大贡献，为后人指出了继续探索七律独特表现规律的方向。那么被视为能接王维、李颀余绪的刘长卿，对七律表现潜力的进一步发掘又有什么贡献呢？这是本文希望能够跳出初盛、中晚之争的思维框架给刘长卿的七律重新定位的主要思路。以下试图从随州七律意境的营造、抒情的结构、情景组合的变化等三方面来回答这一问题。

二

明清一些论者视刘长卿七律为王、李之余绪，主要是取其意境清空、句调流畅这方面的相似之处，而不在气象的雄浑壮丽。王维七律计二十余首，有将近一半是应制颂圣及应酬之作，以“九天阊阖”“万国衣冠”为代表，是典型的盛唐气象，李颀也有少数庄严宏丽的作品。但这类诗在刘长卿的七律中极少见，仅一首《献淮宁军节度使李相公》被称为“堪入盛唐者独此”[①]。除了这一类以外，王、李的七律多为送别、访客、隐逸类题材，声调流畅，意境清新，格调优雅。刘长卿主要继承了这后一类七律的艺术特色。所以从格调来说，与杜甫七律的雄深浩荡、超忽纵横相比，随州七律基本上是属于“正宗”而非“变格”的。

刘长卿七律最明显的特点是善于写境，保持了盛唐诗以直寻兴会为主的创作传统。再加上其诗歌意象相对单调，多为青山、白云、芳草、夕阳之类，似乎在造境方面没有突出的创造性，只是王、孟等盛唐山水诗境的延续。但这里需要指出的是：王、孟、李颀等盛唐诗人的山水送别诗中的空灵清秀的意境营造，主要见于五言律诗，而并非七律的主要特点。王、李七律处理情景关系的主要特点是人景融合、景中寓情，且以送别为多，虽有写景鲜明清丽的佳句，但像王维五言律和五言绝句中那样空静清幽的意境，则较罕见。而诗风以秀雅清新为主的刘长卿

---

① 《唐诗归折衷》：“唐云：文房七律，秀雅清新，骨力欠劲。堪入盛唐者独此。”陈伯海主编《唐诗汇评》，浙江教育出版社1995年版，第487页。

不但善于在五律五绝的山水描写中营造清幽的意境，更将其移植到七律之中，从而进一步发掘了七律的艺术表现潜力。

在游览山水或送别的题材中，随州七律的意境内涵主要是欣赏自然或借景寄托离情，大体上与盛唐诗相同。山水游览诗如《上巳日越中与鲍侍御泛舟耶溪》："兰桡万转望汀沙，应接云峰到若耶。旧浦满来移渡口，垂杨深处有人家。永和春色千年在，曲水乡心万里赊。君见渔船时借问，前洲几路入烟花？"[①]此诗兴象与盛唐五言诗中描写若耶溪优美景色的篇章类似。但利用七律四联的结构分四层叙述泛舟耶溪的全过程：首起舟随汀转、水接云峰的游程；次截取水漫渡口、绿杨人家的画面；三用东晋永和九年兰亭雅集的典故，将耶溪千年不变的春色和眼前感触联系起来，又在抒发万里乡情的同时关联到当年曲水流觞的雅兴；最后借问路延伸出前洲更有无限烟花的想象，于是在动态的游览中再现了耶溪清幽的美景，又暗含了从王羲之兰亭诗到盛唐山水诗中内蕴的玄趣。又如《送惠法师游天台因怀知太师故居》："翠屏瀑水知何在？鸟道猿啼过几重？落日独摇金策去，深山谁向石桥逢？定攀岩上丛生桂，欲买云中若箇峰。忆想东林禅诵处，寂寥唯听旧时钟！"[②]题目虽为送别，内容却是想象对方游览天台的情景。全诗以一连串的问句想象惠法师游天台的去向和踪迹，串连其沿途的青山、瀑布、石桥、岩桂，以东林寂寞的晚钟作为反衬，构成深山幽寂的意境。七律在初唐宫廷兴起时，也有不少山水游览诗，如武则天时期带领大臣们游览嵩山所写的一批《石淙》诗，还有中宗时期一些游览大臣别业的应制诗，但都是选择典型景物对仗罗列，且多颂圣之词，结构也都雷同，还谈不上意境。这两首诗四联的关系处理都采用了最能保持

① 刘长卿著，杨世明校注《刘长卿集编年校注》，人民文学出版社1999年版，第309页。
② 《刘长卿集编年校注》，第535页。

七律流畅声调的顺叙和罗列的线性结构，类似王维的《送杨少府贬郴州》和李颀的《送魏万之京》，均以行进的指向串连旅途景物和客游心情。但王、李均重在离情，而刘长卿利用这一特点通过动态的旅程来写景造境，便扩大了七律在山水游览题材中的表现力。

除山水游览以外，刘长卿更进一步在登望、送别等题材中，探索了七律在空间构图和营造空境方面的潜力。许学夷曾以“体尽流畅”“语半清空”来概括其五七言律诗[①]，感觉是准确的。流畅指声调的特点，“清空”则指意境的营造更为合适。但五律和七律相比，虽然每句只差两个字，两种诗歌体式的发展途径和创作传统却并不相同。五言律每句只有五个字，便于以实字勾勒画面，减省意象。而且从齐梁到盛唐，在虚实、动静、远近、繁简等方面的处理已经积累了丰富的技巧，善于用四联的对仗关系组成静态的空间，在构图中尽量简化和淡化意象，以少见多，由虚见实，以求最大限度地增加想象的余地，很适宜表现各类清空的意境。七言律则是由乐府歌行和应制诗发展而来，成熟初期只求律赋式的全面平铺，不以取境为意；文字多妆点夸饰，风格富丽典雅，在体调上尚不易和古诗乐府区别开来。加上每句七个字，一般由两个语法独立的词组构成，如都用实字，意象便较五律为密；如要简化意象，则要多加虚字赘词，在空间构图方面还缺少五律那样丰富的经验。

刘长卿充分利用七律自应制诗以来往往以中间两联铺写景物的传统，化用了五律构图写境的原理，善于通过以小衬大、推远视野、简化和淡化意象等处理手法，拓展出空阔寥落的意境。如《登松江驿楼北望故园》：“泪尽江楼北望归，田园已陷百重

① 许学夷《诗源辨体》：“五七言律，刘体尽流畅，语半清空，而句意多相类。”周维德集校《全明诗话》，齐鲁书社 2005 年版，第 3312 页。

围。平芜万里无人去，落日千山空鸟飞。孤舟漾漾寒潮小，极浦苍苍远树微。白鸥渔父徒相待，未扫欃枪懒息机。”[①]首联和尾联点出动乱的时局，而中间两联则将微小的孤舟和飞鸟推到天边，反衬万里平芜和苍茫极浦，以落日千山、隐隐远树勾勒远景的轮廓，便在空阔无人的天地中暗示了诗人极目远望而无法北归的无限伤痛。《自夏口至鹦鹉洲夕望岳阳寄源中丞》：“汀洲无浪复无烟，楚客相思益渺然。汉口夕阳斜渡鸟，洞庭秋水远连天。孤城背岭寒吹角，独戍临江夜泊船。贾谊上书忧汉室，长沙谪去古今怜！”[②]背岭的孤城和独泊的小舟与水天相连的洞庭秋色相互对照，夕阳衬托出飞鸟斜渡的剪影，又在最远处为这幅空茫的图景画出了边际，使被贬至此的楚客更形渺小可怜。《青溪口送人归岳州》：“洞庭何处雁南飞？江菼苍苍客去稀。帆带夕阳千里没，天连秋水一人归。黄花裛露开沙岸，白鸟衔鱼上钓矶。歧路相逢无可赠，老年空有泪沾衣！”[③]远帆带着夕阳隐没在天边，沙岸的黄花、钓矶的白鹭等近处的细景又反衬出天连秋水的苍茫。由于强调了近景和远景的对比，凝望中的空间也被远远拓展到视野之外。七言倘用实字，一般每句要两个以上的意象，这三首诗由于将景物构图集中于中间两联，一句一景，意象得以减省。凡一句有两个意象者，都能自身组合成小大对比，如落日千山与飞鸟、夕阳与飞鸟或帆影、连天秋水与一人等，或是取远处视平线的淡淡景物勾勒轮廓，如极浦与远树、去客与平芜等，因而能像五律一样在简淡空远的构图中容纳无边的离情。此外如《和樊使君登润州城楼》：“春草连天随北望，夕阳浮水共东流。江田漠漠全吴地，野树苍苍故蒋州。”[④]《送孙逸人归

① 《刘长卿集编年校注》，第 88 页。
② 《刘长卿集编年校注》，第 365 页。
③ 《刘长卿集编年校注》，第 395 页。
④ 《刘长卿集编年校注》，第 311 页。

庐山》："彭蠡湖边香橘柚，浔阳郭外暗枫杉。青山不断三湘道，飞鸟空随万里帆。"[①]都是着意用中间两联取景构图，兴象和视野大体近似。

如果说以上几首诗例中清空寥落的意境主要是活用了盛唐五律山水送别诗构图处理空间的原理，那么《吴中赠别严士元》则是对盛唐诗处理动静关系的创新："春风倚棹阖闾城，水国春寒阴复晴。细雨湿衣看不见，闲花落地听无声。日斜江上孤帆影，草绿湖南万里情。东道若逢相识问，青袍今已误儒生。"[②]此诗第三联的意象与上述几首基本相似，但"草绿湖南"一句中高朗的青春气象在长卿七律中比较少见。"细雨"一联因体物之新、感受之细，向来被推为"高妙"的名句。其实细雨、闲花的兴象在王维诗中也是常见的，这里巧妙地利用了七言句后三个字的独立性及其对前四字词组的补充关系，用"看不见"强调细雨的微濛滋润，以"听无声"强调落花的轻柔闲静，传神地表现了春风春雨无声无息的动态，而且将悄然沁透在离人心头的别愁和默然相对的静境也一并烘托出来了。可见刘长卿七律在化用盛唐五律造境原理的过程中，会因适应七律体式的需要而自然地促成艺术表现的变化。

刘长卿诗歌中的兴象虽然大体延续盛唐，但其诗歌中所营造的空境的内涵已悄然变化。盛唐山水诗的审美观照方式和精神旨趣继承东晋而来，典型的空境一般是因澄怀观道而形成的空明虚静之境，又与佛家的空性相印证，其内涵是面向自然的玄趣或禅境。而刘长卿由于身处乱世和自身遭际的原因，其清空意境颇多因怀古伤今而形成的萧瑟空漠之境，其内涵是面对人事和历史的空幻虚无感。如《登余干古县城》："孤城上与白云齐，万古

① 《刘长卿集编年校注》，第369页。
② 《刘长卿集编年校注》，第165页。

荒凉楚水西。官舍已空秋草绿，女墙犹在夜乌啼。平江渺渺来人远，落日亭亭向客低。沙鸟不知陵谷变，朝飞暮去弋阳溪！”[①]兀立在楚水西岸的孤城只剩下空芜的官舍、女墙上哀鸣的夜乌和溪水上飞迴的沙鸟，使独对平江落日的远客在这空渺的意境中更易感受到万古的荒凉。《长沙过贾谊宅》：“三年谪宦此栖迟，万古惟留楚客悲。秋草独寻人去后，寒林空见日斜时。汉文有道恩犹薄，湘水无情吊岂知？寂寂江山摇落处，怜君何事到天涯！”[②]诗人独自寻访贾谊故宅，惟见斜阳下的秋草寒林。当其被贬到这草木摇落的湘江边上，才更体会到与贾谊万古相通的逐客之悲。“秋草”一联渲染故宅一片冷落荒凉的景色，“人去后”“日斜时”又化入贾谊《鹏鸟赋》中“庚子日斜兮，鹏集余舍”“野鸟入室，主人将去”的语义，巧妙自然地写出了诗人与先贤同病相怜的黯然心境。刘长卿特别善于在怀古和怀人诗里表现这种人去室空的怅惘。如《过裴舍人故居》：“惨惨天寒独掩扃，纷纷黄叶满空庭。孤坟何处依山木？百口无家学水萍！篱花犹及重阳发，邻笛那堪落日听！书幌无人长不卷，秋来芳草自为萤。”[③]裴敦复被李林甫害死，孤坟不知所在，家人流离他乡，惟见故居黄叶满庭、书幌不卷、篱花自开、秋草生萤，山阳闻笛的典故化为落日中的笛声，更增添了物是人非的感伤。有时这种人事变迁的落寞之感充溢在诗人谪宦的行程中，如《使次安陆寄友人》：“新年草色远萋萋，久客将归失路蹊。暮雨不知涢口处，春风共到穆陵西。孤城尽日空花落，三户无人自鸟啼。君在江南相忆否？门前五柳几枝低？”[④]诗人的旅程虽然有新年萋萋的草色和春风一路相伴，然而在满怀失路之悲的楚客眼里，暮雨

① 《刘长卿集编年校注》，第 200 页。

② 《刘长卿集编年校注》，第 214 页。

③ 《刘长卿集编年校注》，第 49 页。

④ 《刘长卿集编年校注》，第 248 页。

中的孤城只是一个空有花落鸟啼的无人之境。有时诗人将自己辞别的悲凉融化在友人居处的空寂意境中，如《赴南中题褚少府湖上亭子》："种田东郭傍春陂，万事无情把钓丝。绿竹放侵行径里，青山常对卷帘时。纷纷花落门空闭，寂寂莺啼日更迟。从此别君千万里，白云流水忆佳期。"①这个湖上亭子绿竹遮径，青山对户，门闭花落，日迟莺啼，这固然是赞美主人褚少府吏隐所在的清寂远俗，但结尾设想别后彼此空对白云流水相忆的情景，又似以人去室空的景象烘托出友人独留湖亭的闲静落寞。《送皇甫曾赴上都》则是在行者的回首和送者的凝望中将两地的荒路、暮江连成了一片："东游久与故人违，西去荒凉旧路微。秋草不生三径处，行人独向五陵归。离心日远如流水，回首川长共落晖。楚客岂劳伤此别？沧江欲暮自沾衣！"②行人在西去的旧路上日行日远，归向三径就荒的五陵故园，回首虽然不见沧江边独自洒泪的楚客，但彼此的离情都像落晖中的长川流水，愈远愈长。于是，沧江日暮、三径秋草、五陵旧路这些不在同一视野中的景物，在两地同对夕阳和长川的互相思念中构成了清空悲凉的意境。其余如《送灵澈上人还越中》《将赴岭外留题萧寺远公院》等也大都类此。

以上这类诗中的清空萧瑟的意境，都不是依靠拓宽空间的构图处理，而是组合最能表现物是人非之感的若干景物，或是离人心目中共同的伤感印象，烘托出深刻的人事虚幻之感。这种空境实际上是诗人内心的失落空漠在山水景物中的外化和放大，在盛唐五律山水诗中并不多见。其表现则不限于七律中间两联构景的传统，而是可以利用四联的变化更自由地处理情景的关系。所以归纳刘长卿营造意境的上述几种特点，不难见出他对七律的主要

① 《刘长卿集编年校注》，第186页。
② 《刘长卿集编年校注》，第276页。

贡献之一，就是创造性地运用五律山水送别诗营造清空意境的原理，以空茫廓落的境界抒发失意惆怅的情怀，并不露痕迹地将怀古伤今的人事感触融入静照自然的空寂境界，使七律具备了构造内涵更为丰富的意境的能力。

三

刘长卿的七律善用景物营造清空意境，固然是他最明显的特色，但还有一部分七律却是纯粹抒情而不依托景物，故其和杜甫一样开拓了七律抒情的表现功能。初唐七律与乐府歌行同源，在应制诗中成熟，抒情或为应付颂圣的需要，或为游子思妇的代言，少有个人真情的抒发。盛唐诗人提高了七律的抒情能力，使七律进入送别、访客、述怀、杂感、隐逸、登临等私人感情的表现范围，但是不借景物的纯抒情表现还很少。因此刘长卿在这方面的探索值得重视。

刘长卿的七律虽然大多是送别应酬之作，但其中包含的“羁人怨士之思”融合了身世之感和伤时之悲，不同于盛唐七律中常见的离情别绪、乡思旅愁。如《狱中闻收东京有赦》《非所上御史惟则》《送侯中丞流康州》等诗诉说下狱和被贬的冤屈；《自江西归至旧任官舍赠袁赞府》《送李录事兄归襄邓》《谪官后卧病官舍简贺兰侍郎》《岁日见新历因寄都官裴郎中》《送耿拾遗归上都》《避地江东留别淮南使院诸公》等诗直抒乱离中的谪居之悲，都是他开辟的情感主题。这类抒情不但真实地记录了刘长卿特殊的遭际和心境，而且在衰世的哀鸣中寄托了深刻的人生感触，在不遇的怨叹中蕴含着虚度光阴的焦灼无奈。如《北归入至德界偶逢洛阳邻家李光宰》：“生涯心事已蹉跎，旧路依然此重过。近北始知黄叶落，向南空见白云多。炎州日日人将老，寒渚年年水自波。华发相逢俱若是，故园秋草复如何？”[①]在到处播迁的人生长途中，重过以前的旧路，偶遇昔日的旧邻，不能不惊觉生涯蹉跎，人已老去。展望前程，如北路黄叶之飘落；回顾往日，如南去白云之虚浮；光阴在贬谪炎州中日日消磨，流年如寒渚之水空见逝波。这类光阴催人、人生易老的感触虽然是汉代以来诗歌中的老调，却历来是五古咏怀诗的主题，初盛唐七律很少触及。在同时代的诗人中，只有杜甫的七律有相类似的人生感怀，但因境遇与刘长卿不同，也少见逐客骚人之怨。因此前人评刘长卿七律“意深”[②]，首先应理解为其含意的深刻复杂超过了初盛唐七律传统的抒情内涵。

抒情内涵的拓展和加深，必然要求七律进一步寻求自由地直抒情怀的表现方式。而直抒胸臆本来属于古诗之长，近体之短。自从近体诗在南朝初步形成之后，五言诗在律化的过程中逐渐形成了与古诗不同的创作传统。一般而言，古体结构容量较大、层次变化较多，便于自由直白地叙述、抒情和铺陈，而近调则结构简单，便于大幅度的浓缩概括而缺乏叙述功能；立意聚于一点、避免尽情直陈的创作方式，又发展了思致含蓄、求新求巧的表现倾向[③]。七言律诗在初唐形成的过程中，虽然因为与乐府歌行的同源性而不易在句调上区别于古诗，但其结构篇幅的限制与五律相同，也难以像古诗那样尽情直陈，而是要求立意集中，思致含蓄。因此早期七律的结构和表现方式都较单一，不能自由地抒发较为复杂深刻的思想感情。为此，杜甫探索了七律抒情结构的多种变化，刘长卿也同样如此，只不过他的变化是含而

① 《刘长卿集编年校注》，第 233 页。

② 方回《瀛奎律髓》卷二十八评《（经）漂母墓》：“长卿意深不露。”（《景印文渊阁四库全书》第 1366 册，第 382 页。）方东树：“文房言近而意皆深，耐人吟咏。”（《昭昧詹言》，第 422 页。）

③ 参见拙文《南朝五言诗体调的古、近之变》，《中国社会科学》2010 年第 3 期。

不露的，没有形成杜甫那样明显的“变格”。前人评其“工于炼意”“研练字句”，已经注意到其七律不同于盛唐七律的特点。所谓炼意炼句主要表现为以构思带动抒情结构的变化，这是他和杜甫不约而同的一致追求。

刘长卿直抒情怀的七律看似句意平直顺畅，没有杜甫的拗折腾挪，但大都有一个构思的切入点，使全篇便于围绕立意调动各联各句的配合关系，形成不同的抒情结构，这个切入点便是“炼意”的结果。因此这类诗往往打破七律首揭事由、中间铺展、结尾抒情的传统结构程式，四联的安排顺着抒情逻辑自由展开。如《自江西归至旧任官舍赠袁赞府》：“却见同官喜复悲，此生何幸有归期！空庭客至逢摇落，旧邑人稀经乱离。湘路来过回雁处，江城卧听捣衣时。南方风土劳君问，贾谊长沙岂不知？”[①] 此诗作于上元二年秋，刘长卿由贬所播州南巴县北返，有敕令重推旧案，于是得以回到长洲县官舍。此时正遇扬州刘展之乱刚刚平复。如此复杂的背景和心境，在诗里凝聚为庆幸尚能归来的悲喜交集之情，这也正是此诗的切入点。因此一开头就急不可待地先向同官倾诉见面的激动，然后才由近到远倒叙其归路：颔联交代摇落时节回到旧任官舍，此地刚经过一场动乱的荒凉情景，空庭冷落和旧邑人稀的描述中隐含着回归的喜悦和乱离的悲哀。颈联由旧邑再倒推至贬所的路途：“回雁”“捣衣”既点秋季，又抒发了自己被远贬至回雁岭的凄凉，以及卧听捣衣所引起的羁愁客思。尾联与首联呼应，在答问中再次抒发了自己与贾谊被贬长沙相同的心情。这种先倾诉后倒推归程的结构，清晰地表现了与同官重逢的激情稍微平息之后才能慢慢自道经历的感情逻辑，又借一路归程概括了自己在乱世中谪宦三年的生涯，在七律结构中颇为新颖。《谪官后卧病官舍简贺兰侍郎》：“青春衣绣共称

① 《刘长卿集编年校注》，第239页。

宜，白首垂丝恨不遣。江上几回今夜月？镜中无复少年时！生还北阙谁相引？老向南邦众所悲。岁岁任他芳草绿，长沙未有定归期。”①此诗作于被贬睦州司马任上，也是直抒谪宦之悲，但着眼点在老年被贬、青春不再的绝望。首联以青春衣绣和白首垂丝的对比，画出自己垂老的形象。颔联更进一层，以语气强烈的反问句和感叹句再次强调来日无多，已非少年。颈联再用问句点出北归无望的处境，尾联直抒不见归期的悲哀，芳草岁岁变绿与首句“青春”呼应，将全篇的嗟叹归结到唯恐在长沙贬所消磨余生的焦虑。全诗形成前四句叹老和后四句伤贬的对称结构，每一联的意思对比都进一步强化上一联的抒情，最终才见出立意，于是产生了古诗般层层深入的抒情效果。《避地江东留别淮南使院诸公》：“长安路绝鸟飞通，万里孤云西复东。旧业已应成茂草，余生只是任飘蓬。何辞向物开秦镜，却使他人得楚弓。此去行持一竿竹，等闲将狎钓鱼翁。”②德宗建中四年至五年，连续发生李希烈、朱泚、李怀光叛乱，朝廷瘫痪。原任随州刺史的刘长卿先居蔡州，后至扬州。贞元元年，贼将李惠登以随州降，朝廷便封惠登为随州刺史。失去原职的诗人心情之愤懑可以想见，所以此诗的切入点集中在失路漂泊的感叹，各联均围绕此意展开。首联以“长安路绝，万里孤云”兴起失路之悲，颔联直陈旧业荒芜，余生唯任飘蓬，点出漂泊之感。颈联以比喻和典故暗示失路漂泊的原因：正因朝廷不能高悬明镜，才使自己失落随州刺史之职。“却使他人得楚弓”句用刘向《说苑·至公》篇中楚共王遗弓而不求、任楚人得弓的典故，既暗讽了朝廷的不明，又表达了自己难以明言的怨怼，用意相当微妙。最后联系“避地江东”的题目道出意欲隐居的无奈。全诗结构的特点是：

① 《刘长卿集编年校注》，第436页。
② 《刘长卿集编年校注》，第487页。

一三五单数句均写长安无路，二四六偶数句均写自己失路，形成三层兴、赋、比的不同对照，层层紧扣立意。可见同是写谪宦之悲，由于立意的切入点不同，各首诗的结构也自然各不相同。

由于结构随立意变化，增加了句联安排的自由度，刘长卿的不少七律还能达到古诗那样曲折尽情的艺术效果。如《送耿拾遗归上都》："若为天畔独归秦？对水看山欲暮春。穷海别离无限路，隔河征战几归人！长安万里传双泪，建德千峰寄一身。想到邮亭愁驻马，不堪西望见风尘。"[①]此诗切入点在友人乱离之中独自归秦的不易。诗人将送别诗首联一般先点事由的格式转化为突兀的问句，先问对方为什么独自归秦，惊诧、欣羡、担忧等等复杂的心绪都从中涌出。然后再感叹穷海相别，路途遥远，尤其在北方征战未息之时，能有几人归去，这就更强调了"天畔独归秦"的艰难。颈联因含义丰富而成为人所激赏的名对：诗人欲"借"回归长安的友人传递万里之外的"双泪"，不仅是惜别之泪，更是报国无门的忧时之泪；而寄一身于建德千峰之中的对照，也不仅是夸张离别之后的孤独，更有无法离开山中的忧伤。至此意思似乎已经完足，尾联又跳过一步，添出一层忧虑：设想对方在途中邮亭驻马时定将愁绪满怀，此愁固然是"穷海别离无限路"之愁，更是隔河西望战争烟尘的家国之愁。全诗在万里相别的悲哀和穷海失路的凄凉中，交织着国破家亡的沉痛，对友人独自归秦的羡慕和途中风险的隐忧，多重含意由首句之问领起，表达得曲折尽情，而又天然清健。《送李录事兄归襄邓》："十年多难与君同，几处移家逐转蓬！白首相逢征战后，青春已过乱离中。行人杳杳看西月，归马萧萧向北风。汉水楚云千万里，天涯此别恨无穷！"[②]同是抒发乱离中的送人之悲，此诗着

① 《刘长卿集编年校注》，第457页。

② 《刘长卿集编年校注》，第258页。

眼于行者和送者命运的分合和心境。前四句将两人相同命运合写，后四句以两人不同去向分写，形成递进的两大层次，而前后半首中的两联又自成递进：十年多灾多难，共同遭逢乱世，都似转蓬流离失所。等到战后相逢，却以白首相对，青春已在乱离中消逝。颔联中的人生况味只有亲身经历长期动乱的人才能体会，因此被方东树誉为“圆警精美，气味沉厚”[①]。然而短暂的重逢之后是更远的离别，所以“此别”之“恨无穷”，不仅因为云水阻隔、天涯相望，更承担了十年乱离的感情重压。其抒情的深度就非一般的离别可以相比。《戏题赠二小男》写老来得子的心情，虽是日常生活的题材，还是归结到流寓的身世之悲：“异乡流落频生子，几许悲欢并在身。欲并老容羞白发，每看儿戏忆青春。未知门户谁堪主？且免琴书别与人。何幸暮年方有后，举家相对却沾巾。”[②]首联为全诗立意所在。以下三联都围绕悲欢交并的意思，抒发自己的矛盾心情：流寓之中得子固然可悲，却又因儿戏的天真而带来青春的回忆和欣喜；不知二子将来谁主门户的猜测，既有对后辈琴书传家的期望，也暗含着自己见不到幼子成人的悲哀；所以暮年有后虽值得庆幸，但举家流落异乡，又令人流涕。全诗句意淋漓，不断转折，使悲喜之情反复交错，可谓尽“曲折顿挫之致”[③]。

由以上诗例可以看出，刘长卿用七律直陈其乱世谪宦之悲，虽然多首情感主题类似，但因为切入点和结构多变而各有新意，且都能曲折尽情，这就拓展了七律抒情的容量和自由度。除此以外，其他主题的诗篇也往往能根据抒情的逻辑讲究结构的安排，尤其值得注意的是，有些诗加大了七律中间两联对比的力

① 《昭昧詹言》，第422页。

② 《刘长卿集编年校注》，第437页。

③ 纪批：“三句不明晰，五六极曲折顿挫之致。”纪晓岚批点，方回原选《〈瀛奎律髓〉刊误》，佩文书社1960年版，第1352页。

度和跨度，不但强化了抒情的效果，其顿挫感亦与杜甫七律相近。如《送开府侄随故使君旅榇却赴上都》：“征西诸将莫如君，报德谁能不顾勋？身逐塞鸿来万里，手披荒草看孤坟。擒生绝漠经胡雪，怀旧长沙哭楚云。归去萧条灞陵上，几人看葬李将军！”[①]此诗立意在于赞美其侄护送开府李使君之棺木回京归葬，能不顾勋功而知恩报德。中两联先以其侄赴边万里的豪气与披草看坟的凄凉造成反差极大的对比；接着以绝漠擒敌的经历和长沙哭主的情景再度进行同样的对比，两次起落顿挫，突出了“开府侄”豪勇雄毅而又深情重义的形象。结尾以李广闲居灞陵为人欺辱的典故为喻，感叹已故使君身后的寂寞和世态的炎凉，更反衬出“开府侄”品格的可贵。又如《送侯中丞流康州》：“长江极目带枫林，匹马孤云不可寻。迁播共知臣道枉，猜谗却为主恩深。辕门画角三军思，驿路青山万里心。北阙九重谁许屈？独看湘水泪沾襟！”[②]侯令仪原为浙西节度使，上元二年被冤除名，流放康州。此诗首尾两联化用屈原《招魂》和宋玉《九辨》句意，同情其被流放岭南的命运，中两联直接为侯中丞大声叫屈。颔联将为臣的冤枉和君恩的寡薄加以鲜明对照，既为逐臣辩诬，又揭示了君主的信谗多疑，尤其大胆激烈。颈联以辕门画角所流露的三军之思和流放者途中的悲凉心情再作一层对照，军中对中丞的爱戴与君主的猜谗也形成一种对比，这就更进一步强调了诗人对“臣道枉”的深深不平。以上两首诗都因中二联对比的强烈而使诗情更加跌宕起伏，而中间两联确实是七律结构的重心，这也从一个侧面反映了刘长卿善于强化七律体式的特长以拓展其抒情容量的努力。

① 《刘长卿集编年校注》，第536页。

② 《刘长卿集编年校注》，第236页。

四

刘长卿对七律表现潜力的开拓，部分重在写景造境，部分重在直陈其情，但并不等于说这两类诗将情景截然分开，只是在表现的探索上有所侧重而已。其实，他更多的作品是在融合情景的表现中追求深刻的思致，故考察其善于炼意的特点、情景组合的创新和变化也是一个不可或缺的角度。

前人称刘长卿七律“皆有余味不尽之妙”[①]，特别是像《过贾谊宅》这类名作，因用典不着痕迹而特别耐人寻味。但除了擅长用典的原因以外，笔者认为还与他在写景中别有寓意的探索有关。这里所说的寓意，不是指他营造的清空意境中自然蕴含的失意落寞或人事虚无的感触，这类诗固然能做到兴在象外，但仍属于盛唐传统的表现。笔者所指是他另有一类诗，善于借助景物的组合表达特定的用意，亦即写景取象在兴会之外还别有其他意思可以体味。有时其兴象含义之深可以使诗中立意得到进一步生发，如《汉阳献李相公》：“退身高卧楚城幽，独掩闲门汉水头。春草雨中行径没，暮山江上卷帘愁。几人犹忆孙弘阁？百口同乘范蠡舟。早晚却还丞相印，十年空被白云留！”[②]李揆于乾元二年后罢相被贬，在江淮养病十余年。此诗前四句粗看只是写李相公幽居环境的清空幽雅。但春雨濛濛，草没行径，可见李揆罢相后门庭冷落，无人到访，令人想见世态的炎凉。江上卷帘，独对暮山，夕阳和江水的意象中又暗含流年之叹和迟暮之愁。这就使结尾惋惜李相公在闲居中白白消磨十年的感慨更为深沉。《酬屈突陕》：“落叶纷纷满四邻，萧条环堵绝风尘。乡看秋草归无路，家对寒江病且贫。藜杖懒迎征骑客，菊花能醉去官人。怜君

① 方东树：“七律宗派……文房诗多兴在象外，专以此求之，则成句皆有余味不尽之妙矣！”《昭昧詹言》，第419页。

② 《刘长卿集编年校注》，第351页。

计画谁知者，但见蓬蒿空没身！”[①]诗里通过环境描写，刻画了一个陶渊明式的隐士形象。因此前四句都围绕着与世隔绝这一点来安排景物：四邻落满黄叶，家中环堵萧条，可见隐士的住所周围不见人迹。所住之乡只见秋草，不见归路；家对寒江，又增加了一道隔离世俗的深堑，说明隐士与外界的交通也已断绝，颔联两句将“乡”和“家”两个字置于句首，更突出了写景中的用意。《送陆澧仓曹西上》是一首用意委婉的名作：“长安此去欲何依？先达谁当荐陆机！日下凤翔双阙迥，雪中人去二陵稀。舟从故里难移棹，家住寒塘独掩扉。临水自伤流落久，赠君空有泪沾衣！”[②]诗人对陆澧西上投靠何人、能否得到推荐持有疑虑，因此首先连设两问。次联想像对方西上途中日远路遥、雪大人稀的景色，似乎只是渲染中原的萧条冷落。但“日”通常喻帝，凤翔双阙之远，不仅指唐肃宗行在的遥远，更有前途艰难无助、到达日边恐怕遥不可及的含义在。这一联实际上是用写景暗示了首联中的担忧之意。

有时其取景的意象可令读者在抒情主线之外产生更多的联想，如《双峰下哭故人李宥》：“怜君孤垄寄双峰，埋骨穷泉复几重！白露空沾九原草，青山犹闭数株松。图书经乱知何在？妻子移家失所从。惆怅东皋却归去，人间无处更相逢。”[③]全诗哀悼李宥埋骨穷泉之凄凉，双峰下孤垄周边一片空芜萧瑟，已足见其身后的幽独寂寞，而妻儿移家、图书散失，更可见与李宥有关的人事遗迹也一并化作空无。所以人间无处再相逢的悲哀就更加深切。颔联中取白露沾草的意象，固然是描写秋草凋零的荒凉，但也令人想到诗人空对坟茔、泪洒秋草的情景；几株青松，或是墓边实景，但“青山犹闭”四字不但关联到死者长闭于青山之

① 《刘长卿集编年校注》，第534页。
② 《刘长卿集编年校注》，第141页。
③ 《刘长卿集编年校注》，第532页。

中、与世长绝的意思，还隐约寄寓了诗人对故人品格的赞美以及对其命运的痛惜，其中深意颇耐寻味。《题灵祐和尚故居》：“叹逝翻悲有此身，禅房寂寞见流尘。多时行径空秋草？几日浮生哭故人！风竹自吟遥入磬，雨花随泪共沾巾。残经窗下依然在，忆得山中问许询。”[①]刘长卿怀人悼亡，善以空境烘托，但此诗中的逝者是一位僧人，所以取景中暗含禅意。首句直抒伤逝之情，却不悲逝者已去，反悲自己有身。因反观存者此身，本来如同禅房中之流尘，也将归于空无真境。于是首联次句就不仅仅是描写禅房寂寞，惟余积尘，而是包含了以佛家之空观看待生死的深微含义。由此再看禅房之外当初行径空余秋草，更加感叹尚有几日浮生可以痛哭故人。同样，风竹自吟，与寺里的钟磬之声遥相应和，固然是感慨景色依旧，斯人已亡，又似乎是借以警醒存者参透大化。全诗表面意思只是睹物思人，但如果联系写景中的这层似有若无的禅意来看，诗人又像是极力以禅理解脱，却终究不免伤情，这样理解就比一般的叹逝之作更加深刻。由以上诗例可见，刘长卿七律写景中的寓意或显或隐，有时须细读方能意会，有时虽能意会，也不易言传。这类深刻的思致在盛唐七律中较为罕见，且较之同样“意深”的杜诗更加不着痕迹。《唐诗镜》对五七律艺术表现感觉的区别有一个精要的说明：“五律贵响亮精工，七律贵深沈（沉）蕴藉。”[②]刘长卿七律因善于炼意而形成深沉蕴藉的特色，正是他在探索七律独特的艺术表现感觉方面所作出的重要贡献。

在情句和景句的组合方面，长卿七律的句式变化虽不如杜甫明显多样，但也有一些创新之处。如前引《题灵祐和尚故居》前六句分别以一句写景和一句抒情对仗，景句和情句的内在含义

---

① 《刘长卿集编年校注》，第529页。

② 陆时雍《唐诗镜》卷二十九，附《经漂母墓》后评，《景印文渊阁四库全书》第1411册，第602页。

互相生发，对法比较少见，难度也大。《送马秀才落第归江南》“南客怀归乡梦频，东门帐别柳条新。殷勤斗酒城阴暮，荡漾孤舟楚水春。湘竹旧斑思帝子，江蓠初绿怨骚人。怜君此去未得意，陌上愁看泪满巾！”[①]从第二句到第六句，每句都是半句情加半句景。但颔联使春水暮色成为离别场景的烘托，颈联以骚人的失意移入湘竹江蓠，使对仗错落有致。《郧上送韦司士归上都旧业》：“前朝旧业想遗尘，今日他乡独尔身。郧地国除为过客，杜陵家在有何人！苍苔白露生三径，古木寒蝉满四邻。西去茫茫问归路，关河渐近泪盈巾！”[②]韦司士祖上原封郧上，如今却成他乡过客，而独归上都旧业，又无家人可依。此诗从韦司士的这一特殊境遇着想，前两联分别以郧上封地和上都旧业交替对仗，强调其两地都有祖业却无处栖身的可伤。然后借颔联对句自然转折，扣住送归上都的题意，引出杜陵旧业的荒凉景色，使后两联顺势而下，情景过渡自然流畅。《喜朱拾遗承恩拜命赴任上都》：“诏书征拜脱荷裳，身去东山闭草堂。阊阖九天通奏籍，华亭一鹤在朝行。沧洲离别风烟远，青琐幽深漏刻长。今日却回垂钓处，海鸥相见已高翔。”[③]全诗之意不过是祝贺朱拾遗被征为官，但句联关系的处理独特。四联将朱拾遗接受朝廷征辟与离开隐居所在的情景分四层对照：第一层为接受征拜，离开草堂；第二层写当初华亭一鹤，现已身列朝行；第三层再强调他已远离沧洲，身在宫廷；最后以垂钓之处海鸥高翔的比喻说明其旧居已经没有可与海鸥相狎的隐士。各联用不同句意将朝堂为官和在山隐居的两种生活情景反复对照，在顺叙的脉络中因不断回顾而形成顿挫。如果不看题目中的“喜”字，这样来回对比，尤其是嵌入华亭鹤和海鸥的典故，很容易使人猜想诗人在贺喜之外似

① 《刘长卿集编年校注》，第 79 页。
② 《刘长卿集编年校注》，第 486 页。
③ 《刘长卿集编年校注》，第 488-489 页。

乎还别有讽意。刘长卿像盛唐诗人一样只用浅近的常见语和习见字[1]，因此在句式结构方面的这些变化往往不易觉察，与他的构思一样巧而不露、深意内敛，所以前人又以“新隽”称之。可见他虽然能继承盛唐王、李的传统风韵，但只要继续探索七律的表现潜力，就必然走向工于炼意、研炼字句的方向。

综上所论，刘长卿和杜甫都处于盛唐七律已经成熟、但尚未形成独特体式优势的特定阶段，都具有进一步发掘七律表现潜力的自觉意识。与杜甫的“变格”不同，他接续了王维、李颀的余绪，其清空的风格、流畅的声调，更多地保持了盛唐七律“正宗”的风貌。在此基础上，他将盛唐五言山水送别诗写景造境的原理用于七律，开拓了七律营造意境的空间。同时突破早期七律程式的局限，以构思立意调动句联的配合，形成变化多端的抒情结构：既将古诗直抒胸臆、曲折尽情的功能引入七律；又深入探索了情景关系的多种处理手法，从而大大拓展了七律抒情的容量和深度。其深沉蕴藉的艺术特色，为七律增添了一种区别于五律和七古的表现感觉。明清诗论因其“工于铸意”“巧而伤雅”而将他列入“中唐”，主要基于尊尚盛唐气格的审美取向，未能着眼于七律体式建设的历史趋势。刘长卿的创变虽然含而不露，没有明显改变“正宗”的韵调，但与杜甫的“变格”不约而同地致力于构思和炼意，这就证明无论“正”“变”，“工于铸意”其实是七律发展的一个必然方向。因此为刘长卿的七律在诗史上定位，应当摆脱初盛、中晚之争的偏见，以其在体式发展上的贡献作为评价的诗学依据。

（原载《中山大学学报》2013年第1期）

① 方东树评《青溪口送人归岳州》：“文房只用眼前习见字习见语，而无一意不深，无一字不灵。”《昭昧詹言》，第423页。

诗人刘长卿的两次迁谪

◎陈尚君

刘长卿（约720—约790），字文房，是安史之乱后崛起的杰出诗人，时有五言长城之誉。他早年在科场上度过漫长岁月，后入国子监为诸生，曾任棚头。所谓棚头，是指同棚举子中的领袖。他有组织与行动能力，因而被众人拥戴。高仲武《中兴间气集》说他“有吏干，刚而犯上，两遭迁谪，皆自取之”。写这段话时，刘长卿还在世，相信不会诬枉。他从棚头最后官至随州刺史，吏干是确实有的。“刚而犯上”，做棚头可以，进入官场就难免处处碰壁。两次迁谪，史籍载之不详，据他存诗可以勾勒出大致痕迹。因为多是他的自说，是否“皆自取之”，他从来也不这样认为，现在更无从还原了。

一、赴敌甘负戈　论兵勇投笔：长洲尉之忧国情怀

刘长卿是宣城（今安徽宣城）人。其祖父刘处约，武后至玄宗初在世，曾任吏部员外郎、考功郎中，也属官宦人家。处约有诗一首存世：《下山逢故人》：“妾身本薄命，轻弃城南隅。庭前厌芍药，山上采蘼芜。春风罥纨袖，零露湿罗襦。羞将憔悴日，提笼逢故夫。”将古诗中一句敷衍成篇，是南朝至唐初的习见题材，无足称道。据此推测他家有诗礼传习，层级也可能并不太高。刘长卿很少提到他的父母，原因不明。

旧说刘长卿是开元二十一年（733）进士，可以确认错误。今人考证，长卿弱冠始应举，至少盘桓十多年，方于天宝十载（751）前后登第，年约三十二岁。初官陈留郡浚仪尉，其地临近今河南开封。乱起，他自洛阳避地江东。肃宗至德二载（757），任苏州长洲尉。三载初，曾摄海盐令。虽然远离战火，但他始终密切关心国家安危，怀抱为国驱敌的强烈愿望。

《送路少府使东京便应制举》自注："时梁宋初失守。"写于天宝十五载初春，安史乱起仅月余，汴州、宋州已经失陷。路少府仍按计划北行，长卿诗首句即写"故人西奉使，胡骑正纷纷"，表达殷切关心。

《登松江驿楼北望故园》："泪尽江楼北望归，田园已陷百重围。平芜万里何人去？落日千山空鸟飞。孤舟漾漾寒潮小，极浦苍苍远树微。白鸥渔父徒相待，未扫欃枪懒息机。"松江即今苏州河上游，临近苏州。故园是刘家之祖居地，在河北河间。长卿身在江东，眷怀故土久陷战火，遥远而无法回去，尤表殷忧。最后两句是他的态度，人生虽早怀退隐之志，国难未平，哪可息机远遁！

不久，潼关失守，君臣出奔的消息也传到苏州。长卿作《吴中闻潼关失守，因奉寄淮南萧判官》，感叹自己"萧条长洲外，唯见寒山出"，更操心中原安危："胡马嘶秦云，汉兵乱相失。关中因窃据，天下共忧栗。"叛军窃据京城，天下震动而忧惧。他赞赏萧判官此时赴军："赴敌甘负戈，论兵勇投笔。临风但攘臂，择木将委质。"这里是写萧，也是他的自述，国家有难，正是丈夫挺身、择木委身、奋臂有为的时候。

不久，玄宗奔蜀而退位，肃宗在灵武继位的消息传到江表。《送史判官奏事之灵武，兼寄巴西亲故》："中州日纷梗，天地何时泰？独有西归心，遥悬夕阳外。故人奉章奏，此去论利害。阳雁南渡江，征骖去相背。因君欲寄远，何处问亲爱？

空使沧洲人，相思减衣带。”最后的沧洲人是自喻，担忧国事而日见憔悴，这是他的精神状态。史判官的目的地是灵武，那时肃宗已经即位，不过长卿得到的消息是模糊的，他担忧的是中原战乱，分别问候在玄、肃父子身边的故人，祈祷早日天地安泰。

其间刘长卿有两首长诗值得特别关注。一是《瓜洲驿奉饯张侍御公拜膳部郎中兼却复宪台充贺兰大夫留后使之岭南时侍御先在淮南幕府》，贺兰大夫是贺兰进明，乱后初除岭南节度使，后改河南节度使，成为阻拦叛军南侵的关键人物，也因为不救睢阳而饱受后世诟病。刘诗太长，无法在此分析，但可知贺兰因扈从玄宗信任而委以重任，位同副相，责在先稳定岭南。二是《至德三年春正月时谬蒙差摄海盐令闻王师收复二京因书事寄上浙西节度李侍御中丞行营五十韵》，此诗几乎是杜甫百韵诗前篇幅最宏大的长律，刘长卿以长洲尉摄海盐令，是短期的责任。唐军收复二京，扭转战局，是在至德二载九、十月间，消息传到江东，已在次年正月，刘长卿喜出望外，摘中间几句：“海内戎衣卷，关中贼垒平。山川随转战，草木助横行。区宇神功立，讴歌帝业成。天回万象变，龙见五云迎。小苑春犹在，长安日更明。”新皇奋威，贼垒初平，山川草木都为王业中兴奋勇出力，刘长卿更感到天地再明，万象更新，小城春色灿烂，更想见长安红日朗照，普天同庆。

二、得罪风霜苦：长洲案发　在狱经年

海盐摄令时间不长，刘长卿有《海盐官舍早春》：“小邑沧洲吏，新年白首翁。一官如远客，万事极飘蓬。柳色孤城里，莺声细雨中。羁心早已乱，何事更春风？”虽然他这时还不到四十岁，但已有迟暮之感，心情并不愉快。万事飘蓬，羁心昏乱，虽然春色可人，却感到了些许厌烦。

结束摄令，他准备退官。《罢摄官后将还旧居，留辞李侍御》，表述在军幕与江湖之间艰难的选择："旅食伤飘梗，岩栖忆采薇。悠然独归去，回首望旌旗。"这是诗的最后几句，人生不安，欲去又有所眷恋。陶敏《全唐诗人名汇考》认为此诗有云"熊轼分朝寄，龙韬解贼围"，"青春发礼闱"，"悠然独归去，回首望旌旗"，知所辞者为方面大员，诗题李侍御当作李侍郎，指至德间江东采访使李希言，自礼部侍郎兼。李希言是朝廷派往江东的最高官员，负有军政重责，此前刘长卿也有多首诗写给他，不能说关系密切，至少是熟悉的。这首诗里看到长卿的徘徊与苦闷，眷念与决退，隐约传达出他遇到了麻烦。

前诗后不久，刘长卿就入狱了。《狱中闻收东京有赦》："传闻阙下降丝纶，为报关东灭虏尘。壮志已怜成白首，余生犹待发青春。风霜何事偏伤物，天地无情亦爱人。持法不须张密网，恩波自解惜枯鳞。"唐收东京后有三次大赦，第一次在至德二载十二月，刘长卿尚在海盐，后二次在三载二月及四月，传到苏州要晚一些，估计在春夏间。由此倒推，长卿入狱应在三月春末。入狱之缘由，长卿自言是"冶长空得罪，夷甫岂言钱"。冶长是公冶长，孔子婿，曾蒙冤入狱六十日。夷甫是西晋王衍，据说平生不言钱。刘长卿认为自己入狱为蒙冤，平生不言钱，哪里可能贪钱？独孤及《送长洲刘少府贬南巴使牒留洪州序》云："夫迹傲则合不苟，政峻则物忤，故绩未书也，而谤及之，臧仓之徒得骋其媒孽。"据此可以推测，刘长卿为人刚猛，任长洲尉或摄令海盐期间，与手下之俗吏关系高度紧张，且因其疏傲，未能协调解决，不仅未获得考绩，而且被宵小之徒抓到有力证据，证成其违法行为，且难以自释。

刘长卿自说是冤狱，但平心而论，当时的江东采访使李希言与他多有交往，似乎关系尚可。苏州别驾是阎敬爱，长卿后来有《祭阎使君文》云："长卿昔尉长洲，公为半刺，一命之末，三年伏事。爱我以文，奖我以吏，礼变常仪，恩生非次。”不仅关系好，且赏其诗文，超越礼仪地给以关心。所谓“奖我以吏”，不仅肯定吏干，更曾给以指点。阎也能诗，今仅存《题濠州高塘馆》：“借问襄王安在哉？山川此地胜阳台。今宵寓宿高塘馆，神女何曾入梦来！”因为错认濠州高塘馆即巫山高阳台，做起了高唐梦，引起过一些笑谈，这是别话。这时的苏州刺史是韦之晋，也就是杜甫晚年在湖南投靠的那位。刘长卿在韦改任婺州时，有序赠行，称“顷公之在吴，值欃枪构戾，南犯斗牛”，“公夷险一心，忠勇增气”（《首夏干越亭奉饯韦卿使君公赴婺州序》），遇乱有决断。《赴宣州使院夜宴寂上人房留辞前苏州韦使君》也有“恋旧争趋府，临危欲负戈”句。这些都写于狱事以后，如果是刺史为难他，他可以不再来往，如果刺史曾帮助他，他应该存谢，可惜都没有。因此可以推测，长卿之入狱，确实有重大犯案，且未必即地方之主官可以为他解脱。他在狱为时较久，中间逢赦也没有即从减免，更见不同寻常。

还是读一下刘长卿在狱中所作诗。前引《狱中闻收东京有赦》，首二句说朝廷颁布赦书，是为了尽可能地调动一切力量消灭安史残军。自己以往的雄心壮志，已成白首可怜，但残生仍望有再度作为的机会。虽然遭到风霜摧残，仍相信天地有情，爱惜人才，设法并非如密网般将一切生灵消灭，恩波总会给“枯鳞”以机会。这里看到他的认识，虽然有错，仍期待恩光普照，枯涸得生。

《狱中见壁画佛》：“不谓衔冤处，而能窥大悲。独栖丛棘下，还见雨花时。地狭青莲小，城高白日迟。幸亲方便力，犹畏毒龙欺。”狱中见佛，希望佛法慈悲，法雨普降，既希望借此而出苦难，更借此感悟人生。

《罪所留系每夜闻长洲军笛声》：“白日浮云蔽不开，黄沙谁问冶长猜？只怜横笛关山月，知是愁人夜夜来。”自己本有心报国，不料失身囹圄。浮云蔽白日是熟典，喻邪佞之遮蔽良人，黄沙也指牢狱，很遗憾长期囚禁而不获解白。后两句笛声引起往日壮志的联想，更添加愁人的痛苦。

《罪所留系寄张十四》："不见君来久，冤深意未传。冶长空得罪，夷甫不言钱。直道天何在，愁容镜亦怜。因书欲自许，无泪可潸然。"张十四是张谓，也是著名诗人，且因曾西域从军，此时官尚书郎，其间曾出使江汉。估计是旧友，因而寄诗求助，诉述冤情，希望朝廷有人支持直道。差不多同时，杜甫也写诗怀念李白，首句"不见李生久"，与此诗颇相似。其间刘长卿还给元载、郑炅之等人写诗，请求帮助。

《非所留幽系寄上韦使君》："误因微禄滞南昌，幽系圆扉昼夜长。黄鹄翅垂同燕雀，青松心在任风霜。斗间谁与看冤气，盆下无由见太阳。贤达不能同感激，更令何处问苍苍？"（非所即今所谓看守所，前引二处"罪所"皆当作"非所"，为后人不明唐时习语而改。）此据宋本《刘文房文集》，《四部丛刊》影明本《刘随州诗集》题作《罪所上御史惟则》，岑仲勉《读全唐诗札记》谓"史"下夺"史"字，指史惟则，以八分书名世，尤能断狱。刘乾《刘长卿诗再续考》（《平原大学学报》2002年第3期）认为韦使君为韦黄裳，乾元元年（758）末为苏州刺史。且疑刘长卿为申冤，同一诗曾分寄史惟则、韦黄裳二人。诗中"南昌"用梅福为南昌尉故事，是说自己因微禄而任官，系留狱中，时月已久。虽有黄鹄之志、青松之操，无奈遭遇挫折，难以雪冤。最后两句直截了当：贤达如阁下若还不能为我感激辩白，我还能向谁申诉？韦是于刘入狱后方到苏州任，史则以御史负有巡察之责任。这样的诗，相信会起到作用，不管涉案真相不甚明了，但能写出这样诗的作者毕竟是不可多得的人才，谁能不生同情呢？

三、全生天地仁：贬官南巴及两度重推

刘长卿从乾元元年即至德三载春入狱，到次年春方得以远贬潘州南巴（在今广东茂名）结案出狱，在狱近一年，至少有十个月，不能不说遭遇很惨烈。《却赴南巴留别苏台知己》："又过梅岭上，岁岁此枝寒。落日孤舟去，青山万里看。猿声湘水静，草色洞庭宽。已料生涯事，唯应把钓竿。"所谓知己指对自己关心提携者，诗写得大气而表面，没有怨愤，仅有释然与记谢。梅岭为北人过岭之通道，想向南行后之清寒。然后说落日孤舟，青山万里，交代行程，苦中寻味。生涯已尽，从此将归隐江湖，既说失落，也因贬降看到仕途严重受挫。

《赴南巴书情寄故人》："南过三湘去，巴人此路偏。谪居秋瘴里，归处夕阳边。直道天何在，愁客镜亦怜。裁书欲谁诉，无泪可潸然。"故人是旧友，因此内心之痛苦会说得多一些。这一首诗后四句与前引《罪所留系寄张十四》略同，不知是作者旧句再用，抑或传误所致。

刘长卿寄家在江西余干，故取道江西南下。他意外遇到大诗人李白，此时李白经历了长流夜郎之曲折，幸运地遇赦东归，与长卿邂逅于余干。长卿作《将赴南巴至余干别李十二》："江上花催问礼人，鄱阳莺报越乡春。谁怜此别悲欢异，万里青山送逐臣。"问礼人用孔子问礼于老子事，代指李姓友人。估计李白将经此而往越中，次句更多写李白之欢悦。匆匆见面，匆匆分别，彼此心境真是悲欢两重天。最后一句气魄宏大，可以说是长卿对李白诗歌之模仿与致敬。

南迁时长卿最好的诗，是《负谴后登干越亭作》："天南愁望绝，亭上柳条新。落日独归鸟，孤舟何处人。生涯投越徼，世业陷胡尘。江入千峰暮，花连百越春。秦台怜白首，楚水怨青蘋。草色迷征路，莺声傍逐臣。独醒空取笑，直道不容

身。得罪风霜苦，全生天地仁。青山数行泪，沧海一穷鳞。牢落机心尽，空怜鸥鸟亲。”干越亭在饶州余干县。宋杨亿曾称此处景色秀伟：“前瞰琵琶洲，后枕思禅寺，林麓森郁，千峰竞秀，真天下之绝境。”（《宋朝事实类苑》卷三七引《杨文公谈苑》）并称此亭题诗百余篇，唯长卿此篇与张祜所作最好。诗述被谪南行，孤苦无聊，但落日苍茫，春色新柳，又给人以无限生意。经历了所有苦难后，庆幸自己还活着，真是天高地厚，无限恩德，方有此结果。虽然经历此程，伤感困穷，但“独行孤立之操，终不以窘辱少渝”（周珽《唐诗选脉会通评林》）。

据前引独孤及序，刘长卿行至中途，得使牒让他到洪州待命，因此而在江西居留甚久，留下许多诗篇。其后似有两次重推。第一次重推后，他有《重推后却赴岭外待进止，寄元侍郎》：“却访巴人路，难期国士恩。白云从出岫，黄叶已辞根。大造功何薄，长年气尚冤。空令数行泪，来往落湘沅。”似乎让他往岭南再定进止。元侍郎是元载，两京平后因有功而官显。刘长卿在苏州之初，即与元载交好，存诗有《陪元侍御游支硎山寺》《奉饯元侍郎加豫章采访兼赐章服》，那时元尚官微。他称元为国士，自感有负期许，也感喟造化对自己不公，乃至一腔怨气无处表白。

此后他经湖南南下，有《长沙过贾谊宅》：“三年谪宦此栖迟，万古惟留楚客悲。秋草独寻人去后，寒林空见日斜时。汉文有道恩犹薄，湘水无情吊岂知。寂寂江山摇落处，怜君何事到天涯？”这也是长卿的代表作。贾谊为国献《治安策》，又遭遇汉文帝这样的明君，犹且沦落长沙，抑郁以终，自己命运也一样。诗的每一句都写贾谊，每一句都说自己，因此有感人的力量。

刘长卿过岭，所见诗有《桂阳西州晚泊古桥村主人》《入桂渚次砂牛石穴》等诗。他是否到过南巴，目前还缺乏直接的证据。他有《会赦后酬主簿所问》，是在岭南逢赦。又有《敕恩重推使牒追赴苏州，次前溪馆作》，有“天南一万里，谁料得生还”，这次是真的可以免一切罪责了。历经三年，南行万里，总算可以回到旧官处。前溪在湖州，与苏州相接，他已经能够得悉最后的起复，一切终于回到了原点。

刘长卿在肃宗上元二年（761）秋重归苏州，再到长洲官舍，作诗《自江西归至旧任官舍，赠袁赞府（时经刘展平后）》：“却见同官喜复悲，此生何幸有归期？空庭客至逢摇落，旧邑人稀经乱离。湘路来过回雁处，江城卧听捣衣时。南方风土劳君问，贾谊长沙岂不知？”时间据刘展乱平推定，距离最初案发，已经四年半。历经无数风波，万里南奔，生死萦怀，人生郁结，终于回到原点，同官还有认识者，真是悲欢交集。“此生何幸有归期？”包含了太多的痛苦回忆与人生感悟。

四、直氏偷金枉　于家决狱明：鄂岳受诬始末

经过苏州的狱事风波，刘长卿其后曾长期在淮南幕府任职。淮南镇扬州，是江南财赋进输两京的重要所在，中唐后由扬子留后主其事。大历二年（767）起，刘长卿居京任职数年。这时元载任相主持朝事，刘长卿之入朝必与此有关。当然，由于文献偶缺，刘长卿此时具体任何官职，目前暂不知晓。四年，他离京南下，曾归江西，也曾游越，更曾经润州，再入淮南幕。六年，他任鄂岳转运判官、知淮西鄂岳转运留后。这是很重要的职位，因鄂岳控今武汉之地，为荆湖财赋转运京洛的要路。其间他曾出使湖南，与湖南观察使辛京杲有唱和。刘长卿在润州见过刺史樊晃，樊是杜甫旧友，方编《杜工部小集》；刘长卿在杜甫逝后次年到湖南，很可惜他的存诗与杜甫全无交集，也许他全没得悉杜甫的成就。

大历八年，中兴名将郭子仪的女婿吴仲孺出任鄂岳观察

使。郭子仪于唐有再造之功，门生故吏遍天下，郭常怀盈满之惧，极其小心。但他家人则多倚仗权势，恣意妄为。大历九年，吴欲截留输京钱粮，刘长卿不与，吴反诬刘长卿侵吞犯赃二十万贯，朝廷遣监察御史苗伾往推，真相得白，但畏于吴之权势，仍给刘长卿以贬官睦州司马的处分。

关于刘长卿的第二次入狱事，留下的记载相对较少，且有不少错误。《新唐书·艺文志》云“鄂岳观察使吴仲孺诬奏，贬潘州南巴尉，会有为辩之者，除睦州司马”，是将两次迁谪混淆为一次。《旧唐书》卷一三七《赵涓传》载：“大历中，鄂岳观察使吴仲孺与转运使判官刘长卿纷竞，仲孺奏长卿犯赃二十万贯，时止差监察御史苗伾就推。”同书卷一二六《陈少游传》载建中四年（783）淮南判官崔颀诬两税使包佶贪渎军资，有“中丞若得直，为刘长卿，不尔为崔众矣”的威胁，并解释：“长卿尝任租庸使，为吴仲孺所困，崔众供军吝财，为光弼所杀。故颀言及之。”是同被诬告，结局完全不同。包佶不敢对抗，只能屈从。以上两例，都是德宗时人所说，可见刘长卿第二次迁谪，是当时极其轰动的事件。

这位还刘长卿清白的监察御史苗伾，名似应作苗丕，是肃宗时宰相苗晋卿的第二子。据说晋卿生十子，命名皆取古帝王名，时人多议之。丕是魏文帝曹丕名，也许苗伾从官后忌而加人边，也未可知。事释后，长卿有《按覆后赴睦州，赠苗侍御》致谢于苗：“地远心难达，天高谤易成。羊肠留覆辙，虎口脱余生。直氏偷金枉，于家决狱明。一言知己重，片议杀身轻。日下人谁忆？天涯客独行。年光销蹇步，秋气入衰情。建德知何在？长江问去程。孤舟百口渡，万里一猿声。落日开乡路，空山向郡城。岂令冤气积，千古在长平。”诗当然是感谢苗之秉公执法，虽然仍有冤屈，但是最好的结局了。“一言知己重，片议杀身轻。”两句是全诗的关键，也是向苗伾致谢之重话。一言含一言九鼎意，是说苗之一言，重于泰山，重于九鼎，是可以生死相交的知己行为。他也知道，如此重恩，即便杀身也难以相报。此后写自己的东行，写自己的衰暮，也包含一些哀怨，毕竟又是一番沦落。最后两句说，虽有冤屈，决不让冤气郁积，应该从哀怨中走出来。“千古在长平”一句很有意思。秦将白起大败赵军后，赵军四十万人皆为白起诈而坑之，其地后世称省冤谷。长卿的意思是，与四十万赵军的冲天冤气相比较，我的这点委屈又能算什么呢？估计苗伾虽为刘长卿洗白出狱，仍不免贬官，略存歉意，刘长卿诗中有以自明心迹。

苗伾本人无诗存世，其兄苗发则是大历十才子之一。

睦州是浙东山水名区。长卿被贬谪睦州，流连山水，留下许多名篇，亦一幸也。

五、余说

《新唐书》有一很好的体例：即列传无传而有著作者，在《艺文志》中略存其事迹。此部分且相信主要出自文献学家宋敏求之手，当有凭依。偶误亦有，如以张碧为贞元间人（误信所谓孟郊《读张碧集》），称袁郊昭宗时翰林学士（将韦郊误为袁郊），皆是。前引所述刘长卿因鄂岳案贬南巴，流传甚广，学者多不加深究。1978年，傅璇琮先生《刘长卿事迹考辨》一文在《中华文史论丛》复刊第7辑上刊出，那时笔者方入研一，读后深感震动，因此而理解唐诗文献研究的一些原则，即传说故事虽多动人有趣，流播广泛，但未必可信，作者本人诗文是更可靠的第一手文献，此其一；文史结合，在唐诗诗旨解读或诗人生平研究方面，应在诗文与史籍对读中，寻获若干可以定时定地的可靠证据，进而解读文本，阐释诗意，理解诗人，此其二；文学史是由无数成就大小不一的文人共同努力的结果，文学研究固然要重视大家，但二三流作家也应给以充分重视，特别应在社会时政的变化中理解他们的作品，并加以评价。《考辨》一文秉持此一精神，廓清迷雾，还刘长卿生平之真相，其中最重要部分就是对他两次迁谪始末的考镜，及对诗歌创作影响之分析。

刘长卿诗向无注本。近三十年则先后出版储仲君先生《刘长卿诗编年笺注》（中华书局，1996）、杨世明先生《刘长卿集编年校注》（人民文学出版社，1999，2017年新版）、阮廷瑜先生《刘随州诗集校注》［五南图书出版公司（台湾），2012］，学者称便。储先生是苏州人，长期任教于山西，曾任晋东南师专校长，后调山西师范大学，醇厚长者也，二十多年前来往甚多，算来应年近九十了。杨先生不曾认识。阮先生则为台湾大学中文系老辈教授。2001年初笔者随校长访台，台大中文系时任主任叶国良教授约与罗联添先生、杨承祖先生及阮先生在台大校内餐厅晤叙，因得聆教，领略风采学术。

谨参前述诸家之说，敷衍成文。行文既竟，念及前修，不胜怅惘。

（原载《文史知识》2021年第12期）

主要参考论文（著作）

一、著作

1.陈顺智《刘长卿诗歌透视》湖北人民出版社1994年版

2.（唐）刘长卿著、储仲君笺注《刘长卿诗编年笺注》中华书局1996年版

3.杨世明《刘长卿集编年校注》人民文学出版社1999年版

二、论文

1.赵万里《刘随州集》，《北京图书馆月刊》12，1928年6月

2.李廷先《试论刘长卿与韦应物诗歌的思想性》，《扬州师范学院学报》1959年第3期

3.傅璇琮《刘长卿事迹考辨》，《唐代诗人丛考》，中华书局1980年版

4.郁贤皓《刘长卿别李白事迹小辨》，《李白丛考》，陕西人民出版社1982年版

5.刘乾《刘长卿三题》，《唐代文学论丛》1982年第1辑

6.卞孝萱、乔长阜《刘长卿诗初探》，《社会科学战线》1982年第4期

7.房日晰《刘长卿的思想评价》，《西南师范学院学报》1983

年第1期

8.张君宝《刘长卿生平辨证》，《唐代文学论丛》1984年第4辑

9.刘乾《独孤及〈送刘少府序〉的写作年代》，《唐代文学论丛》1984年第5辑

10.房日晰《刘长卿诗的艺术特色》，《求是学刊》1984年第4期

11.高桥良行、蒋寅《刘长卿集传本考》，《扬州师范学院学报》1988年第1期

12.张天健《试论刘长卿“五言长城”的近体模式》，《汉中师院学报》1988年第3期

13.刘乾《刘长卿诗杂考》，《文献》1989年第1期

14.刘乾《刘长卿二三事》，《文献》1990年第3期

15.杨世明《刘长卿行年考述》，《四川师范学院学报》1990年第4期

16.刘乾《刘长卿诗续考》，《西南师范大学学报（人文社会科学版）》1991年第2期

17.储仲君《秋风、夕阳的诗人——刘长卿》，《唐代文学研究》第3辑，广西师范大学出版社1992年版

18.乔长阜《李白遇刘长卿说献疑》，《中国李白研究（1992—1993年集）》，安徽文艺出版社1992年版

19.陈顺智《刘长卿诗歌意境的审美特征》，《江汉论坛》1992年第7期

20.佟培基《刘长卿诗重出甄辨》，《文学遗产》1993年第2期

21.邹志方《刘长卿“碧涧别墅”发微》，《文学遗产》1993年第2期

22.邓仕梁《刘长卿在唐代七律发展的地位》，《唐代文学研究》1993年第4辑，广西师范大学出版社1994年版

23.蒋寅《刘长卿与唐诗范式的演变》，《文学评论》1994年第1期

24.蒋寅《刘长卿的创作道路》，《文史知识》1994年第12期

25.蒋寅《刘长卿生平再考证》，《中国典籍与文化论丛》第2辑（中华书局1995年版）

26.陈顺智《刘长卿诗歌体裁论》，《西南师范大学学报（哲学社会科学版）》1995年第1期

27.任晓辉《刘长卿集版本源流试说》，《吉林大学学报》1998年第2期

28..狄松《从水语象观照刘长卿诗情感内涵》，《福建论坛（文史哲版）》1998年第3期

29.段承校《明抄本〈刘随州集〉考略》，《古籍研究》1999年第2期

30.陈顺智《论刘长卿诗歌的风格》，《社会科学研究》2000年第3期

31.陈顺智《刘长卿集版本考述》，《文献》2001年第1期

32.陈顺智《刘长卿重出诗考》，《魏晋南北朝隋唐史资料》（第18辑）2001年

33.陈燕翔《刘长卿仕隐心态探微》，《古籍研究》2001年第3期

34.郜林涛《佛教与刘长卿的思想和创作》，《山西大学学报（哲学社会科学版）》2001年第6期

35.郜林涛《刘长卿被贬南巴事迹考证》，《中国典籍与文化》2002年第1期

36.李军《论刘长卿诗歌创作中的“夕阳”情结》，《中州学刊》2002年第4期

37.潘殊闲、刘静《刘长卿与杜甫》，《杜甫研究学刊》2004年第2期

38.潘殊闲《刘长卿及其诗歌的宗教情怀》，《西南民族大学学报（人文社科版）》2004年第2期

39.潘殊闲、王胜明《刘长卿“五言长城”新解》，《重庆邮电学院学报》2004年第5期

40.王志清《刘长卿山水诗的盛唐面目》，《殷都学刊》2006年第2期

41.李利民、梅水燕《刘长卿事迹考辨三则》，《湖北社会科学》2007年第12期

42.胡可先《刘长卿事迹新证》，《学术研究》2008年第6期

43.林珍华《近三十年来刘长卿研究综述》，《安阳师范学院学报》2008年第6期

44.王士祥《刘长卿的龙门诗旅》，《文艺争鸣》2008年第3期

45.何剑平《刘长卿与佛教相关事迹考》，《武汉大学学报》2009年第5期

46.孙建峰《刘长卿五言诗特殊体式之考述》，《中国韵文学刊》2010年第1期

47.赵银芳《论刘长卿两遭贬谪的社会根源》，《船山学刊》2010年第2期

48.孟爱华《刘长卿诗歌用韵考》，《渤海大学学报》2010年第5期

49.肖献军《刘长卿湖湘诗重系年》，《中国文学研究》2011年第1期

50.肖献军《从盛唐气象到大历诗风：刘长卿诗歌创作的阶段性转变》，《湖南社会科学》2012年第5期

51.葛晓音《刘长卿七律的诗史定位及其诗学依据》，《中山大学学报》2013年第1期

52.土谷彰男《中唐诗人秦系诗评考述——并论大历诗人刘长卿与贞元诗人韦应物的划分和对比》，《社会科学战线》2013年

第11期

53.黄媛媛《刘长卿七律送别诗创作特点浅析》，《名作欣赏》2014年第5期

54.唐萌《论刘长卿的客居意识》，《西北民族大学学报（哲学社会科学版）》2015年第5期

55.冷成金《论刘长卿诗歌对悲剧意识的审美超越》，《山东社会科学》2020年第1期

56.陈尚君《诗人刘长卿的两次迁谪》，《文史知识》2021年第12期

57.姜玲《存在主义视域下的刘长卿诗歌水意象观照》，《名作欣赏》2022年第9期